CONFIANÇA E CONTRADIÇÃO

A proibição do comportamento contraditório no Direito Privado

Conselho Editorial
André Luís Callegari
Carlos Alberto Molinaro
Daniel Francisco Mitidiero
Darci Guimarães Ribeiro
Draiton Gonzaga de Souza
Elaine Harzheim Macedo
Eugênio Facchini Neto
Giovani Agostini Saavedra
Ingo Wolfgang Sarlet
Jose Luis Bolzan de Morais
José Maria Rosa Tesheiner
Leandro Paulsen
Lenio Luiz Streck
Paulo Antônio Caliendo Velloso da Silveira

J62c   Jobim, Marcio Felix
        Confiança e contradição: a proibição do comportamento contraditório no direito privado / Marcio Felix Jobim. – Porto Alegre: Livraria do Advogado Editora, 2015.
        252 p. ; 23 cm.
        Inclui bibliografia.
        ISBN 978-85-7348-950-7

        1. Direito privado. 2. Contradição. 3. Confiança (Direito). 4. Máximas jurídicas (Direito romano). 5. Boa-fé (Direito). I. Título.

                            CDU 347
                            CDD 347

        Índice para catálogo sistemático:
        1. Direito privado   347

(Bibliotecária responsável: Sabrina Leal Araujo – CRB 10/1507)

Marcio Felix Jobim

CONFIANÇA E CONTRADIÇÃO
A proibição do comportamento contraditório no Direito Privado

Porto Alegre, 2015

© Marcio Felix Jobim, 2015

Edição finalizada em outubro/2014

Projeto gráfico e diagramação
Livraria do Advogado Editora

Revisão
Rosane Marques Borba

Direitos desta edição reservados por
Livraria do Advogado Editora Ltda.
Rua Riachuelo, 1300
90010-273 Porto Alegre RS
Fone/fax: 0800-51-7522
editora@livrariadoadvogado.com.br
www.doadvogado.com.br

Impresso no Brasil / Printed in Brazil

À Rosana, meu amoroso convívio.
Ao Benício, que, num encantado encontro,
permite-me, a cada dia, reviver a vida.

Agradecimentos

Esta pesquisa não teria sido feito sem a cooperação de um sem-número de pessoas. Tantas são elas que inviável seria nominá-las todas.

Alertado este risco, agradeço ao meu orientador, Prof. Dr. Peter Walter Ashton, pela confiança depositada no projeto.

Agradeço aos membros da banca examinadora, Profs. Drs. Fabiano Menke, Fábio Siebeneichler de Andrade e Giovani Agostini Saavedra.

Pela simpática torcida, agradeço à Rose e à Denise, secretárias do Programa de Pós-Graduação em Direito da UFRGS.

Pelo auxílio na pesquisa, agradeço às funcionárias da Biblioteca da Faculdade de Direito da UFRGS, do TJRS e da Faculdade de Direito da USP.

Pela cordial remessa de artigos e livros estrangeiros, agradeço aos professores Arndt Teichmann, Hans Josef Wieling, Claus-Wilhelm Canaris, Ralph Weber, Hans Peter Walter e Thomas Richter.

Pela imprescindível desimcumbência parcial das obrigações profissionais, agradeço aos *amigos* de trabalho, fazendo-o especialmente em nome de José Nicolau e Mauro.

Agradeço aos meus irmãos, Cassio e Marco, pelo carinho e pela amizade; e, sobretudo, aos meus pais, Ana e Bona, pelo afeto contínuo e eterno.

Prefácio

Quando o tema desta pesquisa: *Venire contra factum proprium* me foi submetido para análise, como possível orientador, imediatamente me entusiasmei com a temática, eis que a problemática envolvida é de origem clássica e até hoje exige dos que estudam o tema: precisão de análise e foco agudo nos detalhes dos fatos.

Marcio Jobim soube conduzir a pesquisa e análise do vetusto instituto jurídico com maestria e equilíbrio, conseguindo apresentar todas as facetas jurídicas do brocardo desde o Direito Romano, acompanhando-o na Idade Média, no Direito saxônico e sobretudo no Direito alemão. Consultou vasta bibliografia e se esmerou, quanto ao estudo do tema, na consulta dos textos de autores clássicos e germânicos, demonstrando ainda domínio da língua teutônica.

Mostrou muito bem a importância da regra milenar no Direito brasileiro tanto na doutrina quanto na jurisprudência,

Como professor de direito e orientador, acompanhei com grande prazer e entusiasmo a pesquisa do autor e creio poder garantir aos que forem ler esta pesquisa o mesmo encanto e satisfação que experimentei durante o desenrolar da leitura final do tema.

Prof. Dr. Peter Walter Ashton

Sumário

Introdução..15
1. Origem e desenvolvimento do brocardo *venire contra factum proprium nulli conceditur*..25
   1.1. A proibição do comportamento contraditório e o Direito romano................27
      1.1.1. O caso da mater familias emancipada..29
      1.1.2. A ineficaz constituição de servidão em área condominial.................34
      1.1.3. A "exceptio rei venditae et traditae" e casos análogos.....................36
      1.1.4. O caso da mudança de resolução em prejuízo de terceiro................40
      1.1.5. *Ratihabition*..41
      1.1.6. O caso da proibição de invocação da própria torpeza......................44
      1.1.7. A fidelidade à palavra dada ou a responsabilidade por promessas sem compromisso..44
      1.1.8. A vinculação pelo recebimento da execução...................................46
   1.2. A proibição do comportamento contraditório e o Direito medieval.............47
      1.2.1. A restauração dos estudos jurídicos no medievo.............................47
      1.2.2. Azo, o formulador do brocardo..50
      1.2.3. O desenvolvimento posterior do pensamento................................54
   1.3. O *estoppel* do sistema de *common law*..58
      1.3.1. Conceito e aspectos gerais..58
      1.3.2. Características do "estoppel"...62
      1.3.3. Tipos de estoppel..64
         1.3.3.1. *Estoppel by record*..65
         1.3.3.2. *Estoppel by deed*..66
         1.3.3.3. *Estoppel in pais*..67
         1.3.3.4. *Estoppel by representation*..68
         1.3.3.5. *Promissory estoppel*...70
         1.3.3.6. *Proprietary estoppel*...71
   1.4. O ressurgimento do *venire contra factum proprium* no direito continental mediante a obra de Erwin Riezler..72
      1.4.1. A justificação do "venire" perante o Direito alemão, segundo Erwin Riezler..74
      1.4.2. A metodologia empregada por Erwin Riezler: indução e analogia........81

1.4.3. Grupos de casos de proibição do "venire contra factum proprium",
segundo Erwin Riezler...84
    1.4.3.1. Negócios jurídicos cumpridos, porém inválidos.....................84
    1.4.3.2. Perda de um direito pelo seu exercício, especialmente
mediante o exercício de direitos formativos 88
    1.4.3.3. Criação de uma aparência jurídica 93
    1.4.3.4. Risco derivado de próprios atos praticados conforme a lei......94
    1.4.3.5. Invocação da própria torpeza 95

2. Fundamento dogmático do *venire contra factum proprium*............................99
  2.1. O *venire contra factum proprium* como negócio jurídico................................100
    2.1.1. O "venire" e a culpa contra si mesmo – tese de Hans Josef Wieling.....100
    2.1.2. Críticas à tese de Hans Josef Wieling..112
  2.2. O *venire contra factum proprium* como aplicação da boa-fé...........................115
    2.2.1. Posicionamento da doutrina sobre o tema..116
    2.2.2. A predileção jurisprudencial pela vinculação do *venire contra factum
proprium* à boa-fé objetiva..117
    2.2.3. Determinação do conteúdo da boa-fé objetiva....................................121
    2.2.4. Verificação de compatibilidade e cobertura do *venire contra factum
proprium* pela boa-fé objetiva...125
    2.2.5. Inexistência de um dever anexo de não contradição 127
  2.3. O *venire contra factum proprium* como abuso de direito................................129
    2.3.1. Traços gerais da teoria do abuso do direito......................................129
    2.3.2. Posicionamento da doutrina sobre o tema..134
    2.3.3. Argumentos abonadores da ordenação 138
    2.3.4. Críticas e consequências do enquadramento....................................140
  2.4. O pensamento de proibição do comportamento contraditório e sua
vinculação ao princípio da confiança 142
    2.4.1. A destrinça necessária entre boa-fé e confiança 142
    2.4.2. A confiança como princípio jurídico...148
    2.4.3. Características da tutela da confiança, segundo Claus-Wilhelm Canaris..155
    2.4.4. *Venire contra factum proprium* e proteção da confiança 157
    2.4.5. Comportamentos contraditórios sem apoio na confiança 164
        2.4.5.1. Comportamento incompatível..165
        2.4.5.2. A violação de ônus jurídicos...168
        2.4.5.3. Comportamento por próprio risco......................................170
        2.4.5.4. *Tu quoque* ou a violação ao sinalagma 173
        2.4.5.5. *Exceptio doli*..177

**3. Elementos constitutivos da proteção da confiança por força da proibição do
venire contra factum proprium no direito privado..181**
  3.1. Pressupostos concretizadores..183
    3.1.1. Pressuposto sistemático..184
    3.1.2. Pressuposto estrutural..191
    3.1.3. Pressupostos objetivos..195

   3.1.3.1. A pré-conduta de uma das partes..195
   3.1.3.2. A confiança da outra parte...199
   3.1.3.3. A disposição de confiança..201
   3.1.3.4. A conexão causal entre a confiança e a disposição 205
  3.1.4. Pressupostos subjetivos 205
   3.1.4.1. Merecimento de proteção da confiança 206
   3.1.4.2. Imputabilidade 209
  3.1.5. Critérios complementares...216
   3.1.5.1. A subsidiariedade da proibição do *venire contra factum proprium*..218
   3.1.5.2. Adequação de resultado..218
 3.2. Consequências jurídicas da configuração do *venire contra factum proprium*....219
  3.2.1. Os danos de interesse negativo e os danos de interesse positivo........220
  3.2.2. A proibição do *venire* e os interesses de confiança 224
   3.2.2.1. O *venire* e os interesses negativos de confiança....................227
   3.2.2.2. O *venire* e os interesses positivos de confiança 230

Considerações finais..237

Referências..241

Introdução

A contradição, seja no Direito, ou nos demais ramos da cultura humana, não é um tema fácil. Pode-se dizer que a contradição é um tema vasto, complexo, e, paradoxalmente, contraditório. Com efeito, a contradição é um valor hábil o suficiente para erigir uma ciência que teve como premissa fundamental a impossibilidade de sua ocorrência, vide a *lógica*, na qual o princípio da não contradição ocupa espaço central;[1] ou mesmo para dar origem a uma ciência que teve como premissa fundamental a inevitabilidade de sua existência, *e.g.*, a *psicanálise*, que parte do reconhecimento de uma *contradição* irresoluta e incondicional entre cultura e impulsos humanos, entre pulsão de vida e pulsão de morte.[2]

De sua volta, o mundo vive em constante mudança. A sucessão das estações transforma a natureza, alterando suas cores, seus cheiros, a vida. Os dias passam e deixam em seu rastro vestígios daquilo que nunca mais será. Tudo muda. A transformação é uma norma da natureza, sem a qual inexiste evolução. Conhecida é a máxima de Heráclito de que não se entra duas vezes no mesmo rio. O rio, com efeito, já terá mudado, outras serão suas águas, outras suas moléculas.

---

[1] Os três princípios, considerados pela tradição como as leis do pensamento, são o princípio da identidade (o que é, é), o princípio da contradição (nada pode conjuntamente ser e não ser), e o princípio do terceiro excluído (tudo tem de ou ser ou não ser). Nesse sentido, ler RUSSEL, Bertrand. *Os problemas da filosofia*. Traduzido por Desidério Murcho. Lisboa: Edições 70, 2008. p. 131.

[2] Afirma Freud, *in* Die Unbehagen in der Kultur: "Manche Leser dieser Abhandlung mögen auch unter dem Eindruck stehen, daß sie die Formel vom Kampf zwischen Eros und Todestrieb zu oft gehört haben. Sie sollte den Kulturprozeß kennzeichnen, der über die Menschheit abläuft, wurde aber auch auf die Entwicklung des Einzelnen bezogen und sollte überdies das Geheimnis des organischen Lebens überhaupt enthüllt haben". FREUD, Sigmund. *Die Unbehagen in der Kultur*. Wien: Internationaler Psychoanalytischer Verlag, 1930. p. 125.

Tradução do autor: "Muitos leitores deste trabalho podem também ter a impressão de que já ouviram muito frequentemente a fórmula de luta entre a pulsão de Eros (geralmente traduzida como pulsão de vida, ou instinto de vida) e a pulsão de morte. Ela deve caracterizar o processo cultural, que transcorre a humanidade, mas também deve ser aplicada ao desenvolvimento do indivíduo, e, além disso, deve ter descoberto o segredo da vida orgânica".

No entanto, ao mesmo tempo em que *tudo muda* e que a mudança é uma norma vital, as coisas tendem a se repetir. Os dias reiteram-se, o sol insiste em nascer e se pôr, as estações chegam e vão, num eterno retorno. Permanência e inconstância são marcas indeléveis da natureza.

Assim, no mundo; assim, na sociedade. Igualmente, na construção das instituições sociais, privilegiam-se estruturas que, por meio de sua previsibilidade e constância, assegurem estabilidade à sociedade. No entanto, ao mesmo tempo, as instituições são dotadas de uma flexibilidade suficiente para se adaptarem às alterações sociais e suas novas demandas.

Em vista disso, os interesses relevantes a uma sociedade, protegidos por suas instituições e normas, não são estáticos, estão em constante mudança, evolução e involução. Da mesma forma que Luís Vaz de Camões escreveu que *se mudam os tempos, mudam-se as vontades*, poder-se-ia dizer que, mudando-se os tempos, mudam-se igualmente os interesses protegidos.

Ilustram essa inconstância de valores juridicamente protegidos as modificações experimentadas, nos derradeiros tempos, nos três pilares do Direito:[3] família, propriedade e contrato.

A família, que pelo regime do Código Civil de 1916 era caracterizada como patriarcal, hierarquizada, heteroparental, de natureza biológica e com caráter institucional, passou a ser distinguida, atualmente, como democrática, substancialmente igualitária, hetero ou homoparental,[4] de natureza biológica ou socioafetiva e com caráter instrumental.[5]

O direito de propriedade igualmente sofreu essenciais modificações. Surgido como um reconhecimento do Estado em favor do

---

[3] Expressão utilizada por Jean Cabonnier, *in* Le flexible droit, pour une sociologie du droit sans rigueur. Paris: LGDJ, 1969, *apud* FRADERA, Véra Maria Jacob de. Contratos típicos no Código Civil de 2002. In: JUNQUEIRA DE AZEVEDO, Antonio; TORRES, Heleno Taveira; CARBONE, Paolo (Coords.). *Princípios do Novo Código Civil brasileiro e outros temas – homenagem a Tullio Ascarelli*. São Paulo: Quartier Latin, 2008. p. 707-735.

[4] Destaque-se o julgamento da ADI 4277 pelo Supremo Tribunal de Justiça, que, interpretando a união estável conforme a Constituição, reconheceu a união estável entre parceiros homoafetivos. Neste sentido, ver: BRASIL. Supremo Tribunal Federal. União homoafetiva. Reconhecimento. Instituto jurídico. ADI 4277: relator Ministro Ayres Britto, v.u. Data de julgamento 05.05.2011. Disponível em: <http://www.stf.jus.br>. Acesso em: 21 mar. 2012.

Registre-se que o Superior Tribunal de Justiça, posteriormente, reconheceu a possibilidade de casamento entre pessoas do mesmo sexo. Ver: BRASIL. Superior Tribunal de Justiça. Casamento homoafetivo. Reconhecimento. REsp 1183378. 4. Turma do STJ: relator Ministro Luis Felipe Salomão. Data de julgamento 25.10.2011. Disponível em: <http://www.stj.jus.br>. Acesso em: 21 mar. 2012.

[5] Características que retiram da análise de FARIAS, Cristiano Chaves de; ROSENVALD, Nelson. *Direito das famílias*. 2. ed. Rio de Janeiro: Lumen Juris, 2010. p. 12.

particular, o direito de propriedade ofertava um conteúdo ilimitado ao seu titular, desobrigando-o de qualquer ônus. No entanto, a propriedade passou, desde a promulgação da Constituição mexicana de 1917, a ter uma função social a ser cumprida, sendo vista como um meio de desenvolvimento da sociedade como um todo.

Premido por transformações econômicas, políticas e sociais, o contrato também precisou se adaptar. O contrato, que, ao tempo do liberalismo econômico, quando as leis tinham a função de proteger a vontade criadora, presumida uma paridade entre os contratantes e assegurando a realização dos efeitos escolhidos, era um espaço de autorregulação e informado pelo princípio da autonomia privada,[6] atualmente, é coinformado por outros princípios, dentre os quais se destacam a boa-fé objetiva, o equilíbrio e a função social, transformando-se, desta forma, num instrumento jurídico mais social.[7]

Essas metamorfoses havidas em instituições fundamentais do Direito Civil atestam uma impermanência dos institutos e dos valores sociais.

Assim, na sociedade; assim, no homem. A inconstância, ínsita às coisas, reflete algo que há dentro do ser humano. Como Michel de Montaigne[8] asseverou: "Creio mais dificilmente na constância dos homens do que em qualquer outra coisa, e em nada mais facilmente do que na inconstância".

Coerentemente, inexiste uma norma de proibição genérica de contradição, que exija constância do ser humano.[9] Esse, desde que não vinculado juridicamente, é livre para mudar seu comportamento ou sua opinião.

---

[6] Expressão que se tira de MARQUES, Cláudia Lima. *Contratos no Código de Defesa do Consumidor*. 4. ed. São Paulo: Revista dos Tribunais, 2002. p. 39. Por sinal, descrevendo a função da autonomia privada na concepção tradicional do contrato, escreve Cláudia Lima Marques que: "Na ciência jurídica do século XIX, a autonomia da vontade era a pedra angular do Direito. A concepção de vínculo contratual desse período está centrada na ideia de valor da vontade, como elemento principal, como fonte única e como legitimação para o nascimento de direitos e obrigações oriundas da relação jurídica contratual. Como afirma Gounot, 'da vontade livre tudo procede e à ela tudo se destina'".

[7] Esta transição do contrato marcado pelo individualismo para este informado por valores sociais vai bem sintetizada por Cláudia Lima Marques, *verbis*: "O contrato evoluirá, então, de espaço reservado e protegido pelo direito para a livre e soberana manifestação da vontade das partes, para ser um instrumento jurídico mais social, controlado e submetido a uma série de imposições cogentes." *Ibid.*, p. 39.

[8] MONTAIGNE, Michel de. Sobre a inconstância de nossas ações. In: ——. *Os ensaios*: uma seleção. Traduzido por Rosa Freire d'Aguiar. São Paulo: Companhia das Letras, 2010. p. 203.

[9] Nesse sentido, CORDEIRO, Antônio Manuel da Rocha e Menezes. *Da boa fé no Direito Civil*. Coimbra: Almedina, 2007. p. 750. Afirma o autor português: "Pelo contrário, é importante focar a inexistência, na Ciência do Direito actual e nas ordens jurídicas por ela informadas, de uma proibição genérica de contradição".

No âmbito do Direito, a proibição do *venire contra factum proprium*[10] ora vem apresentada como um dos elementos constitutivos da própria representação da justiça, ora é-lhe negada existência.

Espelha, em si, essa aporia Ernst Wolf.[11] Em 1954, afirmou que a inadmissibilidade do comportamento contraditório não seria somente um elemento irrenunciável da nossa ordem jurídica, antes pertenceria à categoria dos elementos fundamentais do Direito.[12] Já em 1982, asseverou, inversamente, que uma proibição do comportamento contraditório não existiria.[13]

Defendendo a posição de que a proibição do *venire* seria fundamento do Direito, pode-se elencar Franz Wieacker,[14] para quem o *venire contra factum proprium* estaria radicado profundamente na ideia de justiça pessoal, pertencendo ao elemento mais interno da veracidade. Também Claus Wilhelm-Canaris[15] sustenta um *status* fundamental à proibição do *venire*, referindo que a desaprovação ético-jurídica da autocontradição deve achar sua razão profunda na proibição de contradição da própria concepção de justiça.

---

[10] Este brocardo aceita ainda uma enorme quantidade de variações, dentre as quais se destacam: *venire contra factum proprium nemini licet, venire contra factum proprium non valet, nemini liceo adversus sua facta venire, non concedit venire contra factum proprium, proprium factum nemo impugnare potest, adversus factum suum quis venire non potest, nemo potest contra factum proprium venire, nemo contra factum proprium potest.*
Admite-se ainda, em vista de sua aceitação pela doutrina e jurisprudência, o encurtamento da frase para *venire contra factum proprium*, ou mesmo, simplesmente, *venire*.
Por último, sublinhe-se a preferência de António Menezes Cordeiro pela utilização do econômico acrônimo *vcfp*. CORDEIRO, Antônio Manuel da Rocha e Menezes. Da boa fé no Direito Civil. Coimbra: Almedina, 2007. p. 742 e ss.

[11] WOLF, Ernst apud SINGER, Reinhard. *Das Verbot widersprüchliches Verhalten*. München: Beck, 1993. p. 1. No original, lê-se: "So meinte z.B. Ernst Wolf, die Unzulässigkeit widersprüchlichen Verhaltens bilde nicht nur 'ein unverzichtbares Element unserer Rechtsordnung', das Verbot gehöre vielmehr 'zu den Grundelementen des Rechts überhaupt'". Na mesma página, nota 4, Singer explica que: "Heute ist Wolf von dieser Position abgerückt und behauptet schlicht: 'Ein 'Verbot widersprülichen Verhaltens' gibt es nicht'".

[12] WOLF, Ernst. *Rücktritt, Vertretenmüssen und Verschulden*. Archiv für die civilistische Praxis, Tübingen: Mohr, v. 153, p. 97-144, 1954.

[13] Idem. Allgemeiner Teil des burgerlichen Rechts: Lehrbuch. Koln: Heymann, 1982. p. 140.

[14] WIEACKER, Franz. *Zur rechtstheoretischen Präzisierung des 242 BGB*. Tübingen: Verlag J.C.B. Mohr, 1956, Reimpressão, 1995. p. 28. No original, lê-se: "Wurzelt das Prinzip des venire contra factum proprium 'tief in der persönlichen Gerechtigkeit, zu deren innerstem Element die Wahrhaftigkeit gehört'".

[15] CANARIS, Claus-Wilhelm. *Die Vertrauenshaftung im deutschen Privatrecht*. München: Beck, 1971. p. 288. No original, o autor refere que: "denn der Mißbilligung des 'Selbswiderspruchs' kommt durchaus ein eigenständiger rechtsethischer Gehalt zu, der insbesondere in der spezifischen Beziehung zwischen dem 'Vorverhalten' und der seither eingetretenen Entwicklung der Verhältnisse zu Tage tritt unde der seinen tieferen Grund letztlich in dem Widerspruchsverbot der Gerechtigkeitsidee selbst zu finden dürfte – im geschriebenen Recht nicht oder allenfalls ganz rudimentär verwirklichten – Rechtsprinzips deutlich wird."

Em que pese suas indisfarçáveis dificuldades,[16] dentre as quais se destacam sua vagueza e sua falta de concreção, grassa, nos pretórios brasileiros, a aplicação da proibição do *venire contra factum proprium*, traduzida, na já clássica formulação de António Menezes Cordeiro,[17] na inadmissibilidade do exercício de uma posição jurídica em contradição com o comportamento assumido anteriormente pelo exercente.

Espanta o número de acórdãos dos tribunais brasileiros que utilizam o brocardo como fundamentação jurídica.[18] A fim de exemplificar, registre-se que se encontram 520 acórdãos no Tribunal de Justiça do Rio Grande do Sul, 114 no Tribunal de Justiça de Santa Catarina, 89 no Tribunal de Justiça do Rio de Janeiro, 2.847 no Tribunal de Justiça de São Paulo, 475 no Tribunal de Justiça de Minas Gerais, que utilizam o *venire* como razão de decidir. Já no âmbito dos tribunais superiores, com similar pesquisa no banco de dados virtual, descobrem-se 106 julgados no Superior Tribunal de Justiça e 11 no Supremo Tribunal Federal.

A inexistência de um dispositivo legal que prescreva, genericamente, a proibição de contravir-se, no Código Civil de 2002,[19] assertiva

---

[16] O amplo espaço de formatação que é dado à proibição do *venire contra factum proprium* dá margens de dúvida a sua operabilidade. Nesse sentido, traz-se à baila reflexão de António Menezes Cordeiro, para quem: "[...] a sua incipiência (do *venire contra factum proprium*) deriva da complexidade natural da matéria e da vastidão nela figurada: afinal e em última análise, como a maioria das situações jurídicas tem base voluntária, não será qualquer litígio em que o titular as contrarie, vcfp?". CORDEIRO, *op. cit.*, p. 745.
No mesmo sentido, Díez-Picazo refere que se caberia duvidar, inclusive, se essa máxima, que, em outra época, possuía inegável utilidade como *regula iuris*, não seria nada mais do que um simples resíduo histórico que segue sendo manejado em virtude de um fenômeno de inércia mental. DÍEZ-PICAZO PONCE DE LEON, Luis. *La doctrina de los propios actos*. Un estudio crítico sobre la jurisprudencia del Tribunal Supremo. Barcelona: Bosch, 1963. p. 19.
Por sua vez, José Puig Brutau salienta que, apesar de ser um dos princípios gerais do Direito de mais frequente invocação, inexiste uma claridade e precisão desejáveis acerca do fundamento e dos limites da atuação do *venire contra factum proprium*. BRUTAU, Jose Puig. Estudios de Derecho Comparado. La doctrina de los actos propios. Barcelona: Ariel, 1951. p. 97.

[17] CORDEIRO, Antônio Manuel da Rocha e Menezes. *Da boa fé no Direito Civil*. Coimbra: Almedina, 2007, p. 742.

[18] O corte temporal da pesquisa é 16 de julho de 2014.

[19] Acompanhando o recrudescimento em torno do tema, releva-se a prescrição do enunciado 362, na IV Jornada de Direito Civil, promovida pelo Conselho da Justiça Federal e organizada pelo Ministro Ruy Rosado de Aguiar Júnior, enunciado em que está disposto que: "A vedação do comportamento contraditório (*venire contra factum proprium*) funda-se na proteção da confiança, tal como se extrai dos arts. 187 e 422 do Código Civil".
Os enunciados, ainda que desprovidos de qualquer valor normativo, possuem uma função hermenêutica das normas jurídicas. Nas palavras do Ministro Raphael de Barros Monteiro Filho, os enunciados: "[...] têm servido de orientação (ou indicativo) à comunidade jurídica em geral quanto à interpretação dos vários preceitos legais enfocados". Trecho da abertura da Jornada de Direito Civil. AGUIAR JR, Ruy Rosado (Org.). *Jornada de Direito Civil*. Brasília: Conselho de Justiça Federal, 2007. p. 9.

que pode ser estendida para os demais ordenamentos ocidentais,[20] cumulado com a generosa aplicação que tem sido dada pelos pretórios ao brocardo, bem como que associada à reduzida pesquisa sobre o tema[21], aconselham que a matéria seja reanalisada, com o fito de serem precisadas as circunstâncias especiais que possam levar a sua aplicação, bem como seu fundamento de validade.[22]

Esclareça-se, desde já, não ter esta dissertação a pretensão de ser um estudo de Direito Internacional Privado ou de Direito Comparado.

No entanto, merece atenção o fato de os Princípios de UNIDROIT,[23] organismo internacional governamental que busca uma harmonização do direito dos contratos em nível mundial, terem regulado um tipo referente à proibição do comportamento contraditório.[24]

Da mesma forma, ainda que não seja um trabalho de Direito Comparado, preocupado com o confronto entre sistemas jurídicos, a doutrina alemã, no mais das vezes, será utilizada como direcionadora. Isso, pois foi na Alemanha que a proibição do *venire contra factum proprium* reapareceu na Idade Moderna e que teve seu desenvolvimento capital e sua melhor sistematização.[25]

Precisamente, o ressurgimento da vedação do *venire* deu-se, em 1912, com a publicação da tese de habilitação de Erwin Riezler,[26]

---

[20] Desconhece-se algum código que tenha adotado, em termos gerais, a proibição de contradizer-se.

[21] A primeira monografia a tratar do assunto no direito brasileiro é a de SCHREIBER, Anderson. A proibição de comportamento contraditório – Tutela da confiança e *venire contra factum proprium*. 2. ed. rev. e atual. Rio de Janeiro: Renovar, 2007, conforme prefacia Gustavo Tepedino: "A obra agora apresentada ao público é a primeira a tratar o tema na literatura jurídica nacional". Entre as obras monográficas, destacam-se ainda a dissertação de mestrado de GOMES, Elena de Carvalho. Entre o *actus* e o *factum*: os comportamentos contraditórios no Direito Privado. Belo Horizonte: Del Rey, 2009, e o doutoramento de DANTAS JÚNIOR, Aldemiro Rezende. *Teoria dos atos próprios no princípio da boa-fé*. Curitiba: Juruá, 2008.

[22] Válida para o Direito brasileiro a observação feita por Reinhard Singer ao cenário jurídico alemão, que, igualmente, aceita de maneira generosa a aplicação do *venire contra factum proprium*; ainda que vasta a aceitação do brocardo, a dogmática não está dispensada de pesquisar profundamente seu fundamento de validade. SINGER, Reinhard. *Das Verbot widersprüchlichen Verhaltens*. München: Beck, 1993. p. 51.

[23] Sobre o papel do UNIDROIT, recomenda-se a leitura de FRADERA, Véra Maria Jacob de. *Reflexões sobre a contribuição do Direito comparado para a elaboração do Direito comunitário*. Belo Horizonte: Del Rey, 2010. p. 227-234.

[24] Dispõe o artigo 1.8 dos Princípios de UNIDROIT, versão 2004: "Uma parte não pode agir contraditoriamente em relação a uma expectativa por ela suscitada na contraparte, quando esta última nela acreditou razoavelmente e, em consequência, sofreu uma desvantagem". Versão de FRADERA, Véra Maria Jacob de. A vedação de *venire contra factum proprium* e sua relação com os princípios da confiança e da coerência. Direito e Democracia, *Revista do Centro de Ciências Jurídicas* – Ulbra, Canoas, v. 9, n. 1, p. 132, jan./jun. 2008.

[25] Neste sentido, FRADERA, *op. cit.*, 2010. p. 303.

[26] Neste sentido, RANIERI, Filippo. Le principe de l'interdiction de se contredire au détriment d'autrui ou du venire contra factum proprium dans les droits allemand er suisse et sa diffusion

chamada *Venire contra factum proprium, Studien im römischen, englischen und deutschen Civilrecht*, Leipzig, Duncker & Humblot.

O brocardo, ressuscitado através da obra de Erwin Riezler, tornou-se um dos princípios mais típicos e aplicados do Direito alemão moderno,[27] tanto que Reinhard Singer[28] classifica como *incontável* (*unübersehbar*) a quantidade de sentenças em que se preferiu a aplicação da proibição do *venire contra factum proprium* ao Direito formal.

O mesmo autor,[29] dando fé da larga presença do brocardo na jurisprudência alemã, diz que a inadmissibilidade do comportamento contraditório pertenceria ao repertório padrão do judiciário alemão. Confirma essa assertiva Hans Walter Dette,[30] dizendo que o pensamento do *venire* desempenha um papel importante em muitas decisões, constituindo-se numa das frases jurídicas mais utilizadas na Alemanha.

Assim, ainda que não pareça ser privilégio da Alemanha a preminência concedida pelos pretórios à máxima,[31] o interesse e o notório rigor juscientífico dos alemães determinaram a escolha desse modelo jurídico como inspirador da pesquisa.

A multiplicidade das funções que o *venire* assumiu na jurisprudência alemã, e que vem igualmente assumindo na brasileira, resta bem representada pela expressão que Hans Walter Dette[32] utilizou

---

en Europe. *In*: BEHAR-TOUCHAIS, Martine. *L'interdiction de se contredire au detriment d'autrui*. Paris: Economica, 2001. p. 25-36.

[27] *Ibid.*, p. 26: "La règle formulée dans le titre de l'ouvrage aura aussi une fortune plus que remarquable, constituant jusqu'à aujoud'hui l'un des principes les plus typiques du droit appliqué allemand moderne".

[28] SINGER, Reinhard. *Das Verbot widersprüchlichen Verhaltens*. München: Beck, 1993. p. 1. *Verbis*: "Die Anzahl der Urteile, in denen sich die Gerichte unter Berufung auf das Verbot des venire contra factum proprium über formales Recht hinweggesetzt haben, ist unübersehbar".

[29] *Ibid.*, No original, lê-se: "Die Unzulässigkeit widersprüchlichen Verhaltens gehört zum Standartrepertoire einzelfallbezogenen Judizierens".

[30] DETTE, Hans Walter. *Venire contra factum proprium nulli conceditur. Zur Konkretisierung eines Rechtssprichworts*. Berlin: Duncker & Humblot, 1985. p. 26.

[31] Assim sinaliza Díez-Picazo, referindo que nenhum outro aforismo como este, segundo o qual *"nadie puede ir válidamente contra sus propios actos"* foi tão reiteradamente utilizado como argumento decisivo em debates forenses sobre as mais diversas questões e tão reiteradamente reconhecido nas decisões dos Tribunais. DÍEZ-PICAZO PONCE DE LEON, Luis. *La doctrina de los propios actos. Un estudio crítico sobre la jurisprudencia del Tribunal Supremo*. Barcelona: Bosch, 1963. p. 13.

Saliente-se que esse pensamento ganha o nome, na doutrina de língua espanhola, de teoria de *actos propios*. No âmbito do Direito francês, é chamado de *interdiction de se contredire*, ou é subsumido sob o princípio de *la cohérence*; no Direito alemão merece a titulação de *Das Verbot widersprüchlichen Verhalten*; no Direito italiano, é vertido para *divieto di contraddizione e dovere di coerenza*; e se manifesta, na *Common Law*, como *estoppel*, sob o qual assume inúmeras formas e funções.

[32] DETTE, *op. cit.*, p. 83.

para qualificá-la, ao salientar que o brocardo se comportaria como um *Joker*, ou seja, como um coringa, na medida em que assumiria a possibilidade de substituir qualquer suporte fático deficiente, gerando as consequências legais.

Com efeito, tamanha é a expansão do *venire contra factum proprium*, na doutrina e, sobretudo, na jurisprudência, que o tema aparenta estar reclamando uma teoria geral para organizar a variedade de casos que se resolvem sob a sua rubrica.

No entanto, essa senda revela-se inapropriada, visto que a unificação de todos os casos em que o comportamento contraditório aparenta ser o fundamento não encontra um nexo axiológico que dê unidade a sua variedade. Isso, pois o pensamento do comportamento contraditório não se sustenta por si só, carecendo *sempre* de fundamentação extra, visto que o fundamento da proibição do *venire contra factum proprium* não é, nem nunca será, como induz a pensar a expressão, o comportamento contraditório em si.

O fundamento normativo que dará forma, força e sentido ao *venire contra factum proprium* será encontrado no princípio da proteção da confiança, valor que protege as expectativas legítimas criadas no tráfego jurídico, e que se defende, no curso da dissertação, seja alçado ao posto de princípio geral do Direito, com autônomo valor normativo.

Com efeito, a proibição do *venire contra factum proprium*, por força da pesquisa seminal de Claus-Wilhelm Canaris,[33] encontrou seu fundamento no princípio da confiança, que vem sendo utilizado para suprir a insuficiência das responsabilidades contratual e da delitual para explicar o fenômeno obrigacional,[34] o que remonta a fragmentos do Digesto[35] e das Institutas,[36] os quais já se referiam a fontes outras obrigacionais.

---

[33] CANARIS, Claus-Wilhelm. *Die Vertrauenshaftung im deutschen Privatrecht*. München: Beck, 1971.

[34] Por todos, leia-se: CARNEIRO DA FRADA, Manuel. *Teoria da confiança e responsabilidade civil*. Coimbra: Almedina, 2004, *passim*.

[35] Leia-se fragmento de Gaio, no Digesto, Livro XLIV, Título VII, 1: "Obligationes aut ex contractu nascuntur aut ex maleficio aut proprio quodam iure ex variis causarum figuris".
Na versão para o espanhol de D. Ildefonso L. García del Corral, lê-se: "Las obligaciones nacen ó de un contrato, ó de un delito, ó por cierto derecho propio, según las varias especies de causas."
GARCÍA DEL CORRAL, Ildefonso L. *Cuerpo del Derecho Civil romano*: a doble texto, traducido al castellano del latino. Volume III. Barcelona: Jaime Molinas, 1897. p. 505.

[36] Lê-se na Instituta, Livro III, Título XIII, 2: "Sequens divisio in quattuor species deducitur: aut enim ex contractu sunt, aut quasi ex contractu, aut ex maleficio, aut quasi ex maleficio".
Na versão para o espanhol de D. Ildefonso L. García del Corral, lê-se: "La siguiente división se determina en cuatro especies: pues, ó nacen de un contrato, ó de un cuasi contrato, ó de un delito, ó de un cuasi delito". *Ibid.*, p. 101.

A recondução da proibição do comportamento contraditório, não mais ao princípio da boa-fé, mas ao princípio da proteção da confiança, é um marco teórico seguido e explorado nesta dissertação, visto que oferta um conteúdo mais preciso ao *venire*.[37]

A finalidade desta pesquisa não se limita à representação e à legitimação do *venire contra factum proprium*; antes, buscar-se-á, dentro de uma tradição que radica em Erwin Riezler,[38] assentar suas bases históricas, o que se encontra, sabidamente, por meio da pesquisa nas fontes romanas.

Para que sejam atingidas essas finalidades, o trabalho será dividido em três capítulos.

O primeiro irá se prestar para a apresentação do *venire* sob uma perspectiva histórica, analisando-se os precedentes romanos que, segundo a doutrina especializada, representam seu embrião, passando para as realizações dos juristas medievos, responsáveis pela cunhagem do brocardo, para após apresentar o instituto da *Common Law* – *estoppel* – aparentado com nosso objeto de estudo, e, por fim, analisar a obra de Erwin Riezler, responsável pelo renascimento da máxima no Direito continental.

O segundo capítulo ocupar-se-á com a fundamentação normativa do *venire contra factum proprium*, que transita desde uma formulação que o subordina à teoria do negócio jurídico, até a que o subordina como grupo de casos da proteção da confiança, passando ainda pelas que o enquadram como concretização do princípio da boa-fé e do abuso do Direito.

No derradeiro capítulo, a tarefa limitar-se-á à discussão dos pressupostos dogmáticos de aplicação da figura jurídica e de suas consequências jurídicas. Serão alinhavados os elementos necessários à sua configuração, com o que se alcança maior concreção, centrando-se também na verificação dos efeitos da proteção, sobretudo no que diz respeito ao interesse negativo e positivo.

Verificada a subordinação fundamental e funcional da proibição do comportamento contraditório ao princípio da confiança, buscar-se-á emprestar a este contornos mais precisos e apresentar provas para determinadas formas de sua proteção, com o fito de possibilitar

---

[37] Como, aliás, sentencia Antonio Menezes Cordeiro, *verbis*: "Substituir uma referência amorfa à boa-fé pela menção da confiança não é trocar uma fórmula vazia por outra similar. A confiança permite um critério de decisão: um comportamento não pode ser contraditado quando ele seja de molde a suscitar a confiança das pessoas". CORDEIRO, Antônio Manuel da Rocha e Menezes. *Da boa fé no Direito Civil*. Coimbra: Almedina, 2007. p. 756.

[38] RIEZLER, Erwin. *Venire contra factum proprium*. Studien im römischen, englischen und deutschen Civilrecht. Leipzig: Verlag von Duncker & Humblot, 1912.

um manejo jurídico minimamente seguro, justificando-se a pretensão de ofertar elementos para uma precisão da vedação do comportamento contraditório no direito privado.[39]

---

[39] Toma-se, parcialmente, expressão de WIEACKER, Franz. *Zur rechtstheoretischen Präzisierung des 242 BGB*. Tübingen: Verlag J.C.B. Mohr, 1956, Reimpressão, 1995.

1. Origem e desenvolvimento do brocardo *venire contra factum proprium nulli conceditur*

O objetivo deste capítulo é abordar o nascimento e o desenvolvimento do pensamento insculpido na máxima *venire contra factum proprium nemini licet*. Ainda que a pesquisa não seja realizada por um historiador, o que desaconselharia o exame diacrônico,[40] existe risco de maior incompletude e incompreensão do tema se esta empreitada não for, ao menos, intentada. Assim, embora se sabendo das dificuldades que a abordagem histórica apresenta, esta indagação[41] afigura-se

---

[40] Toma-se esta precaução no trato do tema histórico de José Joaquim Gomes Canotilho, o qual, em introdução a artigo sobre a liberdade dos antigos e liberdade dos modernos, adverte, fundado em lição de Paul Veyne, que: "O autor deste trabalho é um constitucionalista e não um historiador. Não gostaria de se improvisar historiador porque tem perfeita consciência do aviso lançado há anos por P. Veyne: «o perigo da história é que ela parece fácil e não o é». Contentar--nos-emos com a apresentação da «intriga», avançando alguns tópicos para a compreensão do seu enredo". CANOTILHO, José Joaquim Gomes. O círculo e a linha: da liberdade dos antigos à liberdade dos modernos na teoria republicana dos direitos fundamentais. *In*: ——. *Estudos sobre direitos fundamentais*. Texto original da 2ª edição portuguesa. Brasil: Revista dos Tribunais, 2008. p. 7.

[41] A ação da pesquisa histórica, em um sentido genuíno e próprio, é melhor expressada pela palavra indagação, a qual guardaria ainda para si um espaço de construção gnosiológica, necessária para a elaboração crítica do passado. Nessa linha, leia-se Paulo Ferreira da Cunha e outros, que, após introduzir a significação do que seria história, preferem a indagação como melhor forma de encarnação de suas características: "Todas aquelas expressões – averiguação, investigação, inquirição, indagação... – indicam algo que se encontra ainda desconhecido e que se pretende desocultar. Mas comportam entre si matizes, diferentes gradações dos tons significativos. De todas, preferimos a expressão *indagação*, por mais radical e menos comprometida com outras conotações. Averiguação, sobretudo na sua forma plural (averiguações) é demasiada policial ou detectivesca. inquérito, teve sobretudo fortuna sociológica e jornalística. Investigação é demasiado abrangente, e banalizou-se de braço dado com a 'ciência', sinônimo de pesquisa. Só indagação mantém intacta a intencionalidade desvendadora. A indagação actua numa perspectiva que não é apenas a da mera apreensão de um dado que *está ali*, apto a ser adquirido, descoberto e consumido, mas a elaboração desse mesmo dado pelo agente cognoscente. Na indagação há demanda e há criação, intervindo também a essencial tarefa da interrogação – e 'perguntar é a devoção do pensamento'". CUNHA, Paulo Ferreira da; SILVA, Joana Aguiar e; SOARES, António Lemos. *História do Direito*. Do Direito romano à Constituição européia. Coimbra: Almedida, 2005. p. 15.

necessária para se introduzir a problemática encetada pelo *venire contra factum proprium*.

Nesse sentido, segue-se sugestão de Hans Josef Wieling,[42] que admoestou Hans Walter Dette, por este, em sua tese de doutoramento, ter renunciado à realização de pesquisa histórica sobre a figura jurídica do *venire contra factum proprium*, atribuindo a esta falta sua incapacidade de compreender melhor o tema.

A justificação para a necessidade de um estudo histórico dessa figura jurídica está demonstrada por Díez-Picazo,[43] que assevera:

> Una vez más la búsqueda del sentido oculto de una institución o de una norma jurídica nos conduce de una manera inexorable a la historia del Derecho o, mejor, en nuestro caso, a la historia de la ciencia del Derecho. Solamente cuando se encuentran las circunstancias históricas en que apareció la institución o la norma que nos ocupa, el objeto de la investigación cobra, para nosotros, una claridad decisiva. Solamente entonces nos colocamos en una postura idónea para discernir el alcance y el significado que, en el momento actual, podemos atribuirle como instrumento jurídico que proporcione una mínima eficacia o utilidad.

Díez-Picazo[44] reflete ainda que o brocardo *venire contra factum proprium* não escapa da necessidade de explicação histórica, sendo, aliás, mais imprescindível ainda, pois a língua em que o brocardo está cunhado leva a pensar que se está diante de uma máxima jurídica forjada pelos antigos jurisconsultos romanos para resolver através dela uma série de problemas concretos e transmitida com o passar do tempo como moeda legítima e cursor legal, o que, de forma alguma, está correto.

Dessa forma, a indagação diacrônica resta justificada, não com o intuito de se aportar uma série de dados eruditos de pouco ou nenhuma utilidade, antes para contribuir decisivamente ao esclarecimento de seu substancial sentido e extensão do instituto jurídico estudado. No entanto, deve-se ter em medida que, desde o momento em que apareceu a máxima, a ciência do Direito progrediu de uma maneira considerável, havendo-se criado instrumental técnico, do tipo conceitual, de grande precisão. Dessa forma, muitos problemas, que eram

---

[42] No original, lê-se: "Bedauerlich dagegen ist es, dass der Verfasser auf eine Untersuchung zur Geschichte der Rechtsfigur verzichtet hat; sie hätte ihm manche Möglichkeit zu deren Verständnis bieten können". WIELING, Hans Josef. *Recensão a Hans Walter Dette*: Venire contra factum proprium nulli conceditur. Archiv für die civilistische Praxis, Tübingen: Mohr, v. 187, p. 96, 1987.

[43] DÍEZ-PICAZO PONCE DE LEON, Luis. *La doctrina de los propios actos*. Un estudio crítico sobre la jurisprudencia del Tribunal Supremo. Barcelona: Bosch, 1963. p. 19.

[44] *Ibid.*, p. 19.

solucionados apoiados na máxima, passaram a ter regramento jurídico próprio.[45]

1.1. A proibição do comportamento contraditório e o Direito romano

O Direito romano é o ponto obrigatório de partida da análise jurídica. Ainda que onde haja sociedade humana exista Direito (*ubi societas ibi jus*), pode-se dizer que o Direito romano marca o princípio da cultura jurídica ocidental, pois intentada, pela primeira vez, uma construção racional do mundo jurídico,[46] problematizado o fenômeno jurídico de forma autônoma, independentemente de variáveis religiosas. Saliente-se que para a realização deste *telos* científico, foi decisiva a importação do método dialético desenvolvido na Grécia, que proporcionou o avanço do Direito romano no processo de investigação dos fenômenos jurídicos.[47]

O Direito romano, ao contrário do que se possa imaginar, não conheceu uma regra geral de proibição do comportamento contraditório, cuja admissão iria contradizer a existência do *precarium*, o direito de arrependimento na *cessio bonorum* e na *condicitio poenitentiam*, e, finalmente, iria contradizer também a possibilidade de renúncia à execução da *restitutio in integrum*.[48]

Ainda assim, aponta-se que alguns precedentes parecem admitir a origem romana da regra *adversus factum suum qui venire non potest*.

---

[45] *Ibid.*, p. 19-20. Para este: "Pues bien: este progreso de la ciencia del derecho ha alterado seguramente el alcance, el significado y el valor del aforismo conforme el cual "nadie puede ir válidamente contra sus propios actos".

[46] Neste sentido, leia-se DÍEZ-PICAZO PONCE DE LEON, Luis. *La doctrina de los propios actos. Un estudio crítico sobre la jurisprudencia del Tribunal Supremo*. Barcelona: Bosch, 1963. p. 21. Com esse mesmo sentido, Peter Walter Ashton refere: "Os romanos foram os primeiros que consideraram o direito uma ciência que lhes permitia olhar e observar o mundo de então, com todas as suas pessoas, propriedades e relações pessoais intercomunicantes, através de conceitos jurídicos tão ordenados quanto os conceitos usados pelos matemáticos e físicos". ASHTON, Peter Walter. A importância do Direito romano para os sistemas jurídicos do ocidente, especialmente para a Alemanha. *Revista Direito & Justiça*, Revista da Faculdade de Direito da PUCRS, Porto Alegre, a. XXIII, v. 23, p. 279, 2001.

[47] Nesse sentido, leia-se lição de Fritz Schulz: "The importation of dialectic was a matter of extreme significance in the history of Roman jurisprudence and therefore of jurisprudence generally. It introduced Roman jurisprudence into the circe of the Hellenistic professional sciences and turned it into a science in the sense in wich that term is used by Plato and Aristotle no less than by Kant. It is only systematic research and organized knowledge that can properly be so called, and these are attainable only by the dialectical method". SCHULZ, Fritz. *History of roman legal science*. Oxford: Clarendon, 1946. p. 67-68.

[48] Nesse sentido, RIEZLER, Erwin. *Venire contra factum proprium. Studien im römischen, englischen und deutschen Civilrecht*. Leipzig: Verlag von Duncker & Humblot, 1912. p.1.

No entanto, Díez-Picazo[49] retifica essa afirmação, asseverando que essa assertiva careceria de provas, e que a única semelhança entre o brocardo e o Direito romano seria a língua na qual foi escrita.

Ademais, argumenta o autor espanhol,[50] com propriedade, que a máxima possuiria três notas características, quais sejam, generalidade, abstração e vagueza, totalmente estranhas ao modo de trabalhar da jurisprudência romana, a qual, apesar de rigorosamente lógica, foi casuísta, concreta e enormemente precisa.

Assevera-se, no entanto, que o pensamento de que não se deve se colocar em contradição com as próprias ações, quando, com isso, se tocar interesses de terceiros, já não era estranho aos juristas clássicos, existindo uma série de decisões, nas quais ele triunfa como uma exigência da *aequitas*, em face das rígidas consequências do *ius strictum*.[51]

Dessa forma, ainda que seja correto afirmar que os romanos desconheciam esse brocardo jurídico acerca da proibição do comportamento contraditório, igualmente correto que a problemática, que gira em torno do aforismo, lhes era conhecida,[52] pois o pensamento revelado pela máxima se encontra em diversas soluções de casos ofertadas pela jurisprudência romana,[53] as quais fornecem, na expressão de Díez-Picazo,[54] nada mais que pistas e um caminho para o estudo do *venire contra factum proprium*.

Ato seguinte, serão analisados alguns casos da jurisprudência romana, que, no trajeto decisório, teriam empregado a lógica subjacente à máxima *venire contra factum proprium*.[55]

---

[49] DÍEZ-PICAZO PONCE DE LEON, *op. cit.*, p. 21.

[50] Nesse sentido, DÍEZ-PICAZO PONCE DE LEON, Luis. La doctrina de los propios actos. Un estudio crítico sobre la jurisprudencia del Tribunal Supremo. Barcelona: Bosch, 1963. p. 21-22.

[51] RIEZLER, Erwin. *Venire contra factum proprium*. Studien im römischen, englischen und deutschen Civilrecht. Leipzig: Verlag von Duncker & Humblot, 1912. p. 1-2.

[52] WIELING, Hans Josef. *Recensão a Hans Walter Dette*: Venire contra factum proprium nulli conceditur. Archiv für die civilistische Praxis, Tübingen: Mohr, v. 187, p. 96, 1987: "Die Römer kannten kein Rechtsinstitut des "venire contra factum proprium", doch war ihnen die Problematik sehr wohl bekannt".

[53] Nesse sentido, afirma DÍEZ-PICAZO PONCE DE LEON, *op. cit.*, p. 22: "Ahora bien, lo que no puede negarse, ni ponerse en duda, es que la regla que estudiamos tiene en el Derecho Romano sus últimas y más profundas raíces, esto es, que, aunque haya sido formulada en el Derecho intermedio, esta formulación se produce como generalización de una serie de soluciones y de decisiones romanas, que, al mismo tiempo, sirven de fundamento y de justificación a la doctrina elaborada por la Glosa".

[54] *Ibid.*, p. 42, *verbis*: "El Derecho romano nos da una pista y un camino, pero nada más".

[55] Segue-se a senda analítica traçada por DÍEZ-PICAZO PONCE DE LEON, *op. cit.*, p. 22-42. Realce-se que para o autor espanhol os casos mais importantes são dois primeiros, pois, sobre eles, ter-se-ia apoiado a doutrina para estabelecer a regra do *venire contra factum proprium*. *Ibid.*, p. 32.

Ressalte-se, desde já, que, nos casos oriundos do Direito romano, a utilização do pensamento subjacente ao brocardo serve como forma de persecução da Justiça no caso concreto, a qual não seria alcançada, caso fosse aplicado o estrito *ius civile*,[56] e que a maneira como o pensamento opera é ora detendo a ação civil, através de uma exceção, ora detendo a exceção civil, por meio de uma réplica.[57]

1.1.1. O caso da mater familias emancipada

O fragmento 25 do Digesto Livro I, Título VII, do jurisconsulto Ulpiano, veda ao pai a inauguração de controvérsia contra a emancipação de sua filha, após a morte desta, quando esta tiver tido vida independente, de *mater familias*, e tiver instituído herdeiros através de testamento. O texto segue assim redigido:

> Post mortem filiae suae, quae ut mater familias quase jure emancipata vixerat et testamento scriptis suis heredibus decessit, adversus factum suum, quasi non jure eam nec praesentibus testibus emancipasset, pater movere controversiam prohibetur.[58]

Díez-Picazo[59] considera ser esse fragmento o antecedente histórico mais importante para o estudo da proibição do comportamento contraditório, afirmando ser o que gerou a formulação textual mais antiga da proibição de ir contra os atos próprios, a qual se encontraria na glosa *factum suum*. Segundo Díez-Picazo,[60] dentro dessas condições é inadmissível que o pai alegue que não existiu emancipação juridicamente eficaz.

A emancipação, no Direito romano clássico, era um ato formal e solene, o que ainda se preservava ao tempo de Ulpiano, precisando, dessa forma, do cumprimento de determinadas prescrições para que detivesse o esperado efeito jurídico.

---

[56] DÍEZ-PICAZO PONCE DE LEON, Luis. *La doctrina de los propios actos*. Un estudio crítico sobre la jurisprudencia del Tribunal Supremo. Barcelona: Bosch, 1963. p. 42: "En todos los casos estudiados o, por lo menos, en los más genuinos, la idea fundamental consiste en impedir un resultado, conforme el estricto Derecho civil, pero contrario a la equidad e a la buena fe. De aquí que el parentesco de nuestra idea con la 'exceptio doli' sea muy estrecho."
[57] *Ibid.*, p. 42: "El mecanismo utilizado para sancionar la inadmisibilidad de este resultado consiste en otorgar una 'exceptio' frente a una 'actio' civilmente fundada o en conceder una 'replica' frente a una 'exceptio' civilmente fundada".
[58] Na tradução de Hélcio Maciel França Madeira, lê-se: "Depois da morte daquela sua filha que vivera como *materfamilias* (mãe de família), de algum modo emancipada pelo direito, e que morrera deixando herdeiros escritos no testamento, proíbe-se ao pai mover controvérsia, contra um fato seu, alegando não tê-la emancipado segundo o direito, ou não estarem presentes as testemunhas". MADEIRA, Hélcio Maciel França. *Digesto de Justiniano*. Liber Primus. 4. ed. São Paulo: Revista dos Tribunais, 2009. V. 1. p. 89.
[59] DÍEZ-PICAZO PONCE DE LEON, *op. cit.*, p. 22.
[60] *Ibid.*, p. 23.

Max Kaser[61] explica que:

> A mancipatio é um acto formal, mediante o qual alguém cede a outrem a PROPRIEDADE ou um PODER SEMELHANTE À PROPRIEDADE sobre determinadas PESSOAS ou COISAS. O seu ritual arcaico exige a presença de CINCO TESTEMUNHAS pelo menos; além disso intervém um "portador da balança".

A *mancipatio* teria como fundamento a lei que cuidava de evitar a venda dos filhos,[62] como forma de coarctar a *patria potestas*,[63] que era, inicialmente, ilimitada. Essa assertiva é confirmada por Max Kaser,[64] que aclara:

> As XII Tábuas (4, 2) prescrevem: *si pater filium ter venum duit, filius a patre líber esto*: Se o pai vender o filho três vezes extingue-se definitivamente o seu poder, que não revive se o filho for manumitido de novo.
> Este preceito estava inicialmente concebido como medida penal contra um pai desumano, mas presumivelmente logo assumiu o sentido de negócio de libertação da *patria potestas*. A prática posterior aplica este preceito exclusivamente na *adoptio*, *emancipatio* e *noxae deditio*.

Como efeitos do reconhecimento da inexistência de *mancipatio* da filha-família, através da controvérsia levantada pelo pai, após sua morte, ter-se-iam reconhecido, primeiro, sua submissão *a patria potestas*, e, segundo, sua incapacidade de testar. Com isso, todo o patrimônio adquirido durante sua vida deveria ser atribuído ao pai.

Díez-Picazo[65] sumariza com exatidão os fatos subjacentes ao fragmento de Ulpiano:

> Las consecuencias civiles del supuesto examinado son, por consiguiente, muy claras. No existe una verdadera emancipación de la hija. El padre ha permitido, esto es cierto, que la hija fuera tratada como "sui juris", la ha permitido vivir como si legalmente estuviera emancipada, ha dado su aquiescencia a esta vida independiente de la hija, pero no ha existido una verdadera emancipación. No se ha operado jurídicamente el paso del "*status*" de "alieni juris" al de "sui juris", de hija de familia a "mater familias".

Aplicando-se as rígidas regras do *ius civile* ao caso, as quais prescreviam a necessidade de cumprimento de determinadas solenidades

---

[61] KASER, Max. *Direito Privado romano*. Lisboa: Fundação Calouste Gulbenkian, 1999. p. 64.

[62] DÍEZ-PICAZO PONCE DE LEON, Luis. *La doctrina de los propios actos*. Un estudio crítico sobre la jurisprudencia del Tribunal Supremo. Barcelona: Bosch, 1963. p. 23.

[63] Sobre a *patria potestas*, convém lembrar lição de Max Kaser: "Ela submete os filhos e as filhas (*filli, filiae familias*) a uma hegemonia na época antiga quase ILIMITADA de quem tem poder sobre eles, que é suavizada principalmente por vinculações de DIREITO SACRAL e do COSTUME, extrínsecas ao direito privado, e apenas no Principado por normas de direito privado e penal. A este pleno poder ficam submetidos os filhos-família, SEM distinção de IDADES e até a morte de quem tem poder sobre eles, desde que não se lhe ponha termo por processos especiais; diferentemente dos gregos e germânicos, o poder paternal continua a existir sobre o filho-família ADULTA após ter atingido a maioridade". KASER, *op. cit.*, p. 339.

[64] *Ibid.*, p. 340.

[65] DÍEZ-PICAZO PONCE DE LEON, *op. cit.*, p. 24.

para perfectibilização da emancipação, dever-se-ia acolher a pretensão do pai de decretar a inexistência da emancipação, e, desta forma, a inexistência igualmente do testamento deixado pela filha, com o que o patrimônio constituído por ela deveria ser atribuído ao pai, e não aos herdeiros nomeados.[66]

No entanto, a decretação desses efeitos dá a impressão de se estar conflitando com a justiça, ao retirar a validade de uma vida dedicada à construção de uma família autônoma e algum patrimônio em razão do descumprimento de uma solenidade. Dessa forma, como afirma Díez-Picazo:[67]

> Esta consecuencia rigurosa del Derecho civil le parece al jurisconsulto contraria a la equidad y es por esto que lo que resuelve que, en tal caso, no pude el padre, mover la controversia.

Díez-Picazo[68] aponta que alguns autores pensaram que a conduta do pai teria dado lugar a uma emancipação tácita, o que, no entanto, logo afasta, tendo em vista que não haveria base suficiente para se construir este instituto, arrimado nos textos do Direito romano. Dela somente se poderia falar caso se admitisse que a filha, apesar do não cumprimento da forma, tivesse se tornado *sui iuris*, portanto, emancipada, por causa do comportamento do pai.[69]

Superada a hipótese de emancipação tácita, Díez-Picazo,[70] igualmente, se entrega à ideia de que o fundamento da decisão teria, então, sido a impossibilidade de o pai ir contra o ato que havia anteriormente feito:

> Parece claro que la razón por la cual se le niega al padre la posibilidad de iniciar la controversia radica en que se coloca en contra de lo que el mismo ha realizado. Todo el acento pesa y se hace recaer en la idea de contradicción ("adversus factum suum"). No puede iniciar la controversia porque, al hacerlo, contradice su conducta anterior.

Erwin Riezler já defendia essa posição, qual seja, de que a razão fundamental pela qual Ulpiniano se baseou para negar provimento à ação proposta pelo pai, seria seu comportamento contraditório, ou melhor: "O pai não pode *adversus factum suum controversiam movere*,

---

[66] DÍEZ-PICAZO PONCE DE LEON afirma: "La invocación de la inexistencia de una emancipación regular realizada con todas las formalidades necesarias o ante el número de testigos que el Derecho requiere, es en realidad un pretexto para obtener la ineficacia del testamento de la hija". DÍEZ-PICAZO PONCE DE LEON, Luis. *La doctrina de los propios actos*. Un estudio crítico sobre la jurisprudencia del Tribunal Supremo. Barcelona: Bosch, 1963. p. 24.

[67] *Ibid.*, p. 24-25.

[68] *Ibid.*, p. 25.

[69] RIEZLER, Erwin. *Venire contra factum proprium*. Studien im römischen, englischen und deutschen Civilrecht. Leipzig: Verlag von Duncker & Humblot, 1912. p. 14.

[70] DÍEZ-PICAZO PONCE DE LEON, *op. cit.*, p. 25-26.

quer dizer, ele não pode interpor uma ação, que o coloque em contradição com seu anterior exercício de vontade".[71]

No entanto, ainda que Erwin Riezler não enxergue uma relevância do comportamento do pai no fragmento, que se prende ao fato de o pai não agir de forma justa quando fundamenta uma ação em sua *patria potestas* após o falecimento da filha, colocando-se em contradição com seu comportamento anterior, ele considera que, ao mesmo tempo em que não se pode afirmar, com certeza, como se realizou este pensamento na seara da *actio* romana, poderia se tratar, de fato, de caso de emancipação tácita, perfectibilizada não pela forma, mas pelo comportamento do pai, que autorizou com seu comportamento a vida de *sui iures* da filha.

Explica Erwin Riezler[72] que o plano de fundo, provavelmente, se cuidasse de uma ação denominada *praeiudicium*, processo declaratório pretório que tinha o fito de determinar se a pessoa em causa seria filho-família do autor,[73] teria prazo prescricional de 5 anos após a morte da filha, para ser ajuizada (Digesto, Livro XL, Título XV, fragmento 1).[74] O comentado fragmento de Ulpiniano, no entanto, não estaria baseado no ponto de vista da prescrição, o que já teria sido provado por Thibaut.[75]

Dessa forma, Erwin Riezler[76] colhe outros pontos de provas nos textos romanos, de casos símiles, a saber, *Codex*, Livro VIII, Título XLVII, que reza:

---

[71] RIEZLER, Erwin. *Venire contra factum proprium*. Studien im römischen, englischen und deutschen Civilrecht. Leipzig: Verlag von Duncker & Humblot, 1912. p. 13. O autor, na verdade, faz-se a pergunta que imagina que o jurisconsulto fez-se: pode o pai depois da morte da filha, levantar uma lide com a fundamentação de que a emancipação não teria sido formalmente jurídica. O trecho citado faz parte da resposta. Assim, está no original: "Wenn nun der Vater, ohne eine rechtsförmliche Emancipation vorzunehmen, es ruhig hat geschehen lassen, daß die Tochter tatsächlich lebt, als ob sie suae potestatis wäre, und die Tochter testiert hat: kann nun der Vater nach dem Tode der Tochter einen Streit erheben mit der Begründung, die Emancipation sei nicht rechtsförmlich erfolgt? Ulpian verneint die Frage und läßt deutlich erkennen, worin er den Grund der Verneinung erblickt: Der Vater kann nicht adversus factum suum controversiam movere, d.h. er darf keine Klage erheben, durch die er sich in Widerspruch setzt mit seiner eigenen Willensbetätigung".

[72] *Ibid.*, p. 14.

[73] Essa definição é de Max Kaser, que agrega que o *praeiudicium* substituiu o primevo processo de proteção da *patria potestas*, que se chamava, no direito antigo, *vindicatio*. KASER, Max. *Direito privado romano*. Lisboa: Fundação Calouste Gulbenkian, 1999. p. 341.

[74] Reza o fragmento 1, do Digesto, Livro XL, Título XV: "De statu defunctorum post quinquennium quaerere non licet, neque privatim, neque fisci nomine".
Na versão para o espanhol de D. Ildefonso L. García del Corral, lê-se: "Después de un quinquenio no es lícito cuestionar ni privadamente,ni en nombre del fisco, sobre el estado de los fallecidos". GARCÍA DEL CORRAL, Ildefonso L. *Cuerpo del Derecho Civil romano*: a doble texto. Traducido al castellano del latino. Barcelona: Jaime Molinas, 1897. V. III. p. 297.

[75] RIEZLER, Erwin. *Venire contra factum proprium*. Studien im römischen, englischen und deutschen Civilrecht. Leipzig: Verlag von Duncker & Humblot, 1912. p. 15.

[76] *Ibid.*, p. 15-16.

Si filium tuum in potestate tua dicis esse, praeses provinciae aestimabit, an audire te debeat, cum diu passus sis ut patris familias rem eius agi per eos, qui testamento matris tutores nominati fuerunt.[77]

Nesse trecho, o pai deixa acontecer que seu filho seja tratado como *homo sui iuris*, enquanto tutores o governam como se ele não estivesse sob a *patria potestas*.[78] Com isso, afirma Erwin Riezler[79] que o próprio *factum*, contra o qual o pai não pode se colocar em contradição, não é somente uma declaração verbal, antes um exercício concludente da vontade. Para o autor não se trata, com efeito, de prescrição, mas de uma neutralização (*Verwirkung*) da *patria potestas*. O significado desta *Verwirkung* se expressa assim: "Quem, claramente, dê a conhecer, que não irá defender um direito, não pode, mais tarde, fazer valer este direito, contra seu próprio comportamento"[80] (tradução livre do autor).

Desta forma, não se pode aprovar a opinião de Díez-Picazo, para quem o caso se resume, simplesmente, na proibição de alguém promover uma controvérsia contra o que ela mesma tenha feito anteriormente.[81]

Com efeito, a análise do fragmento não permite a conclusão de que o fundamento do impedimento dado ao pai de arguir a nulidade da emancipação teria sido inibir, pura e simplesmente, uma conduta contraditória, o que se afirma à luz do próprio fragmento comentado.

A base sólida que legitima a denegação da controvérsia movida pelo pai contra a emancipação, após a morte da filha, vem a ser, ao lado da emancipação inválida e do comportamento conivente do pai, uma série de circunstâncias fáticas e jurídicas do caso: por exemplo, o fato de a filha ter vivido como *mater familias* e ter escrito testamento, ter constituído relações jurídicas durante toda uma vida, não sendo, à evidência, repelida a ação do pai, simplesmente, em vista do comportamento contraditório em si. Ainda que se esteja a conjecturar, não se pode deixar de afirmar que a resposta do jurisconsulto, com certeza,

---

[77] Na versão para o espanhol de D. Ildefonso L. García del Corral, lê-se: "Si dices que tu hijo está bajo su potestad, el presidente de la provincia estimará si deberá oírte, cuando por largo tiempo hayas tolerado que como de un padre de familia sean administrados sus bienes por los que en el testamento de la madre fueron nombrados tutores". GARCÍA DEL CORRAL, Ildefonso L. *Cuerpo del Derecho Civil romano*: a doble texto, traducido al castellano del latino. Barcelona: Jaime Molinas, 1892. V. V. p. 382.

[78] RIEZLER, *op. cit.*, p. 16.

[79] *Ibid.*, p. 16.

[80] *Ibid.*, p. 16. Cita-se o trecho vertido ao vernáculo, no original: "Der Gedanke ist: Wer deutlich zu erkennen gegeben hat, daß er ein Recht ncht wahren will, soll es nicht später seinem eigenem Verhalten zuwider wieder gelten machen können".

[81] DÍEZ-PICAZO PONCE DE LEON, Luis. *La doctrina de los propios actos*. Un estudio crítico sobre la jurisprudencia del Tribunal Supremo. Barcelona: Bosch, 1963. p. 26-27.

teria sido diferente, caso a filha emancipada, por exemplo, não tivesse constituído família, ou qualquer patrimônio, não tivesse testado, e pouco tempo se tivesse passado da data da emancipação sem os requisitos formais de validade. À evidência, todas essas circunstâncias referidas no texto devem ter pesado no julgamento do jurisconsulto.

Traçando o mesmo julgamento, Alejandro Borba:[82]

> Cabe destacar que la solución dada al caso presente no tiene como primera razón sancionar la conducta contradictoria sino, más bien, evitar un resultado que objetivamente es considerado injusto. En efecto, lo que se procura es defender la eficacia del testamento otorgado por la hija que es, en definitiva, lo que pretende impugnar el padre desconociendo la emancipación.

Cumpre sublinhar que as fontes romanas não indicam que a proibição do comportamento contraditório seria fundamento único de decidir esse caso, em vista de que a decisão também se fundou na necessidade de se preservar um conjunto de relações jurídicas obtidas pela *mater familias* emancipada, com vício de forma, no curso de sua vida.

1.1.2. A ineficaz constituição de servidão em área condominial

O fragmento 11 do Digesto, Livro VIII, Título III, do jurisconsulto Celso, veda ao condômino que concedeu, singularmente, uma servidão[83] de passagem, de insurgir-se contra seu exercício, antes mesmo que seja perfectibilizado o direito real, que requer a anuência de todos os coproprietários.

Esse texto romano foi o primeiro abordado por Erwin Riezler,[84] em sua seminal análise do comportamento contraditório, estando assim redigido:

> Per fundum que plurium est, ius mihi esse eundi agendi potest separatim cedi. Ergo suptili ratione non aliter meum fiet ius, quam si omnes cedent et novissime demum cessione superiores omnes confirmabuntur: benignius tamen dicetur et antequam novissimus cesserit, eos, qui antea cesserunt, vetari uti cesso iure non posse.[85]

---

[82] BORBA, Alejandro. *La teoría de los actos propios*. 4 ed. Buenos Aires: Abeledo-Perrot, 2005. p. 16.

[83] Sobre a natureza da servidão no Direito romano, Max Kaser refere que: "Uma coisa, geralmente um prédio, pode ser onerada em favor de alguém, de forma que o respectivo proprietário tenha de tolerar uma determinada intromissão na coisa parte do titular ou de se abster de certa actuação própria". KASER, Max. *Direito Privado romano*. Lisboa: Fundação Calouste Gulbenkian, 1999. p. 168.

[84] RIEZLER, Erwin. *Venire contra factum proprium*. Studien im römischen, englischen und deutschen Civilrecht. Leipzig: Verlag von Duncker & Humblot, 1912. p. 4-12.

[85] Na versão para o espanhol de D. Ildefonso L. García del Corral, lê-se: "Puede concederse separadamente que tenga yo el derecho de paso y el de conducción por un fundo es de muchos. Asi pues, por extricto rigor no se hará mio este derecho de otro modo que si todos lo cedieran, y

Segundo o texto romano, a concessão poderia ser dada por cada um dos coproprietários, mas o direito somente seria realmente adquirido quando todos aqueles houvessem concedido, confirmando os consentimentos previamente dados. No entanto, antes mesmo da concessão do último condômino, ou seja, antes de adquirido o direito, os condôminos que já houvessem autorizado a servidão não poderiam impedir o uso do direito.[86]

Díez-Picazo[87] desnuda o sentido do fragmento, pontuando que:

> La servidumbre sobre un fundo indiviso sólo queda perfectamente constituida cuando ha sido consentida por todos los condueños, pero los que han emitido ya una declaración de voluntad quedan ligados por el acto de constitución que ellos mismos han realizado y no pueden oponerse al ejercicio de la servidumbre.

O coproprietário que admitiu a servidão, antes da totalidade dos condôminos terem anuído, está preso a sua manifestação de vontade, não podendo manifestar uma conduta contraditória a sua anterior, opondo-se ao exercício da servidão. Com efeito, se estaria diante de um negócio jurídico ineficaz, por falta da reunião do assentimento de todos os coproprietários. Nessa linha, Díez-Picazo:[88] "Se trata, si se quiere, de un negocio jurídico incompleto, pero susceptible todavía de ser completado, susceptible de que sea subsanado el defecto de que adolece".

A incompletude do negócio jurídico decorre do fato de que, pela existência de determinado bem com uma pluralidade de proprietários, para sua alienação ou oneração, deverão concorrer a vontade de todos os condôminos, sendo necessária uma declaração de vontade complexa para a perfectibilização do negócio.

Díez-Picazo[89] dá a conhecer que se buscou explicar a obrigatoriedade de o condômino concedente obedecer ao declarado, antes de constituída, realmente, a servidão, na teoria denominada de eficácia prévia ou prodrómica de um negócio complexo ou de formação sucessiva.

O fragmento, no entanto, restringe-se a declarar a impossibilidade de se impedir o uso de um direito concedido, e não a dar eficácia

---

al fin con la última cesión se confirmarán todas las anteriores. Pero más equitativamente se dirá, que, aun antes que el último hiciere la cesión, aquellos que antes la hicieron no pueden vedar que use del derecho cedido". GARCÍA DEL CORRAL, Ildefonso L. *Cuerpo del Derecho Civil romano*: a doble texto, traducido al castellano del latino. Barcelona: Jaime Molinas, 1889. V. I. p. 546.

[86] DÍEZ-PICAZO PONCE DE LEON, Luis. *La doctrina de los propios actos*. Un estudio crítico sobre la jurisprudencia del Tribunal Supremo. Barcelona: Bosch, 1963. p. 27.

[87] *Ibid.*, p. 28.

[88] *Ibid.*. p. 30.

[89] *Ibid.*, p. 31.

antecipada a uma servidão ainda não perfectibilizada. Com isso, embora o condômino que tivesse concedido a servidão ainda pudesse levantar, com base no Direito civil, uma ação negatória, pela qual o proprietário negaria a incidência de direitos reais sobre sua coisa,[90] o pretor poderia conceder ao demandado uma exceção, com base na boa-fé e na conduta contraditória do cedente, que deteria a intentada ação.[91]

A exceção seria concedida, na opinião de Erwin Riezler,[92] não pelo fato de o jurisconsulto avistar um *pactum* entre o cedente da servidão e o recebedor da declaração, que teria que se apoiar na tentativa de se construir, ficcionalmente, um *pactum tacitum*, mas sim pelo fato de que o ajuizamento da ação negatória por quem cedesse a servidão, ainda não perfectibilizada pela reunião de todas as declarações necessárias dos demais condôminos, está em desacordo com a *bona fides*, colocar-se em contradição com o próprio exercício da vontade (*die Willensbetätigung*).

1.1.3. A "exceptio rei venditae et traditae" e casos análogos

O estudo das figuras embrionárias da proibição do *venire contra factum proprium* é enriquecido pela análise das exceções do Direito romano, as quais, em suma, eram deferidas pelo pretor como forma de neutralizar uma pretensão, que, segundo o estrito *ius civile*, teria fundamento, mas que, em fundo, contraditaria a equidade.

Nesse sentido, a *exceptio rei venditae et traditae* é elencada por Erwin Riezler[93] como um dos casos típicos de proibição do comportamento contraditório no Direito romano.

Max Kaser,[94] sinteticamente, explica o conteúdo da *exceptio rei venditae et traditae*:

Quem COMPRA uma *res mancipi* ao proprietário quiritário e apenas a recebe por TRADITIO, é protegido pela *exceptio rei venditae et traditae*, se o vendedor o demandar

---

[90] Nesse sentido, ALVES, José Carlos Moreira. *Direito romano*. 14. ed. Rio de Janeiro: Forense, 2007. p. 331.

[91] Nessa linha, RIEZLER, Erwin. *Venire contra factum proprium*. Studien im römischen, englischen und deutschen Civilrecht. Leipzig: Verlag von Duncker & Humblot, 1912. p. 8. *Verbis*: "Der Sinn unserer Stelle kann also nicht der sein, daß dem Servitutprätendenten die a. confessoria gegen die Erstbesteller gewährt wird, sondern nur der, daß der a. negatoria der Erstbesteller gegen den Prätendenten eine exceptio entgegensteht". No mesmo sentido, DÍEZ-PICAZO PONCE DE LEON, *op. cit.*, p. 31-32.

[92] RIEZLER, *op. cit.*, p. 9 e 12.

[93] *Ibid.*. p. 17-28.

[94] KASER, Max. Direito Privado romano. Lisboa: Fundação Calouste Gulbenkian, 1999. p. 167.

com a *rei vindicatio*. Esta excepção torna a propriedade bonitária mais forte que a quiritária.

No Direito romano clássico, ao lado da propriedade quiritária, cujo titular deveria ser um cidadão romano ou um latino/peregrino que tivesse o *ius comercii*, encontra-se também a propriedade bonitária,[95] também chamada de pretoriana, que surgiu quando o pretor passou a proteger a pessoa que, comprando uma *res mancipi*, a recebia do vendedor por meio da simples *traditio*.[96]

Sabidamente, a *res mancipi* exigia um ato formal para sua alienação, a saber, a *mancipatio* ou a *in iuri cessio*, enquanto que, para a alienação da *res nec mancipi*, era suficiente a *traditio*, ou seja, a simples transferência do bem.[97]

Dessa forma, quando uma pessoa comprava uma *res mancipi* e recebia do vendedor por meio de uma *traditio*, não adquiria a propriedade quiritária, que requisitava aqueles processos formais de transmissão, pelo que continuava o vendedor a ter a propriedade quiritária sobre o bem, podendo, desta feita, reivindicá-la do comprador.

Essas lides, iníquas para o comprador, foram resolvidas com a criação pretoriana da *exceptio rei venditae et traditae* (exceção da coisa vendida e entregue), que tinha por função, na expressão de Moreira Alves,[98] paralisar o exercício do direito do vendedor de reivindicar a coisa.

Com Justiniano, a *exceptio rei venditae et traditae* conservou sua força apenas para proteger a aquisição da coisa do não proprietário, caso este chegue a sê-lo, subsequentemente.[99] Essa variação é abordada por Díez-Picazo, dentre os textos romanos,[100] visualizando como seu fundamento a ideia geral da inadmissibilidade do *venire contra factum proprium*.[101]

---

[95] A existência de outras duas situações análogas à propriedade quiritária, além da bonitária, a saber, a propriedade provincial e a propriedade peregrina, dá-nos notícia ALVES, José Carlos Moreira. *Direito romano*. 14. ed. Rio de Janeiro: Forense, 2007. p. 294. No entanto, não se dá relevância a essas últimas, por não terem relação com a *exceptio rei venditae et traditae*.

[96] *Ibid.*, p. 294-295.

[97] Nesse sentido, BIONDI, Biondo. *Istituzioni di Diritto Romano*. Terza edizione riveduta ed ampliata. Milano: Dott. A. Giuffrè, 1956. p. 151.

[98] ALVES, José Carlos Moreira. *Direito romano*. 14. ed. Rio de Janeiro: Forense, 2007. p. 295.

[99] KASER, Max. *Direito Privado romano*. Lisboa: Fundação Calouste Gulbenkian, 1999. p. 167.

[100] Díez-Picazo cita três fragmentos. O primeiro de Ulpiano, em Digesto, Livro XLIV, Título IV (*de doli malo et metus exceptione*), fragmento 4, parágrafo 32; o segundo de Marciano, em Digesto, Livro XXIII, Título V (*de fundo dotali*), fragmento 17; e o terceiro de Ulpiano, em Digesto, Livro XXI, Título III (*de exceptioni rei venditae et traditae*), fragmento 1. DÍEZ-PICAZO PONCE DE LEON, Luis. *La doctrina de los propios actos. Un estudio crítico sobre la jurisprudencia del Tribunal Supremo*. Barcelona: Bosch, 1963. p. 33.

[101] *Ibid.*, p. 32.

In casu, trata-se de dois negócios jurídicos: no primeiro, o não proprietário aliena imóvel, o que não produz nenhuma transmissão de propriedade, em vista de que ninguém pode dar aquilo que não tem; no segundo momento, o alienante não proprietário adquire a propriedade, por herança ou qualquer outro justo título, operando-se, daí, real transmissão de propriedade.

Dessa forma, o *ius civile* facultaria ao alienante *non dominus* que, posteriormente, adquiriu a propriedade, o ajuizamento de uma ação reivindicatória, pois seria, de direito, o titular do domínio. No entanto, como essa solução, de deferir a medida reivindicatória, afrontaria a equidade, o pretor intervém, deferindo uma exceção[102] ao comprador, contra a pretensão reivindicatória do vendedor.

Outra situação análoga a essa, de alguém que aliena coisa alheia e, posteriormente, adquire seu título dominial, é ofertada pelo caso de quem empenha coisa alheia, depois lhe adquirindo a propriedade. Para Erwin Riezler,[103] nasce essa proteção da ideia de que ninguém pode se colocar em contradição com o anterior exercício da vontade, e se legitima, reflexivamente, do princípio *dolo facit qui petit quod redditurus est*.[104]

Díez-Picazo[105] sumaria o fundamento da exceção, afirmando que ela se situa na ideia de uma inadmissibilidade do *venire contra factum proprium*, e não simplesmente na vinculação da parte contrária ao contrato, pois esta vinculação ao contrato desdobraria uma eficácia obrigatória entre os contratantes e herdeiros, enquanto que a *exceptio* iria mais além, protegendo inclusive aos sucessores singulares do comprador, que não foram partes no contrato.[106]

---

[102] Não há unanimidade sobre o tipo de *exceptio* que seria garantida ao comprador. Alguns doutrinadores defendem a adequação da *exceptio rei venditae et traditae*; outros, a da *exceptio doli*. Ver DÍEZ-PICAZO PONCE DE LEON, Luis. *La doctrina de los propios actos*. Un estudio crítico sobre la jurisprudencia del Tribunal Supremo. Barcelona: Bosch, 1963. p. 34.
No mesmo sentido, a demonstrar uma incerteza acerca de qual exceção seria a correta, RIEZLER, Erwin. *Venire contra factum proprium*. Studien im römischen, englischen und deutschen Civilrecht. Leipzig: Verlag von Duncker & Humblot, 1912. p. 20. *Verbis*: "Unsere Gedanken wird natürlich auch durch eine exceptio doli generalis entsprochen, die sich in den Quellen tatsächlich mehrfach vorfindet, wo man ebensogut die exc. rei venditae et traditae hätte erwarten können".

[103] RIEZLER, *op. cit.*, p. 26.

[104] Age com dolo quem pede o que deve dar. Por Detlef Liebs: "Dolo facit, qui petit, quod redditurus est bzw. quod restituere oportet eunde. Arglistig handelt, wer fordert, was er demnächst zurückgibt bzw. was er selbst zurückerstatten muß. Einer solchen Forderung steht die Einrede der Arglist entgegen. Dig. 50, 17, 173 § 3 = 44, 4, 8 pr. (Paulus); u. Liber sextus 5, 13, 59 (Bonifaz VIII). Windscheid-Kipp II, 463 f." LIEBS, Detlef. *Lateinische Rechtsregeln und Rechtssprichwörter*. München: Beck, 1982. p. 57.

[105] DÍEZ-PICAZO PONCE DE LEON, *op. cit.*, p. 34-35.

[106] Esse pensamento, no entanto, radica de Erwin Riezler, para quem a distinção entre a vinculação entre contrato e uma declaração não contratual que desse azo à exceção se localiza na possibi-

Por outro lado, Alejandro Borba,[107] sobre esse caso, tece os seguintes comentários, salientando, em primeiro plano, a desatenção à boa-fé que seria consagrada, com o deferimento da medida reivindicatória:

> En efecto, importaría una injusticia notoria que quien se hace pasar por dueño venda el bien y luego intente reivindicarlo cuando lo adquiere, atentando, de tal manera, contra la buena fe de aquel comprador que por no haber adquirido el bien del legítimo titular sólo es un poseedor de buena fe, privilegiando la mala fe de aquel vendedor de cosa ajena. Pero no sólo eso: es evidentemente contradictorio que una persona venda una cosa y luego pretenda reivindicarla sobre la base de que al momento de la venta no era el legítimo propietario.

Divisa-se, igualmente, nesses fragmentos, a importância do princípio da proibição do dolo, vedando-se a manobra artificiosa por meio da qual a parte busca a obtenção de vantagem indevida, o que justificaria a classificação como *excepti doli* a exceção deferida pelo pretor ao comprador.

Generalizando essa análise feita à *exceptio*, Hans Josef Wieling afirma que a forma como os romanos lidavam com os problemas derivados do comportamento contraditório se realizava através do instituto jurídicos das exceções (*die Einreden*) em geral, que estariam, com efeito, baseados neste pensamento.[108]

Explica Hans Josef Wieling,[109] então, que era por meio dessa ideia que o pretor decidia casos de cobrança, após a exoneração de obrigação em favor de um devedor. Explana o autor que, como inexistia liberdade contratual no Direito romano, a liberação do devedor era tida por um *pactum nudum*, contrato não conhecido pelo *ius civile*. Dessa forma, o pretor dava ao devedor uma exceção, por meio da qual ele iria se opor à ação, neutralizando o direito de crédito do autor.

---

lidade de translação dos efeitos para além do contrato, para os sucessores singulares. RIEZLER, *op. cit.*, p. 18. *Verbis*: "Diese ist nicht gleichbeteutend mit der vertragsmäßigen Gebundenheit an die Veräußerung. Denn der obligatorischen Gebundenheit würde eine bloß persönlich Wirkung der exception entsprechen, während doch ihre Wirkung zugunsten der Singularsukzessoren des Erwerbers sicher bezeugt ist".

[107] BORBA, Alejandro. *La teoría de los actos propios*. 4 ed. Buenos Aires: Abeledo-Perrot, 2005. p. 20.

[108] WIELING, Hans Josef. *Recensão a Hans Walter Dette:* Venire contra factum proprium nulli conceditur. Archiv für die civilistische Praxis, Tübingen: Mohr, v. 187, p. 96, 1987. No original, lê-se: "Die Römer kannten kein Rechtsinstitut des "venire contra factum proprium", doch war ihnen die Problematik sehr wohl bekannt: die ganze Rechtsfigur der exceptiones, der Einreden, beruhet auf diesem Gedanken".

[109] *Ibid.*, p. 96.

1.1.4. O caso da mudança de resolução em prejuízo de terceiro

Díez-Picazo[110] aborda ainda o caso da mudança de resolução em prejuízo de terceiro, texto de Papiniano que se encontra no último título do Digesto, Livro L, Título XVII, fragmento 75, que preceitua que *nemo potest mudare consilium suum in alterius injurie*.[111]

Após contestar a genuinidade do trecho em razão de sua generalidade,[112] Díez-Picazo localiza casos em que o fragmento poderia ter sido utilizado como uma razão de uma decisão concreta do jurisconsulto, atribuindo especial importância a *bonorum possessio* do filho emancipado. Segundo esse instituto, o filho emancipado que tivesse sido preterido no testamento do pai poderia propor a ação conhecida como *bonorum possessio contra tabulas*, oriunda do Direito pretoriano.

Para se entender o trecho, fundamental recorrer-se à lição de José Carlos Moreira Alves,[113] que explica que:

> No Direito romano clássico, à *hereditas* (sucessão universal *mortis causa* reconhecida pelo *ius ciuile*) se contrapõe a *bonorum possessio* (sucessão universal *mortis causa* disciplinada pelo *ius honorarium*).

O fragmento *nemo potest mudare consilium suum in alterius injurie* seria aplicado ao caso do filho emancipado que, embora aceitando um legado estabelecido no testamento do pai, requisitasse ainda a *bonorum possessio*.[114]

Ocorre que, segundo a composição da família romana, o patrimônio do pai era formado de toda a fortuna que os filhos que se encontravam submetidos ao seu poder produzissem, ao passo que os filhos emancipados eram titulares do patrimônio próprio, de forma que seus bens não integravam o cabedal inventariado.

A situação de injustiça fica evidenciada pela possibilidade de o filho emancipado participar da sucessão dos bens do pai, que seria composta pelos bens adquiridos pelos filhos não emancipados, sem comunicar à sucessão os bens adquiridos.[115]

---

[110] DÍEZ-PICAZO PONCE DE LEON, Luis. *La doctrina de los propios actos*. Un estudio crítico sobre la jurisprudencia del Tribunal Supremo. Barcelona: Bosch, 1963. p. 35.

[111] Na versão para o espanhol de D. Ildefonso L. García del Corral, lê-se: "Nadie puede cambiar su proprio designio en perjuicio de otro". GARCÍA DEL CORRAL, Ildefonso L. *Cuerpo del Derecho Civil romano*: a doble texto. Traducido al castellano del latino. Barcelona: Jaime Molinas, 1897. V. III. p. 950.

[112] DÍEZ-PICAZO PONCE DE LEON, *op. cit.*, p. 35.

[113] ALVES, José Carlos Moreira. *Direito romano*. 14. ed. Rio de Janeiro: Forense, 2007. p. 711.

[114] DÍEZ-PICAZO PONCE DE LEON, *op. cit.*, p. 37.

[115] Essa situação é descrita com acuidade por Díez-Picazo: "Acontecía entonces que los emancipados, titulares de su propio patrimonio, conservaban éste para sí, incluidas las donaciones que el padre les hubiera hecho, y participaban además de los incrementos originados en el patrimo-

Essa iníqua situação seria reparada com a *collatio bonorum*, que impunha aos emancipados que quisessem obter a *bonorum possessio*, no dizer de Díez-Picazo,[116] a necessidade de se computar à massa hereditária tudo aquilo que, caso tivesse permanecido abaixo da *patria potestas*, caberia ao pai.

O *telos* corretivo da *collatio bonorum* é ratificado por José Carlos Moreira Alves,[117] que assinala:

> Pela *collatio bonorum* (ou *collatio emancipi*), o pretor impediu que os *sui* sofressem injustiça, pois, enquanto os emancipados podiam constituir patrimônio próprio com o que adquiriam, tudo o que era obtido pelos *sui* ingressava, em geral, no patrimônio do *pater familias*, o qual quando da morte deste, e em virtude da *bonorum possessio unde liberi* ou da *bonorum contra tabulas*, seria partilhado pelos *sui* e *emancipati*.

Mas a regra insculpida no fragmento não detinha alcance geral. E poderia mesmo a mudança de resolução ser admitida, quando o filho emancipado, após ter se negado a efetuar a colação (*collatio bonorum*), mudando de opinião e atitude, ofertasse caução suficiente à colação, e manifestando interesse de alcançar a *bonorum possessio*.[118]

Conclui acertadamente a análise do caso, Alejandro Borba,[119] para quem:

> Éste es otro caso en donde se nota que la inadmisibilidad de la conducta contradictoria no era, para los romanos, el argumento esencial para atacar determinados actos incoherentes con la primera conducta sino que, sin dejarlo de tener en cuenta, se prefería resolver cada caso de la manera que se entendía más justa.

Assim, mais do que uma mera reprovação do comportamento contraditório, as razões do trecho parecem denunciar um propósito de realização da justiça no caso concreto, verificadas todas as circunstâncias da lide.

1.1.5. Ratihabition

Aponta-se ainda como espécie de proibição do comportamento contraditório a *ratihabition*, espécie de ratificação ou confirmação de um ato ou contrato.[120]

---

nio del padre por las adquisiciones de los no emancipados, y éstos, en cambio, no tenían parte alguna en lo que aquéllos hubiesen adquirido, incluidas las donaciones". *Ibid.*, p. 37.

[116] DÍEZ-PICAZO PONCE DE LEON, Luis. *La doctrina de los propios actos.* Un estudio crítico sobre la jurisprudencia del Tribunal Supremo. Barcelona: Bosch, 1963. p. 37.

[117] ALVES, José Carlos Moreira. *Direito romano.* 14. ed. Rio de Janeiro: Forense, 2007. p. 787.

[118] DÍEZ-PICAZO PONCE DE LEON, *op. cit.*, p. 38.

[119] BORBA, Alejandro. *La teoría de los actos propios.* 4. ed. Buenos Aires: Abeledo-Perrot, 2005. p. 18.

[120] RIEZLER, Erwin. *Venire contra factum proprium.* Studien im römischen, englischen und deutschen Civilrecht. Leipzig: Verlag von Duncker & Humblot, 1912. p. 28-32.

Para Erwin Riezler,[121] inexistiu no Direito romano uma teoria geral da ratificação, mantendo-se separadas as categorias da aprovação de uma gestão de negócios (*die Genehmigung einer Geschäftsführung*), com a posterior concordância dos negócios jurídicos celebrados pelo gestor, e a ratificação dos próprios negócios jurídicos (*die Bestätigung des eigenen Geschäfts*).

A categoria trabalhada pelo autor, como cunhagem do pensamento de contraditório, vem a ser a primeira, qual seja, a confirmação dos atos do gestor de negócios. Para Erwin Riezler,[122] é tão evidente que esta ratificação – *ratihabition* – é um *factum proprium*, contra a qual o declarante não se poderá colocar, que não se exige uma longa discussão para provar, bastando apontar dois fragmentos que o atestam.

Os fragmentos que cita são o de Scaevola 8, Digesto, Livro III, Título V,[123] de neg. gest., e o fragmento de Ulpiniano 12.2, do Digesto, Livro XLVI, Título VIII.[124]

---

[121] *Ibid.*, p. 28. No ponto, Riezler segue a doutrina de Lothar Seuffert, Die Lehre von der Ratihabition der Rechtsgeschäfte, 1868. O livro de Lothar Seuffert está digitalizado no *google books*. Disponível em: <http://books.google.com.br/books?id=5RFFAAAAcAAJ&pg=PR1&lpg=PR1&dq=%22lothar+seuffert%22+die+lehre+von+der+ratihabition+der+rechtsgesch%C3%A4fte&source=bl&ots=0yPI-Q9d72&sig=n81Kt_JvQRvfVOcm0SyOC886oTE&hl=pt-BR&ei=HYVWTvWTB6Pj0QHv9YWeDA&sa=X&oi=book_result&ct=result&resnum=3&sqi=2&ved=0CCgQ6AEwAg#v=onepage&q&f=false>. Acesso em: 25 ago. 2011.

[122] *Ibid.*, p. 28.

[123] O fragmento, no original, reza que: "Pomponius scribit, si negotium a te quamvis male gestum probaveris, negotiorum tamen gestorum te mihi non teneri. Videndum ergo ne in dubio hoc, an ratum habeam, actio negotiorum gestorum pendeat: nam quomodo, cum semel coeperit, nuda voluntate tolletur? Sed superius ita verum se putare, si dolus malus a te absit. Scaevola: immo puto et si comprobem, adhuc negotiorum gestorum actionem esse, sed eo dictum te mihi non teneri, quod reprobare non possim semel probatum: et quemadmodum quod utiliter gestum est necesse est apud iudicem pro rato haberi, ita omne quod ab ipso probatum est. Ceterum si ubi probavi, non est negotiorum actio: quid fiet, si a debitore meo exegerit et probaverim? Quemadmodum recipiam? Iitem si vendiderit? Ipse denique si quid impendit, quemadmodum recipiet? Nam utique mandatum non est. Erit igitur et post ratihabitionem negotiorum gestorum actio". Na versão para o espanhol de D. Ildefonso L. García del Corral, lê-se: "Escribe Ponponio, que si yo hubiere aprobado un negocio, aunque malamente llevado por ti, no me quedas, sin embargo, obligado por la gestión de negocios. Se ha de ver, pues, se es que la acción de gestión de negocios no esté pendiente de la duda de si yo la ratifico; porque como se extinguirá por sola voluntad, cuando ya una vez hubiere comenzado? Pero opina que es verdad lo antes expresado, si en ti no hubiera dolo malo. Añade Scévola: antes bien creo, que aunque yo apruebe, subsiste todavía la acción de gestión de negocios; pero por esto se ha dicho que no me quedas obligado, y así como es necesario que sea ratificado ante el juez lo que se gestionó útilmente, así también es necesario que lo sea todo lo que por mi mismo se aprobó. Por lo demás, si desde luego que aprobé ho hay gestión de acción de negocios, qué se hará si hubiere él cobrado de mi deudor, y yo lo hubiere aprobado? de qué modo lo percibiré? y si también él hubiere vendido? y por último, si él mismo gastó algo, como lo recobrará? Porque ciertamente ho hay mandato; habrá, pues, aun después de la ratificación la acción de gestión de negocios." GARCÍA DEL CORRAL, Ildefonso L. *Cuerpo del Derecho Civil romano*: a doble texto. Traducido al castellano del latino. Barcelona: Jaime Molinas, 1889. V. I. p. 327.

[124] Nesse fragmento, lê-se: "Julianus ait interesse, quando dominus ratam habere deberet solutionem in procuratorem factam, an tunc demum, cum primum certior factus esset. Hoc autem en platei accipiendum est et cum quodam spatio temporis nec mínimo nec maximo et quod magis

No primeiro, Pomponius, inicialmente, reproduz, provavelmente, texto de antigo jurista, no qual se recusa *actio negotium gestorum directa*, ação que existia em favor do *dominus negotti*, em razão de má gestão do negócio, quando o dono o tiver, anteriormente, ratificado. Segundo Erwin Riezler,[125] o que Pomponius agrega ao texto vem a ser a previsão de que a recusa à ação do dono do negócio somente é válida enquanto o gestor não tenha agido dolosamente, pois se este assim agiu, sequer a ratificação posterior poderia lhe proteger dos efeitos da *actio negotium gestorum directa*.

O trecho, que seria de significado duvidoso,[126] teria o seguinte sentido:[127]

> *Julianus* responde à questão, de qual seria a situação jurídica, se o dono do negócio, após perder o curtíssimo prazo de ratificação, ainda o autorizar. A autorização, quando se dá a destempo, não obsta a ação do credor contra o devedor. Se, por conseguinte, o credor cobrar do devedor novamente, o que este já tinha pago ao *procurator* não legitimado, então poderia o devedor se utilizar, independentemente da intempestiva autorização, da *cautio ratam rem haberi*.
> Ulpiniano, no entanto, concede uma *exceptio doli*. Para quem? E contra que ação? Parece-me, realizando uma interpretação naturalista, que Ulpiniano, opondo-se à rigorosa opinião de Juliano, quer dizer: quando o credor, de forma contrária a sua

---

intellectu percipi, quam elocutione exprimi possit. quid ergo, si, quod primo ratum non habuit, postea habebit ratum? nihilo magis proficere ad impediendam actionem suam et ob id, quod primo non habuit ratum, actionem salvam habere ait. ideoque si, quod procuratori fuerat solutum, exegerit, agi perinde ex ea stipulatione poterit, ac si ratum habere se postea non dixisset. sed ego puto exceptionem doli mali locam habituram".
Na versão para o espanhol de D. Ildefonso L. García del Corral, lê-se: "Juliano dice que importa saber cuándo debería ratificar el principal el pago hecho á um procurador, si solamente tan pronto como tuvo noticia. Mas esto se ha de entender con latitud y amplitud, y con cierto espacio de tiempo, ni mínimo, ni máximo, y que más bien se puede comprender con la inteligencia, que expresar con palabras. Luego, que dirá, si lo que no ratificó primeramente, lo ratificare después? Dice que esto no aprovecha para impedir su acción, y que por lo que no ratificó primeramente tiene salva la acción; y por esto, si exigiere lo que á un procurador se le había pagado, se podrá en virtud de esta estipulación ejercitar acción lo mismo que si después no hubiese dicho que lo ratificaba. Pero yo opino, que habrá de tener lugar la excepción de dolo malo." Ibid. V. III. p. 639-640.

[125] RIEZLER, Erwin. *Venire contra factum proprium*. Studien im römischen, englischen und deutschen Civilrecht. Leipzig: Verlag von Duncker & Humblot, 1912. p. 29.
[126] *Ibid.*, p. 30.
[127] *Ibid.*, p. 30-31. No original, lê-se: "Julian beantwortet die Frage, welches die Rechtslage sei, wenn der dominus die billig zu bemessende Genehmigungsfrist vorübergehen läßt, nachher aber doch noch genehmigt. Die Genehmigung hindere, wenn sie nicht rechtzeitig erfolgt sei, die Klage des Gläubigers gegen den Schuldner nicht; wenn infolgedessen der Gläubiger den Schuldner noch einmal auf dasselbe einklagt, was dieser schon an den (nicht legitimierten) procurator gezahlt hat, dann könne der Schuldner ohne Rücksicht auf de verspätete Genehmigung den procurator aus der von diesem in Stipulationsform gegebenen cautio ratam rem haberi in Anspruch nehmen.
Ulpian aber gibt die exceptio doli. Wem? Und gegenüber welcher Klage? Als die natürlichste Auslegung erscheint mir, daß Ulpian, Julians rigoroser Auffassung mit einer Billigkeitserwägung entgegentretend, sagen will: wenn der Gläubiger entgegen seiner, wenn auch verspäteten Ratihabition, gegen den Schuldner klagt, so hat der Schuldner die exception doli (generalis)".

intempestiva ratificação (*Ratihabition*), processa o devedor, então o devedor tem uma *exceptio doli (generalis)* (tradução livre do autor).

Assim, a decisão de Ulpiniano apoiar-se-ia no pensamento de que não se pode propor uma ação, quando, com isso, se colocar em contradição com o exercício de vontade, mesmo que este não seja válido segundo o *ius strictum*, uma vez que foi realizado a destempo.[128]

1.1.6. O caso da proibição de invocação da própria torpeza

Outro caso identificado como precursor do pensamento da vedação do comportamento contraditório no Direito romano vem a ser a proibição da própria torpeza.

Refere, nesse sentido, Díez-Picazo[129] que a *allegans propriam turpitudinem non auditur* teria um parentesco muito estreito com a proibição do *venire*, elencando, então, manifestações tópicas do princípio, dentre as quais se destacam:

1) ninguém poderá alegar a fraude que cometeu contra seus credores;

2) aquele que enganou não pode se aproveitar deste engano, exemplificando com o caso do menor que falsamente se fez passar por maior de idade;

3) a impossibilidade de se pedir a repetição do pagamento ou de exercitar uma condição àquele que é culpado da causa moral ou ilícita.

No entanto, novamente nesse grupo de casos é facilmente percebível que o fundamento da censura jurídica não se encontra no desvalor dado ao comportamento contraditório, como se houvesse um dever jurídico de coerência; antes, se fundam os precedentes na proibição do dolo, ou seja, no desincentivo à dissimulação da vontade com intuito de benefício próprio.

1.1.7. A fidelidade à palavra dada ou a responsabilidade por promessas sem compromisso

Ainda elenca-se a fidelidade à palavra como uma ideia ancestral do *venire*. Díez-Picazo,[130] que inclui a fidelidade à palavra empenhada

---

[128] RIEZLER, Erwin. *Venire contra factum proprium*. Studien im römischen, englischen und deutschen Civilrecht. Leipzig: Verlag von Duncker & Humblot, 1912. p. 31.

[129] DÍEZ-PICAZO PONCE DE LEON, Luis. *La doctrina de los propios actos*. Un estudio crítico sobre la jurisprudencia del Tribunal Supremo. Barcelona: Bosch, 1963. p. 39-40.

[130] *Ibid.*, p. 40. O autor refere que esses casos foram colacionados pelos compiladores do Direito Comum, daí justificando sua menção, *verbis*: "Finalmente, y prescindiendo de algunos casos,

como manifestação do pensamento do *venire contra factum proprium*, afirma que, desta forma, se alude à vinculação jurídica do contratado e à observância do pactuado[131] como revelações desta lógica de não contradição à palavra dada, fazendo remissão ainda à vinculação ao que for manifestado documentalmente. Remanesce mais um quarto exemplo, pelo autor denominado como uma vinculação a uma situação jurídica aprovada,[132] quando, inexistindo contrato ou pacto a ser observado, houver uma manifestação de vontade ou conhecimento da situação, não sendo legítima a alegação de sua não ciência. O caso específico abordado vem a ser a manumissão de um escravo dado em garantia, com o conhecimento do credor, não sendo admitido este alegar, posteriormente, desconhecimento do havido.

Erwin Riezler,[133] originariamente, identificou ocorrência de *venire contra factum proprium* em casos do Direito romano que envolveram uma responsabilidade por causa de promessas sem compromisso.

Erwin Riezler apontou dois fragmentos do Digesto, nos quais, segundo sua opinião, aparece este pensamento, a saber:

> Permisisti mihi, ut sererem in fundo tuo et fructus tollerem: sevi nec pateris me fructus tollere. Nullam iuris civilis actionem esse Aristo ait: an in factum dari debeat, deliberari posse: sed erit de dolo. (Pomponius libro vicesimo secundo ad Sabinum – Fr. 16, § 1, D. de praescr. verb., 19, 5).[134]
>
> Si, cum mihi permisisses saxum ex fundo tuo eicere vel cretam vel harenam fodere, et sumptum in hanc rem fecerim, et non patiaris me tollere: nulla alia quam de dolo malo actio locum habebit. (Ulpinianus libro quadragesimo ad Sabinum – Fr. 34, D. de dolo malo 4, 3).[135]

---

cuya relación con el tema de esta obra es escasa, conviene mencionar, porque han sido traídos a colación por los compiladores del Derecho común, una serie de textos que ordenan la fidelidad a la palabra dada y la imposibilidad de venir contra ella".

[131] Regra geral para se apontar a diferença entre contrato e pacto no Direito romano vem a ser que, enquanto aquele diz respeito aos contratos obrigacionais exigíveis segundo o *ius civile*, este diz respeito aos contratos obrigacionais não exigíveis segundo o *ius civile*. Nesse sentido, ler KASER, Max. *Direito Privado romano*. Lisboa: Fundação Calouste Gulbenkian, 1999. p. 225 e 227.

[132] DÍEZ-PICAZO PONCE DE LEON, *op. cit.*, p. 41.

[133] RIEZLER, Erwin. *Venire contra factum proprium*. Studien im römischen, englischen und deutschen Civilrecht. Leipzig: Verlag von Duncker & Humblot, 1912. p. 32.

[134] Na versão para o espanhol de D. Ildefonso L. García del Corral, do fragmento 16, § 1, de Pompônio, Digesto Livro XIX, Título V, lê-se: "Me permitiste que sembrar en tu fundo, y que recogiese el fruto; sembré, y no me permites recoger el fruto; dise Aristón, que no hay ninguna acción de derecho civil; y que puede deliberarse si deverá darse la del hecho; pero habrá la de dolo." GARCÍA DEL CORRAL, Ildefonso L. *Cuerpo del Derecho Civil romano*: a doble texto. Traducido al castellano del latino. Barcelona: Jaime Molinas, 1889. V. I. p. 977.

[135] Na versão para o espanhol de D. Ildefonso L. García del Corral, do fragmento 34, de Ulpiniano, Digesto Livro IV, Título III, lê-se: "Si habiéndome permitido tú sacar de tu heredad piedra, o cavar greda o arena, yo hubiere hecho gastos para este objeto, y no me permitieras llevármelas, no tendrá lugar ninguna otra acción más que la de dolo malo." *Ibid.*, p. 359.

Nos trechos, Erwin Riezler[136] encontra o pensamento – mais tíbio no trecho de Pompônio, mais decisivo no fragmento de Ulpiano – de que a quebra de uma promessa dada, mesmo quando não tenha se dado na forma de vinculação jurídica, contanto que pelo menos se tenha um comportamento doloso, possa conduzir para ocorrência de danos patrimoniais, em quem tiver confiado na promessa. A indenização cobriria os gastos que se tivessem feitos necessários por aquele que confiara na promessa.[137]

1.1.8. A vinculação pelo recebimento da execução

Apresenta-se como precedente do pensamento do *venire contra factum proprium* no Direito romano a denominada vinculação pelo recebimento de uma execução (*die Gebundenheit aus der Erfüllungsannahme*).[138]

Para Erwin Riezler,[139] o recebimento de uma prestação, que tivesse por fundamento uma convenção, sem forma e compromisso, seria um *factum proprium*, produzindo para quem recebe uma vinculação. Assim, constituindo o recebimento um ato vinculativo, ficaria justificada a impossibilidade de o recebedor refugá-la, após recebê-la, o que configuraria comportamento contraditório.

Importante se acentuar que o comportamento das partes passou a ser valorado, de forma que o recebimento da obrigação convencionada a título precário perfectibilizava o vínculo, dando ao credor a possibilidade de exigir o cumprimento da contraprestação, através da *actio praescriptis verbis*.

Para Erwin Riezler,[140] é dessa ideia que resulta a discutida *actio praescriptis verbis*, ação civil por meio da qual o autor visava à execução de um contrato inominado pelo réu,[141] que é precedida por outra, *actio doli*, por meio da qual se buscava a anulação dos efeitos do negócio jurídico, quando este já tivesse sido executado.[142]

---

[136] RIEZLER, Erwin. *Venire contra factum proprium*. Studien im römischen, englischen und deutschen Civilrecht. Leipzig: Verlag von Duncker & Humblot, 1912. p. 32.

[137] *Ibid.*, p. 33.

[138] *Ibid.*, p. 38.

[139] *Ibid.*, p. 38, *verbis*: "Die Entgegennahme der Realleistung, die auf Grund einer formlosen unverbindlichen Vereinbarung erfolgt, ist ein factum proprium, das für den Empfänger eine Bindung erzeugt".

[140] Ibid., p. 38.

[141] Sobre a *actio prescriptis verbis*, ler ALVES, José Carlos Moreira. *Direito romano*. 14. ed. Rio de Janeiro: Forense, 2007. p. 542-543; KASER, Max. *Direito Privado romano*. Lisboa: Fundação Calouste Gulbenkian, 1999. p. 265.

[142] ALVES, *op. cit.*, p. 184.

1.2. A proibição do comportamento contraditório e o Direito medieval

Para se compreender o desenvolvimento havido no pensamento do *venire*, necessário se ocupar com o tratamento dispensado pelos juristas da Idade Média ao tema, os quais, além de terem sido os responsáveis pela cunhagem do brocardo, inauguraram uma nova forma de pensar e estudar o fenômeno jurídico.

Ciente da necessidade dessa empreitada, mas igualmente conhecedor das suas dificuldades,[143] Díez-Picazo realiza a análise do Direito medieval, localizando-a, cronologicamente, a partir dos séculos XI e XII até o momento histórico das codificações e da formação dos direitos nacionais.

1.2.1. A restauração dos estudos jurídicos no medievo

O fato central do renascimento jurídico na Europa vem a ser o nascimento da Escola de Bolonha, que terá o condão de fundar a ciência jurídica europeia.[144] O intento foi capitaneado por Irnério, mestre de artes liberais, que, nas palavras de Francesco Calasso:[145]

> [...] revelou seu gênio com uma grande intuição, que foi dar ao ensinamento jurídico um lugar autônomo, o que não era reconhecido na enciclopédia do saber medieval, ao mesmo tempo em que estudou o direito justianeu nos textos integrais e originais, afastando sínteses e extratos a que a idade anterior era complacente.

Sobre a escola de Bolonha e o método da glosa, convém referir ainda a lição de John Gilissen:[146]

> A escola de Bolonha, se não introduziu, pelo menos generalizou e sistematizou o método da glosa. A glosa (do grego: γλοσσα, isto é, palavra, voz) é na origem, uma

---

[143] Correta sua observação de se trata de *un período histórico no bien conocido y de uma doctrina muy difícilmente accesible*. DÍEZ-PICAZO PONCE DE LEON, Luis. *La doctrina de los propios actos. Un estudio crítico sobre la jurisprudencia del Tribunal Supremo*. Barcelona: Bosch, 1963. p. 43.

[144] Nesse sentido, ler CALASSO, Francesco. *Medio evo del Diritto*. Le fonti. Milano: Giuffrè, 1954. V. I. p. 367. No mesmo diapasão, Díez-Picazo afirma que a ciência jurídica europeia começa com o estudo do *Corpus iuris civilis*, pela chamada escola da Glosa na Itália, no começo da baixa idade média. DÍEZ-PICAZO PONCE DE LEON, *op. cit.*, p. 43.

[145] CALASSO, *op. cit.*, p. 368. No original, lê-se: "La scuola di Bologna nasce, tra lo scorcio del sec. XI e gl'inizi del XII, per opera di un semplice maestro di arti liberali, Irnerio, il quale rivela il suo genio con una grande intuizione: dare all'insegnamento del diritto quel posto autónomo che, come si vide, nella enciclopedia del sapere medievale non gli era riconosciuto, e, nel tempo stesso, studiare il diritto giustinianeo nei testi genuini e completi, mettendo da parte epitomi ed estratti di cui l'età precedente s'era compiaciuta".

[146] GILISSEN, John. *Introdução histórica ao Direito*. 5. ed. Lisboa: Fundação Calouste Gulbenkian, 2008. p. 343.

breve explicação de uma palavra difícil; era de uso corrente no ensino da gramática no *Trivium*. Os juristas de Bolonha alargaram este gênero de explicação a toda uma frase, às vezes até a todo um texto jurídico; essas explicações tornaram-se cada vez mais longas e complexas, mas permaneceram essencialmente interpretações textuais; eram limitadas à exegese dos textos.

Os glosadores, como são chamados os juristas que praticam a glosa, se caracterizam por ter, inicialmente, uma relação reverencial para com os textos jurídicos romanos, tal quais os teólogos tinham para com as escrituras sagradas ou os filósofos para com os textos de Aristóteles e Platão.[147]

O Direito romano significou para esses juristas a própria razão convertida em palavra, a *ratio scripta*,[148] tendo a força de uma *revelação* no plano jurídico.[149]

A escola da glosa, no entanto, não se limitou à interpretação pura e simples dos textos romanos.[150] Como manifestação da *ratio*, os textos não admitiriam contradições, de forma que os glosadores se utilizavam de técnicas para harmonizar eventuais discrepâncias. Franz Wieacker,[151] sobre o tema, afirma:

> No entanto, desde cedo que os glosadores não se limitaram à exegese corrida de passos isolados. A convicção do domínio de uma *ratio* sobre todo o conjunto da tradição levou a desenterrar o sentido global de todo o texto e a apresentá-lo em cadeias silogísticas: se cada texto encerra a verdade da autoridade absoluta, um texto não pode contradizer um outro igualmente verdadeiro. Uma vez que os conhecimentos lógicos dos juristas medievais não encobriam as contradições abertas existentes no interior do conjunto da tradição (como na Sagrada Escritura, em Aristóteles, nas Pandectas), eles tratavam de os harmonizar através de artifícios lógicos, sobretudo através de *distinctiones* ou *subdistinctiones*: *quanto magis res omnis distinguetur tanto melius operatur* (Placentino). Assim, ingressavam na exegese operações de síntese que deveriam provar a compatibilidade de textos aparentemente contraditórios ou subsumir uma multiplicidade de textos a uma mesma regra.

---

[147] WIEACKER, Franz. *História do Direito Privado moderno*. 3. ed. Lisboa: Fundação Calouste Gulbenkian, 2004. p. 43.

[148] DÍEZ-PICAZO PONCE DE LEON, Luis. *La doctrina de los propios actos*. Un estudio crítico sobre la jurisprudencia del Tribunal Supremo. Barcelona: Bosch, 1963. p. 44.

[149] WIEACKER, *op. cit.*, p. 43, *verbis*: "O *Corpus Iuris* gozava da mesma autoridade no pensamento jurídico – em virtude da crença na origem providencial do império – constituindo mais do que um jogo de palavras o dizer-se que ele teve sobre o sentimento jurídico medieval a força de uma *revelação* no plano do direito".

[150] Embora salientando seu papel diminuto, GILISSEN admite utilização residual da síntese, *verbis*: "Mas, no conjunto, o método permaneceu essencialmente analítico, exegético; a síntese não desempenha aí senão um papel muito acessório". GILISSEN, John. *Introdução histórica ao Direito*. 5. ed. Lisboa: Fundação Calouste Gulbenkian, 2008. p. 343,

[151] WIEACKER, *op. cit.*, p. 53.

Por meio dessas operações de sínteses que os juristas da Idade Média tentaram superar as contradições encontradas nos textos de Direito romano, obtendo uma regra geral comum, ou uma *ratio decidendi*.[152] E, justamente, por meio dessas sínteses que se inaugura a utilização dos brocardos,[153] como uma forma de obter a razão de decidir dos precedentes romanos. Nesse sentido, leia-se Díez-Picazo:[154]

> Como consecuencia de esta labor de síntesis y de generalización surgen las "Summae" y los "Brocarda". Los brocardos acaso tengan su antecedente en las mismas "regulae iuris" romanas y en los "notabilia" medievales, pero son una de las piezas características de la escuela de la Glosa. Mediante ellos se formulan reglas generales obtenidas a través de una síntesis de diversos textos romanos. Son, como gráficamente ha señalado RICCOBONO, representaciones breves, ágiles y vivas de verdades jurídicas, que tienen una gran fuerza expresiva, porque recogen la experiencia de los grandes juristas romanos o de la vida prática.

O brocardo, dessa forma, é obtido como consequência da fusão, em um todo coerente, de uma razão de decidir unitária retirada dos textos romanos,[155] tendo-se em conta a referida veneração sacral ao Direito romano e a pretensão de se eliminar eventuais contradições entre os textos.

O brocardo que se expressa pela sentença que *a ninguém é concedido vir contra o próprio ato – venire contra factum proprium nulli conceditur* – é fruto dessa época e, sobretudo, dessa forma de pensamento, inaugural no mundo ocidental, que, por meio da exegese de um texto reverenciado, buscava construir, na sugestiva imagem sugerida por

---

[152] DÍEZ-PICAZO PONCE DE LEON, Luis. *La doctrina de los propios actos*. Un estudio crítico sobre la jurisprudencia del Tribunal Supremo. Barcelona: Bosch, 1963. p. 44.

[153] Ainda que CALASSO, Francesco. *Medio evo del Diritto*. Le fonti. Milano: Giuffrè, 1954. V. I., p. 533, faça menção, *en passant*, a sua *oscura origini*, a etimologia da palavra brocardo é explicada, pelo The Oxford English Dictionary, como o nome dado às sentenças de Burchard, bispo de Worms, que, no século XI, compilou vinte livros de *regulae ecclesiasticae*. Para discussão etimológica sobre a palavra, convém seja analisado o artigo de SPARGO, John Webster. *The etimology and early evolution do brocard*. Speculum, Medieval Academy of America v. 23, n. 23, p. 472-476, jul. 1948.
Os autores Rafael Domingo e Beatriz Rodríguez-Antolín, num estudo chamado de *Reglas jurídicas y aforismos. Con jurisprudencia actualizada y remisiones a la legislación vigente*, Aranzadi, Pamplona, 2000, p. 14, apontaram que Savigny teria assinalado que não seria correta esta explicação que fazia derivar brocardo do bispo de Worms, Burchard of Worms. Apud TALCIANI, Hernán Corral. *La raíz histórica del adagio "Venire contra factum proprium non valet"*. Disponível em: <http://corraltalciani.files.wordpress.com/2010/05/historiaadagioactospropios.pdf>. Acesso em: 7 mar. 2011. Hernán Corral Talciani refere prováveis *raízes* etimológicas à palavra brocardo por demais fantasiosas e inverossímeis, *verbis*: "No está claro la significación primitiva de la palabra 'brocardo'; algunos quieren hacerla derivar del alemán '*Brötchen*' que significa trozo de pan: los brocardos jurídicos serían así como un trozo de derecho. Otros quieren ver una derivación corrupta de la expresión 'pro-contra', ya que los brocardos eran expuestos siempre como reglas generales, pero seguidos por textos que eran excepciones (contra) a la regla". Ibid., p. 6.

[154] DÍEZ-PICAZO PONCE DE LEON, *op. cit.*, p. 44-45.

[155] Ibid., p. 45.

Franz Wieacker,[156] *um edifício doutrinal de princípios harmônicos*, o que, talvez, pode ser considerada *a primeira dogmática jurídica autônoma da história universal*.

Dessa forma, muito mais do que brocardos, os juristas medievais nos legaram essa embrionária maneira de se intentar um pensamento jurídico sistemático, ordenando o mundo jurídico por meio de princípios, com pretensão de abrangência geral.

1.2.2. Azo, o formulador do brocardo

É atribuída a Azo a primeira formulação da parêmia que consagraria a proibição do comportamento contraditória – *venire contra factum proprium nulli conceditur*.

Azo, cujo nome também vem escrito como Azzo, Azolinus, Azzone Soldanus, ou mesmo Azo *Porcius*,[157] foi um jurista, natural de Bolonha,[158] que possuiu grande notoriedade na Idade Média. Seu prestígio era tanto que chegou a figurar em um moto, comum no meio jurídico à época medieval, que dizia: *"Chi non ha Azzo, non vada a palazzo"*. Com isso, declarava-se que o conhecimento das obras de Azo era condição necessária para o acesso à carreira jurídica.[159]

Nascido em cerca de 1150, morto em 1230, Azo foi autor de, na expressão de Franz Wieacker,[160] uma obra fortemente sintetizadora, tendo escrito uma das mais influentes obras primas da jurisprudência europeia, *Summa in Codicem*. Ao lado de Acúrsio, é considerado um dos mais importantes juristas do século XIII.[161]

---

[156] WIEACKER, Franz. *História do Direito Privado moderno*. 3. ed. Lisboa: Fundação Calouste Gulbenkian, 2004. p. 53.

[157] SAVIGNY, Friedrich Carl von. *Geschichte des Römischen Rechts im Mittelalter*. Band V. Das Dreizehnte Jahrhundert. Dritte Ausgabe. Unveränderter fotomechanischer Nachdruck der zweiten Ausgabe von 1850. Darmstadt: Fotokop, 1956. p. 2.

[158] *Ibid.*, p. 3: "Bologna ist unzweifelhaft als Vaterstadt des Azo anzunehmen, Er selbst nennt sich einen Bolognesischen Bürger; sein Schüler Alexander nennt ihn einen Bologneser"

[159] Peter Walter Ashton, em artigo sobre a importância do Direito romano para os sistemas jurídicos do ocidente, assinala: "Quanto a Azo costumava dizer-se: Não vás ao Palazzo sem Azo, ou seja, não convém ir ao Tribunal sem os ensinamentos de Azo". ASHTON, Peter Walter. A importância do Direito romano para os sistemas jurídicos do ocidente, especialmente para a Alemanha. *Revista Direito & Justiça*, Revista da Faculdade de Direito da PUCRS, Porto Alegre, a. XXIII, v. 23, p. 300, 2001.

[160] WIEACKER, Franz. *História do Direito Privado moderno*. 3. ed. Lisboa: Fundação Calouste Gulbenkian, 2004. p. 58.

[161] GILISSEN, John. *Introdução histórica ao Direito*. 5. ed. Lisboa: Fundação Calouste Gulbenkian, 2008. p. 344.

John Gilissen[162] traça-lhe este breve perfil:

> Azo ensinou cerca de 1230 na Universidade de Bolonha. Além de numerosas glosas, redigiu uma Summa sobre o Código e as Instituições, que ultrapassou a obra de todos seus predecessores. Soube elevar-se para além da simples exegese. A sua obra teve uma grande influência, não somente em Itália, mas também em França e na Inglaterra (nomeadamente sobre Bracton).

Azo, dentre outros trabalhos, escreveu ainda um denominado *Brocarda* ou *Brocardida*,[163] livro no qual, na rubrica X, *"De aequilitte factorum"*, enuncia a máxima *venire contra factum proprium nulli conceditur*, tal qual hoje se apresenta.[164] O *Brocarda* é composto, na descrição de Friedrich Carl von Savigny,[165] de breves regras jurídicas, abaixo das quais uma quantidade de trechos/pontos de prova[166] das fontes jurídicas era citada.

Explica esse autor[167] que era comum, mas não de forma invariável, que se seguisse a esta regra jurídica outra regra, que a contraditasse, a qual ia igualmente justificada por pontos/trechos de prova.

Díez-Picazo[168] descreve, especificamente, o trecho da Brocarda, em que aparece a máxima *venire contra factum proprium nulli conceditur*, referindo:

> El brocardo aparece fundamentado en una serie de textos romanos, que se encuentran conformes con él. Pero, al mismo tiempo, el autor se ve en la necesidad de recopilar los textos que lo contradicen, es decir, los textos que permiten venir contra los actos propios.

---

[162] GILISSEN, John. *Op. cit.*, 2008. p. 344.

[163] Há um desacordo doutrinário, certo que não muito desenvolvido, já que não ultrapassa as fronteiras de notas de rodapé, sobre a originalidade desta obra de Azo. A sinopse da polêmica é esta. Sarti teria afirmado que a Brocarda de Azo teria se fundado num escrito de Otto. Savigny tomou essa afirmação por infundada. Erwin Riezler, no entanto, afirmou que, com base em informações prestadas por seu colega, Hermann Kantorowicz, a Brocarda não seria uma obra original de um autor, tendo sido somente uma refundição alargada para Azo, ou seja, uma compilação de brocardos talhados por vários autores, e sistematizados e estendidos pela pena de Azo. Ver: SAVIGNY, Friedrich Carl von. *Geschichte des Römischen Rechts in Mittelalter*. Band V. Das Dreizehnte Jahrhunder. Berlin: Hermann Gentner, 1956. p. 38, nota b; RIEZLER, Erwin. *Venire contra factum proprium*. Studien im römischen, englischen und deutschen Civilrecht. Leipzig: Verlag von Duncker & Humblot, 1912. p. 44, nota 2; DÍEZ-PICAZO PONCE DE LEON, Luis. *La doctrina de los propios actos*. Un estudio crítico sobre la jurisprudencia del Tribunal Supremo. Barcelona: Bosch, 1963. p. 45, nota 14.

[164] Nesse sentido, WIELING, Hans Josef. *Recensão a Hans Walter Dette*: Venire contra factum proprium nulli conceditur. Archiv für die civilistische Praxis, Tübingen: Mohr, v. 187, p. 97, 1987. Também DÍEZ-PICAZO PONCE DE LEON, *op. cit.*, p. 45.

[165] SAVIGNY, *op., cit.*, p. 38. No original, lê-se: "Die Brocarda des Azo bestehen in kurzen Rechtsregeln, hinter welchen eine Anzahl von Beweißstelen aus den Rechtsquellen citirt werden".

[166] Por trechos/pontos de prova, tradução que se pretende literal do *Kompositum* alemão *Beweißstelen*, entende-se a referência pontual aos textos jurídicos latinos que dessem fundamento à regra proposta pelo jurista.

[167] SAVIGNY, *op. cit.*, p. 38, *verbis*: "Sehr oft, aber nicht immer, folgt auf eine solche Regel eine andere, ihr widersprechende, gleichfalls mit Beweisstellen belegt".

[168] DÍEZ-PICAZO PONCE DE LEON, *op. cit.*, p. 45.

À primeira vista, a estrutura da análise realizada por Azo em suas *Brocarda* parece denotar que inexistia qualquer pretensão de se atestar a validade geral dessas sentenças jurídicas. De fato, se a finalidade do exame fosse atestar a validade geral da máxima, não seria producente, nem lógico, elencar-se casos, ou melhor, trechos/pontos de prova, em que a *regula iuris* valesse e não valesse, sucessivamente.

Essa parece ser a opinião de Hans Josef Wieling,[169] o qual aponta que jamais se pretendeu que, à época, o brocardo fosse reconhecido como direito válido, tendo em vista que os juristas da Idade Média colecionaram trechos/pontos no *Corpus iuris civilis* que confirmavam o aforismo e trechos/pontos que o contradiziam. Díez-Picazo[170] parece igualmente afirmar que o criador da máxima não teria lhe atribuído nenhuma pretensão de validade universal a ela, ao mesmo tempo em que reconhece os limites cognosiológicos da doutrina da época,[171] ao concluir que a regra derivaria de "una abstracción o una generalización de la ratio de algunas particulares decisiones romanas, que no tienen en ningún momento carácter universal".

Essa opinião é secundada por Anderson Schreiber,[172] para quem:

> O *venire contra factum proprium nulli conceditur* tinha assim, desde sua origem, uma validade *contestável* como princípio geral, porque, muito embora pudesse ser extraído de previsões específicas, outras previsões específicas existiam nos textos clássicos, que autorizavam o comportamento contraditório.

No entanto, pode-se ripostar que a crença de que o Direito romano encarnava a própria razão – *ratio scripta* – não condiz com o reconhecimento de incoerências entre seus textos, de forma que, tendo em conta este *status* que lhe era reconhecido, os glosadores tencionavam eliminar suas contradições, fazendo uso da metodologia das distinções. Dessa forma, igualmente procedeu Azo ao formular o brocardo.

Erwin Riezler[173] explica o desenvolvimento do raciocínio do glosador, após a exposição da máxima:

---

[169] WIELING, Hans Josef. *Recensão a Hans Walter Dette*: Venire contra factum proprium nulli conceditur. Archiv für die civilistische Praxis, Tübingen: Mohr, v. 187, p. 97, 1987. No original, lê-se: "Man war aber auch in Mittelalter keineswegs gewillt, das Rechtssprichwort als geltendes Recht anzuerkennen".

[170] DÍEZ-PICAZO PONCE DE LEON, Luis. *La doctrina de los propios actos*. Un estudio crítico sobre la jurisprudencia del Tribunal Supremo. Barcelona: Bosch, 1963. p. 57.

[171] Dificuldades elencadas por DÍEZ-PICAZO PONCE DE LEON. *Ibid.*, p. 43.

[172] SCHREIBER, Anderson. *A proibição de comportamento contraditório*. Tutela da confiança e venire contra factum proprium. 2 ed. rev. e atual. Rio de Janeiro: Renovar, 2007. p. 25.

[173] RIEZLER, Erwin. *Venire contra factum proprium*. Studien im römischen, englischen und deutschen Civilrecht. Leipzig: Verlag von Duncker & Humblot, 1912. p. 44: "Dann wird erklärt, daß 'huius generalis contrietas facile sopiri potest, facta distinction, utrum id, quod factum est, legitime factum sit, an non'. Im ersten Falle soll das venire contra factum proprium grund-

Então foi esclarecido que *huius generalis contrietas facile sopiri potest, facta distinction, utrum id, quod factum est, legitime factum sit, an non.* No primeiro caso, o *venire contra factum proprium* deve ser, em princípio, inadmitido. Para o outro caso, em que exista um *pactum no legitime*, sob a condução de exemplos, outra distinção é feita: se ele for celebrado, embora viole uma proibição legal, então o *venire contra factum proprium* é permitido; ou, se ele for celebrado *lege ei non assistent,* quer dizer, embora ele não cumpra os pressupostos legais de validade de uma ação, pois a forma prescrita não foi observada (exemplo do fragmento 25, Digesto, 1, 7) ou as necessárias declarações de consenso não existirem (exemplo do fragmento 11, Digesto, 8, 3): nestes casos, o *venire contra factum proprium* não é permitido (tradução do autor).

O tema da proibição do comportamento contraditório retorna ao repertório de Azo em outros trechos de sua obra, fazendo-se necessária a referência à rubrica 57, da *Brocardicae Aureae*, em três aforismos: 1) *non licet improbare semel approbatum*; 2) *voluntatem mutare non permittitur*; 3) *non licet alicui variare*; e também na sua *Summa*, na rubrica *de agricolis censitis et colonis*, na qual colocou a questão sobre se o vendedor poderia ir contra seus próprios atos e em casos em que não poderia revogar os atos próprios.[174]

A descrição do método de Azo, estabelecendo um problema e elencando pontos de vista (trechos) próximos e pontos de vista

---

sätzlich unzulässig sein. Für den Fall aber, daß ein pactum non legitime factum vorliegt, wird unter Anführung von Beispielen weiter unterschrieden: ob es geschlossen ist, obwohl es gegen ein gesetzlichen Verbot verstößt, dann ist das venire contra factum proprium gestattet; oder ob es geschlossen ist 'lege ei non assistente', das will sagen, obwohl die gesetzlichen Voraussetzungen für die Wirksamkeit des Handelns nicht erfüllt sind, weil die vorgeschriebene Form nicht eingehalten ist (Beispiel fr. 25 D. 1, 7) oder die erforderlichen Consenserklärungen nicht vorliegen (Beispiel fr. 11 D. 8, 3): in diesen Fällen ist das venire contra factum proprium nicht gestattet".
DÍEZ-PICAZO PONCE DE LEON, DÍEZ-PICAZO, Luis. *La doctrina de los propios actos*. Un estudio crítico sobre la jurisprudencia del Tribunal Supremo. Barcelona: Bosch, 1963. p. 45-46, segue, praticamente, idêntica linha linguística utilizada por Riezler para expor o progresso do pensamento de Azo, no texto acima referido, ainda que, provavelmente, por mero descuido, não faça a devida referência ao autor alemão. Veja-se a semelhança do trecho do autor espanhol: "Para salvar la contradicción entre ambos grupos de textos acude el autor al método de las distinciones: hay que distinguir – dice – si el acto contra el cual trata de venirse fue hecho legítima o ilegítimamente. En el primer caso, es, desde luego, inadmisible 'venire contra factum proprium'; en el segundo caso, es decir, en el caso de un 'pactum non legitime factum' hay que realizar una nueva subdistinción analizando la naturaleza de la ilegitimidad. Si el 'factum' es ilegítimo por haberse contravenido una expresa disposición legal, está permitido 'venire contra factum proprium'; en cambio, si la ilegitimidad proviene de que el 'factum' se ha realizado simplemente 'lege ei no asistente', es decir, si no se han observado los presupuestos legales de eficacia o las formalidades del acto, como en D. 1, 7, 25, o no han concurrido todas las declaraciones de voluntad necesarias, como en D. 8, 3, 11, en este caso es inadmisible 'venire contra factum proprium'."

[174] Fia-se, nesse ponto, nas informações prestadas por DÍEZ-PICAZO PONCE DE LEON, Luis. *Op. cit.*, p. 46. Ainda que temerária a tradução, arrisca-se verter para o vernáculo os três aforismos referidos: 1) não é lícito desaprovar, uma vez aprovado; 2) não é permitido mudar a vontade; 3) não é lícito a alguém variar.

contrários, evoca a estrutura do pensamento tópico, analisado por Theodor Viehweg,[175] em *Tópica e Jurisprudência*.

Dessa forma, o esforço de síntese, representado pela formulação de brocardos de conteúdo geral e abstrato, que perseguiam a *ratio decidendi* de determinado grupo de casos, burilados através do método da distinção até se adequarem à fórmula enunciada, concretizaria uma tenção normativa, idealização de uma regra geral, válida para circunscritas situações.

Francesco Calasso[176] parece confirmar essas assertivas, quando, sumariando um subcapítulo, refere que o anúncio de textos paralelos e a conciliação de textos contrários seriam, para os glosadores, um ponto de partida para a construção sistemática do Direito, e os brocardos seriam um produto da exigência científica e da pesquisa dos princípios gerais (*regulae iuris*).

Essa viragem em torno do pensamento da proibição da contradição é de extrema importância para a compreensão da pretensão normativa do *venire contra factum proprium*; o que, para os romanos, constituía-se em um argumento, em uma razão de decidir; em determinados casos tornou-se, para os juristas medievais, um princípio geral (*regulae iuris*), pensamento generalizante e abstrato, que teria validade para determinados casos como um paradigma de justiça.

1.2.3. O desenvolvimento posterior do pensamento

O interesse pelo *regula iuris* do *venire* não se limitou à pena de Azo, tendo-se espraiado e evolvido ainda durante a Idade Média.

Acúrsio[177] também considerou, em sua *Glosa ordinaria*, a inadmissibilidade do *venire contra factum proprium* como fundamento para a decisão da glosa *factum suum* ao fragmento 25, Digesto, Livro I, Título VII,[178] e para a da glosa *non posse*, ao fragmento 11, Digesto, Livro VIII,

---

[175] VIEHWEG, Theodor. *Tópica e jurisprudência. Uma contribuição à investigação dos fundamentos jurídico-científicos*. Traduzido da quinta edição, revista e ampliada por Kelly Susane Alflen da Silva. Porto Alegre: Sergio Antonio Fabris, 2008.

[176] CALASSO, Francesco. *Medio evo del Diritto. Le fonti*. Milano: Giuffrè, 1954. V. I. p. 521-522.

[177] Segundo John Gilissen: "Acúrsio (cerca de 1182-1260) foi o último dos grandes glosadores. Discípulo de Azo, professor notável, que ensinou em Bolonha, reuniu as glosas dos seus predecessores e as suas, e formou o que chamou de a *Glosa ordinaria*, a "Grande Glosa"; esta adquiriu rapidamente aos olhos dos glosadores o mesmo valor que o próprio Corpus iuris civilis". GILISSEN, John. *Introdução histórica ao Direito*. 5. ed. Lisboa: Fundação Calouste Gulbenkian, 2008, p. 344.

[178] Esse trecho, que cuida da hipótese da *mater familias* emancipada, foi estudado no capítulo 1.1.1, *supra*.

Título III.[179] Erwin Riezler[180] afirma, no entanto, que a glosa de Acúrsio nada acrescentou de original, o que, por sinal, teria sido uma característica de seu trabalho, que se limitou a reproduzir as análises de seus predecessores.

A escola dos consiliadores,[181] desenvolvida no final do século XIII e séculos XIV e XV, ocupou-se, igualmente, com o pensamento da proibição do comportamento contraditório. A Bártolo de Saxoferrato (1314-1357), principal representante da escola, merecedor de protagonizar, a exemplo de Azo, em um provérbio, que apontava a imprescindibilidade do conhecimento de sua obra para a aquisição do *status* de jurista,[182] é atribuída a necessária diferenciação sobre se o *factum proprium* decorre de um ato *praeter* ou *secundum legem* ou *contra legem*.[183] Nos dois primeiros casos, o comportamento contraditório seria inadmissível, ao passo que, quando o *factum proprium* foi realizado *contra legem*, ele seria naturalmente revogável.[184]

Baldo de Ubaldis (1327-1400), discípulo de Bártolo, também cuidaria do pensamento contraditório, dedicando-lhe vários textos em sua vasta obra.[185] O resultado de seu raciocínio jurídico é sumarizado por três sentenças que designariam casos nos quais seria permitido o *venire contra factum proprium*:

1) quando o ato ipso iure não obriga (quando *ipso iure tenet*);

2) quando se atua em nome de outro (*quando quis agit alieno domine*);

---

[179] Esse trecho, que cuida da ineficaz constituição de servidão em área condominial, foi estudado no capítulo 1.1.2, *supra*. Estas informações sobre a obra de Acúrsio encontram-se em RIEZLER, Erwin. *Venire contra factum proprium*. Studien im römischen, englischen und deutschen Civilrecht. Leipzig: Verlag von Duncker & Humblot, 1912. p. 45.

[180] *Ibid.*, p. 45.

[181] Também chamada de escola dos comentadores, pós-glosadores, práticos ou dos bartolistas, em razão do seu principal representante, caracterizou-se por ser uma reação aos métodos demasiado analítico dos glosadores e pela tenção de analisar os textos romanos no seu conjunto, retirando deles princípios gerais a fim de os aplicar ao problemas concretos da vida corrente. Ver neste sentido, GILISSEN, *op. cit.*, p. 345-346. Adota-se, neste trabalho, a nomenclatura predileta de Franz Wieacker à escola, que refere que lhes chamar de comentadores não discriminaria seu conteúdo inovador, em vista de que os glosadores também o eram; de outra forma, chamar-lhe de pós-glosadores igualmente não especifica a tarefa desempenhada por seus representantes, de cunho mais prático do que o da escola da glosa. Assim, adota, ao cabo, a denominação consiliadores, que lhe demarca o conteúdo mais prático. WIEACKER, Franz. *História do Direito Privado moderno*. 3. ed. Lisboa: Fundação Calouste Gulbenkian, 2004. p. 78-79.

[182] O provérbio dizia: Nemo iurista nisi sit Bartolista (ninguém é jurista se não for Bartolista). GILISSEN, *op. cit.*, p. 347.

[183] RIEZLER, *op. cit.*, p. 45.

[184] DÍEZ-PICAZO PONCE DE LEON, Luis. *La doctrina de los propios actos*. Un estudio crítico sobre la jurisprudencia del Tribunal Supremo. Barcelona: Bosch, 1963. p. 47.

[185] *Ibid.*, p. 47.

3) em favor da liberdade (*libertatis favore*).[186]

Nas fontes do Direito canônico[187] encontra-se também o regramento, de forma reiterada, acerca da proibição do comportamento contraditório, por vezes de forma geral, por vezes fundamento de solução de problemas práticos.[188]

Erwin Riezler[189] elenca como exemplos de princípios gerais de proibição do *venire contra factum proprium* na literatura canônica quatro *regulae iuris*: a primeira vem a ser a *regula iuris* 21, *quod semel placuit amplius displicere non potest*, ou seja, o que uma vez se aprovou, não pode mais ser desaprovado; a segunda, de número 33, diz que *mutare consilium quis non potest in alterius detrimentum*, quer dizer, ninguém pode mudar de decisão em prejuízo do outro; a terceira vem a ser a *regula iuris* 38, que refere que *ex eo non debet quis fructum consequi, quod nisus exstitit impugnare* – ninguém deve tirar fruto daquilo que procurou impugnar; e a quarta, regula 83, *factum legitime retractari non debet, licet casus postea eveniat, aquo non potuit inchoari* – o que se fez legitimamente não deve ser retratado, ainda que sobrevenha uma circunstância pela qual não se pôde iniciar.

Menciona-se ainda dois casos especiais de aplicação do pensamento da proibição do comportamento contraditório. O primeiro diz respeito à impossibilidade de se retirar de um bispo inábil um benefício eclesiástico que lhe fora concedido; o segundo, cuida do caso da impossibilidade do clérigo que promoveu a injusta excomunhão de uma pessoa, anular a excomunhão, que deve ser levada a efeito por outro.[190]

O *venire contra factum proprium*, no entanto, irá estrear como objeto de uma monografia, na obra de lavra de Johan Christopher Schacher, chamada *De impugnatione facti proprii*,[191] a qual foi publicada nas dissertações de Frankfurt de Samuel Stryk.[192]

---

[186] RIEZLER, Erwin. *Venire contra factum proprium. Studien im römischen, englischen und deutschen Civilrecht*. Leipzig: Verlag von Duncker & Humblot, 1912. p. 45; DÍEZ-PICAZO PONCE DE LEON, *op. cit.*, p. 49.

[187] O direito canônico é o direito da comunidade religiosa dos cristãos, sobretudo o direito da Igreja católica. Teve sua fase ascendente nos séculos III e XI, apogeu nos séculos XII e XIII, e decadência a partir do século XIV, sobretudo a partir do século XVI, a seguir da Reforma e da laicização dos Estados. Sobre o tema, ver GILISSEN, John. *Introdução histórica ao Direito*. 5. ed. Lisboa: Fundação Calouste Gulbenkian, 2008. p. 133-160.

[188] RIEZLER, *op. cit.*, p. 40.

[189] *Ibid.*, p. 40.

[190] Esses exemplos são lidos em RIEZLER, *op. cit.*, p. 41; e em DÍEZ-PICAZO PONCE DE LEON, *op. cit.*, p. 49-50.

[191] SCHACHER, Johan Christopher. De impugnatione facti proprii. *In*: STRIK, Samuel. Disputatio Juridica. Frankfurt, 1688. Disponível em: <http://books.google.com/books?id=IFpJAAAAcAAJ&printsec=frontcover&hl=pt-BR#v=onepage&q&f=false>. Acesso em: 29 ago. 2011.

A dissertação, segundo Erwin Riezler,[193] muito cuidadosa, recorre, em grande medida, à literatura dos consiliadores, e é dividida em 7 capítulos. Schacher estuda a impugnabilidade do próprio comportamento: no primeiro capítulo, de maneira geral (*de impugnatione facti proprii reguraliter illicita*, p. 5-21); no segundo, no que diz respeito ao direito das pessoas (*de impugnatione facti proprii quod ius personarum*, p. 21-30); no terceiro, no direito das coisas (*de impugnatione facti proprii ex jure rerum qvod actus inter vivos*, p. 30-57); no capítulo quarto, nas disposições de última vontade (*de impugnatione facti proprii in ultimus voluntatibus*, p. 57-69); no quinto, no Direito processual (*de impugnatione facti proprii qvod actus judiciales*, p. 69-84); no sexto, nas coisas eclesiásticas (*de impugnatione facti proprii in rebus ecclesiasticis*, p. 84-97); no sétimo e derradeiro, na posição dos príncipes ou chefes de estado (*de impugnatione facti proprii principis*, p. 97-112).

Johan Christopher Schacher encontra a regra de que seria impossível impugnar os próprios atos não somente nos casos em que é proibida uma traição da *aequitas* pela não observação de um comportamento leal; antes, ele recorre aos casos em que alguém fica vinculado, segundo a ordem jurídica, pelo mero exercício de sua vontade.[194]

Para Díez-Picazo,[195] Johan Christopher Schacher fundamenta a impossibilidade de se opor ao ato próprio nos princípios de justiça que ele encontra no dever de observar aquilo que foi firmemente prometido e na gravidade que existe em se faltar à confiança e à palavra dada. Como regra geral, posta a sentença de que ninguém pode se retratar daquilo que ele mesmo fez licitamente.

Johan Christopher Schacher maneja dentro desse ponto de vista, portanto, a obrigatoriedade do contrato válido firmado, a obrigatoriedade do casamento, a inalterabilidade da escolha feita no legado de gênero (*legatum generis*), a inalterabilidade do erro judiciário do árbitro que o tenha dispensado, a fundamental irrevogabilidade da doação,[196] ou mesmo a impossibilidade de o cônjuge inocente, após ter perdoado o adultério da consorte, persegui-la depois, a impossibilidade de que o comodante exija intempestivamente o uso da coisa.[197]

---

[192] Erwin Riezler, não sem uma dose de ironia, refere que não se estará enganado caso se atribua a Stryk uma quota essencial do trabalho de Schacher. RIEZLER, *op. cit.*, p. 47.

[193] *Ibid.*, p. 47.

[194] *Ibid.*, p. 47.

[195] DÍEZ-PICAZO PONCE DE LEON, *op. cit.*, p. 55.

[196] SCHACHER, Johan Christopher *apud* RIEZLER, Erwin. *Venire contra factum proprium*. Studien im römischen, englischen und deutschen Civilrecht. Leipzig: Verlag von Duncker & Humblot, 1912. p. 47.

[197] SCHACHER, Johan Christopher *apud* DÍEZ-PICAZO PONCE DE LEON, *op. cit.*, p. 55.

Como exceções à regra, elenca Johan Christopher Schacher os casos em que alguém, por qualquer razão, tenha um direito à restituição ou à revogação, a revogabilidade do mandato, a revogação da doação por causa de ingratidão, o significado dos vícios da vontade (erro, simulação, etc.), a livre revogabilidade do testamento, a anulação da transação judicial por causa de um documento novo encontrado, ou por causa de *lesio enormis*, a modificação da *sententia interlocutoria*, a possibilidade de modificação da ação antes da contestação, etc.[198]

Erwin Riezler[199] censura esse arranjo dado ao tema, salientando a proporção extraordinariamente vasta que ele acabou assumindo, tendo, com isso, Johan Christopher Schacher confundido particularidades características do pensamento. O trabalho desse autor permanece com acentuado valor histórico.

Ao mesmo tempo em que progredia esse pensamento do *venire contra factum proprium* no Direito medieval europeu continental, um instituto, similar em sua substância, mas igualmente multifacetado em seus aspectos práticos, desenvolvia-se na Inglaterra, sob a força dos precedentes judiciais, marca distintiva da *Common Law*, o que passa a ser o objeto de análise do próximo tópico.

1.3. O *estoppel* do sistema de *common law*

Dada a importância do *estoppel* para o soerguimento da teoria do *venire* no âmbito do Direito continental, será necessário que o assunto, ainda que não de acordo com a dimensão e profundidade que mereça, seja enfrentado. Como se passará a ver, a doutrina do *estoppel* é vasta, abrangendo desde institutos que, no Direito continental, são similares à *res iudicata*, até uma formulação que se assemelha, funcionalmente, à proibição do *venire* no direito continental.

1.3.1. Conceito e aspectos gerais

Testemunhando, inicialmente, sobre o grande significado prático do *estoppel* no Direito inglês, Erwin Riezler[200] afirma que o instituto se baseia no pensamento de que não se deve colocar em contradição com o *factum proprium*.

---

[198] RIEZLER, Erwin. Venire contra factum proprium. Studien im römischen, englischen und deutschen Civilrecht. Leipzig: Verlag von Duncker & Humblot, 1912. p. 48.

[199] *Ibid.*, p. 48.

[200] *Ibid.*, p. 55-56.

Com efeito, o *estoppel* do Direito anglo-saxônico constitui-se numa das manifestações tópicas da proibição de se contradizer.[201] Para António Menezes Cordeiro:[202] "Já o Direito Inglês, apesar da diversidade que aparenta em relação aos Direitos continentais, consagrou, através do instituto do *estoppel*, a proibição de contrariar o comportamento anterior e que tem larga aplicação".

Estoppel designa, originalmente, a teoria para a qual, dentro de um processo, uma pessoa está impedida de fazer uma alegação que esteja em contradição com o sentido objetivo de uma sua declaração anterior ou de uma sua anterior conduta.[203] Afirma-se que há impedimento mesmo que a parte pretenda se retificar, para então falar a verdade. Cita-se, nesse sentido, uma das prediletas definições de *estoppel*: "*Estoppel* is when one is concluded and forbidden in Law to speak against his own act or deed, yea, though it be to say the truth".[204]

O nome exótico, que identifica o instituto, tem origem francesa. Bénédicte Fauvarque-Cosson[205] afirma que *estoppel* deriva de palavra que, provavelmente, atravessou o Canal da Mancha com Guilherme, o conquistador (cerca de 1028-1087), primeiro normando rei da Inglaterra, provindo, então, do velho francês *étoupe*,[206] que deve ser traduzido para português como *estopa*. Explica a autora francesa[207] que *garnir d'étoupe* ou *étouper* significa *boucher* (tapar, entupir), daí expressões francesas como *étouper les fentes d'un tonneau* (tapar as fendas de um tonel) ou ainda *s'étouper les oreilles* (tapar as orelhas).

A teoria do *estoppel* é deveras complexa, multifacetada, sendo de difícil apreensão sistemática. Para Bénédicte Fauvarque-Cosson, o *estoppel* seria um dos institutos do Direito inglês mais difíceis de compreender.[208] Refere, apoiando seu pensamento, a opinião de dois

---

[201] FAUVARQUE-COSSON, Bénédicte. L'*estoppel* du droit anglais. In: BEHAR-TOUCHAIS, Martine. L'*interdiction de se contredire au detriment d'autrui*. Paris: Economica, 2001. p. 3.

[202] CORDEIRO, Antônio Manuel da Rocha e Menezes. *Da boa fé no Direito Civil*. Coimbra: Almedina, 2007. p. 743.

[203] DÍEZ-PICAZO PONCE DE LEON, Luis. *La doctrina de los propios actos. Un estudio crítico sobre la jurisprudencia del Tribunal Supremo*. Barcelona: Bosch, 1963. p. 62.

[204] Everest and Strode. *Law of estoppel*. 2. ed., London, 1907, p. 1 apud RIEZLER, *op. cit.*, p. 56.

[205] FAUVARQUE-COSSON, *op. cit.*, p. 3.

[206] Para Erwin Riezler, estoppel estaria relacionada: "Sprachlich mit stop, stupare, französisch estouper, étouper, zusammenhängend bedeutet estoppels eingentlich ein Hemmnis, eine Verhinderung". RIEZLER, Erwin. *Venire contra factum proprium. Studien im römischen, englischen und deutschen Civilrecht*. Leipzig: Verlag von Duncker & Humblot, 1912. p. 56.

[207] FAUVARQUE-COSSON, *op. cit.*, p. 3.

[208] *Ibid.*, p. 4, *verbis*: "Seule ombre au tableau: même en Angleterre, son pays d'origine, et même après huit cents ans d'existence, l'estoppel demeure l'une des institution les plus insaisissables".

autores ingleses, para quem: *"L`estoppel est plus souvent cité qu'appliqué, et plus appliqué que compris"*.[209]

O *estoppel* originalmente constitui-se numa das regras de prova (*rules of evidence*) do Direito inglês, tendo evoluído, principalmente nos Estados Unidos e na Austrália, até ser reconhecido, não unanimemente, como um princípio geral do Direito dos contratos.[210]

Erwin Riezler[211] registra que, à sua época, praticamente nenhuma literatura inglesa se ocupava com a revelação da origem histórica do *estoppel*, o que lhe permite arriscar alguns passos nesta direção. O autor[212] levanta a questão se não existiria uma conexão histórica entre o início do *estoppel* inglês e o axioma dos glosadores romanistas de que ninguém deveria se colocar em contradição com seu *factum proprium*.

Para Erwin Riezler,[213] haveria um claro parentesco de conteúdo entre o *estoppel* e o *venire contra factum proprium*. E a continuidade entre os pensamentos, ainda que seja muito difícil de provar, não pertence ao campo da impossibilidade.

Ao encontro dessa hipótese, elencam-se três argumentos. O primeiro diz respeito ao fato de que alguns juristas medievais ingleses tinham uma grande influência romanístico-canonista. Daí que, por meio desse intercâmbio intelectual, o pensamento do *venire* poderia ter migrado do continente europeu para a Inglaterra.

John Gilissen confirma a autoridade, igualmente trazida à baila por Erwin Riezler,[214] de Azo, formulador do brocardo, sobre Bracton,[215] jurista inglês do século XIII, referindo que: "Houve, no entanto, uma certa influência do Direito romano no século XIII, pelo menos através da obra de Bracton (infra) que utilizou largamente a *Summa*

---

[209] G. C. Cheshire et C.H.S. Fifoot, Central London Property Trust Ltd v. High Trees House Ltd, 1947, 68 L.Q.R. 283, *apud* FAUVARQUE-COSSON, Bénédicte. *Op. cit.*, p. 4.

[210] Nesse sentido, BIANCHI, Leonardo. Da cláusula de estoppel e sua dinâmica na esfera dos negócios jurídicos privados. *In*: NERY JUNIOR, Nelson; NERY, Rosa Maria de Andrade. *Doutrinas essenciais – Responsabilidade civil*. Direito das obrigações e direito negocial. São Paulo: Revista dos Tribunais, 2010. V. 2. p. 496.

[211] RIEZLER, *op. cit.*, p. 62. O autor deste trabalho descurou de pesquisar a situação atual das investigações históricas do estoppel, pelo fato de não ser este objeto primário de sua pesquisa.

[212] *Ibid.*, p. 63-64.

[213] *Ibid.*, p. 64.

[214] *Ibid.*, p. 64, nota 27, verbis: "Bracton hat namentlich den (Pseudo-) Azo genau studiert".

[215] Bracton é assim descrito por John Gilissen: "Bracton, juiz real no reinado de Henrique III, escreveu cerda de 1256 outro De legibus et consuetudinibus Angliae, uma das obras jurídicas mais notáveis da Idade Média. A primeira parte (Liber primus) é uma exposição de princípios gerais relativos ao direitos das pessoas, dos bens e das obrigações; o autor segue o plano das Instituições e sofre influência do Direito romano, sobretudo da Summa de Azo". GILISSEN, John. *Introdução histórica ao Direito*. 5. ed. Lisboa: Fundação Calouste Gulbenkian, 2008. p. 212.

do jurista romanista italiano Azo".[216] Noticia Gustav Radbruch[217] que, já no tempo dos glosadores, ensinava-se Direito romano na Universidade de Oxford.

Evidentemente, a influência do Direito romano no *Common Law* não se limitaria a esse fato. A proximidade entre eles foi exposta por Gustav Radbruch, que salientou que o Direito inglês teria se deixado informar pelo espírito e pelo método do Direito romano, sem a ruptura havida no continente, que somente redescobriu o Direito romano no século XII por meio do *Corpus iuris*. Afirma o autor:[218]

> Proprio perché essa conobbe ló spirito e il método del diritto romano senza accogliere lo spirito e il metodo del codige bizantino, la giurisprudenza inglese è rimasta piu vicina al pensiero giuridico della grande epoca classica del diritto romano del diritto romano di quanto non si dia per il diritto continentale fondato sul *Corpus juris*. La giurisprudenza inglese, come la giurisprudenza classica romana, non è basata in prima línea sulle leggi, ma su singoli casi giuridici; entrambe significano giurisprudenza da caso a caso, entrambe sono "*Case Law*".

Esclarecido o profundo influxo do Direito romano no *Common Law*, passa-se ao segundo argumento levantado por Erwin Riezler[219] a favor da possível precedência do *venire* sobre o *estoppel*, que viria a ser a existência de um texto canônico, em que a ideia da proibição do comportamento contraditório aparece, e que fora dirigido justamente para um bispo inglês.

Por último, agrega Erwin Riezler[220] a consideração linguística de que a origem da palavra *deed = daed*, que identifica uma das formas originais do *estoppel*, poderia ser reconduzida a *factum*.[221]

No entanto, levanta o autor alemão também um argumento que considera capital contra seu conjectural parecer, de que o *venire* seria o ponto de partida do *estoppel*, qual seja: a existência de uma diversa fundamentação juspolítica dos institutos, que indiciaria a existência

---

[216] GILISSEN, *op. cit.*, p. 211.
[217] RADBRUCH, Gustav. *Lo spirito del diritto inglese*. Milano: Giuffrè, 1962. p. 6.
[218] *Ibid.*, p. 6.
[219] RIEZLER, Erwin. *Venire contra factum proprium*. Studien im römischen, englischen und deutschen Civilrecht. Leipzig: Verlag von Duncker & Humblot, 1912. p. 64.
[220] *Ibid.*, p. 64.
[221] Díez-Picazo, seguindo as pistas de Riezler, pontua: "Además, gramaticalmente, la Idea de este parentesco puede también encontrar algún apoyo en una posible derivación de la palabra inglesa 'deed' respecto de la latina 'factum', que cuenta con el testimonio favorable de Blackstone y en el hecho de que la expresión 'acto propio' ('own act') se emplee, con frecuencia, en relación con la doctrina del 'estoppel'". DÍEZ-PICAZO PONCE DE LEON, Luis. *La doctrina de los propios actos*. Un estudio crítico sobre la jurisprudencia del Tribunal Supremo. Barcelona: Bosch, 1963. p. 64.

de uma diversa origem. Para Erwin Riezler,[222] o fundamento jurídico-político dos Glosadores, ao formularem o *venire contra factum proprium*, tinha em primeiro plano a *improbitas* – a falta de probidade – e a proibição do dolo, enquanto que o Direito do *estoppel* inglês parecia estar mais preocupado com a ideia da proteção da aparência jurídica.

Haja ou não uma origem comum, discussão que foge dos limites deste trabalho, inegável é o paralelismo funcional que os institutos possuem, estruturando, por vezes, soluções símiles para problemas igualmente semelhantes.

1.3.2. Características do "estoppel"

Em vista das variadas funções que desempenha no âmbito do *Common Law*, difícil é a determinação de características gerais que valham para todas as situações em que se aplica alguma espécie de *estoppel*.

Díez-Picazo[223] enumera quatro características gerais do *estoppel*, a saber: primeiro, sua relação com a aparência jurídica; segundo, sua eficácia processual; terceiro, sua vocação de defesa; quarto, seu caráter recíproco.

Designa Díez-Picazo com a primeira característica a vinculação que existe entre o *estoppel* e o princípio da proteção da aparência jurídica.[224] Para o autor espanhol, o nexo profundo havido entre *estoppel* e aparência no Direito inglês ficaria comprovado quando se verifica que o mesmo conflito que o Direito continental resolveu através da ideia do *representante aparente*, o Direito inglês soluciona através da figura do *agency by estoppel*.

Ainda que etimologicamente a proteção da aparência possa ter desempenhado uma função importante na criação do instituto, esta não lhe limita. Sobretudo quando se pensa no desenvolvimento da doutrina do *estoppel*, principalmente no *promissory estoppel*, figura jurídica que protege uma promessa, sem instrumento contratual e, principalmente, sem *consideration*, que seria a causa necessária para a existência de um contrato no Direito anglo-saxônico. Em relação a esse tipo de *estoppel*, tutela-se a confiança da parte. Nesse sentido,

---

[222] RIEZLER, *op. cit.*, p. 65.
[223] DÍEZ-PICAZO PONCE DE LEON, *op. cit.*, p. 65-70.
[224] Como já visto, essa posição foi, primeiramente, defendida por Erwin Riezler, que apontou que, enquanto os Glosadores pareciam mais preocupados com *improbitas* e a proibição do dolo ao formularem o aforismo, o *estoppel* parecia mais empenhado com a ideia de proteção da aparência jurídica. RIEZLER, *op. cit.*, p. 65.

John J. Chung[225] afirma que: *"Promissory estoppel developed in order to protect reliance on a broken promise in the absence of a contract. Reliance lies at the core of the doctrine"*. O *estoppel* parece vocacionado para proteger a confiança, as expectativas legítimas que nascem do contato social, do que a aparência é parte, não o todo.

A segunda característica apontada por Díez-Picazo releva a função processual do *estoppel*. Na feliz expressão desse autor, ele qualifica o *estoppel* como *una de las reglas de un "fair play" procesal y entra en juego dentro de un proceso y nunca fuera de él*.[226] Díez-Picazo[227] retira disso o fato de que no Direito inglês não se poderia obter diretamente de um *estoppel* efeitos de caráter material. No entanto, como será verificado no estudo dos tipos de *estoppel*, há muito que o instituto espraiou-se à seara do Direito material, não se limitando mais à eficácia meramente processual.

Conectada com a anterior, a terceira característica vem designada como *estoppel* como meio de defesa. Com isso, afirma-se a impossibilidade de o *estoppel* ser a causa de uma ação, limitando-se a ser um instrumento rigorosamente defensivo. Na imagem concebida por Cababe,[228] *"Its use is as a shield, and not as a sword"*, seu uso seria concebido como um escudo, e não como uma espada.

Ainda que possa haver alguma semelhança entre *estoppel* e a exceção, incorreta seria a identificação dos institutos. Com efeito, nem sempre coincidirão a exceção e o *estoppel*, podendo-se cogitar de casos em que o *estoppel* possa ser arguido pelo excepto. *Estoppel* seria, nesse linha, meio geral de defesa. Para Díez-Picazo:[229]

> El *estoppel* tiene por finalidad única decretar la inadmisibilidad procesal de una alegación y, por ello, decidir únicamente el resultado del proceso, conduciendo a la inadmisibilidad de la demanda o de una oposición.

No entanto, a veracidade do conteúdo da metáfora é contestada por parte da doutrina anglo-saxônica: para Patrick S. Atiyah, a afirmação segundo a qual o *estoppel* não seria uma causa de ação – *a cause of*

---

[225] CHUNG, John J. *Promissory estoppel and the protection of interpersonal trust*. Cleveland State Law Review, v. 56, p. 37-82, 2008; Roger Williams Univ. Legal Studies, paper no. 63. Disponível em: <http://ssrn.com/abstract=1140846>. Acesso em: 21 jan. 2011.

[226] DÍEZ-PICAZO PONCE DE LEON, *op. cit.*, p. 67.

[227] *Ibid.*, p. 68.

[228] CABABE. The principles of estoppel. Londres, 1888, p. 119, *apud* RIEZLER, Erwin. *Venire contra factum proprium*. Studien im römischen, englischen und deutschen Civilrecht. Leipzig: Verlag von Duncker & Humblot, 1912. p. 67.

[229] DÍEZ-PICAZO PONCE DE LEON, Luis. *La doctrina de los propios actos*. Un estudio crítico sobre la jurisprudencia del Tribunal Supremo. Barcelona: Bosch, 1963. p. 69.

action – não passaria de um mito.[230] Refere-se que, na verdade, o pensamento de que o *estoppel* somente seria um meio de defesa – *a shield, not a sword* – teria sido destinado a frenar o desenvolvimento de determinados tipos de *estoppel*, principalmente o *promissory estoppel*, pois este ameaçaria um dos princípios fundadores do direito dos contratos no *Common Law*, a *consideration*.[231]

A quarta característica distintiva do *estoppel* diz respeito, segundo Díez-Picazo,[232] à reciprocidade, deixando-se explicar pela correspondência que deve existir entre a vinculação das partes da relação jurídica em torno ao *estoppel*. Com efeito, Erwin Riezler[233] já lhe dava importância relativa, variando a intensidade de reciprocidade de acordo com o tipo de *estoppel* que estivesse em questão.

1.3.3. Tipos de estoppel

A evolução do Direito na Inglaterra deu-se, sabidamente, a partir de uma estrutura dicotômica. De um lado, o *Common Law*, Direito jurisprudencial elaborado, a partir do século XII, pela jurisdição real de Westminster, desenvolveu-se por meio principalmente do sistema dos *writs*, que *são ações judiciais sob a forma de ordens do rei*;[234] de outro, a *Equity*, nova jurisdição e novo processo, que nasceu, a partir do século XV, da impossibilidade de o *Common Law* resolver satisfatoriamente os numerosos litígios nascidos de uma nova realidade econômico-social. Nessa jurisdição, o Chanceler, órgão responsável por dizer o Direito, decidia em equidade, não sendo limitado pelas regras processuais e materiais do *Common Law*.[235]

O *estoppel* desenvolveu-se igualmente tendo em conta essa bipartição, existindo, desta forma, *estoppels* que são originados do *Common*

---

[230] ATIYAH, Patrick S. Essays on Contract. Oxford: Clarendon Press, p. 307, *apud* FAUVARQUE-COSSON, Bénédicte. *L'estoppel du droit anglais*. In: BEHAR-TOUCHAIS, Martine. *L'interdiction de se contredire au detriment d'autrui*. Paris: Economica, 2001. p. 13.

[231] FAUVARQUE-COSSON, *op. cit.*, p. 12.

[232] DÍEZ-PICAZO PONCE DE LEON, *op. cit.*, p. 70.

[233] RIEZLER, Erwin. Venire contra factum proprium. Studien im römischen, englischen und deutschen Civilrecht. Leipzig: Verlag von Duncker & Humblot, 1912. p. 70, *verbis*: "Der Grundsatz der Reciprocität der Bindung hat aber nur bedingte Geltung für das estoppels by deed und er gilt insbesondere nicht für das estoppels, das einer misrepresentation entspringt".

[234] GILISSEN, John. *Introdução histórica ao Direito*. 5. ed. Lisboa: Fundação Calouste Gulbenkian, 2008. p. 211.

[235] Para um panorama do *Common Law*, ver GILISSEN, *op. cit.*, p. 207-220. Para uma análise das origens do *Common Law* e da *Equity*, ver ASHTON, Peter Walter. A *Common Law* e a *Equity* do Direito Anglo Saxônico. *Revista do Ministério Público do Rio Grande do Sul*, Porto Alegre, n. 64, p. 163-187, out./dez. 2009.

Law e *estoppels* vinculados à Equity. Ainda que os *Judicature Acts* de 1873 e 1875 tenham fundido o sistema bipartido de cortes no Direito inglês (*Common Law* e *Equity*), permanece o interesse didático de se classificar os *estoppels* de acordo com sua origem, o que facilita a compreensão de características das espécies, além de proporcionar uma maior contextualização histórica dos institutos, sempre necessária no trato científico do Direito.

Segundo Bénédicte Fauvarque-Cosson,[236] os *estoppel* de *Common Law* são, em princípio, mais estreitos que os *equitable estoppels*, o que se dessume da própria classificação dos institutos, visto que o *Common Law* possui delimitações mais rígidas do que a *Equity*.

A teoria foi inaugurada pelos *estoppels* de *Common Law*, sendo normalmente elencadas três espécies: o *estoppel by record*, o *estoppel by deed* e o *estoppel by matter in pais*.[237] Nessa formatação mais arcaica terá preservada sua função processual e defensiva. Exemplo do desenvolvimento da ideia pelos juízes de *Equity* vem a ser a *promissory estoppel*.

1.3.3.1. Estoppel by record

O *estoppel by record* corresponde, em seu significado prático, essencialmente ao que se chama de eficácia da coisa julgada material da sentença.[238] Esse tipo pressupõe a existência de uma sentença de um tribunal, que pertencia às *Courts of Record*.

Díez-Picazo[239] sumariza o pensamento entranhado nesse instituto:

> Quien ha colaborado mediante su conducta procesual a que un determinado punto litigioso quede fijado o decidido en una sentencia, no puede después hacer una afirmación que contradiga la sentencia. Según esto, ir contra la sentencia es ir contra la propia obra, en cuanto que la parte ha colaborado para que la sentencia sea dictada.

O *estoppel by record* possuía uma função probatória clara, pois dava força de verdade incontestável para aqueles que a tivessem.

---

[236] FAUVARQUE-COSSON, Bénédicte. L'*estoppel* du droit anglais. In: BEHAR-TOUCHAIS, Martine. L'interdiction de se contredire au detriment d'autrui. Paris: Economica, 2001. p. 7.

[237] *Ibid.*, p. 7.

[238] RIEZLER, Erwin. *Venire contra factum proprium*. Studien im römischen, englischen und deutschen Civilrecht. Leipzig: Verlag von Duncker & Humblot, 1912. p. 57. No original, lê-se: "Estoppel by Record entspricht in seiner praktischen Bedeutung im wesentlichen dem,was wir die materielle Rechtskraftwirkung des Urteils nennen". No mesmo sentido, PUIG BRUTAU, Jose. *Estudios de derecho comparado*. La doctrina de los actos propios. Barcelona: Ariel, 1951. p. 109; e DÍEZ-PICAZO PONCE DE LEON, Luis. *La doctrina de los propios actos*. Un estudio crítico sobre la jurisprudencia del Tribunal Supremo. Barcelona: Bosch, 1963. p. 71.

[239] DÍEZ-PICAZO PONCE DE LEON, *op. cit.*, p. 72.

Segundo Bénédicte Fauvarque-Cosson,[240] o *record* era a prova dada pelos juízes reais à época, fundada sobre a memória que eles tinham dos antigos casos.

O *estoppel by record*, válido, originalmente, para as cortes reais, foi estendido a todas as decisões de justiça, tornando-se um *estoppel per rem judicatem*, mais próximo ao instituto romano-germânico da autoridade da coisa julgada.[241]

1.3.3.2. Estoppel by deed

Impede-se, pelo *estoppel by deed*, que a parte contrarie o que foi declarado por meio de um documento privado formal.

O *deed*, ainda que seja, segundo a lição de Erwin Riezler,[242] um documento privado com selo, tem uma valência que corresponde à verdade que emana de uma escritura ou documento público.[243] Por meio dele, prova-se determinado fato: contra ele, a pessoa que fez a declaração não pode ir; está, portanto, *estopped*. O *deed*, ato escrito e solene, possui força de prova irrefutável.

A curiosa e necessária presença do selo (*deed*) para se sacramentar a impossibilidade de o declarante contradizer o declarado no documento tem sua razão de ser no fato de que o selo era um modo usual de se dar autenticidade aos documentos.[244] Ao mesmo tempo, a presença dessa formalidade agrega um elemento solene ao ato, o que tende a gerar uma maior deferência dos envolvidos.

Erwin Riezler[245] apresenta o conteúdo do pensamento fundamental do *estoppel by deed* da seguinte forma:

---

[240] FAUVARQUE-COSSON, *op. cit.*, p. 7.

[241] *Ibid.*, p. 7.

[242] RIEZLER, Erwin. Venire contra factum proprium. Studien im römischen, englischen und deutschen Civilrecht. Leipzig: Verlag von Duncker & Humblot, 1912. p. 73: "Deed ist die gesiegelte Privaturkunde".

[243] Nesse sentido, leia-se em PUIG BRUTAU, Jose. *Estudios de derecho comparado*. La doctrina de los actos propios. Barcelona: Ariel, 1951. p. 109.

[244] DÍEZ-PICAZO PONCE DE LEON, Luis. *La doctrina de los propios actos*. Un estudio crítico sobre la jurisprudencia del Tribunal Supremo. Barcelona: Bosch, 1963. p. 73.

[245] RIEZLER, *op. cit.*, p. 74. No original, lê-se: "Wer durch eine Urkunde 'under his hand and seal' Erklärungen abgegeben oder Haftungen eingegangen hat, ist daran gehindert, das so in solemner Form Erklärte zu bestreiten. Die Urkunde beweist hier die in ihr enthaltenen Erklärungen unter Ausschluß des Gegenbeweises; die Annahme der Wahrheit des in der Urkunde Enthaltenen ist also nicht nur eine einfache Vermutung, sondern sie wird zur Fiktion gesteigert. 'No man shall be allowed to dispute his own deed'". A derradeira citação realizada por Rielzer é atribuída a Lord Mansfield, no caso Goodtitle *vs.* Bailey, 1777, Cowper's Reports, King's Bench 2, 597.

Aquele que, através de um documento "under his hand and seal" der uma declaração ou contrair uma responsabilidade, está impedido de negar o que foi declarado de forma solene. O documento prova a declaração nele contida, sob exclusão de prova em contrário: a admissão da verdade daquilo que está contido no documento não é, portanto, somente uma simples suposição, antes ele eleva-se à condição de uma ficção. No man shall be allowed to dispute his own deed (tradução do autor).

A força probatória inserta no *deed* é tamanha que será um dos poucos casos em que, no Direito obrigacional do *Common Law*, não se perquirirá sobre a existência de uma *consideration*, essencial para se dar obrigatoriedade a um contrato.[246]

1.3.3.3. Estoppel in pais

A *ratio* do instituto *estoppel in pais* visa a proteger os efeitos de uma ação humana manifesta em determinado lugar, impedindo que o agente negue ou contradiga aqueles fatos, o que faz alguns autores aproximarem esta noção da proibição do *venire*.[247]

O *estoppel in pais*[248] protege a situação jurídica derivada de *atos executados de maneira notória em certo lugar*.[249] As partes não estarão protegidas do comportamento contraditório por força de uma decisão judicial, tal qual o *estoppel by record*, nem por força de um documento selado, como no *estoppel by deed*; antes, a proteção decorrerá da ocorrência de atos de notoriedade, não solenes, mas dotados de alguma publicidade.

Erwin Riezler[250] aponta que o *estoppel by pais* nasce, no antigo *Common Law*, de determinados negócios imobiliários, a saber: *livery, entry, acceptance of rent, partition* e *acceptance of an estate*, tendo como ideia fundamental a impossibilidade de quem reconheceu o título ou posse do adversário por meio de um desses negócios de negá-lo ou discuti-lo judicialmente.[251]

---

[246] Nesse sentido, RIEZLER, Erwin. V*enire contra factum proprium*. Studien im römischen, englischen und deutschen Civilrecht. Leipzig: Verlag von Duncker & Humblot, 1912. p. 74, *verbis*: "Im allgemeinen ist der Rechtsbestand eines Vertrages abhängig von dem Vorliegen einer consideration. Wird der Vertrag jedoch by deed abgeschlossen, so wird, wenigstens nach common Law, eine solche nicht verlangt". No mesmo trilho, caminha a orientação de DÍEZ-PICAZO PONCE DE LEON, *op. cit.*. p. 73.

[247] Considerando o *estoppel by facts in pais* equivalente à doutrina dos atos próprios (venire), leia-se PUIG BRUTAU, Jose. Estudios de derecho comparado. La doctrina de los actos propios. Barcelona: Ediciones Ariel, 1951. p. 109.

[248] Também chamado de *estoppel by matter in pais*, ou *estoppel by fact in pais*.

[249] DÍEZ-PICAZO PONCE DE LEON, *op. cit.*, p. 76.

[250] RIEZLER, *op. cit.*, p. 86-87.

[251] Neste sentido, DÍEZ-PICAZO PONCE DE LEON, *op. cit.*, p. 76.

Essa antiga formatação do *estoppel in pais* recebeu um influxo da *Equity*, ao mesmo tempo renovador e ampliador, tendo sido enriquecido seu conteúdo, passando a permitir a proteção de situações jurídicas que proviessem de relação jurídica especial existente entre determinadas pessoas.[252]

Díez-Picazo elenca como cinco casos mais significativos do *estoppel in pais*, a saber: 1) *tenancy*, que protege a situação jurídica decorrente da posse de alguma determinada coisa, instituto jurídico complexo contendo em si o conteúdo de um arrendamento cumulado com as relações possessórias em geral; 2) *bailment*, transferência da posse de coisas móveis determinadas, por tempo certo e com base num contrato, que, de regra geral, não autorizará a fruição do bem pelo possuidor; 3) patentes, relação que nasce entre o titular de uma patente de invenção e os concessionários de uma licença de exploração da invenção, pela qual ambas as partes ficarão vinculadas e impedidas (*estopped*) de negar a existência da patente; 4) *companies*, estoppel pelo qual uma sociedade, após expedir certificado de titularidade de ações a uma pessoa, que, posteriormente, as transfira, está impedida de negar ou discutir a legitimidade do título do transmitente, frente ao adquirente; 5) *negotiable instruments*, caso em que se veda a quem firme um título de crédito a oposição da falta de autenticidade das firmas anteriores ao portador de boa-fé.

Em todos os casos, preside uma mesma lógica: aquele que concede a posse de determinado bem, seja bem imóvel, móvel, seja uma patente, ações ou um título de crédito, reconhece a legitimidade das relações jurídicas decorrentes deste ato, estando impedido (*estopped*) de, depois, discutir eventual irregularidade.

1.3.3.4. Estoppel by representation

As limitações juscognosiológicas trazidas pela admissão, *jure et de jure*, do *estoppel by deed* e *estoppel in pais* foram alteradas. Com efeito, o que eram regras de prova, que inadmitiam prova em contrário, transformaram-se, por influência da *equity*,[253] em regras de fundo,

---

[252] RIEZLER, Erwin. *Venire contra factum proprium*. Studien im römischen, englischen und deutschen Civilrecht. Leipzig: Verlag von Duncker & Humblot, 1912. p. 87.

[253] A discussão acerca da origem do *estoppel by representation*, ou seja, se deriva do *Common Law* ou da *Equity* foge à finalidade da pesquisa feita nesta dissertação. DÍEZ-PICAZO PONCE DE LEON, *op. cit.*, p. 79, aponta doutrina para aprofundamento da questão, a saber: SNELL *Principles of Equity*. 22 ed. por Megarry-Baker, Londres, 1954, p. 24-25; HANBURY, *Modern equity, the principles of Equity*. Londres, 1949, p. 48 e ss.

nominadas de *estoppel by representation*.[254] Díez-Picazo[255] considerava-o um subtipo do *estoppel in pais*, e, sem dúvida, a espécie mais importante de *estoppel* no moderno Direito inglês.

Erwin Riezler[256] menciona que o primeiro grupo de casos do *estoppel by representation* dizia respeito aos negócios jurídicos, que eram celebrados com a finalidade de tornar mais atraente a celebração de núpcias com determinada pessoa. O exemplo dado pelo autor[257] é o caso *Gale vs. Lindo*, narrado desta forma:

> A possuía 350 £. Seu irmão B lhe deu 150 £, para causar em C a impressão de que sua irmã – A – possuía 500 £. Ela lhe passa um *bond*[258] desta quantia. C casa-se com ela, na confiança de que o valor do dote era de 500 £. B tem sua pretensão de restituição *estopped*, pois ele deve deixar valer contra si a aparência jurídica que ele criou (tradução do autor).

Ainda que o surgimento do *estoppel by representation* tenha se dado nos séculos XVII e XVIII,[259] sua formulação clássica apareceu no caso *Pickward vs Sears*, datado de 1837. Segundo Frederick Pollock,[260] o paradigma assim se expressa:

> Cuando una persona, con sus palabras o con su conducta, produce voluntariamente a outra la creencia de la existencia de un determinado estado de cosas y la induce a actuar de manera que altere su previa posición jurídica, el primero no puede alegar frente al segundo que en realidad existía un estado de cosas diferente.

O pensamento diretor do *estoppel by representation* é apresentado por Riezler[261] nestas palavras:

---

[254] Nesse sentido, FAUVARQUE-COSSON, Bénédicte. *L´estoppel du droit anglais. In*: BEHAR-TOUCHAIS, Martine. *L´interdiction de se contredire au detriment d´autrui*. Paris: Economica, 2001. p. 7.

[255] DÍEZ-PICAZO PONCE DE LEON, Luis. *La doctrina de los propios actos*. Un estudio crítico sobre la jurisprudencia del Tribunal Supremo. Barcelona: Bosch, 1963. p. 79.

[256] RIEZLER, Erwin. *Venire contra factum proprium*. Studien im römischen, englischen und deutschen Civilrecht. Leipzig: Verlag von Duncker & Humblot, 1912. p. 96.

[257] *Ibid.*, p. 96.

[258] Segundo Oxford Advanced Learner's Dictionary, bond, em um dos seus sentidos jurídicos, significa *a legal written agreement or promise*.

[259] Nesse sentido, RIEZLER, *op. cit.*, p. 96: "Das estoppel by representation taucht der Sache nach zuerst in der equity des 17. und 18. Jahrhunderts auf."

[260] POLLOCK, Frederick. *Principles of contracts*. A treatise on the general principles concerning the validity of agreements in the Law of England, Londres, 1921, p. 567-568, *apud* DÍEZ-PICAZO PONCE DE LEON, *op. cit.*, p. 79.

[261] RIEZLER, Erwin. *Venire contra factum proprium*. Studien im römischen, englischen und deutschen Civilrecht. Leipzig: Verlag von Duncker & Humblot, 1912. p. 97. No original, lê-se: "Der leitende Gedanke ist: Wer ausdrücklich oder durch concludentes Verhalten einen andern veranlaßt, an das Vorhandensein eines gewissen Tatbestandes zu glauben und im Vertrauen darauf eine seine rechtliche Lage in irgendwelcher Weise verändernde Handlung vorzunehmen, ist dem so Vertrauenden gegenüber gehindert, geltend zu machen, es habe damals ein anderer Tatbestand vorgelegen." (*sic*)

> Quem, por meio de comportamento concludente ou por suas palavras, cause no outro uma confiança num determinado suporte fático, que leve este a realizar, em confiança, uma ação que modifique, de alguma maneira, sua situação jurídica, está impedido de fazer valer contra o confiante um outro suporte fático que, naquele tempo, tivesse apresentado (tradução do autor).

A representação germina, então, a partir tanto de uma declaração (*by words*), ou de um comportamento concludente (*by conduct*), sendo necessário que aquele que confie na representação tenha realizado qualquer ato modificativo de sua situação jurídica, de forma tal que a não ocorrência do fato que ele considerou existir lhe cause algum tipo de dano.[262]

Ainda que o simples silêncio não seja suficiente para criar uma representação, o comportamento passivo pode, todavia, servir como fundamento de um *estoppel*, quando existir, por causa das circunstâncias concretas do caso, uma obrigação de revelação, ou de esclarecimento, dos fatos reais em relação à determinada pessoa, o que justifica que esta pessoa conclua, da passividade daquele que silencia, sobre a existência ou não existência de um determinado suporte fático.[263] Nesses casos, fala-se de um *estoppel by conduct of omission*.

1.3.3.5. Promissory estoppel

No *Common Law*, para a formação de um contrato não basta a simples troca de consentimentos das partes, sendo necessária a existência de uma *consideration*,[264] que se caracteriza pelo oferecimento de uma contrapartida ao que prometido,[265] e tem por função indicar se existem boas razões para se dar execução a uma promessa.[266] Essa exigência de um *consideration* não se limita à formação do contrato, sendo

---

[262] No mesmo sentido, DÍEZ-PICAZO PONCE DE LEON, Luis. *La doctrina de los propios actos*. Un estudio crítico sobre la jurisprudencia del Tribunal Supremo. Barcelona: Bosch, 1963. p. 81.

[263] RIEZLER, *op. cit.*, p. 98.

[264] FAUVARQUE-COSSON, Bénédicte. *L'estoppel du droit anglais*. In: BEHAR-TOUCHAIS, Martine. *L'interdiction de se contredire au detriment d'autrui*. Paris: Economica, 2001. p. 8.

[265] *Ibid.*, p. 8. A autora francesa refere que: "En d'autres termes, sans contrapartie donnée au prometteant, celui-ci n'est pas engagé et peut changer d'avis, sauf si la promesse a été faite sous une forme solennelle".

[266] Neste sentido, Patrick S. Atiyah, que descreve *consideration* como: "a compendious Word simply indicating whether there are good reasons for enforcing a promise", *apud* TWYFORD, John Wilson. *The doctrine of consideration*. The role of consideration in contract modifications, p. 16. Tese (Doutorado em Ciências Jurídicas). University of Technology, Sydney, 2002. Disponível em: <http://epress.lib.uts.edu.au/dspace/bitstream/handle/2100/286/02Wholethesis.pdf?sequence=2>. Acesso em: 7 abr. 2011.

imprescindível também a toda a modificação contratual e mesmo ao seu fim.[267]

O *promissory estoppel* alterou, no entanto, essa exigência de *consideration*, tornando oponível uma *promessa*, mesmo que não tivesse o suporte de qualquer contraprestação. Por essa razão, afirmam Edwin W. Patterson, George W. Goble e Harry W. Jones,[268] que o *promissory estoppel* seria apresentado como um substituto da *consideration*. Assim, como referem esses autores,[269] o *promissory estoppel* se basearia no:

> [...] princípio de que uma promessa deve ser juridicamente vinculativa, se o promissário confiou na promessa, obtendo disso prejuízo, ainda que a confiança não tenha sido acordada pelo promitente (tradução do autor).

O precedente que marca o nascimento dessa nova figura vem a ser o caso *High Trees*, de relatoria de *Lord Denning*. No caso, em 1937, o autor alugou *under seal* um bloco de *flats* para o réu por um montante de £ 2.500 por ano. Em 1940, devido à falta de inquilinos, em razão da crise econômica que acompanhou a guerra, o locador aceitou reduzir pela metade o valor do aluguel. O réu foi disso notificado por carta. Em 1945, os apartamentos tornaram a ser todos habitados. O locador, então, passou a reclamar o pagamento do valor inicialmente convencionado, tendo obtido ganho de causa. Em grau recursal, Lord Denning aproveitou a oportunidade para especificar que o locador estaria *estopped* de exigir o pagamento do montante integral do aluguel entre 1940 e 1945, por causa de sua anterior promessa.[270]

A decisão provocou certa revolta à época, pois contradizia a orientação jurisprudencial anterior, segundo a qual somente uma representação de fato poderia fundar um *estoppel*, excepcionando-se toda assertiva que dissesse respeito a uma conduta futura.[271]

1.3.3.6. Proprietary estoppel

O *proprietary estoppel* possui um campo de aplicação muito vasto, desempenhando sua função fora do domínio contratual ou

---

[267] ANDRADE, Fábio Siebeneichler de. Causa e "consideration". *Ajuris, Revista da Associação dos Juízes do Rio Grande do Sul*, Porto Alegre, a. XVIII, n. 53, p. 281, nov. 1991.

[268] PATTERSON, Edwin W.; GOBLE, George W.; JONES, Harry W. *Cases and materials on Contracts*. Fourth Edition. Brooklyn: The Foundantion Press, 1957. p. 378.

[269] *Ibid.*, p. 378. No original, lê-se: "This section deals with the principle that a promise should be legally enforceable if and because the promisee relied on the promise to his injury, even though the reliance was not bargained for by the promisor".

[270] FAUVARQUE-COSSON, op. cit., p. 9. TWYFORD, *tese cit.*, p. 131.

[271] FAUVARQUE-COSSON, op. cit., p. 9.

pré-contratual, e, mesmo na ausência de uma representação clara, sendo considerada outro tipo de *equitable estoppel*, que obteve consagração no século XVII.[272]

Um dos casos mais tradicionais de aplicação do *proprietary estoppel* vem a ser aquele havido entre o fazendeiro e um parente mais jovem, que, em troca da sua ajuda na fazenda, por pouco ou nenhum dinheiro, promete que a fazenda um dia será sua.[273] Também é frequentemente utilizado nas relações entre concubinos, quando um deles presta serviços ao outro, confiante na promessa de que lhe será legada a casa, obtendo, no mais das vezes, não somente o direito de ocupação, mas igualmente a transferência do título de propriedade.[274]

Percebe-se, assim, que o *proprietary estoppel*, ao contrário do que comumente acontece com os demais tipos de *estoppel*, pode ser empunhado como uma espada, para fundar a causa de uma ação, não se limitando à função defensiva.[275]

1.4. O ressurgimento do *venire contra factum proprium* no direito continental mediante a obra de Erwin Riezler

Na literatura pandectística do século XIX, o *venire contra factum proprium* não ocupa qualquer lugar de destaque.[276] Na irônica expressão de Hans Josef Wieling,[277] os pandectistas do século XIX não se utilizaram da *muleta* (*die Krücke*) do *venire contra factum proprium*, em vista de que, no alto do manejo científico do Direito, eles estariam na posição de resolver os problemas jurídicos com manejo exclusivo dos meios dogmáticos.

---

[272] FAUVARQUE-COSSON, op. cit., p. 11.

[273] THOMAS, Nigel. *The modern law of proprietary estoppel?* Disponível em: <http://www.pla.org.uk/__data/assets/pdf_file/0008/82592/NTProprietaryestoppel.pdf>. Acesso em: 7 jun. 2011.

[274] FAUVARQUE-COSSON, *op. cit.*, p. 11.

[275] *Ibid.*, p. 12.

[276] Nesse sentido, RIEZLER, Erwin. *Venire contra factum proprium*. Studien im römischen, englischen und deutschen Civilrecht. Leipzig: Verlag von Duncker & Humblot, 1912. p. 53. O autor salienta que o pensamento aparece, topicamente, no trabalho de três autores da época: Brinz, Windscheid e Dernburg. *Verbis*: "Nur bei Brinz wird in einer Anmerkung kurz darauf higewiesen. Einzelne hierher gehörige Fälle werden von Windscheid in seiner unhaltbaren Lehre von der Voraussetzung berührt. Dernburg streift den Gedanken einmal bei der acti doli".

[277] Afirma o autor, no original: "Die Pandektisten des 19. Jh. benötigten die Krücke des venire contra factum proprium nicht". WIELING, Hans Josef. *Recensão a Hans Walter Dette*: Venire contra factum proprium nulli conceditur. Archiv für die civilistische Praxis, Tübingen: Mohr, v. 187, p. 97, 1987.

Não há notícia de que os germanistas, corrente da Escola Histórica do Direito, que se opunha aos pandectistas, tenham se ocupado com o pensamento da vedação do *venire*. Com efeito, a preocupação com um brocardo medieval fundado em fontes romanas viria de encontro ao cerne de seu posicionamento ideológico, visto que aspiravam reencontrar as origens do direito consuetudinário e popular alemão,[278] afastando-se, então, de uma tradição romana fortemente individualista para se aproximar de uma tradição germânica governada pelo fenômeno associativo. Assim, pouco provável que os germanistas fossem se debruçar sobre textos romanos ou glosas medievais destes.

Para Erwin Riezler,[279] a discrição dos juristas da época no trato do brocardo deixa-se esclarecer facilmente pelo esforço da escola histórica, de trazer o Direito romano à representação, tal como ele se deixava provar por meio das fontes, e pelo seu medo das generalizações axiomáticas da jurisprudência medieval e das regras utilitaristas do *usus modernus*. E o pensamento de proibição do comportamento contraditório, como já visto, não possuía a forma de uma regra geral nas fontes romanas.

Ainda que se anote a ocorrência de decisões judiciais na Alemanha, antes da vigência do *Bürgerliches Gesetzbuch* – BGB – Código Civil alemão, fundadas no *venire contra factum proprium*,[280] a florescência do brocardo somente se daria com a sua publicação e com a valorização do seu § 242, tendo se tornado, desde então, uma das figuras jurídicas mais utilizadas na jurisprudência alemã.[281]

Erwin Riezler, por meio da obra *Venire contra factum proprium, Studien im römischen, englischen und deutschen Civilrecht*, Leipzig, Duncker & Humblot, 1912, foi responsável pelo renascimento do brocardo, tornar-se-ia um dos mais renomados civilistas alemães da primeira metade do século XX, coautor de um dos mais festejados comentários sobre o Código Civil de 1900.[282]

A penetrante pesquisa de Erwin Riezler ocupa-se com a questão acerca da vinculação ao próprio comportamento no tráfego jurídico.

---

[278] Sobre as divergências entre pandectistas e germanistas, ler CABRILLAC, Rémy. *Las codificaciones*. Traducción de Paulina Pulido Velasco y Claudia Bulnes Olivares. Santiago: Flandes Indiano, 2009. p. 43.

[279] RIEZLER, op. cit., p. 53-54.

[280] Vide RIEZLER, Erwin. *Venire contra factum proprium*. Studien im römischen, englischen und deutschen Civilrecht. Leipzig: Verlag von Duncker & Humblot, 1912. p. 54.

[281] WIELING, Hans Josef. *Recensão a Hans Walter Dette*: Venire contra factum proprium nulli conceditur. Archiv für die civilistische Praxis, Tübingen: Mohr, v. 187, p. 97, 1987.

[282] Erwin Riezler realizou os comentários da parte geral do BGB do Julius von Staudingers Kommentar zum Burgerlichen Gesetzbuch und dem Einfuhrungsgesetze.

A metodologia que o autor empregou para fundamentar a validade jurídica do *venire contra factum proprium* seguiu uma senda tríplice:[283] primeiro, o autor alemão realizou uma análise diacrônica da figura jurídica, com a indagação da sua origem histórica, calcada na praxe romana e na teoria jurídica medieval, o que garantiu ao autor o delineamento do *venire contra factum proprium* como um legado histórico; segundo, averiguou o reconhecimento de um pensamento jurídico, funcionalmente similar, em ordens jurídicas estrangeiras, especialmente na forma da inglesa *estoppel*; terceiro, por meio de uma análise sincrônica do contemporâneo Direito privado alemão, com o estudo da formulação positiva de isoladas determinações do BGB, a fim de verificar a existência do pensamento do *venire* no seu bojo.[284]

1.4.1. A justificação do "venire" perante o Direito alemão, segundo Erwin Riezler

O estudo principia com a afirmação de que a inadmissibilidade da contradição com o próprio comportamento não seria, tal como, por exemplo, a inadmissibilidade da violação contra os bons costumes, um princípio que portaria em si, como postulado ético, sua justificação.[285] Dessa forma, sublinha, já inicialmente, que o *venire contra factum proprium* não teria uma pretensão de uma validade geral para todas as relações.

Para Erwin Riezler,[286] a proibição do comportamento contraditório teria uma relação com a Ética, principalmente nos casos em que se realizar sob a espécie da *exceptio doli generalis*. No entanto, o que demarca seu campo de aplicação vem a ser o interesse de conservação dos limites impostos pela boa-fé (*Treu und Glauben*) em relação ao comportamento dos sujeitos de direito.

---

[283] Como se percebe, o roteiro de pesquisa de Erwin Riezler é parcialmente seguido neste trabalho, especialmente no primeiro capítulo.

[284] Para isso, dedicou os primeiros três capítulos da obra ao estudo histórico: no primeiro, devotou-se à análise dos precedentes do Direito romano (p. 1-40); no segundo, ao Direito canônico (p. 40-42); e, no terceiro, à literatura civilista, especialmente dos glosadores e dos conciliadores (p. 43-54). O quarto capítulo é dedicado exclusivamente ao Direito inglês, especialmente ao exame do sistema do *estoppel* (p. 55-109). No derradeiro capítulo, analisa o problema da ilicitude do *venire contra factum proprium* no moderno Direito privado alemão (p. 114-183). RIEZLER, *op. cit.*

[285] RIEZLER, Erwin. *Venire contra factum proprium*. Studien im römischen, englischen und deutschen Civilrecht. Leipzig: Verlag von Duncker & Humblot, 1912. p. 110. No original, lê-se: "Die Unzulässigkeit des Widerspruchs mit dem eigenen Verhalten ist nicht etwa wie die Unzulässigkeit des Verstoßes gegen die guten Sitten ein Grundsatz, der als ethisches Postulat seine rechtspolitische Rechtfertigung schlechthin in sich selbst trägt und daher allgemeine Geltung in allen Verhältnissen beansprucht".

[286] *Ibid.*, p. 110.

Essa limitação ofertada pelo autor alemão ao estudo da máxima vem a ser, realmente, sua grande originalidade no trato do tema, compreendendo-se, então, a razão de sua reprimenda à dissertação de Johan Christopher Schacher, que optara por tratar o tema do comportamento contraditório extensamente, sem qualquer delimitação pela boa-fé.

O autor salienta a imprescindibilidade da ocorrência de algum dano para que o comportamento contraditório importe ao Direito. Segundo Erwin Riezler:[287]

> Enquanto que o mandamento de que um negócio jurídico não pode violar os bons costumes merece atenção sem se considerar se, com sua desatenção, interesses de determinados sujeitos de direito serão lesados, a ordem jurídica não tem nenhum motivo para deter um comportamento contraditório ou para declará-lo ineficaz, se, através dessa ação, nem o agente que se contradiz, nem a outra parte, sofrerem algum dano (tradução do autor).

O BGB, no entanto, não teria consagrado a vedação do *venire contra factum proprium* como de caráter absoluto, observação que é baseada na verificação de existência de uma série de preceitos em que se permite que o autor de uma declaração de vontade se desvie posteriormente dela. Nesse sentido, elenca:[288] a extinção dos plenos poderes na representação, § 168,[289] segunda frase, BGB; a revogação do mandato, § 671,[290] BGB; a revogação da assinação (*die Anweisung*),

---

[287] RIEZLER, *op. cit.*, p. 110. No original, lê-se: "Während die Vorschrift, daß ein Rechtsgeschäft nicht gegen die guten Sitten verstoßen darf, Beachtung verdient ohne jede Rücksicht darauf, ob bei ihrer Mißachtung Interessen bestimmter Rechtsgenossen geschädigt werden, hat die Rechtsordnung keinen Anlaß, eine dem eigenen Verhalten widersprechende Handlung hintanzuhalten oder für unwirksam zu erklären, wenn dadurch weder der widerspruchsvoll Handelnde selbst noch ein anderer zu irgendwelchen Schadem kommt".

[288] *Ibid.*, p. 110-111.

[289] "§ 168. A extinção dos plenos poderes se estabelece pelas relações jurídicas que fundamentam a sua concessão. *Os plenos poderes são também revogáveis, mesmo no caso de subsistência da relação jurídica, sempre que desta uma outra coisa não resulte.* Sobre a declaração de revogação encontram, analogamente, aplicação a disposição do § 167, alínea 1" (traduzido por Souza Diniz).
No original: "§ 168. Das Erlöschen der Vollmacht bestimmt sich nach dem ihrer Erteilung zugrunde liegenden Rechtsverhältnis. Die Vollmacht ist auch bei dem Fortbestehen des Rechtsverhältnisses widerruflich, sofern sich nicht aus diesem ein anderes ergibt. Auf die Erklärung des Widerrufs findet die Vorschrift des § 167 Abs. 1 entsprechende Anwendung."

[290] "§ 671. O mandato pode, pelo mandante, a todo tempo, ser revogado; pelo mandatário, a todo tempo, (ser) denunciado. O mandatário só pode denunciar de modo que o mandante, para a gestão do negócio, possa ulteriormente tomar providências, a não ser que exista um fundamento poderoso para a denúncia extemporânea. Se ele renunciar com extemporaneidade, sem um tal fundamento, terá de indenizar, ao mandante, o dano que daí resulte. Se existir um motivo poderoso, estará o mandatário autorizada à denúncia, mesmo quando tenha êle renunciado ao direito de denúncia" (traduzido por Souza Diniz).
No original: "§ 671 (1) Der Auftrag kann von dem Auftraggeber jederzeit widerrufen, von dem Beauftragten jederzeit gekündigt werden. (2) Der Beauftragte darf nur in der Art kündigen, dass der Auftraggeber für die Besorgung des Geschäfts anderweit Fürsorge treffen kann, es sei denn,

§ 790,[291] BGB; a revogação da promessa de recompensa antes de realizado o ato com sucesso, §, 658,[292] BGB.

Erwin Riezler[293] justifica a autorização que a lei concede para o comportamento contraditório, tendo em conta a necessidade de não se prejudicar um interesse mais alto existente, do autor da declaração, frente ao evidente interesse do outro na continuação jurídica de uma dada declaração de vontade. Oferta, ademais, novos exemplos, a saber: a revogação da doação (*der Widerruf der Schenkung*), §§ 530[294] e especialmente a revogação do testamento (*der Widerruf eines Testaments*), segundo §§ 2253[295] e ss., 2302,[296] todos do BGB.

---

dass ein wichtiger Grund für die unzeitige Kündigung vorliegt. Kündigt er ohne solchen Grund zur Unzeit, so hat er dem Auftraggeber den daraus entstehenden Schaden zu ersetzen. (3) Liegt ein wichtiger Grund vor, so ist der Beauftragte zur Kündigung auch dann berechtigt, wenn er auf das Kündigungsrecht verzichtet hat."

[291] "§ 790. O assinante pode, ante o assinado, revogar a assinação enquanto o assinado, ante o assinatário, não tiver aceitado ou não tiver realizado a prestação. O mesmo se dá quando o assinante, pela revogação, transgredir uma obrigação que lhe incumbe em relação ao assinatário" (traduzido por Souza Diniz).

No original: "§ 790. Der Anweisende kann die Anweisung dem Angewiesenen gegenüber widerrufen, solange nicht der Angewiesene sie dem Anweisungsempfänger gegenüber angenommen oder die Leistung bewirkt hat. Dies gilt auch dann, wenn der Anweisende durch den Widerruf einer ihm gegen den Anweisungsempfänger obliegenden Verpflichtung zuwiderhandelt".

[292] "§ 658. A promessa pode, até a realização do ato, ser revogada. A revogação sòmente é ficaz quando fôr tornada conhecida do mesmo modo que a promessa, ou quando tiver lugar por comunicação particular. A revogabilidade pode, na (própria) promessa, ser reconhecida; admite-se, na dúvida, haver uma renúncia no estabelecimento de um prazo para a execução do ato" (*sic*, traduzido por Souza Diniz).

No original: "§ 658. (1) Die Auslobung kann bis zur Vornahme der Handlung widerrufen werden. Der Widerruf ist nur wirksam, wenn er in derselben Weise wie die Auslobung bekannt gemacht wird oder wenn er durch besondere Mitteilung erfolgt. (2) Auf die Widerruflichkeit kann in der Auslobung verzichtet werden; ein Verzicht liegt im Zweifel in der Bestimmung einer Frist für die Vornahme der Handlung".

[293] RIEZLER, Erwin. *Venire contra factum proprium*. Studien im römischen, englischen und deutschen Civilrecht. Leipzig: Verlag von Duncker & Humblot, 1912. p. 111.

[294] "§ 530. Uma doação pode ser revogada quando o donatário, por uma falta grave contra o doador ou um parente próximo do doador, tornar-se culpado de ingratidão grave. Ao herdeiro do doador só cabe o direito de revogação quando o donatário, dolosa e antijuridicamente, matou o doador ou impediu a revogação" (*sic*, traduzido por Souza Diniz).

No original: "§ 530. (1) Eine Schenkung kann widerrufen werden, wenn sich der Beschenkte durch eine schwere Verfehlung gegen den Schenker oder einen nahen Angehörigen des Schenkers groben Undankes schuldig macht. (2) Dem Erben des Schenkers steht das Recht des Widerrufs nur zu, wenn der Beschenkte vorsätzlich und widerrechtlich den Schenker getötet oder am Widerruf gehindert hat".

[295] "§ 2253 O testador pode revogar, a todo tempo, um testamento, assim como uma disposição particular contida em um testamento" (traduzido por Souza Diniz).

No original: "§ 2253 Der Erblasser kann ein Testament sowie eine einzelne in einem Testament enthaltene Verfügung jederzeit widerrufen".

[296] "§ 2302. Um contrato pelo qual alguém se obriga a outorgar ou nao outorgar, invalidar ou não invalidar uma disposição *mortis causa* é nulo" (traduzido por Souza Diniz).

No original: "§ 2302. Ein Vertrag, durch den sich jemand verpflichtet, eine Verfügung von Todes wegen zu errichten oder nicht zu errichten, aufzuheben oder nicht aufzuheben, ist nichtig".

Por outro lado, o ordenamento jurídico oferece mandamentos que são esclarecidos com o pensamento da inadmissão do comportamento contraditório.[297] Dessa forma, Erwin Riezler passa a apontar algumas espécies normativas que se apoiariam na ideia de inadmissibilidade do *venire contra factum proprium*.

A primeira norma indicada pelo autor vem a ser a vinculação à oferta do contrato (*die Gebundenheit an den Vertragsantrag*), presente no § 145,[298] BGB. Para ele, não seria correto se fundamentar a força vinculante do contrato simplesmente na ideia de que seria ilegítimo se colocar em contradição com a própria atividade, ao invés de lhe decretar força obrigatória por causa da união de vontades que lhe constitui, em vista de que esta ideia despiria o conceito de contrato de qualquer valor, o que não seria a orientação do BGB nem do *Code Civil*.

Dentro da realidade alemã, encontra o autor[299] uma cunhagem mais fiel ao *venire contra factum proprium*, na norma disciplinadora da aceitação do contrato sem declaração ao proponente, disposta no § 151,[300] BGB.

Com efeito, Erwin Riezler enxerga nessa norma uma aplicação do antigo aforismo jurídico *protestatio facto contraria non valet*,[301] pois,

---

[297] RIEZLER, *op. cit.*, p. 114.

[298] "§ 145. Quem propuser a um outro a conclusão de um contrato, estará vinculado à proposta, a não ser que tenha êle excluído a vinculação" (*sic*, traduzido por Souza Diniz).
No original: "§§ 145 Wer einem anderen die Schließung eines Vertrags anträgt, ist an den Antrag gebunden, es sei denn, dass er die Gebundenheit ausgeschlossen hat.".

[299] RIEZLER, Erwin. Venire contra factum proprium. Studien im römischen, englischen und deutschen Civilrecht. Leipzig: Verlag von Duncker & Humblot, 1912. p. 115-116.

[300] "§ 151. O contrato torna-se perfeito pela aceitação da proposta, sem que seja necessária a declaração de aceitação ante o proponente, se uma tal declaração, de conformidade com os usos e costumes, não deve ser esperada ou (se) o proponente renunciou a ela. O momento em que se extingue a proposta, se estabelece de acôrdo com a vontade do proponente, resultante da proposta ou das circunstâncias" (Traduzido por Souza Diniz).
No original, lê-se: "§ 151. Der Vertrag kommt durch die Annahme des Antrags zustande, ohne dass die Annahme dem Antragenden gegenüber erklärt zu werden braucht, wenn eine solche Erklärung nach der Verkehrssitte nicht zu erwarten ist oder der Antragende auf sie verzichtet hat. Der Zeitpunkt, in welchem der Antrag erlischt, bestimmt sich nach dem aus dem Antrag oder den Umständen zu entnehmenden Willen des Antragenden".

[301] Detlef Liebs explica, desta forma, o brocardo *protestatio facto contraria non valet*: "Die im Widerspruch zum Handeln stehende Verwahrung gilt nicht. Mit einer bloßen Verwahrung kann man sich gegen die mit einem Handeln verbundenen Rechtsfolgen nicht schützen. Wer jemanden einen Esel nennt und hinzufügt, er habe nichts gesagt, ist trotzdem wegen Beleidigung strafbar; und wer vor einem unzuständigen Gericht verhandelt, macht es trotz Verwahrung zuständig". LIEBS, Detlef. *Lateinische Rechtsregeln und Rechtssprichwörter*. München: Beck, 1982. p. 165. Em tradução livre do autor: "O protesto em contradição com o comportamento não vale. Com um simples protesto não se pode impedir que um comportamento produza consequências jurídicas. Quem chama alguém de burro e depois acrescenta que ele não disse nada, é, apesar disso, punível por insulto; e quem discute diante de um tribunal incompetente, o faz, apesar de protesto, competente".

da mesma forma que a vetusta *regula iuris*, o destinatário da proposta não pode alegar que não tinha vontade de aceitá-la, quando ele se comportou de forma que, segundo interpretação concedida aos fatos pelos usos e costumes e pela boa-fé, aparentava vontade de concluir o contrato.

O autor não concorda com a doutrina de Ernst Landsberg,[302] para quem, em vista da inexistência de declaração de vontade do destinatário da proposta, não se deveria falar-se, neste caso, de contrato, mas de efeitos contratuais sem contrato (*die Vertragswirkung ohne Vertrag*). Diz, de outra forma, Ernst Landsberg: "Não se cuida de direito contratual, mas de direito de uma parte de tratar a outra como se existisse um contrato"[303] (tradução do autor).

Para Erwin Riezler,[304] falar-se de *Vertragswirkung ohne Vertrag*[305] somente teria sentido dentro do estrito ponto de vista do dogma da vontade (*Willensdogma*), pois, segundo esta teoria, não existiria um negócio jurídico quando faltasse uma vontade dirigida a este ato jurídico. Correto, para a apreensão do suporte fático do § 151, seria se partir da premissa de que o comportamento, que, segundo a experiência do tráfego e as circunstâncias objetivas, deixe-se concluir como uma determinada vontade, deve ser interpretado como declaração de vontade, indiferente se esta vontade, de fato, exista ou não, admitindo-se a ocorrência de um contrato.[306] Por certo que é necessário se socorrer de uma ficção, que diz respeito ao fato de se aceitar a suposta existência de uma vontade contratual. No entanto, argumenta[307] que, quem se indispuser com essa admissão e não quiser se valer dessas ficções, deveria também negar a existência de um contrato, na hipótese de um camponês, por exemplo, subir num coche que estivesse livre e, sem dizer verbo, viajar até o local visado, em vista de que, igualmente, não haveria vontade declarada, mas mero comportamento. Assim, have-

---

[302] LANDSBERG, Ernst. *Das Recht des Bürgerlichen Gesetzbuch*. Berlin. Guttentag Verlagsbuchhandlung, 1904. Disponível em: <http://dlib-pr.mpier.mpg.de/m/kleioc/0010/exec/bigpage/%22164642_00000001.gif%22>. Acesso em: 15 set. 2011.

[303] *Ibid.*, p. 207, *verbis*: "Anders ausgedrückt also: nicht Vertragsrecht, sonder Recht des einen Teils, den anderen so zu behandeln, als liege ein Vertrag vor".

[304] RIEZLER, Erwin. *Venire contra factum proprium*. Studien im römischen, englischen und deutschen Civilrecht. Leipzig: Verlag von Duncker & Humblot, 1912. p. 116.

[305] Ademais, Erwin Riezler considera esta discussão meramente terminológica, sem acrescentar qualquer significado prático. *Ibid.*, p. 118, *verbis*: "Das gilt wohl aber auch von der Landsbergschen Formel "Vertragswirkung ohne Vertrag. Ob ich sage: Hier liegt ein Vertrag vor, oder ob ich sage, hier liegt ein Tatbestand vor, an den sich Vertragswirkungen knüpfen, ist Sache der Terminologie und der Konstruktion, aber, soweit ich sehe, von keiner praktischen Bedeutung".

[306] *Ibid.*, p. 116.

[307] *Ibid.*, p. 117.

ria de ser sustentado que o camponês estaria a viajar gratuitamente, por inexistir contrato que o vincule.

Para Erwin Riezler:[308]

> Ela (a máxima *protestatio facto contraria non valet* e sua formatação moderna no §151, BGB) somente quer dizer que algo que já resulta da lógica jurídica: assim que se alguém se obriga através de um anterior e regular comportamento concludente, por exemplo, através da chamada *pro herede gestio*,[309] não pode libertar-se da obrigação através de uma declaração unilateral. Acontece ser necessário saber se o comportamento foi, com efeito, concludente, e que, por isso, suas consequências jurídicas não seriam evitáveis por meio da *Protestation*, o que vem a ser uma questão de interpretação (tradução do autor).

A lei, no entanto, não fica, pura e simplesmente, aguardando o exercício da vontade pelas partes, erigindo, em determinados casos, de acordo com uma ordem de interesses, uma interpretação, pela qual se presume que um determinado Direito paralisa-se, ou que uma determinada vontade negocial seja presumida como existente, quando não ocorrer uma demonstração de vontade contrária dentro de um curto prazo.

Refere-se Erwin Riezler à perda do direito à multa contratual fixada para inexecução não conveniente do § 341, inciso terceiro,[310] BGB, quando o credor receber a execução, sem se reservar o direito de cobrar a pena; ou mesmo a perda do direito do comitente que, aceitando uma obra com vício que ele conheça, não fizer a reserva de seus direitos por causa do vício, vide § 640, inciso segundo,[311] BGB.

---

[308] RIEZLER *op. cit.*, p. 119, *verbis*: "Er (der Satz protestatio facto contraria non valet) will nur besagen, was sich aus der Rechtslogik schon ohnehin ergibt, daß man sich einer Verpflichtung, die man durch sein sonstiges, regelmäßig concludentes, Verhalten (z.B. durch sogenannte pro herede gestio) auf sich genommen hat, nicht einseitig durch Erklärung wieder entledigen kann. Ob ein Verhalten concludent und seine Rechtsfolge daher durch Protestation nicht abwendbar ist, ist Auslegungsfrage".

[309] *Pro herede gestio* vem a ser o instituto de Direito sucessório romano mais frequente e comum da aceitação tácita ou por comportamento concludente da herança pela prática de atos relativos a ela. Nesse sentido, leia-se em BIONDI, Biondo. *Istituzioni di Diritto Romano*. Terza edizione riveduta ed ampliata. Milano: Dott. A. Giuffrè, 1956. p. 619.

[310] Na tradução de Souza Diniz: § 341, período 3, BGB: "Se o credor receber a execução, só poderá exigir a multa quando, no recebimento, reservar-se ele o direito a isso". No original: "(3) Nimmt der Gläubiger die Erfüllung an, so kann er die Strafe nur verlangen, wenn er sich das Recht dazu bei der Annahme vorbehält".

[311] "§ 640, período 2, BGB: "Se o comitente receber uma obra com vício, embora conheça ele o vício, caber-lhe-ão as pretensões estabelecidas nos § 634, período 1 a 4, somente quando, por ocasião do recebimento da coisa, fizer reserva dos seus direitos por causa do vício" (tradução ligeiramente adaptada de Souza Diniz). No original: "(2) Nimmt der Besteller ein mangelhaftes Werk gemäß Absatz 1 Satz 1 ab, obschon er den Mangel kennt, so stehen ihm die in § 634 Nr. 1 bis 3 bezeichneten Rechte nur zu, wenn er sich seine Rechte wegen des Mangels bei der Abnahme vorbehält".

Todos os casos são presididos por uma mesma lógica, que vem a ser uma dação de importância, por parte do ordenamento jurídico, ao comportamento, não somente comissivo, mas omissivo no tráfego jurídico, do que decorre que igualmente não se pode se colocar em contradição com a própria inatividade anterior.[312]

Afirma Erwin Riezler[313] que seria outro exemplo normativo da impossibilidade de se colocar contra o *factum proprium* a norma inserta no § 116,[314] BGB, que diz respeito ao fato que não se deve levar em conta a reserva mental, caracterizada como uma discordância entre a declaração e a vontade reservada do declarante.

Ajunta o autor[315] que a não consideração da reserva mental é uma exigência do tráfego jurídico, que coloca, acima da vontade interna do declarante, os interesses do destinatário da declaração, reconhecendo uma semelhança entre este instituto e a ideia da proteção da aparência.

Assemelhada ponderação juspolítica encontra-se, de acordo com sua opinião,[316] na dicção do inciso segundo do § 164, BGB, que, disciplinando a representação, determina que *caso não se manifestar, reconhecivelmente, a vontade de proceder em nome alheio, não será tomada em consideração a falta de vontade de proceder no nome próprio.*[317] Ou seja, se o representante ou mandatário não deixar clara a sua condição de estar portando a vontade de terceiro, obrigará a si mesmo, não podendo, posteriormente, colocar-se contra esta representação.

Outra manifestação do pensamento contraditório no BGB encontra Erwin Riezler[318] na ineficácia de outras disposições tomadas pelo titular de um direito que tiver constituído uma condição suspensiva,

---

[312] RIEZLER, Erwin. *Venire contra factum proprium*. Studien im römischen, englischen und deutschen Civilrecht. Leipzig: Verlag von Duncker & Humblot, 1912. p. 120. Erwin Riezler, com essas observações, traça os limites teóricos distintivos do instituto que, posteriormente, veio a chamar-se *Verwirkung*.

[313] *Ibid.*, p. 121-122.

[314] "§ 116, BGB. Uma declaração de vontade não é nula pela circunstância de que o declarante, intimamente, reservou-se não querer o declarado. A declaração é nula se ela foi proferida ante um outro e este conhecia a reserva" (traduzido por Souza Diniz).
No original, lê-se: "§ 116, BGB. Eine Willenserklärung ist nicht deshalb nichtig, weil sich der Erklärende insgeheim vorbehält, das Erklärte nicht zu wollen. Die Erklärung ist nichtig, wenn sie einem anderen gegenüber abzugeben ist und dieser den Vorbehalt kennt".

[315] RIEZLER, Erwin. Venire contra factum proprium. Studien im römischen, englischen und deutschen Civilrecht. Leipzig: Verlag von Duncker & Humblot, 1912. p. 121-122.

[316] *Ibid.*, p. 122.

[317] No original, lê-se: "Satz 2, § 164, BGB: Tritt der Wille, in fremdem Namen zu handeln, nicht erkennbar hervor, so kommt der Mangel des Willens, im eigenen Namen zu handeln, nicht in Betracht".

[318] RIEZLER, *op. cit.*, p. 122-123.

em caso de ocorrência da condição. Essa norma está presente no primeiro inciso do § 161, BGB.[319] Acresce que, nesse caso, a ineficácia da contradição contra à própria disposição condicional é uma exigência, nem tanto ética, mas lógica.

Igualmente exemplifica, para Erwin Riezler,[320] a presença da máxima no BGB, a ineficácia da disposição adotada sobre um objeto por um não titular do direito, salvo se teve lugar o consentimento do titular, disposta no § 185, BGB,[321] com o que se evita um iníquo *venire contra factum proprium*, figura jurídica que seria aparentada com a *exceptio rei venditae et traditae*.

Como derradeira encarnação da inadmissibilidade do *venire contra factum proprium* na legislação cível, vem elencada a declaração de escolha junto às obrigações alternativas, com o que se perderia a possibilidade de escolher, posteriormente, a outra alternativa.[322]

1.4.2. A metodologia empregada por Erwin Riezler: indução e analogia

Após identificar essa série de determinações legais que encontrariam sua explicação natural na inadmissibilidade do *venire contra*

---

[319] "§ 161. Se alguém dispuser de um objeto sob uma condição suspensiva, será toda outra disposição que ele, durante o tempo da pendência, levar a efeito sobre o objeto, ineficaz em caso de ocorrência da condição, desde que frustre ou prejudique ela o efeito ligado à condição. A uma tal disposição é equiparada uma disposição que tenha lugar, durante o tempo de pendência, por via da execução forçada ou de execução de arresto ou pelo administrador da falência" (tradução de Souza Diniz).
No original: "§ 161. (1) Hat jemand unter einer aufschiebenden Bedingung über einen Gegenstand verfügt, so ist jede weitere Verfügung, die er während der Schwebezeit über den Gegenstand trifft, im Falle des Eintritts der Bedingung insoweit unwirksam, als sie von der Bedingung abhängige Wirkung vereiteln oder beeinträchtigen würde. Einer solchen Verfügung steht eine Verfügung gleich, die während der Schwebezeit im Wege der Zwangsvollstreckung oder der Arrestvollziehung oder durch den Insolvenzverwalter erfolgt".

[320] RIEZLER, Erwin. Venire contra factum proprium. Studien im römischen, englischen und deutschen Civilrecht. Leipzig: Verlag von Duncker & Humblot, 1912. p. 123.

[321] "§ 185. Uma disposição adotada sôbre um objeto por um não titular, é eficaz se teve lugar com o consentimento do titular. A disposição torna-se eficaz se o titular a ratifica ou se o disponente adquire o objeto ou se êle fôr sucedido pelo titular e êste responde, ilimitadamente, pelos compromissos de herança. Nos dois últimos casos, se, sôbre o objeto, várias disposições, não conciliáveis entre si, forem adotadas, somente será eficaz a primeira disposição" (tradução é de Souza Diniz).
No original: "§ 185. (1) Eine Verfügung, die ein Nichtberechtigter über einen Gegenstand trifft, ist wirksam, wenn sie mit Einwilligung des Berechtigten erfolgt. (2) Die Verfügung wird wirksam, wenn der Berechtigte sie genehmigt oder wenn der Verfügende den Gegenstand erwirbt oder wenn er von dem Berechtigten beerbt wird und dieser für die Nachlassverbindlichkeiten unbeschränkt haftet. In den beiden letzteren Fällen wird, wenn über den Gegenstand mehrere miteinander nicht in Einklang stehende Verfügungen getroffen worden sind, nur die frühere Verfügung wirksam".

[322] RIEZLER, *op. cit.*, p. 123.

factum proprium, Erwin Riezler coloca o problema da inexistência de uma regra geral com esse conteúdo, dificuldade que se deixa resolver pelo papel científico a ser desempenhado pela doutrina, na descoberta de novos institutos, o que ainda não teria sido levado a efeito ainda neste campo.[323] Assim, em vista do pouco conhecimento em torno do brocardo, teria sido correta a opção do legislador de não erigir um princípio geral cujas consequências práticas não fossem claras de se apreciar.[324]

O autor alemão utilizou um método indutivo para identificar uma finalidade comum de disposições normativas com o intuito de estabelecer, então, uma ideia jurídica de significado geral. A esse processo indutivo pretende que se suceda, posteriormente, um outro, dedutivo.[325] Assim, intenta Erwin Riezler averiguar se a ideia subjacente a essas disposições normativas poderia ser aplicada em outros casos, não previstos em lei, mas que exista uma compatibilidade a respeito das razões de decidir.[326]

Erwin Riezler defende a utilidade dessa aproximação metodológica, que, em suma, se constitui numa interpretação normativa teleológica, cujo resultado será utilizado para a construção de um princípio de caráter geral, o qual terá aplicação analógica, sobretudo nos casos de lacunas da lei, que são identificadas como um espaço em branco legal, que nem prescreve, nem proíbe uma solução, que é reclamada pelos próprios fins éticos, sociais e econômicos.[327]

A inadmissibilidade do *venire contra factum proprium* parece a Erwin Riezler enquadrar-se nessa hipótese, alcançando-se com a ajuda do brocardo soluções teleológicas satisfatórias, que a lei não prescreveu expressamente, nem proibiu. No entanto, o pensamento

---

[323] RIEZLER, *op. cit.*, p. 124. No original: "Aber nirgends hat unser Gesetzgeber eine allgemeine Regel dieses Inhalts aufgestellt, und die Gesetzesmaterialien liefern nicht den geringsten Anhaltspunkt dafür, daß der Gedanke an eine solche bei den Beratungen von irgend einer Seite ausgesprochen worden wäre. Ganz natürlich! Denn brauchbare dogmatische Ideen werden nicht erfunden, sondern gefunden; die dazu nötige Arbeit des Suchens war aber auf diesem Gebiete noch nicht unternommen worden".

[324] *Ibid.*, p. 124.

[325] *Ibid.*, p. 124: "Diesem induktiven Verfahren kann aber ein deduktives folgen".

[326] *Ibid.*, p. 124-125: "Ist eine zerstreute Gruppe von Gesetzesbestimmungen einmal als Ausfluß eines gemeinsamen Rechtsgedankens erkannt, so wird die Frage entstehen, ob dieser nicht einer Anwendung auf weitere, nicht ausdrücklich vom Gesetz geregelte, Spezialfälle fähig ist, die ohne seine Zuhilfenahme nur eine unbefriedigende oder gekünstelte Lösung finden".

[327] *Ibid.*, p. 128: "Sie wird aber von Nutzen sein, wenn wir vor Lücken in der Gesetzgebung stehen; Lücken in der Bedeutung, daß für Fälle, die eine Lösung im Sinne einer bestimmten ethischen, sozialen oder wirtschaftlichen Zwecken entsprechenden Rechtsidee erheischen, keine diese Lösung verbietende, aber auch keine sie ausdrücklich anordnende Gesetzesvorschrift gegeben ist".

jurídico do *venire contra factum proprium* não se deve realizar de forma esquemática, rígida, como já tinham percebido os juristas medievais ao cunhar a parêmia.[328]

Percebe, no entanto, o autor,[329] que a ponderação de juízos de valor para a verificação da ocorrência do suporte fático do *venire contra factum proprium* dar-se-ia dentro do campo do direito *praeter legem*, o que deve levar em conta a possibilidade de diferentes valorações individuais. Essa necessidade de ponderação dos valores no caso concreto ensejaria uma perda de previsibilidade do direito (*ius incertum*), malfazeja ao direito.

No entanto, essa impossibilidade de tudo prever seria uma característica natural mesma do Direito privado positivado, o qual não teria fim acaso fosse encarregado de antever todas as circunstâncias que cercam a vida prática.[330] Assim:

> O legislador esclarece uma parte do campo regulado por ele como suscetível a um juízo individual e por isso não dá certeza aos interessados acerca do direito, na medida em que deixa ao parecer do juiz, não de forma arbitrária, mas enquanto um dever, a decisão não somente no que diz respeito ao quantum, mas também à própria existência da pretensão[331] (tradução do autor).

Essa instrução legal ao juiz, para que faça juízos de valor, teria sua razão de ser na *multiformidade* sem fim das relações de vida concreta (*unendliche Vielgestaltheit der konkreten Lebensverhältnisse*), que não comportariam, seja pela variedade seja iniquidade decorrente, uma fixação normativa e reclamam uma formulação adaptável (*anpassungsfähig*), portanto, algo vaga.[332]

Essa solução seria, dentro do ordenamento civil alemão, encontrada em outros campos normativos, que também pertencem a este *ius incertum*, a saber, principalmente, na exigida interpretação contratual segundo a boa-fé, na prestação obrigacional segundo a boa-fé e na salvaguarda dos bons costumes.[333]

Erwin Riezler nega um caráter absoluto ao *venire contra factum proprium*, que não se origina, imediatamente, da natureza ética do

---

[328] RIEZLER, *op. cit.*, p. 128.
[329] *Ibid.*, p. 129.
[330] *Ibid.*, p. 126.
[331] *Ibid.*, p. 129-130, *verbis*: "Der Gesetzgeber selbst erklärt einen Teil des von ihm geregelten Gebietes als ein individueller Beurteilung unterliegendes und daher von den Beteiligten nicht mit Sicherhei berechenbares Recht, indem er es dem (nicht willkürlichen sondern pflichtmäßigen) richterlichen Ermessen anheim stellt nicht nur über das Quantum, sondern auch über die Existenz des Anspruchs zu entscheiden".
[332] *Ibid.*, p. 130.
[333] *Ibid.*, p. 130.

ordenamento, mas de uma necessária ponderação de interesses no caso concreto. Assim, não seria tarefa do doutrinador determinar, tal como um padrão unitário, o suporte fático da proibição do comportamento contraditório. Diz o autor:[334]

> O conhecimento de que a questão da admissibilidade ou da inadmissibilidade do *venire contra factum proprium* não se trata da proteção ou da defesa (*die Wahrung*) de um princípio absoluto derivado do caráter ético da ordem jurídica, antes de uma questão de interesses, que ora será afirmada ora negada, deve impedir o doutrinador de querer determinar tudo para o campo da jurisprudência *praeter legem*, segundo um modelo-padrão uniforme. Isto, pois se origina a questão sobre quais as situações de interesse que poderão obter da ideia da inadmissibilidade da contradição com o próprio comportamento uma solução justa e oportuna (tradução do autor).

Erwin Riezler,[335] com a tenção de não impedir o fluxo de novas ideias e casos à figura jurídica da proibição do comportamento contraditório, foge então de formulação do tipo geral e se cinge a elaborar uma série de típicas situações de interesses, nas quais a ideia da inadmissibilidade de uma contradição da própria conduta anterior proporciona uma justa solução do conflito.

1.4.3. Grupos de casos de proibição do "venire contra factum proprium", segundo Erwin Riezler

As situações típicas de proibição do comportamento contraditório são classificadas por Erwin Riezler em cinco, e em todas desempenharia um papel importante o princípio da proteção da boa-fé.[336]

1.4.3.1. Negócios jurídicos cumpridos, porém inválidos

O primeiro grupo de casos salientado pelo jurista alemão vem a ser o dos *negócios jurídicos cumpridos, porém inválidos* (*erfüllte unwirksame*

---

[334] RIEZLER, *op. cit.*, p. 131, *verbis*: "Die Erkenntnis, daß es sich im Gesetze selbst bei der Frage nach der Zulässigkeit oder Unzulässigkeit des venire contra factum proprium nicht um Wahrung eines absoluten, aus dem ethischen Charakter der Rechtsordnung hergeleiteten Prinzips, sondern um eine Interessenfrage handelt, die bald bejahend, bald verneinend entschieden wird, muß uns schon davon abhalten, für das Gebiet der Rechtsprechung praeter legem alles nach einer einheitlichen Schablone entscheiden zu wollen. Vielmehr entsteht auch hier die Frage, welche Interessenlagen es sind, in denen mit der Idee der Unzulässigkeit des Widerspruchs mit dem eigenen Verhalten eine zweckmäßig und gerechte Lösung zu erzielen ist".

[335] *Ibid.*, p. 131.

[336] Refere ainda Riezler que o meio jurídico pelo qual se daria validade à proteção da boa-fé seria a *exceptio doli generalis*, podendo mesmo se falar de uma exceção de violação à boa-fé (*Einrede des Verstoßes gegen Treu und Glauben*). *Ibid.*, p. 132.

Geschäfte).[337] Nesse caso, o negócio jurídico inválido é cumprido voluntariamente, sendo difícil o retorno das partes ao *status quo ante*.

O autor[338] começa trabalhando exemplos talhados de negócios jurídicos realizados por menores de idade. Assim, pergunta-se se o diretor de uma companhia de teatro que tenha contratado para atuar e pago um soldo correspondente a um menor de idade, contra a vontade de seus pais, poderia exigir a restituição da paga, alegando que o contrato, sem a concordância do pai, seria nulo? Ou se poderia ser negado o pagamento de remuneração a uma menor que tenha trabalhado por uma estação como garçonete, sem a autorização dos pais, em razão da invalidade do contrato?

Refere que, enquanto um não jurista responderia, sem hesitação, essas questões negativamente, em vista da iniquidade que representaria, um jurista teria dúvidas, observaria a dicção legal e caso se atasse, rigidamente, ao texto da lei, concluiria que, em vista da nulidade do contrato, a contraparte contratual não teria nenhuma obrigação de prestar, e caso tivesse já prestado, teria um direito de restituição, segundo § 812, BGB, e, caso o menor tivesse já cumprido, teria, de seu lado, uma pretensão de enriquecimento ilícito. Essa posição formalista seria a defendida por Planck e Marwitz.[339]

Essa linha de pensamento prejudicaria a posição do menor de idade e favoreceria a da sua contraparte, em vista de que na ação de enriquecimento ilícito o menor deveria provar que, através de sua prestação, a contraparte economizou na contratação de outra força de trabalho, o que admitiria prova em contrário, *id est*, a contraparte poderia igualmente demonstrar que ele teria conseguido realizar a obra sem pessoal adicional ou que outro aceitaria trabalhar voluntariamente.[340] Essa solução, pois, seria injusta e desarmônica.

Autores[341] defendem a aplicação analógica do § 110, BGB.[342] O tipo não se adéqua aos fatos, em vista de prever uma prestação mate-

---

[337] RIEZLER, *op. cit.*, p. 134-143.

[338] *Ibid.*, p. 134.

[339] *Ibid.*, p. 134-5.

[340] *Ibid.*, p. 135.

[341] *Apud* RIEZLER, *op. cit.*, p. 136.

[342] Dispõe o § 110, BGB: "Um contrato concluído por um menor de idade, sem o assentimento do representante legal, considera-se, desde o início, eficaz, se o menor de idade satisfez a prestação contratual com meios que, para esse fim, ou para livre disposição, lhe foram cedidos pelo representante ou por um terceiro com assentimento deste" (traduzido por Souza Diniz).
No original: "§ 110 Ein von dem Minderjährigen ohne Zustimmung des gesetzlichen Vertreters geschlossener Vertrag gilt als von Anfang an wirksam, wenn der Minderjährige die vertragsmäßige Leistung mit Mitteln bewirkt, die ihm zu diesem Zweck oder zu freier Verfügung von dem Vertreter oder mit dessen Zustimmung von einem Dritten überlassen worden sind."

rial do menor, e não uma imaterial, tal qual o trabalho prestado, e por isso demandaria uma aplicação analógica.

Erwin Riezler não considera decisiva a analogia ao § 110, BGB, mas sim esse pensamento jurídico, que, embora de caráter geral, aplica-se a estes casos:

> Quem aceita uma prestação (não anulando) da contraparte, perde, com isto, seu direito de reclamar a invalidade do contrato: ele tratou o próprio contrato como válido e seria uma violação à boa-fé, se ele quisesse colocar-se em contradição contra este próprio agir, para prejuízo da contraparte[343] (tradução do autor).

No entanto, essa ponderação de Erwin Riezler não conduz, de modo algum, à consequência de que todos os contratos firmados por menores, acaso tenha havido aceitação do cumprimento da prestação, deixar-se-iam convalidar. A convalidação, através da aplicação da inadmissibilidade do comportamento contraditório, somente se dá nos casos em que tal contradição leve à ocorrência de prejuízos à outra parte, o que seria o caso da prestação já executada de caráter material, a qual não se deixa repetir.[344]

Estabelecida essa lógica, Erwin Riezler expande-a, aplicando-a também aos contratos, que, ainda que sofram de algum vício de forma, tenham sido executados. Diz o jurista alemão:

> O pensamento de estar vinculado ao próprio comportamento que executa uma prestação ou que admite a execução parece-me também apropriado a ditar o correto caminho ao tratamento dos contratos que sofram de vício formal, mas que tenham sido cumpridos[345] (tradução do autor).

O BGB, ao contrário do Código Civil austríaco (§ 1432), não teria erigido uma regra geral para a convalidação de negócios jurídicos com vício formal em razão de seu cumprimento, exceptuando casos pontuais, tais como a declaração de fiança do § 766,[346] e a promessa de

---

[343] RIEZLER, op. cit., p. 137. No original, lê-se: "Wer eine nicht rückgängig zu machende Leistung des Gegenkontrahenten entgegennimmt, hat damit das Recht verwirkt, sich auf die Ungültigkeit des Vertrages zu berufen; er hat den Vertrag selbst als gültig behandelt, und es würde gegen Treu und Glauben verstoßen, wenn er sich mit diesem seinem eigenem Tun zum Nachteil des Gegenkontrahenten in Widerspruch setzen wollte".

[344] Ibid., p. 138-139.

[345] Ibid., p. 139, verbis: "Der Gedanke der Gebundenheit an das in der Erfüllung bezw. Erfüllungsannahme liegende eigene Handeln scheint mir aber auch geeignet, in der Behandlung der an einem Formmangel leidenden, aber erfüllten Verträge den richtigen Weg zu weisen".

[346] § 766: "Para a validade do contrato de fiança, é necessária a outorga, por escrito, da declaração de fiança. *A comunicação da declaração de fiança na forma eletrônica é proibida. Desde que o fiador tenha executado o compromisso principal, estará sanado o vício de forma*". Tradução parcial de Souza Diniz. A parte em itálico é tradução livre do autor.
No original, lê-se: "Zur Gültigkeit des Bürgschaftsvertrags ist schriftliche Erteilung der Bürgschaftserklärung erforderlich. Die Erteilung der Bürgschaftserklärung in elektronischer Form ist

doação dos §§ 518[347] e 2301,[348] todos do BGB.[349] A doutrina alemã, em geral, estaria de acordo com essa falta de uma regra geral de *cura en princípio* (*grundsätzliche Heilung*) através do cumprimento de contrato com vício formal; mesmo Riezler[350] afirma que até então defendera a letra da lei, que somente prescrevia, topicamente, a convalidação. No entanto, declara Erwin Riezler estar abandonando essa opinião para o caso de cumprimento e admissão de cumprimento de contratos com vício formal, sobretudo neste caso em que a prestação é recebida pela contraparte. Afirma:

> Pois não somente a execução de uma obrigação, sabidamente, inexistente é um exercício de vontade tanto quanto à admissão da execução, contra a qual o autor não pode se colocar em contradição, sem violar a boa-fé. Ele próprio manifestou que considera o contrato como válido, e através disto causou na contraparte a justificada expectativa, que ele, apesar da falta formal, iria prestar a contraprestação: esta expectativa suscitada por ele, não pode ele desapontar[351] (tradução do autor).

---

ausgeschlossen. Soweit der Bürge die Hauptverbindlichkeit erfüllt, wird der Mangel der Form geheilt".

[347] § 518: "Para a validade de um contrato pelo qual, como doação, é prometida uma prestação, é exigível a certificação oficial da promessa por tabelião. O mesmo se dá quando é outorgada, como doação, uma promessa de dívida ou um reconhecimento de dívida das espécies de promessa ou de declaração de reconhecimento assinalados nos §§ 780 e 781. O vício de forma será sanado pela execução da prestação prometida" (tradução parcial de Souza Diniz).
No original, lê-se: "§ 518 (1) Zur Gültigkeit eines Vertrages, durch den eine Leistung schenkweise versprochen wird, ist die notarielle Beurkundung des Versprechens erforderlich. Das Gleiche gilt, wenn ein Schuldversprechen oder ein Schuldanerkenntnis der in den §§ 780, 781 bezeichneten Art schenkweise erteilt wird, von dem Versprechen oder der Anerkennungserklärung. (2) Der Mangel der Form wird durch die Bewirkung der versprochenen Leistung geheilt."

[348] § 2301: "A uma promessa de doação, que é feita sob a condição de que o donatário sobreviva ao doador, encontram aplicação os dispositivos sobre disposições 'mortis causa'. O mesmo se dá com uma promessa de dívida ou um reconhecimento de dívida ou um reconhecimento de dívida, da espécie assinalada nos §§ 780, 781, feito, por via de doação, sob a mesma condição. Se o doador, por prestação do objeto atribuído, executar a doação, encontrarão aplicação as disposições sobre doações 'inter vivos'".
No original, lê-se: "§ 2301 (1) Auf ein Schenkungsversprechen, welches unter der Bedingung erteilt wird, dass der Beschenkte den Schenker überlebt, finden die Vorschriften über Verfügungen von Todes wegen Anwendung. Das Gleiche gilt für ein schenkweise unter dieser Bedingung erteiltes Schuldversprechen oder Schuldanerkenntnis der in den §§ 780, 781 bezeichneten Art. (2) Vollzieht der Schenker die Schenkung durch Leistung des zugewendeten Gegenstands, so finden die Vorschriften über Schenkungen unter Lebenden Anwendung."

[349] RIEZLER, Erwin. Venire contra factum proprium. Studien im römischen, englischen und deutschen Civilrecht. Leipzig: Verlag von Duncker & Humblot, 1912. p. 139.

[350] *Ibid.*, p. 140.

[351] *Ibid.*, p. 140-141, *verbis*: "Denn nicht nur die in Kenntnis der Nichtverpflichtung geschehene Erfüllung, sondern auch die Erfüllungsannahme ist eine Willensbetätigung, mit der sich ihr Urheber nicht selbst in Widerspruch setzen kann, ohne gegen Treu und Glauben zu verstoß. Er hat selbst damit kundgegeben, daß er den Vertrag als wirksam ansehe, und hat dadurch beim Gegenkontrahenten die gerechtfertige Erwartung erregt, daß er trotz des Formfehlers auch die Gegenleistung bewirken werde; diese vom ihm selbst erregte Erwartung darf er nicht enttäuschen".

Segundo a opinião de Erwin Riezler, portanto, se o contrato for executado e assim aceito pela contraparte, apesar do conhecimento do vício formal, o contrato torna-se válido. O autor[352] avança ainda mais no desbravamento da tese e afirma que a pretensão nascida dessas circunstâncias não se limita ao interesse contratual negativo, antes se deixa ir também ao interesse contratual positivo.

Confessa, ao final, que a opinião por si defendida não se deixa fundamentar pelo isolado teor da lei, e quem a compartilhar deverá se atrever a errar nos terrenos de um direito *praeter legem*.[353]

A situação, no entanto, seria mais tranquila quando a exigência de forma não decorrer da lei, mas tiver sido estabelecida pelo negócio jurídico.[354] Isso, pois, se a necessidade de forma dependeu da vontade das partes, ela mais facilmente pode ser afastada pela interpretação do comportamento das partes.

1.4.3.2. Perda de um direito pelo seu exercício, especialmente mediante o exercício de direitos formativos

Nesse segundo grupo de casos trabalhado por Erwin Riezler, o *factum proprium*, ao qual o agente fica vinculado, aparece como uma decisão para uma determinada situação jurídica, por meio do exercício de uma escolha entre direitos possíveis. O autor chama este grupo de perda de um direito pelo seu exercício, especialmente mediante o exercício de direitos formativos (*Verwirkung durch Rechtsausübung, insbesondere durch Ausübung von Gestaltungsrechten*).[355]

A razão para irrevogabilidade da escolha encontra o autor no justificado interesse da contraparte de ter uma situação jurídica clara e definitiva, em relação a qual possa construir outras disposições. Esse interesse seria mais importante e mereceria por isso maior proteção da ordem jurídica do que o interesse do direito formativo, cujo titular pôde ponderar os prós e contras de sua escolha de antemão, no seu *ius variandi*.[356]

O modelo normativo, necessário para a edificação da analogia, é encontrado no inciso segundo do § 263, BGB, o qual refere que, em relação às dívidas alternativas, *a prestação escolhida vale, como a única*

---

[352] RIEZLER, *op. cit.*, p. 141.
[353] *Ibid.*, p. 141.
[354] *Ibid.*, p. 143.
[355] *Ibid.*, p. 143-166.
[356] *Ibid.*, p. 144.

devida, desde o começo.[357] Para Erwin Riezler,[358] a consequência desse proceder, o qual escolhe a prestação devida, é a perda da outra alternativa, que, igualmente, consistiria no exercício de um direito formativo.

Essa tomada de decisão, por não se constituir numa renúncia tácita às demais alternativas, em vista de que inexiste uma vontade de renunciar, mas sim o exercício de um direito formativo, não daria ocasião a uma demanda de impugnação por erro sobre seu conteúdo, prevista no § 119, BGB.[359] A perda ou preclusão da alternativa não tem como elemento necessário a vontade e, portanto, não daria azo à anulação por erro: um tal protesto contra as consequências da escolha, para o jurista alemão, seria caso da inadmissível *protestatio facto contraria*.[360]

Erwin Riezler passa, então, a dar exemplos de casos em que, segundo sua opinião, se aplica essa lógica. Elenca, *e.g.*, o caso do adquirente que escolhe a demanda anulatória por erro do § 119, BGB, quando tinha possibilidade de escolher a lide redibitória por vício da coisa.[361] Para o autor, com essa decisão a outra via se obstruía ao comprador.[362] Idêntica fundamentação impossibilita o contraente que impugnou o contrato por manobra fraudulenta, *ex vi* do § 123, BGB,[363] de exigir, não fazendo caso da impugnação referida, reparação de danos

---

[357] No original, o § 263 reza que: "(1) Die Wahl erfolgt durch Erklärung gegenüber dem anderen Teil. (2) Die gewählte Leistung gilt als die von Anfang an allein geschuldete".

[358] RIEZLER, Erwin. Venire contra factum proprium. Studien im römischen, englischen und deutschen Civilrecht. Leipzig: Verlag von Duncker & Humblot, 1912. p. 145.

[359] Dispõe o § 119 que: "Quem, no enunciar uma declaracação de vontade, estaba em erro sobre o conteúdo dela, ou não queria enunciar, em substância, uma declaração de tal conteúdo, poderá impugnar a declaração, se deve ser admitido que, com o conhecimento do estado das coisas, ou com a apreciação mais sensata do caso, não a havia de ter enunciado. Como erro sobre o conteúdo da declaração, considera-se também o erro sobre essas qualidades das pessoas ou das coisas, que, segundo o uso, são tidas como essenciais" (traduzido por Souza Diniz).
No original: "§ 119 (1) Wer bei der Abgabe einer Willenserklärung über deren Inhalt im Irrtum war oder eine Erklärung dieses Inhalts überhaupt nicht abgeben wollte, kann die Erklärung anfechten, wenn anzunehmen ist, dass er sie bei Kenntnis der Sachlage und bei verständiger Würdigung des Falles nicht abgegeben haben würde. (2) Als Irrtum über den Inhalt der Erklärung gilt auch der Irrtum über solche Eigenschaften der Person oder der Sache, die im Verkehr als wesentlich angesehen warden".

[360] RIEZLER, *op. cit.*, p. 146.

[361] Erwin Riezler faz referência à demanda do § 462, BGB, que não mais subsiste em razão de alterações havidas no BGB. Os vícios das coisas estão agora elencados no § 434, BGB, e as pretensões do adquirente no § 437, BGB.

[362] RIEZLER, *op. cit.*, p. 149.

[363] O § 123, BGB, dispõe que: "Quem for levado a enunciar uma declaração de vontade por engano doloso ou, antijuridicamente, por ameaça, poderá impugnar a declaração. Se um terceiro tiver usado de um engano, somente será uma declaração impugnável, se este conhecia o engano ou devia conhecer. Sempre que um outro, diferente daquele ante o qual a declaração devia ser enunciada, por meio dessa declaração devia ser enunciada, por meio dessa declaração, de modo

por causa da manobra fraudulenta, por força do § 826, BGB.[364] Ainda que não seja uma autêntica relação jurídica alternativa, a própria escolha que é delegada à parte, de rescindir o contrato, § 346 e ss., BGB, ou de exigir os danos pela não execução, §§ 325 e 326, BGB, determina a perda da alternativa, *verbis*: "Com a declaração de rescisão ele perdeu seu direito à reparação de danos por causa do não cumprimento".[365]

A perda do direito pode decorrer não somente da escolha de dívida alternativa, mas também da incompatibilidade do comportamento da parte com o exercício de um determinado direito.[366] Elucida essa hipótese o caso de alguém que, após a utilização física de uma coisa adquirida por ele, reclama de algum vício existente no objeto, com o que se coloca em evidente contradição com seu anterior comportamento.[367] Para o autor,[368] a perda do direito causada pela utilização da coisa diz respeito somente à pretensão de redibição (*Wandelungsanspruch*) e não à pretensão de redução do preço (*Minderungsanspruch*), pois a continuação do uso não seria contraditória com a pretensão de reduzir o valor.

No entanto, pergunta-se Erwin Riezler se perderia o vendedor sua pretensão de redibição através do uso continuado do objeto antes de ser comunicada a pretensão de rebidição por vício ou depois de esclarecida, mas ainda não executada (a redibição). De modo geral, afirma:

> O uso continuado do objeto percebido como possuidor de vícios, mas ainda não reclamados, ou, embora reclamados, ainda não executada a devolução, não tem como consequência a perda da pretensão redibitória, nos casos em que o uso continuado

---

não mediato, adquirir o direito, será a declaração, ante ele, impugnável, se conhecia o engano ou devia conhecer" (traduzido por Souza Diniz).
No original: "§ 123 (1) Wer zur Abgabe einer Willenserklärung durch arglistige Täuschung oder widerrechtlich durch Drohung bestimmt worden ist, kann die Erklärung anfechten. (2) Hat ein Dritter die Täuschung verübt, so ist eine Erklärung, die einem anderen gegenüber abzugeben war, nur dann anfechtbar, wenn dieser die Täuschung kannte oder kennen musste. Soweit ein anderer als derjenige, welchem gegenüber die Erklärung abzugeben war, aus der Erklärung unmittelbar ein Recht erworben hat, ist die Erklärung ihm gegenüber anfechtbar, wenn er die Täuschung kannte oder kennen musste".

[364] O § 826, BGB, dispõe que: "Quem, de modo atentatório contra os bons costumes, causar, dolosamente, um dano a um outro, estará obrigado, para com o outro, à indenização do dano".
No original: "§ 826, BGB: Wer in einer gegen die guten Sitten verstoßenden Weise einem anderen vorsätzlich Schaden zufügt, ist dem anderen zum Ersatz des Schadens verpflichtet".

[365] RIEZLER, *op. cit.*, p. 151. O texto, no original, diz: "Mit der Rücktrittserklärung hat er das Recht auf Schadensersatz wegen Nichterfüllung verloren [...]".

[366] *Ibid.*, p. 152-153.
[367] *Ibid.*, p. 153.
[368] *Ibid.*, p. 155.

ocorra em interesse do vendedor, ou justificado por meio do interesse fundamentado pelas circunstâncias do comprador[369] (tradução do autor).

O interesse do comprador somente será visualizado com a apreciação das relações concretas do caso, como no referido por Erwin Riezler,[370] quando um fabricante tenha comprado uma dispendiosa máquina, que era imprescindível para a empresa, a qual, por esta razão, mesmo após a descoberta do vício, continuou usando-se. Considera, assim, que seria iníquo decretar a perda do direito redibitório.

Outro grupo de casos por Erwin Riezler vem a ser o particular da especificação do bem dado em penhor pelo devedor pignoratício. A especificação (*specificatio*) é um modo natural de aquisição de propriedade do Direito romano,[371] pelo qual se cria, a partir de uma coisa alheia, outra, de nova espécie, instituto recebido pelo Direito civil alemão, que lhe dedica o § 950, BGB.[372] Assim, com a aquisição originária, os direitos existentes sobre os materiais utilizados para a confecção da coisa nova, extinguem-se.

Ainda que Erwin Riezler distinga a especificação de material de terceiros, que desembocaria, sem dúvidas, na hipótese de aquisição originária, com a extinção dos direitos existentes sobre os materiais, da especificação de material próprio, através do qual não se transmuda a propriedade, de forma que seria razoável se arguir a manutenção dos gravames incidentes sobre a matéria-prima, a razão fundamental para não dação de eficácia ao ato vem a ser a violação da boa-fé

---

[369] RIEZLER, *op. cit.*, p. 156. No original: "Allgemein wird man sagen dürfen: Der fortgesetzte Gebrauch der als mangelhaft erkannten, aber noch nicht beanstandeten, oder zwar beanstandeten, aber noch nicht den Folgen vollzogener Wandelung unterworfenen Sache hat eine Verwirkung des Wandelungsanspruchs an sich nicht zur Folge, jedenfalls dann nicht, wenn der Weitergebrauch im Interesse des Verkäufers selbst liegt oder durch ein nach den Umständen begründetes Interesse des Käufers gerechtfertig ist."

[370] *Ibid.*, p. 156.

[371] Sobre a *specificatio* no Direito romano, leia-se KASER, Max. *Direito Privado romano*. Lisboa: Fundação Calouste Gulbenkian, 1999. p. 160-161; ALVES, José Carlos Moreira. Direito romano. 14. ed. Rio de Janeiro: Forense, 2007. p. 311-312.

[372] Reza o § 950, BGB: "Quem, por especificação ou transformação de um ou de vários materiais, obtiver uma coisa móvel nova, adquirirá a propriedade sobre a coisa nova sempre que o valor da especificação ou da transformação não seja consideravelmente menor do que o valor do material. Como especificação considera-se também o escrever, desenhar, pintar, imprimir, gravar ou um trabalho semelhante de superfície. Com a aquisição da propriedade sobre a nova coisa, extinguem-se os direitos existentes sobre os materiais" (traduzido por Souza Diniz).
No original, lê-se: "§ 950 (1) Wer durch Verarbeitung oder Umbildung eines oder mehrerer Stoffe eine neue bewegliche Sache herstellt, erwirbt das Eigentum an der neuen Sache, sofern nicht der Wert der Verarbeitung oder der Umbildung erheblich geringer ist als der Wert des Stoffes. Als Verarbeitung gilt auch das Schreiben, Zeichnen, Malen, Drucken, Gravieren oder eine ähnliche Bearbeitung der Oberfläche. (2) Mit dem Erwerb des Eigentums an der neuen Sache erlöschen die an dem Stoffebestehenden Rechte.".

por parte do devedor pignoratício, que, enquanto proprietário de bem empenhado, o especifica, esvaziando a garantia do credor.[373]

Derradeira manifestação tópica da perda de um direito pelo exercício de outro vislumbra o autor[374] na perda de objeções, que estariam em contradição com o comportamento anterior não proibido.

Erwin Riezler estuda o caso da cantora lírica Emmy Destinn,[375] que, ainda que se chamasse Emílie Pavlína Kittlová,[376] teria prestado um aceite cambial (*Wechselaccept*) com seu pseudônimo, Emmy Destinn, sob o qual seria conhecida mundialmente. O tribunal austríaco teria rejeitado a demanda cambiária com a fundamentação formalista de que a denominação artística arbitrariamente escolhida não seria o nome exigido na assinatura da letra de câmbio. Erwin Riezler[377] objeta contra que o pseudônimo, quando utilizado pela pessoa de forma geral, e não apenas isoladamente, seria nome também no sentido jurídico.

Erwin Riezler[378] afasta, ademais, a fundamentação da justiça austríaca, com o argumento que podem ser considerados precursores da teoria da confiança:

> Quem através de seu próprio comportamento, não proibido, cria uma confiança em relação à existência de uma relação jurídica, age contra a boa-fé, quando indica a invalidade daquela ação como justificação para os danos daquele que confiou (tradução do autor).

Assim, proíbe-se àquele que, com seu próprio comportamento, deixou a conhecer que se obrigava através de seu pseudônimo, de negar aquela vinculação, por meio de uma objeção fundada na falta de indicação do seu correto nome civil. Para o autor,[379] quando houver

---

[373] RIEZLER, *op. cit.*, p. 163.

[374] *Ibid.*, p. 164.

[375] Emmy Destinn (1878-1930) foi uma soprano tcheca, caracterizada por uma voz forte e dramática, que fez tanto na Europa quanto em Nova Iorque. Disponível em: <http://en.wikipedia.org/wiki/Emmy_Destinn>. Acesso em: 30 out. 2011.

[376] Riezler afirma que seu nome era Emilie Kittel. No entanto, pesquisa no site da fundação que leva seu nome Emmy Destinn Foundation aponta que seu verdadeiro nome era Emílie Pavlína Kittlová. Disponível em: <http://www.destinn.com/#/life/4523141317>. Acesso em: 10 set. 2011.

[377] RIEZLER, *op. cit.*, p. 164.

[378] *Ibid.*, p. 165, *verbis*: "Wer aber durch sein eigenes, nicht verbotenes Handeln in einem andern ein Vertrauen auf den Bestand eines Rechtsverhältnisses erweckt, handelt wider Treu und Glauben, wenn er sich zum Schaden des Vertrauenden selbst auf die Unwirksamkeit jenes Handelns beruft".

[379] *Ibid.*, p. 161, *verbis*: "Der Ausweg aus dem scheinbaren Dilemma dürfte darin zu finden sein, daß bei einem Widerstreit der formellen mit der materiellen Rechtslage die materielle den Vorzug verdient".

uma divergência entre a situação jurídica formal e a material, deve-se, assim, dar prioridade à material.

1.4.3.3. Criação de uma aparência jurídica

Ocupa um papel fundamental nos grupos de casos apresentados por Erwin Riezler, a criação de uma aparência (*erregter Rechtsschein*), situação que se caracteriza por representações não condizentes com a realidade, geradas a partir do comportamento do outro.

Assim, Erwin Riezler[380] considera a terceira espécie de aparição do *venire contra factum proprium* como sendo a criação de uma aparência jurídica, a qual é desta forma descrita:

> Quem se apresenta ante outro como representante de determinada posição jurídica, não pode negar esta posição jurídica, gerando danos naqueles que nela acreditaram; o contrário seria uma violação da boa-fé no tráfego jurídico[381] (tradução do autor).

Erwin Riezler, no entanto, condena o que chama de exagero na aplicação dessa doutrina, sobretudo na teoria de Hermann Staub, sobre o chamado comerciante aparente (*Scheinkaufmann*). Segundo sua opinião, essa teoria, pela qual aquele que se apresentar no tráfego jurídico como comerciante (*Kaufmann*) deve valer como comerciante, e aquele que se apresentar como comerciante pleno (*Vollkaufmann*), devidamente inscrito no registro comercial, deve valer como comerciante inscrito no registro comercial, sugere um correto pensamento, mas induz a consequências que extravasam seu fundamento. Refere-se Erwin Riezler à possibilidade, que ele condena, de se conceder ao comerciante aparente as vantagens que aquele que exerce esta atividade profissional detém, como, por exemplo, permitir o empréstimo a juros superiores à taxa legal (o comerciante, à época, podia cobrar juros de 5%, ao invés de 4% ao ano).

O núcleo legítimo da teoria de Hermann Staub enxerga Erwin Riezler[382] somente nos deveres que derivam da observância da boa-fé, sobretudo na impossibilidade de o comerciante aparente confrontar, em contradição, seu próprio comportamento com a real situação jurídica, causando prejuízos àqueles que confiaram na concordância entre a realidade e a aparência.

---

[380] RIEZLER, *op. cit.*, p. 166-170.

[381] *Ibid.*, p. 166. No original, lê-se: "Wer andern gegenüber als Träger einer bestimmten Rechtsstellung auftritt, darf diese Rechtsstellung nicht selbst zum Schaden derer, die daran geglaubt haben, bestreiten; das Gegenteil wäre ein Verstoß gegen Treu und Glauben im Rechtsverkehr" (*sic*).

[382] *Ibid.*, p. 167.

Suas análises levam-no a algumas conclusões:[383]

Primeira, se o comerciante aparente contrair uma obrigação que somente como comerciante pleno poderia cumprir, ou somente como comerciante nesta determinada forma poderia executar, a contraparte que confiou na sua qualidade de comerciante poderia optar entre o cumprimento ou a indenização por danos, pois seria insuficiente e injusto somente remeter a contraparte ao puro interesse negativo.

Segunda, o comerciante aparente não se obriga, se a contraparte sabia ou devia saber que ele não era um comerciante.

Terceira, a pretensão de cumprimento (interesse positivo) da contraparte está excluída se o comerciante aparente toma-se, equivocadamente, por comerciante pleno, limitando-se, nestes casos, a pretensão indenizatória ao interesse negativo.

Esse mesmo raciocínio valeria para a associação de pessoas (*Personenmehrheit*) que se apresentasse no tráfego jurídico numa forma comercial.[384] Dessa forma, a associação de pessoas teria que suportar todos os ônus que tiverem nascido da aparência que suscitaram, mas não deveria colher quaisquer bônus da posição jurídica que aparenta.

1.4.3.4. Risco derivado de próprios atos praticados conforme a lei

Nesse grupo de casos, chamado por Erwin Riezler[385] de risco derivado de próprios atos praticados conforme a lei (*Risiko aus rechmäßigen eigenem Handeln*), alguém cria uma situação de risco conexa a uma regular situação jurídica, pela qual deverá responder, independentemente de ocorrência de culpa, mas pela assunção dos riscos derivados da posição jurídica.

Resulta diretamente da lei a responsabilidade do devedor pelo cumprimento, quando agir culposamente. No entanto, o autor[386] também reconhece casos em que o agente deve assumir os riscos decorrentes de sua própria ação legítima, que tocar a esfera jurídica de outros.

---

[383] RIEZLER, *op. cit.*, p. 169. Omite-se, no corpo do texto, sua derradeira conclusão, sobre este ponto, de que as demais prescrições do § 5, do HGB (*Handelsgesetzbuch*) permaneceriam intactas, em vista de estar revogada esta norma.
[384] *Ibid.*, p. 170.
[385] *Ibid.*, p. 170-175.
[386] *Ibid.*, p. 170-171.

O próprio Erwin Riezler[387] afirma que não se cuida de caso de inadmissiblidade de *venire contra factum proprium*, mas de um fenômeno que pertence ao mesmo círculo de pensamento, ou seja, o devedor também deve responder por consequências que ele tenha causado, decorrentes de seu próprio e regular comportamento.

Nessa trilha, analisa os casos que giram em torno dos riscos de dupla ação do mandante e mandatário, quando ambos tomam atitudes concorrentes e contraditórias. Para o autor, todas as colisões, reais ou aparentes, que resultem dessa dupla ação devem ser resolvidas em prejuízo do representado e não contra a contraparte, *verbis*: "[...] o representado carrega, dito de outro modo, o risco que resulta da duplicidade da manifestação de vontade".[388]

Exemplifica Erwin Riezler com o caso do empresário, então chamado patrão, que, para cobrir a necessidade de sua empresa, encomenda uma determinada quantia de carvão, vindo, depois, a descobrir que seu preposto, sem ele saber, há uma semana, já requisitara idêntica quantidade, com o mesmo propósito. Para o autor,[389] que aplica a responsabilidade pelo risco, salvo se o empregador pudesse provar que o vendedor sabia da identidade daqueles que fizeram o pedido, ele deverá responder por ambas as compras.

Assim, Erwin Riezler constrói este grupo de casos, em que a parte responderá pelos danos que causar à contraparte, por seu próprio comportamento regular, ou seja, não decorrentes do princípio da culpa, mas da assunção de riscos pela participação no tráfego jurídico.

1.4.3.5. Invocação da própria torpeza

O derradeiro grupo de casos erigido pelo autor na obra analisada[390] vem a ser a invocação da própria torpeza (*Beruf auf das eigene Unrecht*), a qual ele, ainda que não a reconheça como *venire contra factum proprium*, considera um caso aparentado à proibição do comportamento contraditório.

Vislumbra Erwin Riezler estar o princípio que veda a invocação da própria torpeza – ou no vernáculo latino, *turpidudinem suam*

---

[387] RIEZLER, *op. cit.*, p. 171.
[388] *Ibid.*, p. 173. No original: "[...] der Vertretene trägt, anders ausgedrückt, die Gefahr, die sich aus der Duplicität der Willenskundgabe ergibt".
[389] *Ibid.*, p. 173.
[390] *Ibid.*, p. 176-183.

allegans non auditur – cunhada nos §§ 817,[391] 815[392] e 162,[393] do BGB, o que lhe permite, então, formular uma regra de caráter geral para aplicação analógica em outros casos, em vista de que estas determinações não seriam prescrições de exceção, mas aplicações especiais do princípio, soberano no BGB, da boa-fé.[394]

A partir dessa justificação, passa a mencionar outros casos normativos e outros jurisprudenciais, prolatados pelo *Reichtsgericht*, antiga Corte Suprema do Império Alemão, que tenham como fundamento a vedação de se recorrer à própria ilegalidade cometida.

Erwin Riezler[395] oferta de exemplo ainda o § 1300, BGB (revogado), que permitia à desposada irrepreensível (*die unbescholtene Verlobte*) exigir uma indenização equitativa do desposado ante o desfazimento da coabitação. No entanto, o desposado não poderia objetar que a desposada não era irrepreensível, se ele tivesse sido o causador de sua corrupção, em vista de que ele não poderia retirar benefícios de sua própria torpeza.

Por último, Erwin Riezler estuda qual o regulamento do BGB para o caso de usura, e sobre se o usurário poderia repetir o que foi

---

[391] "§ 817: Se a finalidade de uma prestação estiver determinada de modo que aquele que a receba atenta contra uma proibição legal ou contra os bons costumes, estará, aquele que receber, obrigado à devolução. A repetição está excluída quando, ao que satisfaz a prestação, for imputável, igualmente, uma tal contravenção a não ser que a prestação consista em contrair um compromisso; o que foi dado como prestação para a execução de um tal compromisso, não pode ser repetido" (traduzido por Souza Diniz).
No original: "§ 817 War der Zweck einer Leistung in der Art bestimmt, dass der Empfänger durch die Annahme gegen ein gesetzliches Verbot oder gegen die guten Sitten verstoßen hat, so ist der Empfänger zur Herausgabe verpflichtet. Die Rückforderung ist ausgeschlossen, wenn dem Leistenden gleichfalls ein solcher Verstoß zur Last fällt, es sei denn, dass die Leistung in der Eingehung einer Verbindlichkeit bestand; das zur Erfüllung einer solchen Verbindlichkeit Geleistete kann nicht zurückgefordert warden".
[392] "§ 815: A repetição por causa de não ocorrência do resultado visado com a prestação está excluída quando a ocorrência do resultado, desde o começo, era impossível e o que realizou sabia disso, ou quando o que realizou a prestação, impediu, contra a boa-fé, a ocorrência do resultado" (traduzido por Souza Diniz).
No original: "§ 815 Die Rückforderung wegen Nichteintritts des mit einer Leistung bezweckten Erfolges ist ausgeschlossen, wenn der Eintritt des Erfolges von Anfang an unmöglich war und der Leistende dies gewusst hat oder wenn der Leistende den Eintritt des Erfolges wider Treu und Glauben verhindert hat".
[393] "§ 162: Se a ocorrência da condição for impedida de má-fé pela parte em prejuízo da qual se havia ela de produzir, será tida a condição como ocorrida. Se a ocorrência da condição for provada de má-fé pela parte em vantagem da qual se havia de produzir, será tida a condição como não ocorrida" (traduzido por Souza Diniz).
No original: "§ 162 (1) Wird der Eintritt der Bedingung von der Partei, zu deren Nachteil er gereichen würde, wider Treu und Glauben verhindert, so gilt die Bedingung als eingetreten. (2) Wird der Eintritt der Bedingung von der Partei, zu deren Vorteil er gereicht, wider Treu und Glauben herbeigeführt, so gilt der Eintritt als nicht erfolgt".
[394] RIEZLER, *op. cit.*, p. 176.
[395] *Ibid.*, p. 178.

prestado por ele, quando seu devedor quisesse a manutenção do negócio. Exemplo dado pelo autor esclarece o suporte fático:

> Alguém vende a uma professora de piano um piano em condições usurárias de pagamento, vende e transfere, sem ressalva de resolução ou reserva de propriedade [...]. No entanto, o alienante, após ficar sabendo que a professora fora despedida de seu emprego e embora esta não tenha pagado nenhuma prestação em atraso pede a devolução do piano, sob a alegação do caráter usurário do negócio jurídico. A professora quer a conservação do negócio, pois espera poder realizar regularmente os pagamentos ao empregar-se novamente[396] (tradução do autor).

Após considerações sobre a posição da doutrina dominante à época,[397] afirma que a razão correta para se negar a pretensão do agiota seria o princípio de que ninguém pode recorrer à sua própria imoralidade e ao seu próprio *dolus*, em seu próprio benefício.[398]

Erwin Riezler, talvez ciente das infindas dificuldades que o trato do brocardo encerra, findou sua obra sem conclusões expressas num capítulo apartado. O trabalho de Erwin Riezler sobre o *venire contra factum proprium* recebeu pelo menos quatro recensões à época: a de Paul Koschaker,[399] a de Ernst Schuster,[400] a do prof. Dr. Heinsheimer[401] e a de Erich Warschauer.[402]

---

[396] RIEZLER, *op. cit.*, p. 180, *verbis*: "Jemand verkauft z. B. an eine Musiklehrerin ein Klavier zu wucherischen Abzahlungsbedingungen, verkauft und übereignet, aber ohne Rücktrittsvorbehalt und ohne Eigentumsvorbehalt [...]. Der Veraußerer erfährt nun im Mai, daß der Lehrerin auf 1. Oktober ihre Stelle gekündigt sein und verlangt, obwohl die Lehrerin noch mit keiner Ratenzahlung im Rückstande geblieben ist, unter Berufung auf den Wuchercharakter des Geschäftes das Klavier sofort zurück. Die Lehrerin möchte es behalten, weil sie eine neue Stelle zu finden und die Zahlungen regelmäßig leisten zu können hofft".

[397] *Ibid.*, p. 180.

[398] *Ibid.*, p. 182.

[399] KOSCHAKER, Paul. *Recensão a Erwin Riezler – Venire contra factum proprium*. Zeitschrift der Savigny-Stiftung für Rechtsgeschichte / Romanistische Abteilung. Bd. 33 = 46, 1912, p. 548-551. Disponível em: <http://dlib-zs.mpier.mpg.de/mj/kleioc/0010/exec/bigpage/%222085098_33%2b1912_0554%22>. Acesso em: 2 jun. 2011. Paul Koschaker valorizou a pesquisa de Riezler por retirar do esquecimento o pensamento jurídico do *venire contra factum proprium*, sublinhando, ao final de sua resenha, que os resultados alcançados pela pesquisa são dignos de atenção.

[400] SCHUSTER, Ernst. Recensão a Erwin Riezler – *Venire contra factum proprium*. Kritische Vierteljahresschrift für Gesetzgebung und Rechtswissenschaft. Bd. 52, 3.F. Bd. 16, 1914, p. 214-221. Disponível em: <http://dlib-zs.mpier.mpg.de/mj/kleioc/0010/exec/bigpage/%222085047_52%2b1914_0220%22>. Acesso em: 2 jun. 2011. Ernst Schuster salientou que se trata de um trabalho de Direito comparado sobre os casos em que é reconhecida a vinculação do agente ao anterior comportamento, dando relevo, após realizar algumas críticas materiais a algumas teses de Erwin Riezler, à importância de o autor ter conseguido explicar ao leitor alemão, de maneira inteligível, os fundamentos do instituto de *estoppel*.

[401] HEINSHEIMER. Recensão a Erwin Riezler – *Venire contra factum proprium*. Deutsche Juristen-Zeitung, Jg. 19, p. 386, 1914. Disponível em: <http://dlib-zs.mpier.mpg.de/mj/kleioc/0010/exec/bigpage/%222173669_19%2b1914_0233%22>. Acesso em: 2 jun. 2011. Heinsheimer, intuindo o sucesso da tese, referiu que, com certeza, o escrito se mostraria fecundo, o que se provou correto através do amplo aceite que o brocardo ganhou na jurisprudência alemã.

A pesquisa não tem o mérito de ter esgotado o assunto,[403] antes de ter-lhe restituído à vida jurídica, informado por um conteúdo novo e enriquecido pela sua coordenação através da boa-fé, elemento erigido como delimitador da aplicação da proibição do comportamento contraditório, senda que seguiu sendo desenvolvida pela doutrina e jurisprudência alemãs, se espraiando para os demais países de tradição romano-germânica.

---

[402] WARSCHAUER, Erich. Recensão a *Venire contra factum proprium*. Studien im römischen, englischen und deutschen Zivilrecht. Von Erwin Riezler. Der Gerichtssaal, Jg. 81, 1913, p. 468-469. Disponível em: <http://dlib-zs.mpier.mpg.de/mj/kleioc/0010/exec/bigpage/%222173686_8100%2b1913_0474%22>. Acesso em: 2 jun. 2011. Erich Warschauer ressaltou os méritos metodológicos da pesquisa, sobretudo o papel da analogia jurídica como instrumento da chamada Jurisprudência Construtiva (*Konstruktionsjurisprudenz*).

[403] Não se concorda, no entanto, com o peso da crítica levantada por Claus-Wilhelm Canaris, para quem o trabalho de Riezler conteria somente indicações insignificantes. Ver CANARIS, Claus-Wilhelm. *Die Vertrauenshaftung im deutschen Privatrecht*. München: Beck, 1971. p. 287. No original, diz Claus-Wilhelm Canaris: "Die Arbeit von Riezler (Fn. 2) enthält insoweit nur verhältnismäßig geringfügige Ansätze".

A pesquisa de Riezler é rica, histórica e dogmaticamente, e adota metodologia, para tratar a situação do direito vigente, que será seguida pelo próprio Canaris, ou seja, primeiro uma análise do direito positivo para, após de certificada a existência do princípio estudado, tencionar uma aplicação analógica a casos afins.

2. Fundamento dogmático do *venire contra factum proprium*

A importância de se determinar qual o fundamento dogmático do *venire contra factum proprium* resulta da falta de autonomia dogmática do pensamento de proibição do comportamento contraditório, visto que, se a ideia de coibir a contradição não se apoia em si mesma, necessário que se aponte em que outro pensamento a vedação se baseia.

Elencam-se quatro possibilidades[404] de ordenação do instituto: primeiro, como um elemento dentro da teoria do negócio jurídico; segundo, como emanação do princípio da boa-fé objetiva; terceiro, classificado como forma de abuso de direito; quarto, ordenado como espécie de proteção da confiança.

Com exceção da primeira, a qual, ainda que relevante, é defendida por poucos juristas, usam-se, no mais das vezes, as restantes classificações de forma indiscriminada, situação que Paulo Mota Pinto[405] denominou de *fungibilidade conceitual*. Passa-se ao esquadrinhar de cada uma das possibilidades.

---

[404] No que diz respeito ao *venire contra factum proprium*, Antonio Menezes Cordeiro vislumbrava somente duas possibilidades de enquadramento: ou se considera como um elemento da teoria negocial, submetido à dogmática contratual; ou se considera como um elemento da teoria da confiança. Expandem-se estas possibilidades também à ordenação sob a boa-fé objetiva e ao abuso de direito, com o que se pretende alargar o campo de análise da matéria. MENEZES CORDEIRO, Antônio. *Tratado de direito civil português I* – Parte geral, tomo I, 2. ed., Coimbra, 2000. p. 252, *apud* PINTO, Paulo Mota. Sobre a proibição do comportamento contraditório (*venire contra factum proprium*) no Direito Civil. *Revista Trimestral de Direito Civil*, Rio de Janeiro: Padma, v. 16, p. 142, out./dez. 2003.

[405] Paulo Mota Pinto não condena o que chama de fungibilidade conceitual, tendo em vista que o enquadramento conceitual somente interessa na medida em que possa exprimir melhor uma diversa valoração da realidade. *Ibid.*, p. 182.

2.1. O *venire contra factum proprium* como negócio jurídico

2.1.1. O "venire" e a culpa contra si mesmo – tese de Hans Josef Wieling

A primeira tese a ser apresentada no que se refere ao enquadramento dogmático do *venire* vem a ser aquela que o formula como uma hipótese dentro da teoria negocial.

Essa é a posição de Hans Josef Wieling,[406] que defende, em artigo intitulado *Venire contra factum proprium und Verschulden gegen sich selbst* – o que pode ser traduzido como *Venire contra factum proprium* e culpa contra si mesmo – que o *venire* seria espécie que deveria ser estudada dentro da teoria do negócio jurídico.

Para esse autor, o conteúdo da proibição – tal como ele entende a doutrina dominante – corresponde ao suporte fático da renúncia negocial, chegando, então, consequentemente, a uma classificação do *venire contra factum proprium* como um comportamento negocial. Isso tem como consequência que o *venire* deve ser medido com o suporte fático e os pressupostos de validade e eficácia de um negócio jurídico, e por isso não pode constituir um grupo de casos válido.[407]

Segundo Hans Josef Wieling,[408] o *venire contra factum proprium* diz respeito à perda de uma posição jurídica existente (*bestehende Rechtsposition*), articulando-se desta forma: quem dá a conhecer, expressamente ou através de seu comportamento, que não quer mais exercer um determinado direito, está vinculado à sua decisão e não pode mais tarde mudar de opinião. Caso quisesse exercer aquele direito do qual desistira, estaria cometendo *venire contra factum proprium*.

Para o autor, a doutrina dominante na Alemanha elencaria esse comportamento contraditório como uma violação contra a *Treu und Glauben*, boa-fé, disposta no § 242, BGB. A perda do direito teria efeitos *ex lege*, portanto. Refere que essa opinião foi desenvolvida com mais detalhamento por Claus-Wilhelm Canaris, que acentuou o pensamento de confiança.

---

[406] WIELING, Hans Josef. *Venire contra factum proprium und Verschulden gegen sich selbst*. Archiv für die civilistische Praxis, Tübingen: Mohr, v. 176, p. 334-355, 1976.

[407] Neste sentido, SINGER, Reinhard. *Das Verbot widersprüchlichen Verhaltens*. München: Beck, 1993 p. 81.

[408] WIELING, *op. cit.*, p. 334.

Ato seguinte, Hans Josef Wieling[409] sumariza o pensamento de confiança, afirmando que:

> [...] a contraparte deve ser protegida em sua confiança, pois ele decidiu celebrar por causa do comportamento do titular do direito, que não pode mais fazer valer seu direito (tradução do autor).

No entanto, para o autor,[410] esta fórmula não significa outra coisa que uma diversa ordenação da perda de um direito (*ein Rechtsverlust*), categoria jurídica já regulada pela teoria negocial, realizando-se (a perda de um direito), porque o titular de um direito comportou-se de tal maneira que a contraparte teve de concluir pela renúncia. Isso, na visão do alemão, seria tarefa jurídica do negócio jurídico concretizado por meio do comportamento concludente.

Dentro dessa perspectiva, Hans Josef Wieling[411] pergunta-se se seria mesmo necessário *incomodar* o § 242, BGB, para assistir esses casos, ou se não seria mais fácil, e inclusive mais seguro, em vista de que o manejo do instituto já seria regulado por lei, qualificar o *venire contra factum proprium* como negócio jurídico.

Hans Josef Wieling busca superar a oposição que Claus Wilhelm-Canaris e Werner Flume levantam à tese de ordenação do *venire contra factum proprium* como negócio jurídico, impugnação que vem representada por dois argumentos.

O primeiro argumento, erigido por Werner Flume,[412] diz respeito à impossibilidade de se admitir uma declaração de renúncia fictícia, ou seja, seria inaceitável que se aceitassem algumas declarações de renúncia, como se próprias decisões fossem. Para Hans Josef Wieling,[413] esse argumento serve contra a admissão desse processo (lógico), não contra a classificação do *venire contra factum proprium* como comportamento jurídico negocial. Na visão desse autor, a admissão de uma interpretação jurídica integradora do negócio jurídico seria benfazeja,

---

[409] WIELING, *op. cit.*, p. 335. No original: "[...] der Gegner sei in seinem Vertrauen zu schützen, weil er aus dem Verhalten des Rechtsinhabers habe schliessen müssen, dieser wolle sein Recht nicht mehr geltend machen".

[410] *Ibid.*, p. 335. Trecho do original: "Der Rechtsverlust soll eintreten, weil der Rechtsinhaber sich so verhalten habe, dass der Gegner daraus auf den Verzicht schließen mußte".

[411] *Ibid.*, p. 335. O autor utiliza, realmente, o verbo incomodar (*bemühen*) o § 242, BGB, que deve ser lido no sentido de dar um trabalho desnecessário a essa norma, assaz utilizada como fundamentação jurídica na Alemanha. No original, lê-se: "Man muß sich also fragen, ob man hier wirklich den § 242 bemühen muß, oder ob nicht einfacher eine Qualifikation als Rechtsgeschäft in Betracht kommt".

[412] FLUME, Werner. *Allgemeiner Teil des bürgerlichen Rechts*, Zweiter Band: Das Rechtsgeschäft. Berlin: Springer, 1975, § 10, 3. *Apud* WIELING, *op. cit.*, p. 335. No original, escreve o autor: "Nach Flume ist es unzulässig, irgendwelche Verzichterklärungen zu fingieren, wie es in einigen Entscheidungen geschehen sei".

[413] *Ibid.*, p. 335.

quando, de modo unívoco, uma vontade se deixar concluir do sentido objetivo de um determinado comportamento.

Hans Josef Wieling[414] igualmente não acha convincente o segundo argumento de Werner Flume,[415] com o qual Claus-Wilhelm Canaris[416] teria concordado. Para esses, o comportamento concludente não teria valor de declaração objetiva quando o agente não tiver consciência da declaração (*das Erklärungsbewußtsein*). Todavia, Werner Flume teria acentuado que não se dependeria da consciência da declaração, somente quando existisse uma aparência objetiva de uma declaração de vontade, com o que esta necessidade de consciência da declaração valeria somente para as declarações diretas, e não para os comportamentos concludentes.

Hans Josef Wieling[417] não enxerga correção alguma nessa diferenciação, pois, para ele, a confiança deve ser protegida no seu valor de declaração objetivo, pouco importando se este valor objetivo esteja conectado a uma declaração de vontade direta ou a um comportamento concludente.

Isso não falaria contra a valoração do *venire contra factum proprium* como um negócio jurídico, mas, sim, contra a sua qualificação como uma perda de direito *ex lege*, por causa de uma violação da lealdade (§ 242, BGB). A violação da fidelidade não deveria se situar no comportamento concludente do titular do direito: ele deveria ser situado no mais atual exercício de um direito. Hans Josef Wieling[418] pergunta-se como isso poderia ser, pois a violação da lealdade somente poderia ser situada no comportamento mais atual se o titular do direito estiver vinculado ao seu anterior comportamento, afirmando que *a doutrina dominante colocou equivocadamente o momento jurídico decisivo do comportamento concludente num ponto de tempo tardio.*

Esses argumentos demonstram que o *venire contra factum proprium* não pode ser construído como uma violação da lealdade, como especial cunhagem da cláusula geral da boa-fé objetiva (*Treu und Glauben*).

Segundo a construção dogmática pretendida por Hans Josef Wieling, o segundo comportamento (o *venire* da fórmula) somente poderia

---

[414] FLUME, *op. cit.*, p. 335.
[415] *Ibid.*, p. 335.
[416] CANARIS, Claus-Wilhelm. *Die Vertrauenshaftung im deutschen Privatrecht*. München: Beck, 1971. p. 427.
[417] WIELING, *op. cit.*, p. 335-336.
[418] *Ibid.*, p. 336. No original: "Zu Unrecht hat die h. M. das rechtlich entscheidende Moment von dem konkludenten Verhalten auf einen späteren Zeitpunkt verlegt".

ser considerado desleal, caso se tome como válido o primeiro comportamento (o *factum proprium* da fórmula), de forma que o segundo comportamento não seria inadmissível por ser contraditório ao primeiro, nem por ter criado confiança na outra parte; antes, o segundo comportamento seria inadmissível, pois o primeiro comportamento é admissível e vinculativo. A parte, dessa forma, que com sua conduta cria expectativas em outrem, enceta um negócio jurídico, através de seu comportamento concludente.

Hans Josef Wieling,[419] a fim de encorpar sua tese, exemplifica-a, demonstrando a dificuldade de construir um caso, tipicamente qualificado como *venire contra factum proprium*, como se fosse decorrente de violação à lealdade (§ 242, BGB). Trata-se do caso do vendedor de imóvel que quer fazer valer seu direito de decretar a nulidade da venda por causa de um vício formal (*die Formnichtigkeit*). Para Claus-Wilhelm Canaris,[420] ao comprador não resta nenhuma pretensão de natureza contratual, somente pretensão apoiada no § 242, BGB, por causa de violação à boa-fé objetiva.

Ao contrário, para Hans Josef Wieling,[421] qualquer pretensão que restasse ao comprador estaria apoiada no contrato e não no comportamento desleal do vendedor. Ele não compreende como a recusa de não cumprir uma pretensão inexistente possa ser considerada contrária à boa-fé, como pode desta recusa de cumprir uma pretensão não existente, originar uma tal pretensão? Para o autor, qualquer pretensão estaria apoiada no contrato e não no comportamento desleal do vendedor.[422]

Hans Josef Wieling[423] também não entende a lógica de Claus-Wilhelm Canaris, que quer se utilizar dos instrumentos jurídicos da teoria negocial (*e.g.*, declarações de vontade, capacidade negocial, representação, §§ 116, 134, 138, BGB), para construir uma violação à boa-fé e confiança, apoiada no § 242, BGB.

Para Hans Josef Wieling,[424] a perda de um direito pode-se dar pela aplicação do § 242, BGB. No entanto, nesses casos, a perda do direito não decorrerá da vontade do seu titular, mas de uma punição pelo seu próprio comportamento ilícito, daí porque não se prestaria a este grupo de casos os instrumentos da teoria do negócio jurídico.

---

[419] WIELING, *op. cit.*, p. 336, 1976.
[420] CANARIS, *op. cit.*, p. 274.
[421] WIELING, *op. cit.*, p. 336-337.
[422] *Ibid.*, p. 336-337.
[423] *Ibid.*, p. 337.
[424] *Ibid.*, p. 337.

Exemplifica o autor com casos que são inautenticamente caracterizados por *Verwirkung*, mas com que com a autêntica *Verwirkung* somente o nome teriam de comum. *E.g.*, o caso do empregado que acusa o empregador de um crime, caluniando-o, do que decorre, segundo precedente, que o empregado perde, por causa desta grave falta, sua pretensão à aposentadoria. No entanto, a autêntica *Verwirkung* e a perda do direito fundamentada no *venire contra factum proprium* ocorre, para Hans Josef Wieling,[425] quando o titular do direito desiste de seu direito através do sentido objetivo de seu comportamento, por exemplo, quando uma sociedade não exerce seu direito de rescisão por longo período de tempo.

Para o autor,[426] quando se pode ordenar o *venire contra factum proprium* como comportamento negocial concludente, e quando a aplicação das regras sobre declarações de vontade conduzir a resultados razoáveis, é natural que se veja no *venire contra factum proprium* um negócio jurídico. Ainda que enxergue dificuldades, crê possível não se excluir a admissão de declarações de vontade mesmo quando o comportamento concludente não apareça como uma declaração de vontade constitutiva, mas como mera comunicação, ou notificação, circunstância que vê reconhecida no BGB, §§ 171 e 172.[427]

Hans Josef Wieling[428] dedica-se também ao estudo da função do *venire contra factum proprium*. Para ele, já que o *venire* pode ser visto como um negócio jurídico, deve-se perguntar a razão pela qual a doutrina dominante prefere se utilizar do § 242, BGB.

Verifica que a razão que levaria os juristas a se afastarem da classificação negocial do *venire contra factum proprium* é de ser reconhecida no esforço de se eliminar determinadas prescrições estreitas do direito das declarações de vontade.[429]

Hans Josef Wieling[430] refere, então, qual seria regramento estreito que limita a declaração de vontade nesse tópico, que vem a ser justamente a exigência de um contrato de remissão para se perdoar a dívida no direito alemão, § 397, BGB.[431] No dizer de Antonio Menezes

---

[425] WIELING, *op. cit.*, p. 337.

[426] *Ibid.*, p. 337. No original, lê-se: "Wenn man also das vcfp als konkludentes rechtsgeschäftliches Handeln einordnen kann, und wenn nur die Anwendung der Regeln über Willenserklärungen zu vernünftigen Ergebnissen führt, so liegt es nahe, im vcfp ein Rechtsgeschäft zu sehen".

[427] *Ibid.*, p. 337-338.

[428] *Ibid.*, p. 338.

[429] *Ibid.*, p. 338.

[430] *Ibid.*, p. 338.

[431] Está disposto no § 397, BGB: "§ 397 Contrato de remissão. (1) A obrigação se extingue quando o credor, por contrato, perdoa a dívida ao devedor.(2) O mesmo se dá quando o credor,

Cordeiro:[432] "Wieling tem, no entanto, de enfrentar outro problema: a ser, o *factum proprium*, uma renúncia, como evitar a regra da contratualidade da remissão – § 397 BGB e art. 863/1?".[433]

Para Hans Josef Wieling,[434] a exigência de um contrato de renúncia seria uma herança (*das Relikt*) real, mas não fundamentada do Direito romano. Para o autor, seria melhor se admitir, ficcionalmente, um comportamento negocial concludente, do que se construir a perda do direito por força do § 242, BGB.

Em alguns casos, a admissão do *Verwirkung* e do *venire contra factum proprium* se caracterizaria como um desenvolvimento do Direito *contra legem*,[435] uma elusão (imprecisão) da lei,[436] *eine Gesetzumgehung*.

O autor[437] aponta alguns casos, em que a utilização da figura jurídica do *venire contra factum proprium* deu-se como forma de um desenvolvimento do Direito *contra legem*. Dois vão assim resumidos:

1) no primeiro, um contrato foi fechado por um órgão não competente de uma sociedade anônima. Embora o órgão competente fosse o conselho fiscal (*Aufsichtsrat*), o contrato foi fechado pela assembleia geral (*Hauptversammlung*). O BGH denegou a pretensão da empresa de decretar a nulidade do contrato, pois o conselho fiscal era concordante com o contrato e com a execução do mesmo o tornou eficaz. Embora o contrato tenha sido fechado sem poder de representação, a sociedade anônima não pode reclamar, pois o conselho fiscal, através do seu comportamento deu a conhecer que ele queria fazer valer o contrato.

---

por contrato com o devedor, reconhece que a obrigação não mais existe" (traduzido por Souza Diniz).
No original: "§ 397 Erlassvertrag, negatives Schuldanerkenntnis (1) Das Schuldverhältnis erlischt, wenn der Gläubiger dem Schuldner durch Vertrag die Schuld erlässt. (2) Das Gleiche gilt, wenn der Gläubiger durch Vertrag mit dem Schuldner anerkennt, dass das Schuldverhältnis nicht bestehe".

[432] CORDEIRO, Antônio Manuel da Rocha e Menezes. *Da boa fé no Direito Civil*. Coimbra: Almedina, 2007, p. 762.

[433] Com efeito, tanto no direito civil alemão quanto no direito civil português há necessidade de contrato para se instrumentalizar a remissão. O § 397, BGB, reza que: Das Schuldverhältnis erlischt, wenn der Gläubiger dem Schuldner durch Vertrag die Schuld erlässt. Das Gleiche gilt, wenn der Gläubiger durch Vertrag mit dem Schuldner anerkennt, dass das Schuldverhältnis nicht bestehe. Na tradução de Souza Diniz, lê-se: § 397, BGB. A obrigação se extingue quando o credor, por contrato, perdoa a dívida ao devedor. O mesmo se dá quando o credor, por contrato com o devedor, reconhece que a obrigação não mais existe.
Já o art. 863, 1, do Código Civil português, dispõe que: "O credor pode remitir a dívida por contrato com o devedor".
A situação no Direito brasileiro é diversa, em vista de que a lei não exige declaração de vontade para se perdoar a dívida, bastando, no mais das vezes, manifestação de vontade. Vide arts. 385, 386 e 387, CCB.

[434] WIELING, *op. cit.*, p. 338, 1976.

[435] *Ibid.*, p. 340: "In Allen diesen Fällen liegt eine Weiterentwicklung des Rechts contra legem vor".

[436] *Ibid.*, p. 339.

[437] *Ibid.*, p. 339-340.

2) no outro caso, um advogado contratou honorários de sucesso no valor de 1.750 marcos alemães. O contrato era pela lei nulo. Com o insucesso da causa, o advogado cobrou a taxa legal, que era de 6.000 marcos alemães. Embora o contrato sobre a honorária de sucesso fosse nulo, e com isso a taxa legal valesse para o caso, seria um *venire contra factum proprium* admitir-se tal exigência da taxa legal.

Em ambos os casos, a aplicação do *venire contra factum proprium* consagra o que se denomina de desenvolvimento jurídico *contra legem*,[438] ou seja, o aprimoramento do Direito de maneira contrária ao que a lei dispõe.

Essa questão diria respeito à tensa relação entre segurança jurídica e Justiça, com a qual já teriam se ocupado os juristas romanos.[439] Em interesse da segurança jurídica, a ordem jurídica colocaria regras que deveriam ser observadas, quando se quer realizar um negócio jurídico com sucesso; no entanto, por vezes existem casos em que nosso sentimento de justiça não concorda com a solução ofertada pelas leis do regulamento jurídico.

Explica o autor que os romanos superaram a inflexibilidade do antigo *ius civile* no interesse da equidade, através do desenvolvimento do *ius honorarium*. Exemplifica Wieling[440] com o caso da remissão de uma dívida, a qual somente era válida pelo *ius civile* se fosse obedecida determinada forma. Mas o sentimento jurídico romano opôs-se a esta situação, quando o credor, a despeito de ter perdoado a dívida sem atenção à devida fórmula, viesse a cobrá-la. A resposta do pretor foi o desenvolvimento de uma exceção (*die Einrede*), por meio da qual se reconhecia que o crédito fora neutralizado.

Assim, Hans Josef Wieling[441] chama a atenção, *en passant*, para a ideia do sentimento de justiça dos romanos – *Das Gerechtigkeitgefühl der Römer* – que teria sido responsável por essa construção pretoriana da *exceptio*, quando o *ius civile* fosse insuficiente para dar a solução mais justa ao caso.

Intenta o autor, declaradamente, com a recondução do *venire contra factum proprium* à dogmática negocial, fornecer explicações mais apropriadas, em que o aprofundamento dos problemas já alcançou grau respeitável, trazendo maior segurança às decisões judiciais,

---

[438] WIELING, *op. cit.*, p. 340. "In allen diesen Fällen liegt eine Weiterentwicklung des Rechts contra legen vor".
[439] *Ibid.*, p. 340.
[440] *Ibid.*, p. 340-341. No dizer do autor: "[...] die Forderung war durch das pactum 'verwirkt'".
[441] *Ibid.*, p. 341.

referindo que o procedimento de se apoiar o *venire* no § 242, BGB, serve à descontrolada imprecisão dos limites legais.[442]

Para Hans Josef Wieling,[443] seria metodologicamente mais saudável não se utilizar de limitações que não fáceis de se fundamentar (*e.g.*, a irrenunciabilidade, forma, concordância), e que somente valem para as pretensões decorrentes de negócio jurídico, e não para pretensões do § 242, BGB. Wieling vê como necessária a manipulação dos mecanismos referentes ao negócio jurídico, como se pode renunciar a um direito irrenunciável se o silêncio do conselho fiscal pode ser visto como uma declaração de vontade, sob que circunstâncias um contrato com vício formal pode ser considerado válido no forma do § 125, BGB. Somente assim, para o autor, se pode chegar à explicação dos reais problemas, que o caminho do § 242, BGB, não dá suficiente precisão.

Optando pela solução dogmática mais pavimentada, tal como a ofertada pela teoria negocial, Hans Josef Wieling privilegia a segurança jurídica, a qual, segundo Vera Maria Jacob de Fradera,[444] seria o mais caro dos valores jurídicos no direito alemão.

Hans Josef Wieling[445] fundamenta, então, sua teoria no tratamento dispensado às tarefas jurídicas unilaterais (*einseitige Rechtsaufgaben*). Para ele:

> A perda de direito por causa de *venire contra factum proprium* baseia-se, portanto, numa tarefa jurídica unilateral dentro da autonomia privada. Ela pode existir numa declaração expressa ou em um comportamento concludente. Deve-se observar que, por causa do interesse da proteção do tráfego – como junto a cada comportamento privado autônomo – não importa a vontade do declarante, mas a valoração objetiva da declaração. A perda do direito pode, portanto, ocorrer também sem a vontade do

---

[442] WIELING, op. cit., 1976.

[443] *Ibid.*, p. 342.

[444] Afirma a jurista gaúcha: "Diversamente, os alemães quiseram, no BGB, elaborar um direito o mais completo possível, com o objetivo de evitar iniciativas dos juízes, e, desta forma, assegurar aos jurisdicionados, em suas relações, a efetividade do mais importante de todos os valores jurídicos, o da segurança jurídica. Os redadores do BGB buscaram algo impossível, isto é, utilizar cada palavra com um sentido imutável, para evitar atividade interpretativa e criadora dos juízes, demonstrando fidelidade ao princípio da rígida separação de poderes. Com efeito, este direito está perfeitamente conforme ao espírito do povo alemão, voltado para um pensamento analítico, preocupado em tudo prever e tudo organizar, evitando as situações imprevistas". FRADERA, Véra Maria Jacob de. *Reflexões sobre a contribuição do Direito comparado para a elaboração do Direito comunitário*. Belo Horizonte: Del Rey, 2010. p. 84.

[445] WIELING, *op. cit.*, p. 342-343. No original: "Der Rechtsverlust beim vcfp beruht also auf einer einseitigen privatautonomen Rechtsaufgabe. Sie kann in einer ausdrücklichen Erklärung bestehen oder in einen konkludenten Verhalten. Dabei ist zu beachten, dass es im Interesse des Verkehrsschutzes – wie bei jedem privatautonomen Verhalten – nicht auf den Willen des Erklärenden ankommt – sondern auf den objektiven Erklärungswert. Der Rechtsverlust kann also auch ohne den Willen des Rechtsinhabers eintreten, wenn nur sein Verhalten objektiv als Rechtsaufgabe zu werten ist".

titular do direito, quando o comportamento objetivo for valorado como um dever jurídico (tradução do autor).

Para o autor,[446] fica claro que a perda do direito ocorre (*eintreten*) através de uma tarefa jurídica de natureza privada, o que facilita o manejo da figura jurídica. Responde então a questão de se saber se seria exigida culpa do titular do direito negativamente, uma vez que a culpa não é uma categoria relevante para o contributo das declarações de vontade. Tampouco seria exigido que o titular do direito tenha consciência do seu direito, pois somente importa a valoração objetiva da declaração. Também não é exigido que o devedor tenha confiança na disposição do dever jurídico.

Concorda Hans Jose Wieling[447] com a opinião dominante, a qual diz que se deve atentar para a conduta do titular do direito, tanto quanto para a conduta do devedor.

Essa tarefa jurídica, na medida em que representa uma declaração de vontade, poderia ser anulada pelo declarante, na forma do § 122, BGB, indenizando os interesses de confiança dos que receberam a declaração.[448]

Assim, como a tarefa jurídica unilateral representa uma ação da autonomia privada, ela pressupõe a capacidade negocial.[449]

Por último, efetua uma aproximação entre o *venire contra factum proprium* e a culpa contra si mesmo, *Verschulden gegen sich selbst*, o que dá, por sinal, nome ao seu trabalho.[450]

Principia definindo que culpa significa dolo ou negligência na violação de direitos alheios (*Vorsatz oder Fahrlässigkeit bei der Verletzung fremder Rechte*). A culpa pressupõe com isso um comportamento ilícito (*Verschulden setzt somit ein rechtswidriges Handeln voraus*). Esclarece que, desde o início do BGB existe uma culpa que não consiste em uma ação ilícita. Ela é caracterizada pelo fato de que o agente viola seus próprios interesses: é culpa contra si mesmo. Hoje se fala mais de uma culpa por violação de ônus jurídicos.

---

[446] WIELING, *op. cit.*, p. 343, 1976.
[447] *Ibid.*, p. 343. Refere o autor que: "Hat etwa der Schuldner durch unredliches Verhalten den Gläubiger veranlaßt, sein Recht erst nach längerer Zeit geltend zu machen, so liegt keine Verwirkung vor. Der Gläubiger wollte durch die Verzögerung sein Recht nicht aufgeben, der Schuldner konnte das aus dem Verhalten des Gläubigers auch nicht schließen".
[448] *Ibid.*, p. 344.
[449] *Ibid.*, p. 344: "Da die einseitige Rechtsaufgabe ein privatautonomes Handeln darstellt, setzt sie Geschäftsfähigkeit voraus".
[450] *Ibid.*, p. 345.

A ordenação jurídica oferece diferentes meios de regular o conflito de interesses. Um tipo seria dar uma pretensão contra quem perturba interesses alheios. O autor dá o exemplo do gestor de negócios sem mandato, que, tão logo quanto possível, à tomada de seu cargo, deverá notificar o proprietário, vide § 681,[451] BGB. Caso ele violar esse dever, será responsabilizado por danos.

A ordem jurídica pode determinar outra medida, mais fraca, através do estabelecimento de um ônus jurídico (*die Obliegenheit*).[452] Trata-se aqui de exigências de comportamento que vêm em próprio interesse do onerado. A sanção, em vista da violação, situa-se somente na esfera jurídica do onerado, que perde uma posição jurídica mais favorável. Ou seja, como Karl Larenz[453] afirma, o descumprimento do ônus jurídico tem uma consequência desvantajosa ao interessado.

Fundamental para se entender o conceito de ônus jurídico referido é considerar que o onerado não está obrigado a se comportar de determinada forma, pois, cumprir ou deixar de cumprir a obrigação, situa-se exclusivamente na esfera de seu próprio interesse. Alude Hans Josef Wieling[454] que a maioria dos autores não enxerga nos ônus jurídicos autênticos deveres, antes exigências de comportamento (*Verhaltensanforderung*) em próprio interesse. De fato, esses ônus jurídicos são construídos de forma diversa do que os deveres jurídicos. Enquanto os deveres jurídicos obrigam o devedor por interesse

---

[451] § 681 Nebenpflichten des Geschäftsführers. Der Geschäftsführer hat die Übernahme der Geschäftsführung, sobald es tunlich ist, dem Geschäftsherrn anzuzeigen und, wenn nicht mit dem Aufschub Gefahr verbunden ist, dessen Entschließung abzuwarten. Im Übrigen finden auf die Verpflichtungen des Geschäftsführers die für einen Beauftragten geltenden Vorschriften der §§ 666 bis 668 entsprechende Anwendung.

§ 681 Obrigações do gestor de negócios. O gestor de negócios tem de notificar, ao dono do negócio, a tomada a seu cargo da gestão de negócios, tão logo seja isto realizável, e, quando um risco não estiver ligado com a demora, esperar a decisão dele. Quanto ao mais, às obrigações do gestor de negócios, encontram as disposições dos parágrafos 666 a 668, estabelecidas para um mandatário, analogamente, aplicação (traduzido por Souza Diniz).

[452] Antonio Menezes Cordeiro adota *encargo* para a tradução da palavra alemã *die Obliegenheit*. CORDEIRO, Antônio Manuel da Rocha e Menezes. Da boa fé no Direito civil. Coimbra: Almedina, 2007. p. 766. O dicionário jurídico de JAYME/NEUSS anota como tradução de *Obligenheitsverletzung violação de obrigação, inadimplemento de incumbência de credor*. Vera Maria Jacob de Fradera, por sua vez, prefere traduzir o termo por dever de menor intensidade. FRADERA, Véra Maria Jacob de. Pode o credor ser instado a diminuir o próprio prejuízo? Revista Trimestral de Direito Civil, Rio de Janeiro: Padma, a. 5, v. 19, p. 114, jul./set. 2004.

Opta-se pela expressão ônus jurídico, tal como defendido por VARELA, João de Matos Antunes. *Das obrigações em geral*. 10. ed., rev. e actual. 5 reimpr. da edição de 2000. Coimbra: Almedina, 2008. V. I., p. 57-61.

[453] LARENZ, Karl. *Lehrbuch des Schuldrechts*. Erster Band. Allgemeiner Teil. München: Beck, 1967, p. 290, *verbis*: "[...] wenn auch keine Rechtspflicht, so doch eine rechtliche 'Obliegenheit' des Gläubligers, deren Nichterfüllung rechtliche Nachteile für ihn zur Folge hat".

[454] WIELING, *op. cit.*, p. 347.

do credor, nos ônus jurídicos o interessado é o próprio onerado, ele deverá agir para se colocar numa posição mais favorável.

Hans Walter Dette[455] afirma que o ônus jurídico diz respeito a uma exigência de comportamento, que vem ao próprio interesse do agente, ou seja, que o irá colocar em situação mais confortável, juridicamente falando. O único prejudicado, caso não se cumpra o ônus jurídico, é o próprio agente, que, dessa forma, tem o dever de agir em seu próprio interesse.

Hans Walter Dette[456] explica que, segundo a teoria da vinculação, os ônus jurídicos seriam autênticos deveres jurídicos, com uma sanção mais fraca: contra esta teoria, diz-se que os ônus jurídicos não seriam autênticos deveres jurídicos, mas somente exigências de comportamento em próprio interesse. A caracterização do ônus jurídico (*die Obliegenheit*) como um dever de menor intessidade falha, pois inexiste correlatividade. Ou seja, ao dever de menor intensidade não responde um direito de menor intensidade, pois o interesse não ultrapassa a esfera do onerado.[457]

Esses ônus jurídicos, que podem ser dispostos contratualmente ou através de lei, têm importância, pois a consequência jurídica de sua violação vem a ser a perda de um direito.[458]

Hans Josef Wieling irá buscar, na esteira de Reimer Schmidt, que, na obra *Die Obliegenheiten*, praticamente reconduziu todas as hipóteses de ônus legais (*gesetzliche Obliegenheiten*) ao *venire contra factum*

---

[455] DETTE, Hans Walter. *Venire contra factum proprium nulli conceditur*. Zur Konkretisierung eines Rechtssprichworts. Berlin: Duncker & Humblot, 1985, p. 100: "Es handelt sich dabei um Verhaltensanforderungen, denen nachzukommen im eigenen Interesse des Belasteten liegt".

[456] *Ibid.*, p. 100, *verbis*: "Streitig ist hierbei, welche Rechtsnatur der Obliegenheit zuzuerkennen ist. Nach der sog. Verbindlichkeittheorie handelt es sich bei den Obliegenheiten um echte Rechtsplichten mit abgeschwächter Sanktion. Dagegen nimmt die Obliegenheitstheorie keine echte Rechtspflicht an, sondern nur eine Verhaltensanforderung im eigenen Interesse".

[457] Procede aqui referir crítica levantada por Clóvis do Couto e Silva à nominação de "deveres para consigo mesmo": "Não faz muito tempo, alguns juristas começaram a mencionar que, além dos deveres a que nos referimos, outros existiam. Deveres estes, já não mais para com o credor, mas do devedor para consigo. Custa imaginar como alguns conspícuos juristas puderam chegar a essa afirmação. Os 'deveres para consigo mesmo', aos quais já nos referimos, não constituem deveres na sua verdadeira acepção. Somente podem ser considerados ônus, por não se constituírem em deveres no sentido estrito, exatamente porque dever é sempre dever para com alguém, podem, entretanto, constituir direito formativo. A possibilidade que tem o segurado de aumentar o âmbito de abrangência da apólice, em razão de situação de perigo nela previsto, repercute no mundo como exercício de direito formativo, modificativo, como no exemplo que anteriormente aludimos". COUTO E SILVA, Clóvis Veríssimo do. *A obrigação como processo*. Rio de Janeiro: FGV, 2007. p. 98.

[458] DETTE, *op. cit.*, p. 100, *verbis*: "Rechtsfolge einer Obliegenheitsverletzung ist ein Rechtsverlust".

proprium,⁴⁵⁹ fundamentar a sanção da violação dos ônus na *proibição do comportamento contraditório*. Para isso, elenca⁴⁶⁰ série de normas do BGB que cuidariam de ônus jurídicos legais, a saber, §§ 121, 149, 254, 293, 304, 539, 1994, BGB, e § 377, HGB, destacando-se, aqui, o § 121, BGB, que cuida da impugnação que deve haver nos casos de erro (§ 119) e falsa transmissão (§ 120), estabelecendo que ela deve ter lugar sem demora culposa (imediatamente) logo que o titular da impugnação tiver conhecimento do motivo da impugnação, e o § 254, BGB.

Pontua, então, que, se o ônus jurídico não funda um dever jurídico, mas somente uma exigência de comportamento em próprio interesse, não se pode falar numa autêntica culpa quando for violado, apenas de uma culpa contra si mesmo.⁴⁶¹

Assim, o autor demonstra que, nos casos de violação dos ônus jurídicos, não se pode falar de uma culpa, pelo menos não de uma autêntica culpa, pois o ônus jurídico não funda nenhum dever jurídico. Da mesma forma, não se pode falar de nenhuma culpa contra si mesmo, pois nenhuma censura pode ser feita ao onerado, pela violação do ônus jurídico, nem mesmo de uma censura moral pela falta de cuidado dos próprios assuntos.

Assim, caso o interessado não tenha agido em seu próprio interesse, cumprindo o ônus jurídico que lhe daria uma posição jurídica mais favorável, não poderá, posterior e intempestivamente, tentar realizar a obrigação, sob pena de incorrer em *venire contra factum proprium*.⁴⁶²

Dessa forma, a sanção da violação do ônus jurídico estaria baseada no *venire contra factum proprium*,⁴⁶³ de forma que o onerado que não o cumprir voluntariamente estaria impedido, ao depois, exercer plenamente seu direito, sob pena de comportamento contraditório.

Para Hans Josef Wieling,⁴⁶⁴ a violação dos ônus jurídicos pressupõe a aplicação da teoria da declaração de vontade, de forma que,

---

⁴⁵⁹ Neste sentido, SINGER, Reinhard. *Das Verbot widersprüchlichen Verhaltens*. München: Beck, 1993, p. 16-17.

⁴⁶⁰ WIELING, *op. cit.*, p. 346.

⁴⁶¹ *Ibid.*, p. 348, *verbis*: "Wenn also die Obliegenheit keine Rechtspflicht begründet, sondern nur reine Verhaltensanforderung im eigenen Interesse, so kann man bei ihrer Verletzung nicht von einem echten Verschulden sprechen, sondern nur von einem Verschulden gegen sich selbst".

⁴⁶² *Ibid.*, p. 351, *verbis*: "Von einem Verschulden bei der Obliegenheitsverletzung könnte man allenfalls (talvez, quando muito) insofern (nisso, até aqui) sprechen, als das Geltendmachen des Rechts trotz Obliegenheitsverletzung ein venire contra factum proprium darstellt".

⁴⁶³ *Ibid.*, p. 352, *verbis*: "Die Sanktion der Obliegenheitsverletzung beruht auf dem Prinzip des venire contra factum proprium".

⁴⁶⁴ *Ibid.*, p. 353, *verbis*: "Da bei der Obliegenheitsverletzung das Recht der Willenserklärungen anzuwenden ist, so ist für die Rechtsaufgabe auch hier die Geschäftsfähigkeit zu fordern".

para seu exercício jurídico, exige-se também aqui a capacidade negocial. Aprofundando essa orientação, refere que a característica especial da obrigação estaria no seu caráter negocial. Quando a perda do direito decorre da vontade da lei, sem consideração à capacidade jurídica ou ao erro, não há que se falar em ônus jurídico; de outra forma, há ônus jurídico.[465]

2.1.2. Críticas à tese de Hans Josef Wieling

O enquadramento negocial do *venire contra factum proprium*, formulado por Hans Josef Wieling, granjeou isolados seguidores,[466] tendo obtido, no entanto, críticas, em geral, da doutrina.

Num primeiro momento, deve ser frisado que a admissão fundamental de Hans Josef Wieling de que a proibição do comportamento contraditório seria o suporte fático de um negócio jurídico representaria, evidentemente, o fim do campo de aplicação da teoria da proibição do comportamento contraditório.[467] Com efeito, seria desnecessário falar-se em *venire contra factum proprium* quando a solução do problema já estivesse desenhada dentro do quadro dogmático fornecido pela teoria do negócio jurídico.

Antonio Menezes Cordeiro[468] considera o ponto fraco do trabalho de Hans Josef Wieling a maneira como este vence o problema da exigência de contrato para a remissão, no direito alemão, forte no § 397, BGB. O autor alemão propõe a consagração de uma saída *contra legem*, que *implica uma complementação jurídica verdadeiramente contra legem*,[469] o que corresponderia a uma solução assistemática.

Ademais, refere Antônio Menezes Cordeiro:[470]

---

[465] WIELING, *op. cit.*, p. 345. No original: "Das besondere Merkmal der Obliegenheiten liegt in ihrem rechtsgeschäftlichen Charakter. Wenn der Rechtsverlust also nach dem Willen des Gesetzes eintreten soll, ohne Rücksicht auf Geschäftsfähigkeit oder auf einen Irrtum, so liegt keine Obliegenheit vor; andernfalls ist eine Obliegenheit anzunehmen".

[466] CORDEIRO, Antônio Manuel da Rocha e Menezes. *Da boa fé no Direito Civil*. Coimbra: Almedina, 2007. p. 768. Refere o autor português que: "A tentativa de Wieling teve certo acolhimento na última edição do cometário de Staudinger. Aí, J. Schmidt nega, sucessivamente, que o vcfp possa traduzir, como expressão da boa fé, novas previsões de constituição de direitos subjetivos, novas previsões negativas – i. é, impeditivas – dessa constituição e novas previsões de modificação de direitos.".

[467] Neste sentido, leia-se SINGER, *op. cit.*, p. 81. Também SCHREIBER, Anderson. *A proibição de comportamento contraditório*. Tutela da confiança e venire contra factum proprium. 2. ed. rev. e atual. Rio de Janeiro: Renovar, 2007. p. 173-174.

[468] CORDEIRO, *op. cit.*, p. 762.

[469] *Ibid.*, p. 764.

[470] *Ibid.*, p. 769.

Viu-se como Wieling, intuindo o escolho, se apressou a afastar a consciência da declaração como requisito negocial. Ainda quando discutido na Alemanha, esse tema foi decidido, no bom sentido, pelo legislador português: sem consciência da declaração não há exteriorização negocial. Fazer, dela, depender o venire contra factum proprium, então assumindo como inacatamento de um negócio comum, tiraria, à figura, qualquer interesse e não corresponderia à dinâmica jurisprudencial analisada, que pondera a situação do confiante. Tanto basta para afastar as orientações negociais.

Anderson Schreiber[471] igualmente procura vencer os argumentos levantados pelo enquadramento negocial do *venire*. O autor fluminense sintetiza a tese de Hans Josef Wieling, afirmando que, ao se classificar o *factum proprium* como uma declaração tácita de vontade, passa-se automaticamente ao campo dos negócios jurídicos, cuja posterior contradição dá margem à responsabilidade obrigacional,[472] de forma que o brocardo passaria a reprimir aquilo que o direito já proíbe tradicionalmente, a contradição a um negócio jurídico vinculante, especificadamente a uma renúncia tácita.[473]

Afirma Anderson Schreiber que Hans Josef Wieling teria confundido – o que não seria raro – o *venire contra factum proprium* com o instituto da renúncia tácita, e que isto decorreria da mentalidade voluntarista, ainda excessivamente entranhada ao pensamento jurídico, para a qual parece ser mais fácil enxergar na conduta inicial uma declaração tácita de vontade, pela qual se renuncia ao futuro exercício de um direito em contradição àquela conduta, do que trabalhar com conceitos abertos, ao lado das regras negociais, tais como boa-fé, confiança, solidariedade social.

Anderson Schreiber[474] qualifica a construção de Hans Josef Wieling como gravemente equivocada, pois, com ela, retirar-se-ia o grande atrativo do *venire contra factum proprium*, que seria justamente seu caráter objetivo e não negocial. Para o doutrinador brasileiro:[475]

> [...] a proibição do comportamento contraditório independeria da vontade de quem pratica a conduta incoerente, bastando para sua incidência a objetiva contradição em violação às expectativas legitimamente derivadas da conduta inicial.

Para Hans Walter Dette,[476] a modificação jurídica decorrente da violação dos ônus jurídicos decorreria diretamente da lei, sendo que, ainda que possa existir confiança, ela não será necessária para a confi-

---

[471] SCHREIBER, *op. cit.*, p. 170-174.
[472] *Ibid.*, p. 170.
[473] *Ibid.*, p. 171.
[474] *Ibid.*, p. 171.
[475] *Ibid.*, p. 171.
[476] DETTE, Hans Josef. *Venire contra factum proprium nulli conceditur*. Zur Konkretisierung eines Rechtssprichworts. Berlin: Duncker & Humblot, 1985. p. 100-101.

guração do instituto. De outra forma, no *venire contra factum proprium* a modificação jurídico-material decorre da ocorrência das características configuradoras do *venire*, dentre as quais preponderância terá a existência de um confiança, além de outros elementos que não estão dispostos em lei. Assim, para um melhor entendimento e para se evitar erros, não se deveria utilizar o conceito de *venire contra factum proprium* neste campo da violação dos ônus jurídicos e da culpa contra si mesmo.[477]

Reinhard Singer[478] critica igualmente a formulação do princípio dada por Hans Josef Wieling[479] que articula o *venire contra factum proprium* da seguinte forma: a parte deve ter sua confiança protegida, pois ela concluiu do comportamento do titular do direito que este não *queria* mais o fazer valer. Para Reinhard Singer, essa definição cobriria somente parte do fenômeno jurídico objeto de aplicação do *venire contra factum proprium*, não compreendendo o significativo grupo da confiança a uma suposta situação jurídica existente, pois nestes casos a parte de boa-fé confia na existência de um negócio jurídico eficaz. Ele parte de uma situação jurídica já existente e não tem nenhum motivo para se especular sobre o futuro comportamento do opositor.

Outro equívoco apontando por Reinhard Singer[480] vem a ser o fato de Hans Josef Wieling apontar a vontade do titular de não exercer seu direito como determinante para a caracterização do pré-comportamento que irá configurar o *venire*,[481] enquanto a doutrina especializada se afasta da vontade e tem afirmado que o titular do direito não poderá fazer valer seu direito, tendo-se em conta, objetivamente, seu pré-comportamento.

Para Reinhard Singer,[482] essa diferença linguística, praticamente não apontada, tem grande significação, pois o ponto de partida da confiança, segundo a correta definição do *venire contra factum proprium*, não é a vontade de vinculação negocial, mas a expectativa de um comportamento futuro. Essa expectativa tem sua fundamentação

---

[477] DETTE, *op. cit.*, p. 102, *verbis*: "Daher sollte zum besseren Verständnis und, um Verwirrung zu vermeiden, der Begriff des venire contra factum proprium für diesen Bereich nicht mehr verwendet werden".

[478] SINGER, *op. cit.*, p. 81.

[479] WIELING, *op. cit.*, p. 334.

[480] SINGER, *op. cit.*, p. 82.

[481] Relembre-se a definição de WIELING, *op. cit.*, p. 334: "Wer ausdrücklich oder durch sein Verhalten zu erkennen gibt, er *wolle* sein Recht (z.B., das Eigentum, eine Forderung, das Geltendmachen der Formnichtigkeit) nicht mehr ausüben, der ist na seine Entscheidung gebunden und darf sich nicht später anders besinnen".

[482] SINGER, *op. cit.*, p. 82, *verbis*: "Anknüpfungspunkt für das Vertrauen ist nämlich nach der korrekten Definition des venire contra factum proprium nicht ein rechtsgeschäftlicher 'Bindungswille', sondern die – normative zu begründende – Erwartung eines künftigen Verhaltens".

num juízo tipicizante do comportamento humano genérico, decorrente da experiência, de que os seres humanos costumeiramente comportam-se de forma consequente.[483] Esse significado normativo do comportamento corresponde a formas sociais da construção da confiança e à exigência ético-jurídica de constância e veracidade no tráfego jurídico.[484] Nisso deve ser protegida em alta medida a confiança, independente do resultado da interpretação negocial do comportamento das partes.[485]

Para Reinhard Singer,[486] quando Hans Josef Wieling opina ao contrário, de que não pode existir *venire contra factum proprium* quando não for reconhecida uma vontade de vinculação objetiva, apoia-se numa premissa desacertada, de que *somente* se pode confiar na promessa negocial válida. O contrário é correto: às vezes, a vinculação negocial não exige nenhuma proteção da confiança; outras vezes, o pensamento de confiança desdobra-se em sua significação completa, quando não precisa dos meios da doutrina do negócio jurídico.[487]

Enfim, sumarizando as críticas levantadas à tese de Hans Josef Wieling, pode-se dizer que a lei concede proteção à confiança, independentemente da realização de suporte fático negocial,[488] com o que se abre espaço para uma autonomia dogmática da responsabilidade pela confiança em relação à doutrina do negócio jurídico. A vinculação do *venire* à proteção da confiança afasta a possibilidade de classificação negocial da proibição do comportamento contraditório, pois a confiança percorre via própria, não sendo igualmente necessária para a teoria do negócio jurídico.

2.2. O *venire contra factum proprium* como aplicação da boa-fé

Cumpre analisar o enquadramento da proibição do comportamento contraditório como realização do princípio da boa-fé objetiva (*Treu und Glauben*), solução tão frequente na doutrina quanto na jurisprudência temática.[489]

---

[483] SINGER, *op. cit.*, p. 82.
[484] *Ibid.*, p. 82.
[485] *Ibid.*, p. 83.
[486] *Ibid.*, p. 83.
[487] *Ibid.*, p. 83.
[488] *Ibid.*, p. 83.
[489] Antonio Menezes Cordeiro realiza breve análise, referindo igualmente que: "A afirmação de que o *venire contra factum proprium* é aplicação da boa fé ou, se se quiser, que o assumir de comportamentos contraditórios viola a regra de observância da boa fé, é comum na doutrina e na jurisprudência". CORDEIRO, *op. cit.*, p. 752.

2.2.1. Posicionamento da doutrina sobre o tema

Não se elaborou ainda, definitivamente, uma teoria que fundamente a proibição do comportamento contraditório na boa-fé objetiva, não passando de rasas as referências existentes na doutrina a esta ideia, que, no entanto, se apresenta com caráter dominante.

O primeiro jurista que articulou a proibição do comportamento contraditório com o princípio da boa-fé foi Erwin Riezler,[490] para quem, em todos os grupos de casos de *venire contra factum proprium*, a boa-fé desempenharia um papel. Para ele, a proibição do comportamento contraditório atuaria como forma de manutenção dos titulares de um direito dentro dos limites impostos pela boa-fé, sobretudo quando se tratasse da espécie da *exceptio doli generalis*.[491]

Hans Josef Wieling[492] afirma que a figura jurídica do *venire contra factum proprium* seria considerada por opinião quase unânime na Alemanha como um caso do § 242,[493] BGB.

Díez-Picazo[494] afirma, expressamente, que: "La conducta contradictoria es una contravención o una infracción del deber de buena fe", e que o princípio da boa-fé seria "el fundamento más seguro de nuestra regla".

Antonio Junqueira de Azevedo,[495] em parecer publicado, refere:

> A expressão *venire contra factum proprium* consubstancia o exercício de uma posição jurídica em contradição com o comportamento anterior; há quebra da regra da boa-fé porque se volta contra as expectativas criadas – em todos, mas especialmente na parte contrária.

---

[490] RIEZLER, Erwin. *Venire contra factum proprium*. Studien im römischen, englischen und deutschen Civilrecht. Leipzig: Verlag von Duncker & Humblot, 1912. p. 132: "In allen Gruppen spielt der Grundsatz der Wahrung von Treu und Glauben eine Rolle [...]".

[491] *Ibid.*, p. 110.

[492] WIELING, op. cit., p. 95, *verbis*: "Dette untersucht die Rechtsfigur des venire contra factum proprium, welche nach fast einhelliger Ansicht als ein Fall des § 242 zu betrachten ist".

[493] "§ 242. BGB. O devedor está obrigado a executar a prestação como a boa-fé, em atenção aos usos e costumes, o exige" (traduzido por Souza Diniz).
No original, lê-se: "§ 242 Leistung nach Treu und Glauben. Der Schuldner ist verpflichtet, die Leistung so zu bewirken, wie Treu und Glauben mit Rücksicht auf die Verkehrssitte es erfordern".

[494] DÍEZ-PICAZO PONCE DE LEON, Luis. *La doctrina de los propios actos*. Un estudio crítico sobre la jurisprudencia del Tribunal Supremo. Barcelona: Bosch, 1963. p. 143.

[495] AZEVEDO, Antônio Junqueira de. Interpretação do contrato pelo exame da vontade contratual. O comportamento das partes posterior à celebração. Interpretação e efeitos do contrato conforme o princípio da boa-fé objetiva. Impossibilidade de *venire contra factum proprium* e de utilização de dois pesos e duas medidas (tu quoque). Efeitos do contrato e sinalagma. A assunção pelos contratantes de riscos específicos e a impossibilidade de fugir do "programa contratual" estabelecido. *Revista Forense*, Rio de Janeiro: Forense, a. 96, v. 351, p. 279, jul./set. 2000.

Paulo Mota Pinto,[496] em estudo dedicado à proibição do comportamento contraditório no Direito Civil, defendeu que o *venire contra factum proprium* deveria ser entendido como ordenado dentro da dogmática da boa-fé, o que seria mais adequado do que a simples invocação do abuso de direito.

Aldemiro Rezende Dantas Júnior,[497] em tese doutoral defendida na PUC-RJ, intitulada *Teoria dos atos próprios no princípio da boa-fé*, não encontra quaisquer dificuldades em ordenar o *venire contra factum proprium* como espécie de violação da boa-fé objetiva, bem como em retirar desta sua legitimação e justificação, *verbis*:

> A proibição do *venire*, como facilmente se pode identificar, refere-se à proteção da boa-fé, ou melhor, refere-se à necessidade de que cada um dos sujeitos de um negócio jurídico adote conduta que seja consentânea com a boa-fé, o que, em última análise, como já vimos, retro, significa que cada um desses sujeitos deverá respeitar os deveres laterais que surgem em todos os negócios jurídicos e que são impostos exatamente em função da necessidade de observância da boa-fé.

Alejandro Borba,[498] em obra sobre a teoria dos atos próprios, nomenclatura assumida pelo estudo da proibição do comportamento contraditório nos países de língua espanhola, é explícito em associar os atos próprios com a boa-fé:

> Podemos afirmar, en conclusión, que la teoría de los actos propios constituye una regla de derecho derivada del principio general de la buena fe (como veremos más adelante – punto 73), que sanciona como inadmisible toda pretensión lícita pero objetivamente contradictoria con respecto al propio comportamiento anterior efectuado por el mismo sujeto.

Percebe-se, dessa forma, que se alcança facilmente a fundamentação da proibição do *venire contra factum proprium* por uma referência genérica à boa-fé, circunstância que também se observa nas decisões judiciais, como se passará a analisar.

2.2.2. A predileção jurisprudencial pela vinculação do "venire contra factum proprium" à boa-fé objetiva

Colhem-se inumeráveis decisões que aparentam confirmar uma predileção pretoriana pela fundamentação da proibição do comportamento contraditório por meio do princípio da boa-fé.

---

[496] PINTO, Paulo Mota. Sobre a proibição do comportamento contraditório (*venire contra factum proprium*) no Direito Civil. *Revista Trimestral de Direito Civil*, Rio de Janeiro: Padma, v. 16, p. 182, out./dez. 2003.

[497] DANTAS JÚNIOR, Aldemiro Rezende. *Teoria dos atos próprios no princípio da boa-fé*. Curitiba: Juruá, 2008. p. 292.

[498] BORBA, Alejandro. *La teoría de los actos propios*. 4. ed. Buenos Aires: Abeledo-Perrot, 2005. p. 56.

No AgRg nos EDcl nos EDcl no Ag 704.933/SP,[499] relatado pela ministra Maria Thereza de Assis Moura, a 6ª Turma do Superior Tribunal de Justiça considerou contrária à boa-fé a conduta da parte que, após vinte anos de execução de contrato de locação celebrado com o promitente comprador, acusou falta de legitimidade do locador para propor ação de despejo, sabido que:

> [...] uma das funções da boa-fé objetiva é impedir que uma das partes contratantes retorne sobre seus próprios passos depois de estabelecer relação cuja seriedade o outro pactuante confiou, pois a ninguém é dado contrariar os próprios atos.

Na Apelação 0048678-71.2008.8.26.0000,[500] a 32ª Câmara do Tribunal de Justiça de São Paulo considerou realizada hipótese de vedação *venire contra factum proprium*, "amparada na boa-fé objetiva, consagrada no art. 422, do CC", a conduta da parte que ajuizou ação de despejo após dois anos da infração contratual.

Em lide envolvendo questão de não registro de alteração societária, a 2ª Câmara de Direito Comercial de Tribunal de Justica de Santa Catarina, Apelação Cível n. 2007.061140-2,[501] tendo como relator o desembargador Jorge Luiz de Borba, asseverou que "um dos desdobramentos da noção de boa-fé objetiva é a vedação do venire contra factum proprium", de forma que se não houve registro da primeira alteração contratual, isto se atribui ao próprio apelante, que não cumpriu os requisitos estabelecidos pela Junta Comercial.

No Tribunal de Justiça do Rio Grande do Sul, apresenta-se como majoritário o entendimento que aproxima diretamente a proibição do *venire contra factum proprium* do princípio da boa-fé objetiva, conforme se passa a demonstrar.

Na Apelação Cível 70040560955,[502] da 17ª Câmara Cível do Tribunal de Justiça do Estado do Rio Grande do Sul, em que o condomínio

---

[499] BRASIL. Superior Tribunal de Justiça. Direito Civil. Ação de despejo. Ilegitimidade. Promitente comprador. AgRg nos EDcl nos EDcl no Ag 704.933/SP, 6ª Turma do Superior Tribunal de Justiça; relatora ministra Maria Thereza de Assis Moura. Data de julgamento 24.08.2009. Disponível em: <http://www.stj.jus.br>. Acesso em: 10 set. 2011. Acórdão transitado em julgado em 27.11.2009.

[500] BRASIL. Tribunal de Justiça de São Paulo. Direito Civil. Ação de despejo. Infração contratual. Apelação nº 0048678-71.2008.8.26.0000, 32ª Câmara do Tribunal de Justiça de São Paulo; relator desembargador Francisco Occhiuto Júnior. Data de julgamento 16.02.2012. Disponível em: <http://www.tjsp.jus.br>. Acesso em: 26 mar. 2012.

[501] BRASIL. Tribunal de Justiça de Santa Catarina. Ação de obrigação de fazer. Apelação Cível 2007.061140-2, 2ª Câmara de Direito Comercial do Tribunal de Justiça do Estado de Santa Catarina; relator desembargador Jorge Luiz de Borba. Data de julgamento 29.08.2011. Disponível em: <http://www.tjsc.jus.br>. Acesso em: 26 mar. 2012.

[502] BRASIL. Tribunal de Justiça do Rio Grande do Sul. Direito Civil. Ação demolitória. Apelação Cível 70040560955, 17ª Câmara Cível do Tribunal de Justiça do Estado do Rio Grande do Sul; relatora desembargadora Liége Puricelli Pires. Data de julgamento 25.08.2011. Disponível em: <http://www.tjrs.jus.br>. Acesso em: 20 set. 2011.

ajuizou ação demolitória contra condômino que teria construído em área condominial, a prova nos autos confirmou a versão fática do réu, apontando que a obra tinha quase três décadas, e que o condômino inclusive pagava taxa condominial sobre esta área ocupada. O Tribunal considerou esse um caso de *supressio*, espécie de *venire contra factum proprium*, que *viria fundado na boa-fé objetiva*. Assim, na esteira de precedentes do STJ, a situação foi considerada consolidada, mantendo-se o *status quo*, concedendo-se ao condômino a manutenção do gozo de área, primevamente, comum.

Na Apelação Cível 70032171209,[503] da 17ª Câmara Cível do Tribunal de Justiça do Estado do Rio Grande do Sul, filho e esposa suscitaram, em embargos de terceiro, a existência de meação nos imóveis ofertados pelo devedor à penhora. Os julgadores consideraram inexistentes provas de que a dívida não foi convertida em benefício da entidade familiar, requisito para a reserva de meação. De outra forma, como o próprio devedor ofertou os bens em garantia de penhora, teria renunciado ao benefício previsto na Lei nº 8.009, de 1990, não sendo admissível o comportamento contraditório no direito brasileiro, pois "o *venire contra factum proprium* integra o conteúdo da cláusula geral de proteção à boa-fé objetiva na relação".

A Apelação Cível 70036244747,[504] que teve como órgão julgador a 16ª Câmara Cível do Tribunal de Justiça do RS, cuida de ação de despejo cumulada com cobrança de alugueres atrasados movida por espólio contra locatária que também possui direitos sucessórios. A ré/locatária, nesse caso, reconveio, referindo que, ainda que o aluguel tivesse sido fixado, em contrato, no valor de R$ 180,00, o valor real teria sido de R$ 135,00, razão por que requisitou a condenação do reconvindo ao pagamento do equivalente ao que está pedindo. Nos autos, verificou-se que as partes tinham acordado que, em que pese o contrato estipulasse locativo no valor de R$ 180,00, seria deduzido o valor de R$ 45,00 a título de adiantamento da legítima, visto que o locatário detinha direitos sucessórios a haver. O Tribunal considerou que:

> [...] a apelada violou o princípio da boa-fé objetiva (art. 422 do Código Civil), quando cobrou da apelante o valor de R$ 180,00 (cento e oitenta reais), mormente porque não

---

[503] BRASIL. Tribunal de Justiça do Rio Grande do Sul. Direito Civil. Embargos de terceiro. Apelação Cível 70032171209, 17ª Câmara Cível do Tribunal de Justiça do Estado do Rio Grande do Sul; relator desembargador Rubem Duarte. Data de julgamento 20.07.2011. Disponível em: <http://www.tjrs.jus.br>. Acesso em: 20 set. 2011.

[504] BRASIL. Tribunal de Justiça do Rio Grande do Sul. Direito Civil. Reconvenção. Apelação Cível 70036244747, 16ª Câmara Cível do Tribunal de Justiça do RS, relator desembargador Ergio Roque Menine. Data de julgamento 26.05.2011. Disponível em: <http://www.tjrs.jus.br>. Acesso em: 20 set. 2011.

pode valer-se de comportamento contraditório na relação contratual, em face da do princípio do *venire contra factum proprium*.

Nas Apelações Cíveis 70034330951[505] e 70031651961,[506] ambas da 20ª Câmara Cível do Tribunal de Justiça do RS, casos similares, foi ajuizada um ação indenizatória fundada no descumprimento de ordem judicial. A parte autora, aproveitando-se do incumprimento da ordem judicial, moveu nova ação, requerendo indenização por dano moral, quando deveria ter requerido, no processo primeiro e original, o cumprimento da ordem, sob pena de incidência de multa. O Tribunal gaúcho considerou ter a parte agido de má-fé e que a *situação descrita atentaria contra a boa-fé objetiva* (*venire contra factum proprium*):

> [...] na medida em que a parte quedou-se inerte quando do descumprimento da determinação judicial (mesmo sabendo que poderia ter provocado a manifestação jurisdicional a fixar multa pelo descumprimento) e, depois, busca indenização pelo mesmo descumprimento. O comportamento da parte contribuiu para que a situação fosse construída da maneira que se apresenta.

Na Apelação Cível 70031731987,[507] da 20ª Câmara Cível do Tribunal de Justiça do RS, avalistas, que não figuraram como devedores solidários em contrato de câmbio, foram considerados solidariamente responsáveis em vista de terem firmado minuta declaratória, em que se disseram obrigados solidários pelo integral pagamento do principal e encargos do contrato de câmbio. O Tribunal considerou que o *venire contra factum proprium* integraria o conteúdo da cláusula geral de proteção à boa-fé objetiva na relação, de forma que os embargantes não poderiam ir contra seu ato declaratório anterior, em que assumiram a responsabilidade solidária.

Na Apelação Cível 70039449095,[508] da 5ª Câmara Cível do Tribunal de Justiça do RS – uma ação de cobrança de seguro, por causa da

---

[505] BRASIL. Tribunal de Justiça do Rio Grande do Sul. Direito Civil. Ação indenizatória. Dano moral. Descumprimento de ordem judicial. Apelação Cível 70034330951, 20ª Câmara Cível do Tribunal de Justiça do RS, relator desembargador Rubem Duarte. Data de julgamento 25.05.2011. Disponível em: <http://www.tjrs.jus.br>. Acesso em: 20 set. 2011.

[506] BRASIL. Tribunal de Justiça do Rio Grande do Sul. Direito Civil. Ação indenizatória. Dano moral. Descumprimento de ordem judicial. Apelação Cível 70031651961, 20ª Câmara Cível do Tribunal de Justiça do RS, relator desembargador Rubem Duarte. Data de julgamento 27.04.2011. Disponível em: <http://www.tjrs.jus.br>. Acesso em: 20 set. 2011.

[507] BRASIL. Tribunal de Justiça do Rio Grande do Sul. Direito Civil. Embargos à execução. Avalistas. Declaração não contratual. Assunção de responsabilidade solidária. Apelação Cível 70031731987, 20ª Câmara Cível do Tribunal de Justiça do RS, relator desembargador Rubem Duarte. Data de julgamento 30.03.2011. Disponível em: <http://www.tjrs.jus.br>. Acesso em: 20 set. 2011.

[508] BRASIL. Tribunal de Justiça do Rio Grande do Sul. Direito Civil. Ação de cobrança. Contrato de Seguro. Furto. Apelação Cível 70039449095, 5ª Câmara Cível do Tribunal de Justiça do RS, relator desembargador Jorge Luiz Lopes do Canto. Data de julgamento 26.01.2011. Disponível em: <http://www.tjrs.jus.br>. Acesso em: 20 set. 2011.

realização do risco furto, julgada procedente –, a proibição do comportamento contraditório foi utilizada como fundamento suplementar para se barrar a arguição da seguradora de impropriedade dos bens indicados como furtados, em vista da existência de prova no sentido de que o vistoriador da empresa teria afirmado que os bens tidos como furtados eram do segurado, sendo compatíveis com os locais das instalações. Dessa forma, a posterior alegação da seguradora, de que o autor não comprovou a preexistência dos bens, "encontra óbice na proibição de *venire contra factum proprium*, dever anexo da boa-fé".

Na Apelação Cível 70039166343,[509] julgada pela 19ª Câmara Cível do Tribunal de Justiça do RS, em que se pretendeu a resolução do contrato, a parte autora alegou, dentre outros motivos para extinguir o contrato por inadimplemento do réu, o fato de este fazer, sempre, os pagamentos em atraso. A Corte considerou que, como a parte admitiu que os pagamentos sempre se davam impontualmente, não poderia agora levantar esta circunstância como fundamento de resolução do negócio jurídico, pois:

> O princípio da boa-fé objetiva, na sua função de norma limitadora ao exercício de direitos subjetivos, veda aos contratantes contradizer um comportamento assumido anteriormente, quando a conduta antecedente gerou uma expectativa no outro contratante em determinado sentido – *venire contra factum proprium*.

Antes de se verificar a correção ou não desse posicionamento, que identifica o *venire contra factum proprium* diretamente com a boa-fé, transformando aquele, pode-se dizer, em um grupo de casos da boa-fé, necessária a precisão de alguns elementos que constituem o núcleo funcional da boa-fé objetiva.

2.2.3. Determinação do conteúdo da boa-fé objetiva

Posto esse posicionamento, não minoritário tanto na doutrina, quanto na jurisprudência, necessário se dissertar algumas linhas sobre a boa-fé objetiva, com o fito de se verificar onde se acomodaria, em seu espaço conceitual, a proibição do *venire contra factum proprium*.

A boa-fé não é um tema fácil em Direito.[510] Quando se fala em boa-fé, conveniente se discriminar, por primeiro, entre a subjetiva,

---

[509] BRASIL. Tribunal de Justiça do Rio Grande do Sul. Direito Civil. Ação de resolução de contrato. Atraso nos pagamentos. Apelação Cível 70039166343, 19ª Câmara Cível do Tribunal de Justiça do RS, relator desembargador José Francisco Pellegrini. Data de julgamento 14.12.2010. Disponível em: <http://www.tjrs.jus.b>r. Acesso em: 20 set. 2011.

[510] Neste sentido, leia-se DÍEZ-PICAZO PONCE DE LEON, Luis. La doctrina de los propios actos. Un estudio crítico sobre la jurisprudencia del Tribunal Supremo. Barcelona: Bosch, 1963. p. 134. Refere o civilista espanhol que: "El concepto de buena fe es uno de los más difíciles de

que se caracteriza como um estado ou situação de boa-fé, e a objetiva, a qual é elevada ao *status* de princípio jurídico.[511]

A boa-fé subjetiva é aquela que diz respeito a condições psicológicas de conhecimento de determinadas qualidades da situação jurídica experimentada. Ruy Rosado de Aguiar Júnior[512] fala que a boa-fé objetiva é "qualidade do sujeito e diz com o estado de consciência da pessoa, cujo conhecimento ou ignorância relativamente a certos fatos é valorizado pelo Direito, para os fins específicos da situação regulada". Mário Júlio de Almeida Costa[513] caracteriza-a como "consciência ou convicção justificada de se adoptar um comportamento conforme ao direito".

Judith Martins-Costa[514] anota:

> A boa-fé subjetiva denota, portanto, primariamente, a ideia de ignorância, de crença errônea, ainda que excusável, acerca da existência de uma situação regular, crença (e ignorância excusável) que repousam seja no próprio estado (subjetivo) da ignorância (as hipóteses do casamento putativo, da aquisição da propriedade alheia mediante a usucapião), seja numa errônea aparência de certo ato (mandato aparente, herdeiro aparente, etc.).

De utilização, sobretudo, no direito das coisas, exempla a valoração da existência da boa-fé objetiva, a definição de posse de boa-fé do art. 1201 do Código Civil: "É de boa-fé a posse, se o possuidor ignora o vício, ou o obstáculo que impede a aquisição da coisa".[515]

Por outro lado, a boa-fé objetiva consiste numa norma de conduta que determina a observância de padrões de lealdade e correção aos participantes do tráfego jurídico. Ruy Rosado de Aguiar Júnior[516] ministra que a boa-fé objetiva:

> [...] se constitui em uma norma jurídica, ou melhor, em um princípio geral do Direito, segundo o qual todos devem comportar-se de boa-fé nas suas relações recíprocas. A inter-relação humana deve pautar-se por um padrão ético de confiança e lealdade, indispensável ao próprio desenvolvimento normal da convivência social.

---

aprehender dentro del Derecho civil y, además, uno de los conceptos jurídicos que ha dado lugar a más lagar y apasionada polémica".

[511] Neste sentido, COSTA, Mário Júlio de Almeida. *Direito das obrigações*. 11. ed. rev. e actualiz. Coimbra: Almedina, 2008. p. 119-120.

[512] AGUIAR JR, Ruy Rosado. *Extinção dos contratos por incumprimento do devedor*. Resolução. De acordo com o novo Código Civil. 2. ed. rev. e atual. Rio de Janeiro: Aide, 2004. p. 243.

[513] COSTA, *op. cit.*, p. 119.

[514] MARTINS-COSTA, Judith. *A boa-fé no direito privado*. São Paulo: Revista dos Tribunais, 1999. p. 411-412.

[515] Boa análise de exemplos normativos de boa-fé subjetiva encontra-se em AGUIAR JR, Ruy Rosado. *Extinção dos contratos por incumprimento do devedor*. Resolução. De acordo com o novo Código Civil. 2. ed. rev. e atual. Rio de Janeiro: Aide, 2004. p. 243-244.

[516] *Ibid.*, p. 244.

Carlos Alberto Mota Pinto[517] revela que:

> Aplicado aos contratos, o princípio da boa fé em sentido objetivo constitui uma regra de conduta segundo a qual os contraentes devem agir de modo honesto, correto e leal, não só impedindo assim comportamentos desleais como impondo deveres de colaboração entre eles.

Costuma-se repetir que a boa-fé objetiva, a seu turno, não se esgota em uma única função jurídica, assumindo três funções primordiais: como cânone hermenêutico-integrativo, como norma criadora de deveres jurídicos, e, por último, como norma limitadora do exercício de direitos subjetivos.[518]

Como cânone hermenêutico-integrativo, a boa-fé atua preenchendo as lacunas contratuais, estando disposta no art. 113 do Código Civil: "Os negócios jurídicos devem ser interpretados conforme a boa-fé e os usos do lugar de sua celebração".

Já operando como norma criadora de deveres, a boa-fé está positivada no art. 422 do Código Civil: "Os contratantes são obrigados a guardar, assim na conclusão do contrato, como em sua execução, os princípios de probidade e boa-fé". Com essa função, como professa Clóvis do Couto e Silva:[519]

> A boa-fé enriquece o conteúdo da obrigação de modo que a prestação não deve apenas satisfazer os deveres expressos, mas também é necessário verificar a utilidade de que resulta para o credor da sua efetivação, quando por mais de um modo puder ser cumprida.

Por último, já como norma limitadora do exercício de direitos subjetivos, a boa-fé atua reprimindo a prática de atos jurídicos abusivos, encontrando-se no art. 187 do Código Civil: "Também comete ato ilícito o titular de um direito que, ao exercê-lo, excede manifestamente os limites impostos pelo seu fim econômico ou social, pela boa-fé ou pelos bons costumes".

No entanto, essa distinção funcional, ainda que tenha o mérito de mapear as formas pelas quais se emprega a boa-fé, apresenta algumas dificuldades. Isso, pois, na sua propriedade hermenêutica-integrativa, estar-se-á, no mais das vezes, reconhecendo a existência de deveres jurídicos ou a limitação de direitos, que deveriam ter sido observados pelas partes, o que traz alguma balbúrdia, pois, ao se

---
[517] PINTO, Carlos Alberto Mota. *Teoria geral do Direito Civil*. 4. ed. por António Pinto Monteiro e Paulo Mota Pinto. Coimbra: Coimbra, 2005. p. 125.
[518] MARTINS-COSTA, Judith. *A boa-fé no direito privado*. São Paulo: Revista dos Tribunais, 1999. p. 427-428.
[519] COUTO E SILVA, Clóvis Veríssimo do. O princípio da boa-fé no Direito brasileiro e português. In: FRADERA, Vera Maria Jacob de (Org.). *O Direito Privado brasileiro na visão de Clóvis do Couto e Silva*. Porto Alegre: Livraria do Advogado, 1997. p. 54-55.

interpretar, estar-se-á, igualmente, criando deveres ou limitando direitos. Clóvis do Couto e Silva[520] percebe essa dificuldade e afirma: "Em muitos casos, é difícil determinar, com firmeza, o que é resultado da aplicação do princípio da boa-fé e o que é conquista da interpretação integradora".

Importante para se dar claridade a essas discriminadas funções da boa-fé, igualmente, se distinguir quem será o destinatário da norma, da mesma forma que reconhecer a que tempo a norma será aplicada.

A norma inserta no art. 113 do Código Civil, – ou seja, a boa-fé enquanto cânone hermenêutico-interpretativo – é dirigida ao intérprete, ao juiz, que, em sua atividade jurisdicional, irá colmatar as lacunas contratuais, através de uma leitura pautada pela boa-fé objetiva. O negócio jurídico passou, ou, ainda que esteja sendo executado, a perturbação prestacional ocorreu. Assim, o juiz irá aplicar a boa-fé objetiva *a posteriori*, ou concomitante à execução, mas com a jurisdicionalização do contrato (*e.g.*, ação de revisão de contrato), reconhecendo que, naquela específica relação obrigacional, uma das partes violou um dever instrumental nascido da boa-fé, ou que uma das partes exerceu um direito deslealmente.

Já as normas presentes nos arts. 187 e 422, ambos do Código Civil – respectivamente, boa-fé como limitadora do exercício de direitos subjetivos e boa-fé como fonte de deveres instrumentais – destinam-se às partes que estão a viver a relação obrigacional, enriquecendo, contemporaneamente à execução do contrato e independentemente de intervenção judicial, o conteúdo do contrato.

A origem dessa abordagem trifuncional da cláusula geral da boa-fé radica em Gustav Boehmer,[521] que acentuou que o § 242, BGB, da mesma forma que se dava a relação entre o pretor romano em face do *ius civile*, teria o efeito de ajudar, auxiliar o direito civil (*iuris civilis iuvandi*), o que é identificado com a tarefa interpretativa, de supri-lo ou preenchê-lo (*iuris civilis supplendi*), reconhecida na criação de deveres, e de corrigi-lo (*iuris civilis corrigendi gratia*), o que se ajusta na função de limitação do exercício dos direitos subjetivos.

Assim, deve ser salientado que essas funções não dizem respeito, exclusivamente, à cláusula geral da boa-fé, mas sim a cláusulas

---

[520] COUTO E SILVA, Clóvis Veríssimo do. *A obrigação como processo*. Rio de Janeiro: FGV, 2007. p. 36.

[521] BOEHMER, Gustav. *Grundlagen der bürgerlichen Rechtsordnung II*, 2, apud WIEACKER, Franz. *Zur rechtstheoretischen Präzisierung des 242 BGB*. Tübingen: Verlag J.C.B. Mohr, 1956, Reimpressão, 1995. p. 21.

de abertura que permitam uma atuação judicial similar à pretoriana, criativa e não meramente subsuntiva. Reconhece-se que, dentre essas, a da boa-fé assume um papel de primazia e excelência, não sendo desmesurada a expressão da professora Judith Martins-Costa,[522] que a qualificou como *subversiva* do direito obrigacional.

De outra forma, deve-se ter, igualmente, em conta, a realidade normativa do Direito alemão, enquanto sistema que originou em articulação funcional do princípio da boa-fé. Assim, acentua-se que inexiste dispositivo normativo no BGB que, de modo similar ao art. 187 do Código Civil, disponha acerca da inadmissibilidade do abuso do direito. Dessa forma, o desenvolvimento da teoria acerca do abuso do direito, no direito alemão, foi dependente da cláusula geral do § 242, BGB, visto não possuir *topos* normativo próprio, o que inocorre no direito brasileiro.

Dessa forma, a fim de pretender dar autonomia dogmática ao abuso de direito, opta-se por se destacar da boa-fé a função de limitação do exercício dos direitos subjetivos, entregando esta finalidade, em gênero, à figura do abuso de direito. Assim, será considerada no próximo capítulo (o *venire contra factum proprium* como abuso de direito) a possível solução de se reconhecer à boa-fé, na qualidade de norma limitadora de direitos lhe dada pelo instituto do abuso de direito, o condão de tolher o direito de a parte contradizer-se, quando suscitada a confiança da contraparte.

2.2.4. Verificação de compatibilidade e cobertura do "venire contra factum proprium" pela boa-fé objetiva

Dentro dessa perspectiva, deve-se cogitar da possibilidade de derivar da boa-fé objetiva, enquanto norma criadora de deveres, um dever geral de *não contradição* ou de *coerência*,[523] que não permita ou limite o comportamento contraditório. Assim, o objetivo deste tópico é verificar se a boa-fé objetiva comporta a criação de deveres de coerência.

---

[522] MARTINS-COSTA, Judith. *A boa-fé no direito privado*. São Paulo: Revista dos Tribunais, 1999. p. 409.

[523] A doutrina e jurisprudência utilizam como equivalentes estas expressões: *não contradição* e *coerência*. No entanto, elas guardam uma diferença fundamental pouco notada: enquanto a contradição estabelece uma relação negatória entre dois comportamentos (e.g., se alguém afirma "A" e, depois, afirma, em relação ao mesmo tópico, "Não A"), a coerência estabelece uma relação desarmônica, não uniforme entre dois comportamentos (e.g., se alguém afirma "A" e, depois, afirma, em relação ao mesmo assunto, "B").

Expoente dessa posição foi Díez-Picazo, que identificou a proibição do comportamento contraditório como sendo diretamente proveniente da boa-fé, em vista de que esta determinaria um dever de coerência. Diz Díez-Picazo:[524]

> Una de las consecuencias del deber de obrar de buena fe y de la necesidad de ejercitar los derechos de buena fe, es la exigencia de un comportamiento coherente. La exigencia de un comportamiento coherente significa que, cuando una persona, dentro de una relación jurídica, ha suscitado en otra con su conducta una confianza fundada, conforme a la buena-fe, en una determinada conducta futura, según el sentido objetivamente deducido de la conducta anterior, no debe defraudar la confianza suscitada y es inadmisible toda actuación incompatible con ella.

Díez-Picazo[525] faz radicar essa ideia na teoria de Emilio Betti. Diz o jurista espanhol:

> La idea de la "coherencia del comportamiento" y de la "exigencia de un comportamiento coherente" como derivación de la buena fe, la tomo de Betti. "Obbligazioni", p. 91; también el *Teoria generela del negozio giuridico*, 2. edic., Torino, 1950, p. 481 y sigs.

Antes de avançar com as críticas desse posicionamento, deve ser salientada a incorreção da leitura feita pelo mestre espanhol da obra de Emilio Betti, pois este não identifica a boa-fé como fonte de um dever de coerência; antes, a coerência seria decorrente de um princípio geral de correção (*correteza*).

Com efeito, Emilio Betti,[526] no ponto referido por Díez-Picazo, está a analisar um terceiro aspecto[527] elaborado pela civilística alemã em torno à boa-fé especialmente contratual, que seria consideração da boa-fé enquanto porta para frustrar (*sventare*) um abuso de direito ou porta que preveniria um andar contra um fato próprio, realizando preclusões, guiadas por uma exigência de coerência do comportamento antecedente com o subsequente.

No entanto, para Emilio Betti,[528] esse derradeiro aspecto não deve ser atribuído à boa-fé, pois tratar-se-ia, antes, do aspecto geral indicado pela expressão correção (*correteza*), que imporia obrigações sociais consistentes no dever de respeito e conservação dos interesses, toda vez que existisse um contato social entre as esferas de interesse de pessoas, que possibilitasse a ocorrência de algum prejuízo.

---

[524] DÍEZ-PICAZO PONCE DE LEON, Luis. *La doctrina de los propios actos*. Un estudio crítico sobre la jurisprudencia del Tribunal Supremo. Barcelona: Bosch, 1963. p. 142.

[525] *Ibid.*, p. 142.

[526] BETTI, Emilio. *Teoria generale delle obbligazioni*. I. Prolegomeni: funzione economico-sociale dei rapporti d'obbligazione. Milano: Giuffrè, 1953. p. 91.

[527] Os outros dois aspectos seriam a boa-fé como porta de ampliação de obrigações contratuais já existentes, e como porta de atenuação de obrigações assumidas no contrato. *Ibid.*, p. 90-91.

[528] *Ibid.*, p. 91.

Essas imposições decorrentes da *correteza* diferenciar-se-iam das da boa-fé: enquanto aquelas teriam um aspecto puramente negativo, estariam insculpidas na máxima romana *alterum non laedere*, e se constituiriam em deveres de abstenção e manutenção da integridade da esfera de interesses da outra, estas teriam, ao contrário, um aspecto positivo, e reclamariam um comportamento de cooperação, dirigido ao cumprimento das prestações contratuais.[529]

Emilio Betti,[530] dessa forma, intui a existência de uma esfera de prestação, pela qual as partes deveriam cooperar uma com a outra, instrumentalizadas pelo princípio da boa-fé, com o fito de fazer cumprir o *telos* contratual, e a existência de uma esfera de proteção, pela qual as partes deveriam se abster de violar a integridade da outra esfera jurídica, ou, na linguagem do autor, *nell'astenersi da indebite ingerenze nell'altrui sfera di interessi*.

Assim, dentro dessa leitura da obra de Emilio Betti, a proibição do *venire contra factum proprium* teria como fundamento a circunstância de que a parte deve se abster de lesionar a esfera jurídica de outrem (*naeminen laedere* – *correteza*), e não do fato de que a parte deve colaborar com a outra para a realização do escopo contratual (cooperação-boa-fé).

2.2.5. Inexistência de um dever anexo de não contradição

É deveras fácil a referência à boa-fé como fonte de proibição do *venire contra factum proprium*. De fato, com seu amplo espaço de indeterminação, a cláusula geral da boa-fé aparenta ter largueza suficiente para amparar não somente o *venire*, mas para suster e mesmo substituir as regras de todo um Código Civil.[531]

Ajustado à realidade alemã, Hans Walter Dette[532] considera a citação do § 242, BGB, portanto, a citação da boa-fé, insuficiente para a fundamentação do *venire contra factum proprium*, em vista de que a

---

[529] BETTI, *op. cit.*, p. 67-68.
[530] *Ibid.*, p. 76.
[531] Nesse sentido, Hans Josef Wieling afirmou que, com o § 242, BGB, poder-se-ia resolver todos os casos jurídicos, deixando de lado toda a dogmática e regras legais e ainda que o § 242 poderia substituir todo o BGB. No original, lê-se: "Der Grund für eine solche Forderung ist leicht einzusehen: Mit § 242 kann man jeden Rechtsfall lösen und so die überkommene Dogmatik mitsamt den gesetzlichen Regelungen beiseitschieben. Das Rechtsgefühl kann auf diese Art jegliche weitere Arbeite (Nachdenken) überflüssig machen, § 242 kann das gesamte BGB – und mehr – ersetzen". WIELING, Hans Josef. *Recensão a Hans Walter Dette*: Venire contra factum proprium nulli conceditur. Archiv für die civilistische Praxis, Tübingen: Mohr, v. 187, p. 95, 1987.
[532] DETTE, Hans Walter. *Venire contra factum proprium nulli conceditur*. Zur Konkretisierung eines Rechtssprichworts. Berlin: Duncker & Humblot, 1985. p. 25.

referida norma se trataria de um suporte fático aberto, que não possui pressupostos jurídicos, nem consequências legais, que o juiz deverá desenvolver com base na experiência e em máximas. Dessa feita, asserta que uma referência à boa-fé seria tão vazia como uma referencia à violação à lei, nenhuma fundamentação traria ao brocardo jurídico.[533]

Hans Joseph Wieling[534] concorda, nesse ponto, com Hans Walter Dette, afirmando que a parte mais profunda do trabalho deste vem a ser justamente este aviso acerca da frívola aplicação do § 242, BGB.

A crítica elaborada por Antônio Menezes Cordeiro,[535] em vista da aproximação entre *venire* e boa-fé, é digna de menção:

> Assim apresentada, a justificação é fraca. O *venire contra factum proprium*, porque dotado de carga ética, psicológica e sociológica negativa atenta, necessariamente, contra a boa fé, conceito portador de representação cultural apreciativa e que, para mais, está, na tradição romanística do Corpus Iuris Civilis, num estado de diluição que a torna omnipresente. O recurso puro e simples a uma boa fé despida de quaisquer precisões torna-se, perante esta relação de necessidade, num expediente insatisfatório para a Ciência do Direito e insuficiente para a prática jurídica: não explica as soluções encontradas e não permite, por si, solucionar casos concretos novos. No fundo, a boa fé funciona, aí, como apoio linguístico para soluções encontradas com base noutros raciocínios – ou na pura afectividade – ou como esquema privilegiado de conseguir amparo numa disposição legal – a que consagra a boa fé – para a solução defendida.

Deve-se sublinhar que a doutrina que se debruçou sobre a análise da boa-fé objetiva não encontrou, dentre os deveres que nascem da incidência da boa-fé objetiva na dimensão obrigacional, um dever de não contradição ou de coerência entre o comportamento antecedente com o subsequente.

Exemplifica essa assertiva a pena de Antonio Menezes Cordeiro,[536] que divide os deveres acessórios decorrentes da boa-fé em deveres de proteção, de esclarecimento e de lealdade. Por outro lado, Clóvis do Couto e Silva,[537] nominando-os de deveres secundários, classifica-os em deveres de indicação e esclarecimento e deveres de cooperação e auxílio.

---

[533] DETTE, *op. cit.*, p. 25-26.

[534] WIELING, Hans Josef. *Recensão a Hans Walter Dette*: Venire contra factum proprium nulli conceditur. Archiv für die civilistische Praxis, Tübingen: Mohr, v. 187, p. 96, 1987, *verbis*: "Daß Dette vor einer leichtfertigen Anwendung des § 242 warnt, gehört zu den Verdiensten dieser Arbeit".

[535] CORDEIRO, Antônio Manuel da Rocha e Menezes. *Da boa fé no Direito Civil*. Coimbra: Almedina, 2007, p. 752-753.

[536] *Ibid.*, p. 603-604.

[537] COUTO E SILVA, Clóvis Veríssimo do. *A obrigação como processo*. Rio de Janeiro: FGV, 2007. p. 91-96.

Com efeito, nem os deveres de proteção, enquanto mandamento de respeito à intangibilidade da esfera jurídica do outro, nem os deveres de esclarecimento, enquanto ordem de equalização do desequilíbrio informacional, ou os deveres de lealdade, que comandam *a abstenção de comportamentos que possam falsear o objetivo do negócio ou desequilibrar o jogo das prestações*,[538] comportam, no seu conteúdo, um dever de coerência, inibidor do comportamento contraditório.

Assim, não é atribuída à boa-fé a instância de fundar uma espécie de deveres de não contradição ou de coerência. Deveras importante é igualmente se considerar que admitir a existência de um dever de coerência, nato da boa-fé, seria um assalto à autonomia privada, visto que integra a faculdade da pessoa humana de autorregular seus interesses privados o direito de mudar sua própria opinião e seu próprio comportamento. A pessoa humana é livre para querer ou não querer alguma coisa; e mesmo livre para querer e depois não querer a mesma coisa.

Com efeito, todos são livres para mudar seu comportamento, desde que não exista uma vinculação contratual ou um dever legal.[539] Ora, se fora das relações em que já haja uma vinculação, a pessoa é livre de mudar de opinião e comportamento, não há, dessa forma, que se falar em um *dever de comportamento* que, germinado da boa-fé, prescreva, genericamente, a não contradição, a coerência, em vista de que esta admissão engessaria, nefastamente, a autonomia privada.

2.3. O *venire contra factum proprium* como abuso de direito

Cumpre-se verificar a possibilidade de enquadramento do *venire* como um grupo de casos da vedação do abuso do direito, orientação que aparenta se consagrar no cenário doutrinário nacional.

2.3.1. Traços gerais da teoria do abuso do direito

O abuso do direito, ainda que consagrado no Código Civil brasileiro, é um dos temas mais polêmicos do Direito.[540] Nesse sentido,

---

[538] Toma-se a noção de deveres de lealdade de Antonio Menezes Cordeiro. CORDEIRO, *op. cit.*, p. 606.
[539] Neste sentido, DETTE, Hans Walter. Venire contra factum proprium nulli conceditur. Zur Konkretisierung eines Rechtssprichworts. Berlin: Duncker & Humblot, 1985. p. 25, *verbis*: "Im Gegenteil steht es grundsätzlich jedem frei, sein Verhalten zu ändern, sofern nicht eine vertragliche Bindung vorliegt".
[540] Neste sentido, MIRAGEM, Bruno. *Abuso do direito*. Proteção da confiança e limite ao exercício das prerrogativas jurídicas no Direito Privado. Rio de Janeiro: Forense, 2009. p. 1.

vem à tona assertiva de Caio Mario da Silva Pereira,[541] para quem, até a promulgação do Código de 2002 (art. 187), não se podia afirmar acerca da existência de uma solução satisfatória.

Traços arquelógicos do instituto são buscados na *emulatio* do Direito romano e no desenvolvimento que a figura conheceu posteriormente, mediante o trabalho dos juristas medievais. O ponto decisivo para a *emulatio* romana, no entanto, que teve sua origem limitada pela aplicação ao uso das águas nas relações de vizinhança,[542] era a intenção do agente de causar prejuízo ao outro (*animus nocendi*), não necessariamente o dano produzido pelo agente (*eventus damni*).[543]

Os juristas medievais, que retomaram o estudo da *emulatio*, enriqueceram-na com os valores religiosos e éticos pregados pela Igreja, que unificou e enformou o pensamento filosófico, jurídico e cultural, na Idade Média, tendo-se, no entanto, mantido a tradição de se vedar a intenção de causar prejuízo (*animus nocendi*).[544]

A falta de referência a vetores que devem balizar a aplicação do instituto, dando-lhe conteúdo e limites, conduz à conclusão de que a *emulatio* não representa um antecedente histórico do abuso do direito. Ademais, o abuso do direito não poderia contar com raízes no Direito romano, o qual, sabidamente, não tendia a construções abstratas, teóricas sistematizantes. Dessa forma, com razão, António Menezes Cordeiro[545] afirma: "Confirma-se a natureza recente do abuso do direito. Não tem antecedentes históricos directos nem concita, para se fundamentar, o recurso a quadros tradicionais romanísticos".

A teoria do abuso do direito foi construída, de modo original, na França, no século XIX, sendo que a cunhagem da expressão abuso do direito, por seu lado, é atribuída ao jurista belga François Laurent.[546] Outra marca genuína do instituto é que ele radica, originariamente, do labor pretoriano.

---

[541] PEREIRA, Caio Mário da Silva. *Instituições de Direito Civil*. Introdução ao Direito Civil. Teoria Geral do Direito Civil. 20. ed. de acordo com o Código Civil de 2002. Revista e atualizada por Maria Celina Bodin de Moraes. Rio de Janeiro: Forense, 2004. V. I. p. 671.

[542] Bruno Miragem afirma que: "Condenava o Direito a possibilidade de um indivíduo desviar, a partir de modificações em seu terreno, o curso de um rio ou canal, para que a vazão da água não atingisse ao terreno vizinho, agindo com a exclusiva finalidade de causar dano ao proprietário deste terreno que ficaria privado do respectivo recurso". MIRAGEM, *op. cit.*, p. 67.

[543] *Ibid.*, p. 67.

[544] *Ibid.*, p. 70.

[545] CORDEIRO, *op. cit.*, p. 683.

[546] *Ibid.*, p. 670.

António Menezes Cordeiro[547] descreve, sintética e eficazmente, a linha de decisões que despertou o interesse da doutrina, na construção da teoria do abuso de direito:

> As primeiras decisões judiciais do que, mais tarde, na doutrina e na jurisprudência, viria a ser conhecido por abuso do direito, datam da fase inicial da vigência do Código Napoleão. Assim, em 1808, condenou-se o proprietário duma oficina que, no fabrico de chapéus, provocava evaporações desagradáveis para a vizinhança. Doze anos volvidos, era condenado o construtor de um forno que, por carência de precauções, prejudicava um vizinho. Em 1853, numa decisão universalmente conhecida, condenou-se o proprietário que construíra uma falsa chaminé, para vedar o dia a uma janela do vizinho, com quem andava desavindo. Um ano depois, era a vez do proprietário que bombeava, para um rio, a água do próprio poço, com o fito de fazer baixar o nível do vizinho. Em 1861, foi condenado o proprietário que, ao proceder a perfurações no seu prédio, provocou, por falta de cuidado, desabamentos no do vizinho. Seguir-se-iam, ainda, numerosas decisões similares, com relevo para a condenação, em 1913, confirmada pela Cassação, em 1915, por abuso do direito, do proprietário que erguera, no seu terreno, um dispositivo dotado de espigões de ferro, destinado a danificar os dirigíveis construídos pelo vizinho.

Após esse aparecimento reiterado na jurisprudência gálica, a doutrina interessou-se pelo tema, passando a dedicar-lhe obras de referência obrigatória. Destacam-se as obras de Ernest Porcherot e Raimond Salleiles, de 1901; as obras de Georges Ripert e Louis Josserand, ambas de 1905; de Marc Dessertaux e E. H. Perreau, de 1906; e de Valet, de 1907, como as que abriram o caminho para a teoria do abuso do direito.[548]

Dessas monografias, sobressai em importância a obra de Louis Josserand,[549] que será a responsável por delimitar a teoria do abuso do direito ao descumprimento da função econômico-social do direito subjetivo, que estaria submetido a este verdadeiro freio social (*freinage social*)[550] que seria o abuso do direito.

---

[547] CORDEIRO, *op. cit.*, p. 671.
[548] PORCHEROT, Ernest. *De l'abus de droit*. Dijon: Librairie J. Venot, 1901; SALLEILES, Raimond. *De l'abus de droit*. Rapport présenté à la première sous-commission de révision du Code Civil. Bulletin de la société d'études législatives, 1901, t. 4, p. 325-350; RIPERT, Georges. L'exercice des droits et la responsabilité. In: *Revue critique de droit civil*, 1905, p. 352; DESSERTEAUX, Marc. Abus de droit ou conflits de droits. In: *Revue trimmestrielle de droit civil*, 1906, p. 119; PERREAU, E. H. Origine et développement de la théorie de l'abus de droit. In: *Revue générale du droit*. 1906, t. 37, p. 481-507. Todas as obras são citadas por MIRAGEM, Bruno. *Abuso do direito*. Proteção da confiança e limite ao exercício das prerrogativas jurídicas no Direito Privado Rio de Janeiro: Forense, 2009. p. 72.
[549] Essa a opinião de Bruno Miragem, que se debruçou sobre o tema em seu doutoramento, *verbis*: "Contudo, é a tese de Josserand a que vai alcançar maior destaque tanto no direito francês, quanto nos sistemas jurídicos sob sua influência". *Ibid.*, p. 73.
[550] CUNHA DE SÁ, Fernando Augusto. *Abuso do direito*. Coimbra: Almedina, 2005. p. 405.

Fernando Cunha de Sá[551] salienta que a tese de Lous Josserand significou uma mudança referente à percepção e ao conceito do indivíduo frente à sociedade, que se baseava na ideia de *independência individual* e passou a ser vista como uma *interdependência social*. Essa viravolta ideológica se realiza em uma mudança de orientação em relação ao direito subjetivo, categoria jurídica que era idealizada como ilimitada e passa a ser restringida pela sua função social. Neste sentido Fernando Cunha de Sá:[552]

> Conclui Josserand que o verdadeiro critério do abuso do direito só pode ser o que é retirado do desvio do direito do seu espírito, isto é, da sua finalidade ou função social, qualquer que ela seja, económica ou moral, egoísta ou desinteressada (sic).

A teoria do abuso do direito espraiou-se para além da França, vindo a ser consagrada no BGB, de 1896, em dois dispositivos, os §§ 226 e 826, o primeiro limitando o abuso à chicana, ou seja, ao ato emulativo, estando estabelecido que *"Die Ausübung eines Rechts ist unzulässig, wenn sie nur den Zweck haben kann, einem anderen Schaden zuzufügen"* (O exercício de um direito é inadmissível se ele tiver por fim, somente, causar um dano a um outro);[553] já o segundo requisita a prova do dolo para ofensa aos bons costumes, *"Wer in einer gegen die guten Sitten verstoßenden Weise einem anderen vorsätzlich Schaden zufügt, ist dem anderen zum Ersatz des Schadens verpflichtet"* (Quem, de um modo atentatório contra os bons costumes, causar, dolosamente, um dano a um outro, estará obrigado, para com o outro, à indenização do dano).[554]

Hans Walter Dette[555] salienta que estes limites demasiado estreitos dos §§ 226 e 826, o primeiro restringindo o abuso à chicana, à intenção de prejudicar (*animus nocendi*), e o segundo carecendo da prova do dolo, sabidamente difícil de ser judicialmente demonstrada, fizeram com que o abuso do direito buscasse morada normativa junto ao § 242, BGB, cláusula geral da boa-fé, cláusula que lhe enriqueceu o conteúdo, tendo-se, dessa forma, se desdobrado na função limitadora de direitos da boa-fé.

Assim, os três vetores delimitadores do exercício abusivo do direito, adotados pelo legislador brasileiro, restaram determinados: a função econômico-social, derivada da doutrina de Louis Josserand; os bons costumes, originados, diretamente, do § 826, BGB; e, derradeiramente, a boa-fé, proveniente do trato dado pela doutrina alemã

---

[551] CUNHA DE SÁ, *op. cit.*, p. 411.
[552] *Ibid.*, p. 411.
[553] Traduzido por Souza Diniz.
[554] Traduzido por Souza Diniz.
[555] DETTE, *op. cit.*, p. 27.

ao § 242, BGB. Por sua vez, a carga do *manifesto* ou *evidente* necessária para a caracterização do abuso foi agregada, originalmente, pelo Código Civil suíço, de 1907, que, no seu art. 2, previu o abuso do direito como instituto autônomo *"Der offenbare Missbrauch eines Rechts findet keinen Rechtsschutz"* (O abuso manifesto de um direito não encontra proteção legal).

A orientação, chamada eclética, do abuso do direito delimitada por esses três vetores foi seguida pelo Código Civil grego, de 1946, que lhe dedicou artigo específico, a saber, 281: "O exercício é proibido quando exceda manifestamente os limites impostos pela boa-fé, pelos bons costumes ou pelo escopo social ou económico do direito",[556] assim, como pelo Código Civil português de 1966, cujo art. 344 dispõe que "É ilegítimo o exercício de um direito, quando o titular exceda manifestamente os limites impostos pela boa-fé, pelos bons costumes ou pelo fim social ou económico desse direito".

O abuso do direito busca ainda seu caminho no direito brasileiro. Salutar o esforço de recente doutrina de acertar sua distinção da boa-fé objetiva, com a qual não deve se confundir.[557] Aliás, Hans Walter Dette,[558] que é um crítico da superficial aplicação e referência à cláusula geral da boa-fé, reclamou, ainda que ciente da íntima relação entre os institutos da boa-fé e do abuso do direito, a sua diferenciação, tal como havido no art. 2 do Código Civil suíço, pois se tratariam, não por acaso, de dois institutos autônomos que possuem diferentes raízes históricas e que, portanto, exigem diferentes critérios e campos de aplicação.

Manuel António Carneiro da Frada[559] postula igualmente a necessidade de destrinça entre abuso e boa-fé, afirmando que: "[...] a despeito das 'pontes valorativas' que entre eles se lançam, importa desacoplar o abuso da regra de conduta segundo a boa fé".

---

[556] *Apud* CORDEIRO, Antônio Manuel da Rocha e Menezes. *Da boa fé no Direito Civil*. Coimbra: Almedina, 2007. p. 711.

[557] Dentre todos, destaca-se a obra de MIRAGEM, Bruno. *Abuso do direito*. Proteção da confiança e limite ao exercício das prerrogativas jurídicas no Direito Privado. Rio de Janeiro: Forense, 2009.

[558] DETTE, Hans Walter. *Venire contra factum proprium nulli conceditur*. Zur Konkretisierung eines Rechtssprichworts. Berlin: Duncker & Humblot, 1985, p. 28. No original: "Daß dies so ist, ist kein Zufall, sondern beruht darauf, daß es sich tatsächlich um zwei eigenständige Institute handelt, die auch unterschiedliche historische Wurzeln haben. Das bedeutet, daß ihre Kriterien und Anwendungsbereiche bei sicherlich möglichen Überschneidungen unterschiedlich sein können".

[559] CARNEIRO DA FRADA, Manuel. *Teoria da confiança e responsabilidade civil*. Coimbra: Almedina, 2004. p. 859-860.

Hans Walter Dette[560] afirma que as diferenças existentes entre o mandamento da boa-fé e o princípio da proibição do abuso do direito exigem que sejam tratadas em diferentes partes de um código: o primeiro, na parte referente às obrigações; o segundo, na parte geral.

Tanto o Código Civil português quanto o brasileiro distinguem o mandamento da boa-fé da cláusula geral do abuso do direito, ordenando esta na parte geral de seus códigos, o que lhes possibilita fazer um corte transversal no direito, com sua aplicação para a totalidade do ordenamento jurídico, sabido que, dentro do Direito Civil, a parte geral do código ocupa posição central, ordenando e constituindo conceitos comuns a todos os ramos do direito. Não por outra razão, Antonio Junqueira de Azevedo[561] esculpiu bela expressão para designar essa qualidade, chamando a parte geral de um Código Civil como a cúpula normativa de todo o Direito.

2.3.2. Posicionamento da doutrina sobre o tema

Não rara tornou-se a subordinação, pela doutrina, da proibição do *venire contra factum proprium* à teoria do abuso do direito, instituto positivado no Direito Privado brasileiro no art. 187 do Código Civil. O gabarito dos defensores dessa posição é tanto que, quem a defende, pode celebrar, como Isaac Newton, estar sobre o ombro de gigantes, o que lhes possibilita o alargamento das perspectivas.

Para os partícipes dessa opinião, o abuso do direito agrupa subfiguras relacionadas com a boa-fé, mas que dentro da sua extensão não encontrariam ordenação fácil.

Essa é a doutrina majoritária no direito português, cujo código contempla, autonomamente, tal qual o brasileiro, a figura do abuso do direito. Assim, a posição de António Menezes Cordeiro, João Baptista Machado e Fernando Augusto Cunha de Sá.

António Menezes Cordeiro, afastando-se da nomenclatura abuso do direito, erige, fundado no art. 334, Código Civil português, que faz subordinar à boa-fé, instituto que denomina *exercício inadmissível de posições jurídicas*, classificando dentro deste instituto série de tipos de comportamentos abusivos, dentre os quais se destaca o *venire contra factum proprium*. No resumo de suas teses,[562] António Menezes Cordeiro,

---
[560] DETTE, *op. cit.*, p. 31.
[561] AZEVEDO, Antônio Junqueira de. Crítica à parte geral do projeto de Código Civil. *In*: ——. *Estudos e pareceres de Direito Privado*. São Paulo: Saraiva, 2004. p. 67.
[562] CORDEIRO, *op. cit.*, p. 1293.

simplificadamente, aponta que o fundamento normativo do *venire* como sendo a boa-fé do art. 334, Código Civil português, ou seja, a boa-fé cuja violação configura um abuso do direito.

João Baptista Machado,[563] embora postule uma proteção pura da confiança, de seu lado não deixa de reconhecer o fundamento dado pela norma referente ao abuso do direito, *verbis*:

> Modernamente, com o desenvolvimento da teoria do "abuso do direito", o princípio em causa começou a ser considerado como uma das manifestações daquele abuso. No que respeita ao quadrante próprio da proibição do *venire contra factum proprium* no âmbito do "abuso do direito" (art. 334, do Código Civil) parece-nos que tal proibição corresponde àquela parte da fórmula legal que considera ilegítimo o exercício de um direito, "quando o seu titular exceda manifestamente os limites impostos pela boa-fé".

No mesmo sentido, Manuel António Carneiro da Frada[564] firma a proteção da confiança, da qual o *venire* reconhece ser um caso, no art. 334, Código Civil português:

> A preocupação de alicerçar, do ponto de vista jurídico-positivo, a tutela da confiança deve debruçar-se sobre a cláusula do abuso do direito. A doutrina portuguesa reconduz-lhe figuras consabidamente comprometidas com a proteção das expectativas, como o *venire* e a "neutralização".

Ainda que, na realidade alemã, a doutrina dominante conduza o *venire contra factum proprium* à boa-fé,[565] Hans Walter Dette[566] prefere afirmar que o conceito superior (*Oberbegriff*), sob o qual é classificada a *autocontradição*, é o abuso de direito. Esse autor é acompanhado, na classificação do *venire* como um aspecto parcelar do abuso do direito, por Arndt Teilchmann.[567]

Busca Hans Walter Dette[568] classificar o *venire contra factum proprium* dentro da teoria do abuso de direito, razão por que analisa as duas formas de aparição desta, quais sejam, o abuso institucional e o individual.[569]

---

[563] BAPTISTA MACHADO, João. Tutela da confiança e "Venire contra Factum Proprium". *In*: ———. *Obra dispersa*. Braga: Scientia Jurídica, 1991. V. I. p. 385.
[564] CARNEIRO DA FRADA, *op. cit.*, p. 839.
[565] Neste sentido, WIELING, Hans Josef. *Recensão a Hans Walter Dette*: Venire contra factum proprium nulli conceditur. Archiv für die civilistische Praxis, Tübingen: Mohr, v. 187, p. 95, 1987.
[566] DETTE, *op. cit.*, p. 27. No original: "Ein Oberbegriff, unter den der Selbswiderspruch eingeordnet wird, ist der Rechsmißbrauch".
[567] TEICHMANN, Arndt. *Venire contra factum proprium – Ein Teilaspekt rechtsmißbräuchlichen Handelns*. Juristische Arbeitsblätter, Heft 10, p. 487-502, 1985.
[568] DETTE, *op. cit.*, p. 29.
[569] Paulo Mota Pinto dá notícia de que esta distinção foi adotada por Josef Esser, inicialmente, na Alemanha. PINTO, Paulo Mota. Sobre a proibição do comportamento contraditório (*venire contra factum proprium*) no Direito Civil. *Revista Trimestral de Direito Civil*, Rio de Janeiro: Padma, v. 16, p. 176, out./dez. 2003.

O abuso de direito institucional se caracteriza pelo uso sem sentido (*sinnwidriger Gebrauch*) ou abuso (*Missbrauch*) de normas, institutos jurídicos ou posições jurídicas,[570] ou seja, utiliza-se de institutos jurídicos para fins abusivos.[571] O abuso do direito institucional diz respeito, em última instância, a uma questão de interpretação teleológica da lei.[572]

Já o abuso de direito individual se dá quando o credor viola os interesses do devedor por razão de sua esfera pessoal, seja pois ele malicioso/astucioso ou com chicana,[573] referindo-se, dessa forma, ao abuso dos direitos subjetivos propriamente ditos.

No entanto, para Hans Walter Dette,[574] as transições de ambas as formas de abuso, a saber, a institucional e a individual, são fluídas (*fliessend*), podendo-se pensar na combinação de ambas.

Na Grécia, país em que o abuso de direito mereceu, em face da influência germânica no seu código, um artigo específico, Antonio Menezes Cordeiro[575] afiança que o art. 281[576] do Código Civil grego, que estabelece cláusula geral do abuso do direito formulado de forma que ultrapassou todas as anteriores, serviu, na interpretação dada a ele pelos tribunais gregos, para dar cobertura à reprovação do *venire contra factum proprium*, à *supressio* e à ininvocabilidade de certas nulidades formais.

No âmbito do direito brasileiro, a doutrina aparenta estar acordando para a possibilidade de vinculação do *venire* ao abuso do direito, ainda que dormite a aplicação pelos Tribunais do *venire* como grupo de casos do abuso do direito, preferindo a jurisprudência, como já referido, a referência superficial à cláusula da boa-fé objetiva.

---

[570] DETTE, *op. cit.*, p. 30, *verbis*: "Unter institutionellen oder auch Normenmissbrauch versteht man den sinnwidrigen Gebrauch (eben Missbrauch) von Normen, Rechtsinstituten oder Rechtsstellungen".

[571] Hans Walter Dette dá exemplos de abuso de direito institucional. Dentre os exemplos, salienta-se a norma de direito de propriedade relativa à transposição do plano divisório, § 910, alínea segunda, que dispõe que o proprietário não pode cortar e reter raízes de uma árvore que tenha entrado no seu, se as raízes e os galhos não prejudicarem a utilização do prédio. A norma, dessa forma, impede que a permissão de corte de galhos seja realizada abusivamente. *Ibid.*, p. 30.

[572] *Ibid.*, p. 30.

[573] *Ibid.*, p. 30.

[574] *Ibid.*, p. 30.

[575] CORDEIRO, Antônio Manuel da Rocha e Menezes. *Da boa fé no Direito Civil*. Coimbra: Almedina, 2007. p. 716.

[576] Dispõe o art. 281, Código Civil grego: "O exercício é proibido quando exceda manifestamente os limites impostos pela boa-fé, pelos bons costumes ou pelo escopo social ou econômico do direito". *Ibid.*, p. 711.

Judith Martins-Costa[577] reconhece, no art. 187 do Código Civil, o fundamento normativo para a proibição do *venire contra factum proprium*, designando, no entanto, escorada na doutrina de António Menezes Cordeiro, o instituto inserto no respectivo artigo como exercício inadmissível de posições jurídicas.

Por sua vez, Tereza Ancona López,[578] em artigo dedicado ao abuso do direito, elenca o *venire contra factum proprium*, como um grupo de casos daquele:

> O fundamento de impor limites ao exercício dos direitos é o art. 187. O exercício do direito será abusivo ou ilegítimo se houver quebra de confiança das legítimas expectativas das partes. Esse abuso de posição jurídica engloba os casos do *venire contra factum proprium*, do *tu quoque*, da *surrectio*, da *supressio*, do inadimplemento substancial e da lesão positiva do contrato.

Aldemiro Rezende Dantas Júnior,[579] cujo trabalho realiza à perfeição a ideia de fungibilidade conceitual sobre a que Paulo Mota Pinto alertava em relação ao *venire*, também enquadra este como caso de abuso, *verbis*:

> É que a figura do *venire contra* factum *proprium*, de fato, enquadra-se na figura mais ampla do abuso do direito, ou seja, este constitui o gênero mais amplo, enquanto o *venire* se apresenta como uma de suas espécies, ou seja, como uma das situações de ocorrência concreta do abuso, o que pode ser facilmente demonstrado.

Anderson Schreiber,[580] exemplando ainda com maior clareza a fungibilidade conceitual do *venire*, enquadra-o como uma espécie de abuso do direito, sem deixar de classificá-lo como um caso de quebra da boa-fé e de proteção da confiança, *verbis*:

---

[577] A autora gaúcha, na sua obra de referência sobre a boa-fé, já estudava a proibição do comportamento contraditório, sob o prisma da limitação que a boa-fé dava ao exercício de direito, função sabidamente assumida pelo art. 187, CC. Ver MARTINS-COSTA, Judith. *A boa-fé no direito privado*. São Paulo: Revista dos Tribunais, 1999. p. 455-472.
Em artigo de doutrina, dedicado exclusivamente ao renascer do *venire contra factum proprium*, escrito já na vigência do novo Código Civil, a autora retornou ao tema, apontando o art. 187, CC, como: "*sedes materiae* do *venire contra factum proprium* no Ordenamento brasileiro". MARTINS-COSTA, Judith. Ilicitude derivada do exercício do contraditório de um direito: o renascer do "venire contra factum proprium". Ajuris, Revista da Associação dos Juízes do Rio Grande do Sul, Porto Alegre, a. XXXII, n. 97, p. 160, mar. 2005.
Este posicionamento foi confirmado em artigo posterior. MARTINS-COSTA, Judith. Os avatares do abuso do direito e o rumo indicado pela boa-fé. In: DELGADO, Mario Luiz; ALVES, Jones Figueirêdo. *Questões controvertidas. Parte geral do Código Civil*. São Paulo: Método, 2007. p. 505-44.
[578] LOPES, Tereza Ancona. Exercício do direito e suas limitações: abuso do direito. In: NERY, Rosa Maria de Andrade; DONNINI, Rogério. *Responsabilidade civil*: estudos em homenagem ao professor Rui Geraldo Camargo Viana. São Paulo: Revista dos Tribunais, 2009. p. 554.
[579] DANTAS JÚNIOR, Aldemiro Rezende. *Teoria dos atos próprios no princípio da boa-fé*. Curitiba: Juruá, 2008. p. 296.
[580] SCHREIBER, Anderson. *A proibição de comportamento contraditório*. Tutela da confiança e venire contra factum proprium. 2 ed. rev. e atual. Rio de Janeiro: Renovar, 2007, p. 119-120.

O *venire contra factum proprium* inclui-se exatamente nesta categoria: um abuso do direito por violação à boa-fé. E não há que se discutir se sua natureza jurídica se enquadra numa ou noutra figura. O comportamento contraditório é abusivo, no sentido de que é um comportamento que, embora aparentemente lícito, se torna ilícito, ou inadmissível. E isto justamente porque seu exercício, examinando em conjunto com um comportamento anterior, afigura-se contrário à confiança despertada em outrem, o que revela, no âmbito normativo, contrariedade à boa-fé objetiva.

Daniel M. Boulos[581] igualmente considera o *venire contra factum proprium* como um grupo de casos típicos do abuso do direito por violação do limite imposto pela boa-fé.

2.3.3. Argumentos abonadores da ordenação

Pode-se resumir em cinco pontos os que favorecem a classificação do *venire* como um grupo de casos do abuso do direito: a um, sua localização nuclear, o que lhe daria um alcance sistemático a todas as searas do direito; a dois, o conteúdo vocacionado à limitação dos exercícios inadmissíveis de direito; a três, a objetividade requerida para sua aplicação, o que se coaduna à requisitada para a aplicação do *venire*; a quatro, a excepcionalidade (*ultima ratio*) da sua aplicação, o que ficaria demarcado pelo advérbio manifestamente; e, por quinto e último, a circunstância de o abuso do direito ser visto, pela doutrina mais atualizada, como um ilícito de proteção da confiança.

Manifestamente, a localização do art. 187, na parte geral do Código Civil, sinaliza sua potencialidade de aplicação transversal, apto, desta forma, a ser empregado a todos os ramos do direito, não somente privado quanto público. Essa característica da norma acomoda, com perfeição, a realidade do *venire*, que tem sido chamado à colação em variegadas situações jurídicas, que contemplam, efetivamente, todas as ramificações jurídicas.

Elena de Carvalho Gomes,[582] que, igualmente, defende a classificação do *venire contra factum proprium* com a norma referente ao abuso do direito, salienta que falam a favor desta aproximação a localização geográfica da norma, parte geral do Código Civil, o que possibilitaria uma aplicação transversal no direito, e seu conteúdo, voltado à limitação dos exercícios inadmissíveis de direito.

Ressalta a autora ainda que o advérbio *manifestamente*, marca do agir abusivo, vide art. 187 do Código Civil, expressaria, ademais, com

---

[581] BOULOS, Daniel M. *Abuso do direito no novo Código Civil*. São Paulo: Método, 2006. p. 182.

[582] GOMES, Elena de Carvalho. *Entre o actus e o factum*: os comportamentos contraditórios no direito privado. Belo Horizonte: Del Rey, 2009. p. 72-73.

correção a natureza excepcional do *venire contra factum proprium*, verbis:

> Outrossim, a associação da regra *nulli conceditur venire contra factum proprium* a esse dispositivo revela-se bastante apropriada, na medida em que realça a natureza excepcional da figura, em vista da presença do vocábulo *manifestamente* no texto do art. 187.[583]

Argumento de especial significado para a alocação do art. 187 do Código Civil como fundamento normativo do *venire contra factum proprium* vem a ser a circunstância de a norma inserta no precitado artigo ser visualizada como um novo ilícito objetivo de proteção da confiança.

A objetividade do ilícito presente nessa norma foi objeto do enunciado 37, na I Jornada de Direito Civil, elaborada pelo Conselho da Justiça Federal, à cura de Ruy Rosado de Aguiar Júnior, que dispôs: "A responsabilidade civil decorrente do abuso do direito independe de culpa e fundamenta-se somente no critério objetivo-finalístico".

Sobre a possibilidade de o art. 187 do Código Civil estar impregnado do espírito de proteção da confiança, marco teórico dominante da proibição do comportamento contraditório, necessária a referência de Bruno Miragem,[584] que capitaneia, no direito brasileiro, esta orientação. No entanto, a abordagem ampla feita pelo autor ao princípio da confiança desborda dos limites que devem demarcar seu interesse, no plano deste trabalho, na medida em que enxerga no princípio da confiança uma norma que teria um significado maior, atingindo as expectativas da sociedade para com o direito e a justiça.[585] Para os limites deste trabalho, importa é a confiança que seja necessária para o desencadeamento das consequências jurídicas, e não a confiança enquanto um *telos* normativo.

Teresa Ancona Lopez[586] confere igualmente ao artigo 187, Código Civil, a qualidade de alojar o princípio da proteção da confiança, posição que tende a se firmar se no cenário jusdoutrinário brasileiro.

---

[583] GOMES, *op. cit.*, p. 79.

[584] MIRAGEM, *op. cit.*, p. 159, *verbis*: "E é nesse sentido que a cláusula de ilicitude do abuso do direito emerge como *cláusula geral de proteção da confiança*".

[585] *Ibid.*, p. 160, *verbis*: "A proteção da confiança no direito, assim, não aparece apenas na proteção da confiança do outro sujeito, individualmente tomado, que participe de uma relação jurídica, e que eventualmente tenha sua expectativa frustrada. Protege-se também a comunidade e o sentido que esta tem de justiça e correção".

[586] Refere a autora que: "Sem dúvida, o abuso do direito como fruto da teoria da confiança tem como finalidade a proteção das pessoas que dele possam ser vítimas. As limitações do exercício do direito quando há abuso nesse exercício têm como foco as pessoas e as relações intersubjetivas. Em suma, a tutela da confiança também se exerce por meio do art. 187, do CC-02". LOPES, Tereza Ancona. Exercício do direito e suas limitações: abuso do direito. *In*: NERY, Rosa Maria

2.3.4. Críticas e consequências do enquadramento

A primeira crítica a ser considerada é a do jurista português Paulo Mota Pinto, que vê, no abuso do direito, uma norma vocacionada à funcionalização dos direitos. Ainda que considere que o abuso do direito seja, no direito português, o instrumento com maiores virtualidades para fundamentar a proibição de um *venire contra factum proprium*,[587] Paulo Mota Pinto[588] prefere a cláusula geral de boa-fé, referindo que o abuso do direito deveria ser explorado como um *nível último e irrecusável de funcionalização dos direitos à realização dos interesses que justificam o reconhecimento*. Dessa forma, a proibição do *venire contra factum proprium* não seria albergada pelo abuso do direito, em vista de que aquela se prende à proteção das expectativas legítimas, o que, a toda vista, não combinaria com a funcionalização dos direitos.

No entanto, sob esse aspecto, Paulo Mota Pinto aparenta não ter razão, visto que a funcionalização a que está vocacionado o abuso do direito aparenta estar limitado *somente* ao vetor da finalidade econômico-social, que, efetivamente, tem o escopo de verificar a adequação do cumprimento do *"para que serve"* do direito e seu exercício regular. Os demais vetores do abuso do direito, quais sejam, os bons costumes e a boa-fé, não se prestam à verificação da utilidade do direito.

A segunda crítica que pode ser levantada contra esse enquadramento dogmático do *venire* diz respeito à perda do *status* normativo do princípio da proteção da confiança.

Com efeito, enquadrado normativamente o *venire* como espécie de abuso do direito, que aparenta, de fato, ofertar todas as necessidades para albergar a proibição do *venire contra factum proprium*, a confiança perde, necessariamente, seu papel de fundamentar a proibição do comportamento contraditório, pois, se fundado normativamente na proibição do abuso, a finalidade do *venire* deve passar a ser justamente a inadmissibilidade do exercício abusivo de posições jurídicas.

Sequer a arguição de que o abuso do direito também demarca um interesse de confiança ou de que o abuso do direito seria uma cláusula de proteção da confiança, não tem o condão de afastar a perda do *status* da confiança na proibição do *venire*. Dessa forma, os defensores da ordenação do *venire* como um grupo de casos do abuso do direito,

---

de Andrade; DONNINI, Rogério. *Responsabilidade civil: estudos em homenagem ao professor Rui Geraldo Camargo Viana*. São Paulo: Revista dos Tribunais, 2009. p. 551-552.

[587] PINTO, Paulo Mota. Sobre a proibição do comportamento contraditório (*venire contra factum proprium*) no Direito Civil. *Revista Trimestral de Direito Civil*, Rio de Janeiro: Padma, v. 16, p. 177-178, out./dez. 2003.

[588] *Ibid.*, p. 181-182.

ainda que possuam razões a abonar a adequação da escolha dogmática, devem arcar com a consequência de perda do *status* fundamental da confiança, que deve ceder este espaço para a própria inadmissão do agir abusivo.

A confiança, dessa forma, deposta do encargo de fundamentar a proibição do comportamento contraditório, deveria ser alçada a mero pressuposto de aplicação da figura jurídica, a qual se subordinaria ao abuso do direito.

É de se concordar, parcialmente, com a adequação da conclusão que diz que a norma inserta no art. 187 do Código Civil, prescreve um ilícito objetivo de proteção da confiança no Direito brasileiro. Isso, pois a confiança que importa para o abuso do direito na configuração dada pelo Direito brasileiro positivo é aquela que existe em relação ao sistema jurídico, não aquela que possa haver entre as partes. O Direito protege as pessoas contra o exercício imoderado de direitos, tenham ou não tenham as partes expectativas de que aquele exercício não se daria de forma abusiva. Assim, ao se declarar ilegítimo um agir abusivo, desimporta a confiança de uma parte na outra, reconhecendo-se uma confiança, assegurada normativamente, no exercício comedido de direitos.

Assim, o art. 187 do Código Civil não aparenta ser vocacionado, fundamentalmente, para a proteção dessa *confiança*, nascida de uma pessoa e dirigida à outra. Sua verdadeira essência lhe aproxima a uma cláusula geral de razoabilidade no direito privado. Essa norma reconhece que há uma medida em todas as coisas: no próprio exercício de direito há uma medida, no próprio exercício de qualquer posição jurídica, no próprio exercício das defesas jurídicas. E essa medida é a razoabilidade, o bom senso, o justo meio aristotélico. Cada direito subjetivo, cada posição jurídica, deve ser exercido de forma razoável. O abuso do direito, nessa senda, não seria nada além do que uma prescrição de razoabilidade, uma prescrição de medida, uma prescrição de proporção nos contatos sociais e negociais.

Nesse sentido, pode ser lida a lição do jurista português João Baptista Machado,[589] que identificou o limite ao exercício de posições jurídicas na cláusula do razoável, necessária ao convívio social. O jurista português asserta:

> Aí o indivíduo postulado pelo direito é um "homem normativo'": um homem racional, razoavelmente diligente, avisado e capaz no que respeita à prevenção de danos, e um homem de bem, leal e correcto na interação pessoal. Mesmo quando este indiví-

---

[589] BAPTISTA MACHADO, João. A cláusula do razoável. In: ——. *Obra dispersa*. Braga: Scientia Jurídica, 1991. V. I. p. 464.

duo exerce poderes conferidos pelo direito, e ainda que estes poderes se configurem como direitos subjectivos ou como poderes discricionários, ele é obrigado a manter-se dentro dos limites do razoável ("within reason"). Pois em direito não existem poderes de exercício arbitrário.

Por último, mesmo se apontado o art. 187 do Código Civil como fundamento normativo do *venire contra factum proprium*, especialmente no vetor boa-fé, que melhores qualidades possui para assumir o papel de alicerçá-lo, deve-se ter presente que esta norma, mesmo que esteja impregnada do espírito de proteção da confiança, não confina em si a totalidade da confiança, a qual se espraia e impregna o sistema jurídico como um todo.

2.4. O pensamento de proibição do comportamento contraditório e sua vinculação ao princípio da confiança

A derradeira investida de enquadramento dogmático da proibição do *venire* cinge-se ao pensamento de confiança, o qual, para se justificar, necessita de autonomia dogmática. Dentro dessa esfera, possível a fecundação e o envolvimento do *venire*. Para que isso aconteça será necessário delimitar um campo de aplicação próprio à proteção da confiança, bem como clarear-lhe o sentido.

2.4.1. A destrinça necessária entre boa-fé e confiança

Parte da doutrina, de forma não infrequente, alça a boa-fé à fonte da confiança,[590] ou considera boa-fé e confiança mera substituição de sinônimos,[591] sem qualquer modificação ontológica, encontrando conforto à proibição do *venire* numa referência superficial à boa-fé e à confiança, como se fossem funcionalmente equivalentes ou complementares. Com isso, o enquadramento da boa-fé como fundamento da proibição do comportamento contraditório vem, no mais das vezes, fortalecido com esta afirmação de que, na verdade, o verdadeiro fun-

---

[590] Por todos, leia-se Antonio Menezes Cordeiro, que entende que o princípio da confiança integraría parte do conteúdo substancia da boa-fé. CORDEIRO, Antônio Manuel da Rocha e Menezes. *Da boa fé no Direito Civil*. Coimbra: Almedina, 2007. p. 1234-1251.

[591] Luis Díez-Picazo, por exemplo, afirma que: "La exigencia jurídica del comportamiento coherente está de esta manera estrechamente vinculada a la buena fe y a la protección de la confianza." DÍEZ-PICAZO PONCE DE LEON, Luis. *La doctrina de los propios actos. Un estudio crítico sobre la jurisprudencia del Tribunal Supremo*. Barcelona: Bosch, 1963. p. 142. No mesmo sentido, BORBA, Alejandro. *La teoría de los actos propios*. 4. ed. Buenos Aires: Abeledo-Perrot, 2005. p. 68.

damento do *venire* seria a proteção da confiança, e esta seria derivada da boa-fé, ou *surgiria como uma mediação entre a boa-fé e o caso concreto*.

Fala a favor dessa identificação a etimologia de seus termos, visto que boa-fé e confiança radicam, ambas, da *fides* latina, que designa:

> I – Sent. Próprio: 1) Fé, crença (sentido religioso) (Isid. Or. 8, 2, 4). II – Daí, na língua jurídica: 2) Palavra dada, juramento, promessa solene (Cic. Of. 1, 39). III – Sent. diversos: 3) Boa fé, lealdade, fidelidade à palavra dada, sinceridade, consciência, retidão, honra, honestidade (Cic. Cat. 2, 25); (Cic. Verr. 5, 177). 4) Garantia, confiança, salvo-conduto (Cic. Cat. 3, 8). 5) Proteção, auxílio, patrocínio, socorro (Cíc. Fam. 13, 65, 2). 6) Crédito, confiança, segurança (Cíc. Div. 2, 113); (Sal. B. Jug. 73, 6); (Cíc. Br. 142). 7. Responsabilidade, autoridade (Cíc. Arch. 9). IV – Sent. poético: 8) Cumprimento, execução, efeito, realidade (Ov. Met. 8, 711).[592]

Vislumbra-se que o radical latino *fid*, enquanto *fides*, cunha tanto a fé, a boa-fé, a confiança, quanto, como *fido*, o se fiar, o confiar, o ter confiança em. No entanto, à parte dessa indesmentível identificação etimológica, a subordinação da confiança à boa-fé não se apresenta, dogmática e funcionalmente, correta.

Isso, pois, partindo da premissa de que deva existir *uma relação originária* entre confiança e boa-fé, aquela, por sua generalidade e ubiquidade, aparenta ter uma prioridade sobre esta. Com efeito, essa vem a ser a posição de Judith Martins-Costa,[593] que, apresentando a distinção entre boa-fé subjetiva e objetiva, assevera que ambas as expressões encontrariam unidade no *princípio geral da confiança* que dominaria todo o ordenamento. Da mesma forma, Véra Jacob de Fradera,[594] dando testemunho do direito alemão, afirmou que o *princípio da confiança* seria anterior ao da boa-fé objetiva.

Funcionalmente, no entanto, vislumbra-se um discrime entre boa-fé e confiança, que dissuade a identificação entre as figuras. Para se visualizar essa diferença, necessário se socorrer da doutrina de João Baptista Machado, que aponta a existência de duas funções primárias do direito: ordenar condutas e assegurar expectativas. Afirma o autor:

---

[592] FARIA, Ernesto (Org.). *Dicionário escolar latino-português*. 3. ed. Rio de Janeiro: Ministério da Educação e Cultura/Campanha Nacional de Material de Ensino, 1962.

[593] MARTINS-COSTA, Judith. Princípio da confiança legítima e princípio da boa-fé objetiva. Termo de compromisso de cessação (TCC) ajustado com o Cade. Critérios da interpretação contratual: os "sistemas de referência extracontratuais" ("circunstância do caso") e sua função no quadro semântico da conduta devida. Princípio da unidade ou coerência hermenêutica e "usos do tráfego". Adimplemento contratual. (Parecer). *Revista dos Tribunais*, São Paulo, Revista dos Tribunais, a. 95, v. 852, p. 94, out. 2006.

[594] FRADERA, Véra Maria Jacob de. A vedação de *venire contra factum proprium* e sua relação com os princípios da confiança e da coerência. Direito e Democracia, *Revista do Centro de Ciências Jurídicas* – Ulbra, Canoas, v. 9, n. 1, p. 131, jan./jun. 2008.

Assegurar expectativas e direccionar condutas são indubitavelmente funções primárias do direito. Por um lado, assegurar expectativas. Assegurar desde logo a confiança nas condutas comunicativas das «pessoas responsáveis», fundada na própria credibilidade que estas condutas reivindicam. Entre essas «pessoas responsáveis» (ou «pessoas de bem», ou «pessoas de juízo») se deve contar o próprio Estado-Legislador, que «responde» pelas expectativas criadas pelas próprias leis que edita. Por outro lado, cabe também ao direito dirigir e coordenar dinamicamente a interação social e criar instrumentos aptos a dirigir e coordenar essa interação, por forma a alterar as probabilidades de certas condutas no futuro.[595]

Dentro dessa perspectiva, a boa-fé desempenharia uma função de ordenança comportamental, dirigindo as condutas humanas sociais dentro de um parâmetro ético mínimo, enquanto a confiança desempenharia uma função de asseguração de expectativas, garantindo, residualmente, a proteção das representações legítimas e fundadas das pessoas, no tráfego jurídico. Nesse sentido, traz-se lição de Judith Martins-Costa:[596]

> Distiguem-se, pois, os princípios da boa-fé e da confiança: aquela, a boa-fé, liga-se, primariamente, ao dever geral de cooperação, impondo para tal fim, pautas de correção, lealdade, probidade e consideração aos interesses legítimos do parceiro (*civiliter agere*); esta, a confiança, prende-se, primariamente, à *geração de expectativas legítimas* cuja manutenção pode constituir um dever jurídico (dever de manter a confiança suscitada) e cuja frustação pode ocasionar responsabilidade por danos (responsabilidade pela confiança).

Ainda, fazer derivar a confiança da boa-fé também não seria a melhor solução dogmática, pois cuidam boa-fé e confiança de apartados espaços dogmáticos, visto que a *confiança* desenvolveu-se a partir do embate entre a teoria da vontade ou da declaração, numa discussão que buscava determinar critérios para se verificar o conteúdo das declarações negociais, e a boa-fé evoluiu a partir da visualização do vínculo obrigacional como um campo cooperativo, tendo, desta feita, inaugurado o nascimento de deveres de comportamento, os quais se incorporam à relação obrigacional, enriquecendo-a e possibilitando o adimplemento, que, sabidamente, *atrai e polariza a obrigação*.[597]

O surgimento da teoria da confiança, enquanto critério de interpretação das declarações e manifestações de vontade, está intimamente ligado à decadência do voluntarismo jurídico, termo que qualifica o tempo histórico em que a vontade constituía o centro nervoso do sistema jusprivado.

---

[595] BAPTISTA MACHADO, João. Tutela da confiança e "Venire contra Factum Proprium". *In*: ——. *Obra dispersa*. Braga: Scientia Jurídica, 1991. V. I. p. 346-347.
[596] MARTINS-COSTA, *op. cit.*, p. 98.
[597] COUTO E SILVA, Clóvis Veríssimo. *A obrigação como processo*. Rio de Janeiro: FGV, 2007. p. 17.

Duas foram as teorias voluntaristas que, no século XIX, tentaram explicar a relevância da vontade nos negócios jurídicos: a *Willenstheorie* e a *Erklärungstheorie*, ou seja, a teoria da vontade e a teoria da declaração.

Das teorias voluntaristas, a *Willenstheorie* é a teoria subjetiva por excelência, em que a vontade interna do agente assume a máxima relevância, tendo tido teóricos como Savigny e Windscheid,[598] além de Puchta, Zitelmann e Thibaut.[599]

A teoria está baseada na premissa de que os negócios jurídicos são constituídos de dois elementos que devem andar harmoniosos, quais sejam, a vontade interna e a declaração da vontade. A declaração da vontade seria apenas um processo de revelação da vontade interna, a qual *não seria apenas o suporte da declaração, mas a força criadora dos efeitos do negócio jurídico.*[600]

Havendo discrepância entre o querido e o declarado, há preferência pelo que foi desejado, ou seja, pela vontade interna do agente. Windscheid[601] asseverou que: "Quem afirma uma cisão entre a vontade e a declaração deve prová-lo: uma vez acertada tal cisão, a declaração não produz o efeito jurídico indicado como querido. Esse o princípio". Por outro lado, havendo algum vício de vontade, o negócio jurídico, por força da aplicação da teoria, seria considerado nulo e, caso a vontade interna não existisse, o negócio seria considerado juridicamente inexistente. Sobre o tema, Clóvis do Couto e Silva[602] pontua: "Na concepção clássica, a essência do negócio jurídico estaria na vontade de tal sorte que os seus vícios deveriam acarretar a nulidade e não a simples anulabilidade do negócio jurídico".

A vontade, dessa forma, era considerada um elemento essencial do negócio jurídico, tendo em vista que qualquer mácula no consentimento seria suficiente para se reconhecer a nulidade do negócio jurídico.

---

[598] GOMES, Orlando. *Transformações gerais no Direito das obrigações*. São Paulo: Revista dos Tribunais, 1980. p. 10.
[599] AZEVEDO, Antônio Junqueira de. *Negócio jurídico*. Existência, validade e eficácia. São Paulo: Saraiva, 2002. p. 79.
[600] GOMES, Orlando. *Transformações gerais no Direito das obrigações*. São Paulo: Revista dos Tribunais, 1980. p. 10.
[601] WINDSCHEID, Bernardo. *Diritto delle pandette*. Traduzido por Carlo Fadda e Paolo Emilio Bensa. Torino: UTET, 1902, p. 297. Apud AZEVEDO, Antônio Junqueira de. *Negócio jurídico*. Existência, validade e eficácia. São Paulo: Saraiva, 2002. p. 78-9.
[602] COUTO E SILVA, Clóvis Veríssimo do. Para uma história dos conceitos no Direito Civil e no Direito Processual Civil (a atualidade do pensamento de Otto Karlowa e de Oskar Bülow). *Revista de Processo*, São Paulo, v. 10, n. 37, p. 240, jan. 1985.

Já para a teoria da declaração, a validade jurídica do negócio jurídico não se encontrava na expressão da vontade, mas nas circunstâncias que fixavam essa vontade,[603] no seu conteúdo declarado, podendo-se dizer, com Alfred Rieg,[604] que, para os partidários da *Erklärungstheorie, a letra prima sobre a intenção.*

A ideação da *Erklärungstheorie* é atribuída a Friedrich Liebe: no entanto, a sua melhor formulação foi a realizada por Oskar von Bülow.[605] Embora seja ainda uma teoria voluntarista, possui uma feição mais objetiva[606] e foi a primeira fenda no princípio da autonomia da vontade, pois negava à vontade o poder de criar direitos e obrigações,[607] *Leitmotiv* da *Willenstheorie.*

A objetivação proposta pela teoria era tanta, que, para Oskar von Büllow, a vontade não se constituiria em um elemento do negócio jurídico, mas seria simplesmente uma causa.[608]

A lógica que permeia a nova perspectiva, que é dar importância à declaração em relação à vontade interna, está em dar maior tutela à situação do destinatário e do terceiro. Sobre a mudança no foco da análise, e também por causa da análise das causas dessa mudança, cumpre-se citar Clóvis do Couto e Silva:[609]

> A doutrina prevalente via na vontade o elemento predominante, superior à sua declaração ou manifestação: a declaração era assim, o modo como se realizava a vontade, como se tornava reconhecível socialmente. À medida, entretanto, em que havia necessidade de proteger o destinatário da manifestação de vontade, em razão especialmente, dos interesses sociais resultantes da industrialização incipiente, a teoria da vontade perdia terreno em face da declaração.

A relevância dada à declaração sobre a vontade interna reconhece que a que deve ter mais peso juridicamente é a vontade que foi tornada socialmente conhecida através de uma manifestação para o

---

[603] GOMES, *op. cit.*, p. 10.

[604] RIEG, Alfred. *Le role de la volonté dans l'acte juridique em droit civil français et allemand*. Paris: LGDJ, 1961, p. 10. *Apud* AZEVEDO, *op. cit.*, p. 80.

[605] GOMES, *op. cit.*, p. 10.

[606] FERREIRA DA SILVA, Luis Renato. *Revisão dos contratos*: do Código Civil ao Código do Consumidor. Rio de Janeiro: Forense, 2001. p. 16: "Em oposição, buscavam outros, partidários da Erklärungstheorie, uma feição mais objetiva. Afirmavam estes que a vontade interna nada significaria sem a exteriorização, o que faria desta, não mero acidente, mas verdadeira essência do negócio. Logo, sobrepairando à vontade estava a declaração, pois ela era o elo decisivo entre a vontade e as obrigações novas".

[607] GOMES, Orlando. *Transformações gerais no Direito das obrigações*. São Paulo: Revista dos Tribunais, 1980. p. 10.

[608] COUTO E SILVA, Clóvis Veríssimo do. Para uma história dos conceitos no Direito Civil e no Direito Processual Civil (a atualidade do pensamento de Otto Karlowa e de Oskar Bulow). *Revista de Processo*, São Paulo, v. 10, n. 37, p. 241, jan. 1985.

[609] *Ibid.*, p. 242.

exterior, trazendo à tona a necessidade de se tutelar a confiança despertada no destinatário.[610]

A derrocada da teoria da vontade do seu trono axiológico veio determinada por transformações econômicas, jurídicas e sociais, que infligiram uma alteração dos conceitos estruturantes do negócio jurídico.[611] Com efeito, as mudanças sociais, decorrentes da industrialização nascente, traziam essa necessidade, tendo em vista que, com as novas técnicas de produção em massa, com decaimento da manufatura, com a especialização que daí decorria, principiara a ocorrer uma disparidade informacional entre as partes do negócio jurídico, levando o jurista a valorar a posição do destinatário das declarações de vontade.

Ato seguinte, a teoria da confiança sucedeu a teoria da declaração, seguindo, em parte, suas pistas.[612] Da mesma forma que a *Erklärungstheorie*, a teoria da confiança prevê um primado da letra sobre a intenção, uma valorização da vontade declarada sobre a vontade interna, mas com uma consideração às legítimas expectativas criadas pela declaração e não com uma estima cega da declaração em si.

Orlando Gomes,[613] sobre a teoria da confiança, ensina:

> Havendo divergência entre a vontade interna e a declaração, os contraentes de boa-fé, a respeito dos quais a vontade foi imperfeitamente manifestada, têm direito a considerar firme a declaração que se podia admitir como vontade efetiva da outra parte, ainda quando esta houvesse errado de boa-fé ao declarar a própria vontade. Enquanto, pois,

---

[610] Curiosamente, Hugo Grócio (1583-1645), fundador do moderno jusnaturalismo, intuiu a solução, muito posteriormente, preconizada pela teoria da confiança. Nessa linha, merecem destaques as palavras de Franz Wieacker: "Na seqüência dos estóicos e da teologia moral, Grócio liga a eficácia jurídica da declaração à vontade das pessoas moralmente auto-responsáveis. No entanto, os efeitos de direito não podem tão-pouco decorrer de um mero animi motus quando este se não manifeste através de sinais externos: pois não estaria de acordo com a natureza humana medir os efeitos sociais a partir de actos de vontade internos, os quais, pelo contrário, apenas provêm de decisões exteriorizadas (ainda que da palavra e dos escritos não resulte uma certeza absoluta, mas apenas uma probabilidade quanto ao conteúdo da vontade). Assim é tratado como verdadeiro aquilo que foi exteriorizado através de palavras, mesmo contra a vontade do declarante. É deste modo que a teoria da declaração de Grócio consegue unificar o princípio da vontade e o princípio da confiança". WIEACKER, Franz. *História do Direito Privado moderno*. 3. ed. Lisboa: Fundação Calouste Gulbenkian, 2004. p. 331.

[611] Neste sentido, ler GOMES, Orlando. *Transformações gerais no Direito das obrigações*. São Paulo: Revista dos Tribunais, 1980, p. 9-26, *passim*.

[612] Nesse sentido, MARQUES, Cláudia Lima. Vinculação própria através da publicidade? A nova visão do código de defesa do consumidor. *Revista de Direito do Consumidor*, São Paulo: Revista dos Tribunais, v. 10, p. 19, 1994: "[...] a chamada teoria da confiança. Segundo esta nova espécie de teoria da declaração, havendo divergência (provada) entre a vontade interna e a vontade declarada, prevalece em princípio a vontade declarada, se (e na medida) em que despertou confiança". Também GOMES, *op. cit.*, p. 14: "Constitui a teoria da confiança abrandamento da Erklärungstheorie, que concede prelazia da declaração sobre a vontade sob o fundamento de que o direito deve visar antes à certeza do que à verdade".

[613] GOMES, *op. cit.*, p. 14.

tem um dos contratantes razão para acreditar que a declaração corresponde à vontade do outro, há de se considerá-la perfeita, por ter suscitado a legítima confiança em sua veracidade. Protege-se, desse modo, oferecendo-se maior segurança ao comércio jurídico, ao destinatário da relação jurídica, mas sob outros fundamentos que não os da *Erklärungstheorie*.

Avista-se, assim, que a teoria da confiança volta-se, dessa forma, não para com o compromisso dogmático de fomentar deveres secundários, de comportamento, que incrementem o *iter* relacional ao adimplemento, tais quais os natos da boa-fé objetiva, antes nasce vocacionada para influir sobre os deveres principais da relação jurídica, criando-os ou obstando-os através de uma necessária apreciação das circunstâncias objetivas da relação jurídica, dentro da perspectiva das legítimas representações criadas na outra parte.

Com efeito, esse dever de corresponder às expectativas que se cria não decorre da boa-fé, pois não se desenvolve dentro do espaço dogmático da relação jurídica cooperativa: antes resulta do princípio da autorresponsabilidade, do fato de a pessoa ser responsável no tráfego jurídico[614] pelas suas ações e pelas expectativas que cria através de seu comportamento.

Nesse sentido, cabe referir o pensamento de Horst Eidenmüller,[615] que, em estudo sobre os mecanismos da confiança e a responsabilidade pela confiança, assinalou: "Tanto no despertar, quanto na concessão da confiança manifesta-se o princípio da autorresponsabilidade".

2.4.2. *A confiança como princípio jurídico*

Uma arraigada tradição positivista, que faz remeter o aplicador, necessariamente, à lei, inflige que se tente encontrar uma morada legal ao *venire contra factum proprium*, empreitada intentada, primeiro, na teoria do negócio jurídico, depois na boa-fé e, por último, no abuso do direito, conforme pontos que antecederam.

Fica-se, no entanto, com a impressão de que, ao mesmo tempo em que nenhuma tentativa de enquadramento dogmático, de fato, ob-

---

[614] Assim, refere-se posição de Manoel António Carneiro da Frada, que refere, na linha de Claus Wilhelm-Canaris, que a responsabilidade pela confiança é fundamentalmente uma responsabilidade no *âmbito do tráfico negocial*. CARNEIRO DA FRADA, Manuel. Teoria da confiança e responsabilidade civil. Coimbra: Almedina, 2004. p. 756.

[615] EIDENMÜLLER, Horst. Vertrauensmechanismus und Vertrauenshaftung. *In*: NEUMANN, Ulfried; SCHULZ, Lorenz (hrsg.). *Verantwortung in Recht und Moral*: Referate der Tagung der Deutschen Sektion der Internationalen Vereinigung fur Rechts – und Sozialphilosophie vom 2. bis zum 3. Oktober 1998 in Frankfurt am Main/Stuttgart: Steiner, 2000. p. 117. No original: "Sowohl, in der Erweckung als auch in der Gewährung von Vertrauen manifestiert sich also das Prinzip der Selbst- bzw. Eigenverantwortung".

teve sucesso, nenhuma igualmente fracassou. Essa impressão prende-se ao fato de que o princípio que realmente *determina* o fundamento da proibição do comportamento contraditório está presente, igualmente, nos institutos do negócio jurídico, da boa-fé, e do abuso do direito.

Dessa forma, o discurso relativo ao *venire* aparenta se adaptar ao quadro dogmático que lhe for atribuído, o que, no entanto, deve ser atribuído ao caráter primevo e difuso do princípio a que ele, de fato, submete-se: fala-se, efetivamente, do princípio da confiança, valor ético-normativo que funda a vedação do comportamento contraditório.

A crítica que se lhe faz, de sua ubiquidade, é, ao mesmo tempo, característica e virtude, visto que não pode haver vida comum, vida comunitária, sem confiança. Evoque-se aqui a impressiva imagem elaborada por Niklas Luhmann:[616] "Sem alguma confiança, ninguém poderia deixar de manhã a sua cama. Um medo indeterminado, um espanto horroroso, ataca-lo-íam" (tradução do autor).

Assim, seja se ordene o *venire contra factum proprium*, como um grupo de casos da própria teoria negocial, da boa-fé objetiva, ou do abuso do direito, é essencial que se sublinhe que estas classificações não terão o condão de fundamentar a figura, a qual está apoiada, irremediavelmente, no princípio da proteção da confiança.[617]

Véra Jacob de Fradera,[618] em artigo dedicado à vedação do *venire contra factum proprium*, refere que o princípio da confiança foi colocado, pela doutrina alemã, desde os primórdios da elaboração do BGB, como um dos pilares do direito privado, ao lado da autonomia privada, a qual detém posição de primazia.

Dessa forma, o princípio da confiança, no Direito alemão, não se subordina a qualquer outro, possuindo, assim, autonomia funcional e normativa. Como Claus-Wilhelm Canaris[619] afirma:

---

[616] No original, lê-se: "Ohne jegliches Vertrauen aber könnte er morgens sein Bett nicht verlassen. Unbestimmte Angst, lähmendes Entsetzen befielen ihn". LUHMANN, Niklas. *Vertrauen*. 4. Auflage. Stuttgart: Lucius & Lucius Stuttgart, 2009. p. 1.

[617] Em sentido similar, Hans Walter Dette afirma que o autor esclarece que o venire, na sua opinião, é, de fato, classificado como um caso de abuso de direito individual, mas que este não é sua fundamentação, a qual deve ser encontrada na proteção da confiança. DETTE, Hans Walter. *Venire contra factum proprium nulli conceditur*. Zur Konkretisierung eines Rechtssprichworts. Berlin: Duncker & Humblot, 1985. p. 50.

[618] FRADERA, Véra Maria Jacob de. A vedação de *venire contra factum proprium* e sua relação com os princípios da confiança e da coerência. Direito e Democracia, *Revista do Centro de Ciências Jurídicas* – Ulbra, Canoas, v. 9, n. 1, p. 131, jan./jun. 2008.

[619] CANARIS, Claus-Wilhelm. *Die Vertrauenshaftung im deutschen Privatrecht*. München: Beck, 1971. p. 3. No original: "Der Vertrauensgedanke gehört zweifellos zu den fundamentalsten Prinzipien einer jeden Rechtsordnung, ja, man mag ihn zu den 'obersten Rechtsgrundsätzen' zählen und ihn als Bestandteil der – material verstandenen – Rechtsidee selbst ansehen". No mesmo sentido, DETTE, *op. cit.*, p. 45. No original: "Der Vertrauensschutzgedanke gehört zu den

O pensamento da confiança pertence, sem dúvida, aos princípios fundamentais de uma ordem jurídica, podendo-se enumerá-la dentre os princípios jurídicos mais elevados, e considerá-la mesmo como integrante da própria ideia de Justiça (*Rechtsidee*), compreendida esta materialmente (tradução do autor).

João Baptista Machado[620] verifica as bases do princípio da confiança nas relações comunicativas de interação humana que são dirigidas pela função ética original da palavra, que não pode ser instrumentalizada, tanto quanto a pessoa humana não poderia igualmente ser. Assim, afirma o jurista:[621]

> Do exposto podemos também concluir que o princípio da confiança é um princípio ético-jurídico fundamentalíssimo e que a ordem jurídica não pode deixar de tutelar a confiança legítima baseada na conduta de outrem. Assim tem de ser, pois, como vimos, *poder confiar* é uma condição básica de toda a convivência pacífica e da cooperação entre os homens. Mais ainda: esse *poder confiar* é logo condição básica da própria possibilidade da comunicação dirigida ao entendimento, ao consenso e à cooperação (logo, da paz jurídica).

Essa qualidade de fundamento que possui a confiança não pode ocultar o fato, ressaltado por Claus-Wilhelm Canaris,[622] de que o simples recurso ou chamamento do mandamento da proteção da confiança possuiria, normalmente, um limitado poder de convencimento. Para o jurista alemão,[623] a razão das inquestionáveis fraquezas do pensamento da confiança decorreria da sua desordenada variedade (polimorfismo), que é característica tanto para seu campo de aplicação quanto para seus efeitos legais. Observação semelhante é feita por Hans Walter Dette,[624] o qual refere que o pensamento de confiança é multiforme também no que concerne ao campo de aplicação quanto nos seus efeitos jurídicos, e que isto operaria um enfraquecimento de seu poder de convencimento, enquanto ele permanecer puramente tópico e não for concretizado.

Por essa razão, Claus-Wilhelm Canaris considera necessária uma discrição/reserva na derivação dedutiva do princípio da confiança, dependendo a concretização do princípio de uma valoração do direito positivo, e não de considerações aprioristícas.[625]

---

fundamentalen Prinzipien unserer Rechtsordnung und kann zu den obersten Rechtsgrundsätzen gezählt werden, da er in zahlreichen Vorschriften zum Ausdruck kommt".

[620] BAPTISTA MACHADO, João. Tutela da confiança e "Venire contra Factum Proprium". In: ———. *Obra dispersa*. Braga: Scientia Jurídica, 1991. V. I. p. 349-50.

[621] *Ibid.*, p. 352.

[622] Nesse sentido, CANARIS, Claus-Wilhelm. *Die Vertrauenshaftung im deutschen Privatrecht*. München: Beck, 1971. p. 3.

[623] *Ibid.*, p. 4.

[624] DETTE, *op. cit.*, p. 47.

[625] CANARIS, *op. cit.*, p. 4.

Hans Walter Dette formula o princípio da proteção da confiança como: "Quem provoca/causa uma confiança com respeito a uma determinada situação jurídica ou ao exercício de um direito, deve se deixar prender/agarrar ao suporte fático de confiança produzido"[626] (tradução do autor).

Expressando a ideia similar, Antônio Menezes Cordeiro[627] afirma:

> A confiança exprime a situação em que uma pessoa adere, em termos de actividade ou de crença, a certas representações passadas, presentes ou futuras, que tenha por efectivas. O princípio da confiança explicitaria o reconhecimento dessa situação e a sua tutela.

Reinhard Singer[628] esclarece que deverá ser levado em consideração para a construção do suporte fático de confiança qualquer comportamento de uma pessoa: esclarecimentos, pré, durante ou pós o fechamento do contrato, informações, conselhos ou afirmações jurídicas, a tolerância para com contravenções, a apresentação de contas, também a simples inação, quando se espera uma posição clara ou exercício jurídico.

Há uma tímida tendência no direito brasileiro dirigida ao estabelecimento de uma autonomia ao princípio da confiança,[629] que, no mais das vezes, é atrelado à boa-fé, ou mesmo ao abuso do direito. No entanto, alçada a confiança ao *status* normativo de princípio autônomo, tem-se um enriquecimento da dogmática jurídica, a qual estará mais apta a fundamentar soluções justas, sem malabarismos conceituais e sem o desnaturamento de figuras já consagradas na doutrina e jurisprudência nacionais.

A norma *mater* da interpretação das declarações de vontade no direito privado, qual seja, a disposta no art. 112, Código Civil, abre

---

[626] DETTE, *op. cit.*, p. 45-46. No original, lê-se: "So könnte man formulieren, wer veranlasse, dass bei einem anderen in Bezug auf eine bestimmte rechtliche Situation oder das Geltendmachen von Rechten ein Vertrauen entstehe, müsse sich an dem geschaffenen Vertrauenstatbestand festhalten lassen".

[627] CORDEIRO, Antônio Manuel da Rocha e Menezes. *Da boa fé no Direito Civil*. Coimbra: Almedina, 2007. p. 1234.

[628] SINGER, Reinhard. *Das Verbot widersprüchlichen Verhaltens*. München: Beck, 1993. p. 6.

[629] Leia-se, para tanto, entre outros, os trabalhos de MARQUES, Cláudia Lima. *Contratos no Código de Defesa do Consumidor*. 4. ed. São Paulo: Revista dos Tribunais, 2002; *Id*. Confiança no comércio eletrônico e a proteção do consumidor. (Um estudo dos negócios jurídicos de consumo no comércio eletrônico). São Paulo: Revista dos Tribunais, 2004; BRANCO, Gerson Luiz Carlos. A proteção das expectativas legítimas derivadas das situações de confiança: elementos formadores do princípio da confiança e seus efeitos. *Revista de Direito Privado*, São Paulo: Revista dos Tribunais, v. 12, p. 169-225, out./dez. 2002; WALD, Arnaldo. Princípio da confiança. *In*: TORRES, Ricardo Lobo; KATAOKA, Eduardo Takemi; GALDINO, Flavio (Orgs.). TORRES, Silvia Faber (Superv.). *Dicionário dos princípios jurídicos*. Rio de Janeiro: Elsevier, 2011. p. 173-187.

uma possibilidade interpretativa para se sustentar a adoção da teoria da confiança. Com efeito, ao determinar que se atenderá, nas declarações de vontade, mais à intenção nelas consubstanciada do que no sentido literal da linguagem, a norma revela uma opção pelo equilíbrio entre a vontade interna e a declaração, o qual somente por meio da consideração das representações do *alter* pode ser alcançado.

Nesse sentido, interpreta Judith Martins-Costa:[630]

> Não será demasia observar que o art. 112 do Código Civil alude à intenção *consubstanciada na declaração*, assim se afastando da teoria voluntarista subjacente ao art. 85 do Código de 1916 e conferindo o devido valor ao aspecto social da declaração. O que se "consubstancia" na declaração, ato ou atividade projetados exteriormente ao sujeito, é o que chega ao *alter*, gerando sua expectativa em certa conduta.

Apoia a vedação do defraudamento da confiança suscitada à norma inserta no art. 438, Código Civil, que, tratando da estipulação em favor de terceiro, dispõe que o estipulante pode se reservar o direito de substituir o terceiro designado no contrato, independentemente da sua anuência e da do outro contratante, sendo necessária forma expressa no contrato, autorizando o estipulante a substituir o terceiro designado no contrato, sob pena de esta substituição ser irrealizável. Pode-se ler essa previsão tendo a finalidade de proteger a expectativa legítima do terceiro, beneficiado pela estipulação contratual, vedando o defraudamento de confiança por parte do estipulante.

Ademais, o princípio da proteção da confiança encontra-se impregnado numa série de normas nas quais se reconhecem situações em que as representações de uma pessoa sobre algo, ou seja, suas expectativas, são mais importantes do que a própria realidade. Advoga-se, portanto, que se pode inferir a existência de proteção da confiança a partir da verificação da prioridade da aparência em detrimento da realidade.[631]

No Direito privado brasileiro, recolhe-se série de preceitos que, em face de uma divergência entre o que é e o que parece ser, determinam a prevalência da representação sobre a realidade. A falta de correspondência à realidade de declarações que não a ela correspondam traduz a essência do pensamento da proteção da aparência.[632]

---

[630] MARTINS-COSTA, Judith. Ilicitude derivada do exercício do contraditório de um direito: o renascer do "venire contra factum proprium". *Ajuris, Revista da Associação dos Juízes do Rio Grande do Sul*, Porto Alegre, a. XXXII, n. 97, p. 168, mar. 2005.

[631] Inexiste novidade nesta posição, a qual já foi defendida por Claus-Wilhelm Canaris, o qual sustentou seu sistema de confiança na responsabilidade pela aparência (*die Rechtsscheinhaftung*). Neste sentido, ver o capítulo primeiro de CANARIS, Claus-Wilhelm. *Die Vertrauenshaftung im deutschen Privatrecht*. München: Beck, 1971. p. 9-265.

[632] Arnaldo Rizzardo apresenta o problema da aparência no Direito desta forma: "Uma pessoa é tida, não raras vezes, como titular de um direito, quando não o é, na verdade. Aparece portadora de um valor ou um bem, agindo como se fosse proprietária, por sua própria conta e sob sua

No âmbito do Direito das obrigações, uma evidente aplicação do princípio da confiança, sob o aspecto da proteção da aparência, apresenta-se no art. 309, Código Civil, caso do credor putativo, que vem a ser, na precisa definição de Arnaldo Rizzardo:[633] "aquele que se apresenta como verdadeiro credor aos olhos de todos".

A validade dada ao pagamento realizado ao credor putativo sustenta-se por um juízo de prioridade da aparência sobre a realidade, o que se explica, necessariamente, por remissão ao princípio da proteção da confiança.

Também a prevalência da presunção de que o portador do título é o titular do crédito, previsto no art. 905, Código Civil, limitando a defesa do devedor em relação àquele, *ex vi* do art. 906, Código Civil, protege a confiança como valor do tráfego negocial.

No âmbito do Direito das coisas, o princípio da aparência também plasma, pelo menos, dois dispositivos. O art. 1211, Código Civil, que determina a manutenção provisória da posse daquele que tiver a coisa, quando mais de uma pessoa se disser pessoa, se a possuidora manifestamente não tiver obtido por modo vicioso, e o art. 1.268, Código Civil, que excetua a inexistência de alienação da coisa por quem não seja proprietário, se as circunstâncias derem a parecer ser o alienante dono, são informados pela prioridade das representações legítimas sobre a realidade, o que, em última instância, constitui o princípio da proteção da confiança legítima.

No âmbito do Direito de família, a presunção de legalidade do casamento, que vier a ser declarado nulo, se contraído de boa-fé por ambos os cônjuges, igualmente projeta a valorização das representações da realidade sobre a própria realidade, *vide* art. 1.561, Código Civil. Isso igualmente pode ser dito para a valorização da posse do estado de casados, quando houver dúvida sobre as provas pró e contra, presente no art. 1.547, Código Civil.

Da mesma forma, a presunção de paternidade dos filhos nascidos cento e oitenta dias, pelo menos, depois de estabelecida a convivência conjugal, ou nascidos nos trezentos dias subsequentes à dissolução da sociedade conjugal, por morte, separação judicial, nulidade e anulação do casamento, do art. 1.597 do Código Civil, também privilegiam a aparência em face da realidade.[634]

---

responsabilidade. Não está na posição de quem representa o verdadeiro titular, ou de quem se encontra gerindo os negócios alheios". RIZZARDO, Arnaldo. Teoria da aparência. *Ajuris, Revista da Associação dos Juízes do Rio Grande do Sul*, Porto Alegre, a. IX, v. 24, p. 223, 1982.

[633] *Ibid.*, p. 230.

[634] *Ibid.*, p. 230.

Por último, no Direito de sucessões, a validade das alienações onerosas e atos de administração realizados pelo herdeiro aparente, até a sentença que o tenha excluído da sucessão, o que vem disposto no art. 1.817, Código Civil, é cunhada pela ideia de proteção da aparência jurídica, realizando um primado da proteção da confiança.

Essa prioridade da aparência sobre a realidade, verificada nos dispositivos referidos, tem por fundamento e finalidade a proteção das expectativas legítimas daquele que confiou na situação dada.

No âmbito do Direito do consumidor, está consolidado o entendimento de que o Código adota a teoria da confiança.[635] Essa, que prevê um primado do declarado sobre a intenção, desde que a vontade declarada puder despertar no destinatário a expectativa legítima de que era verdadeira, estaria plasmada nos artigos 30 e 48 do Código de Defesa do Consumidor.

Assim, as informações prestadas pelo fornecedor que chegam ao consumidor vinculam se puderem gerar no destinatário expectativas dignas de proteção.[636] Quem se vincula por força da aplicação da teoria da confiança é aquele que suscitou a expectativa legítima: o fornecedor. Saliente-se que o fenômeno que a teoria explica é o que diz respeito às declarações de vontade do sujeito do fornecedor, não do consumidor.

As expectativas criadas no consumidor não se limitam a aspectos formais, abrangendo, sobretudo, aspectos materiais do serviço ou produto oferecidos. Não basta o "prometeu, cumpriu":[637] necessário ainda é cumprir com qualidade. Ou seja, integra ainda as expectativas legítimas criadas no consumidor (princípio da confiança) a crença de

---

[635] MARQUES, Cláudia Lima. *Contratos no Código de Defesa do Consumidor*. 4. ed. São Paulo: Revista dos Tribunais, 2002, *passim*.

[636] Sobre a questão, Cláudia Lima Marques asserta que: "Em outras palavras, na medida em que criou expectativas legítimas no outro contratante, na população atingida pela declaração (standard objetivo), a vontade declarada prevalecerá, porém, se o outro contratante sabia ou podia saber razoavelmente no mesmo momento da declaração que aquela não era a vontade interna de seu parceiro, poderá a declaração ser anulada. Procura-se assim um equilíbrio entre os valores envolvidos e as dificuldades de prova, preservando prioritariamente a segurança das relações, mas também combatendo a (eventual) má-fé subjetiva". *Idem*. Vinculação própria através da publicidade? A nova visão do código de defesa do consumidor. *Revista de Direito do Consumidor*, São Paulo: Revista dos Tribunais, v. 10, p. 19, 1994.

[637] A expressão, embora inusual na esfera acadêmica, é utilizada com pertinência em comentário ao art. 30 do Código de Defesa do Consumidor, por Antônio Herman de Vasconcellos e Benjamin, pois expõe a vinculatividade da oferta ou publicidade por parte do fornecedor. GRINOVER, Ada Pellegrini; BENJAMIN, Antônio Herman de Vasconcellos e; FINK, Daniel Roberto; FILOMENO, José Geraldo Brito; WATANABE, Kazuo; NERY JUNIOR, Nelson; DENARI, Zelmo. *Código de Defesa do Consumidor comentado pelos autores do anteprojeto*. Rio de Janeiro: Forense Universitária, 2001. p. 232.

que o produto ou serviço ofertado não apresente vícios de quantidade, de qualidade, de informação e de segurança.[638]

Por último, relembre-se, desde já, que a inexistência de previsão normativa no Código Civil de 1916 não foi obstáculo para que Clóvis do Couto e Silva[639] erigisse a boa-fé ao posto de princípio jurídico, o que, inicialmente, limitou-se à lição doutrinária e, posteriormente, ganhou larga aplicação jurisprudencial. Da mesma forma, a inexistência de um dispositivo normativo que contemple, expressamente, o princípio da confiança não desaconselha um juízo negativo acerca da existência deste.

2.4.3. Características da tutela da confiança, segundo Claus-Wilhelm Canaris

Cumpre que sejam investigadas as qualidades da proteção da confiança que determinarão a invocação do instituto. Para tanto, segue-se a doutrina de Claus-Wilhelm Canaris, que esclareceu as três qualidades do seu sistema de confiança.

A primeira qualidade do princípio da proteção da confiança detém papel fulcral no estabelecimento das premissas dogmáticas do instituto e deve servir de valor fundamental a quem pretenda tratar da confiança no âmbito jurídico: "Somente tem sentido se falar em responsabilidade pela confiança, quando a confiança desempenhe um papel para a ocorrência da consequência jurídica".[640]

Com efeito, se inexiste uma confiança manifesta ou a confiança possuía um papel secundário é imprópria a denominação ou aplicação de uma responsabilidade pela confiança.

Claus-Wilhelm Canaris[641] deixa mais clara a diferença que existe entre uma situação de proteção absoluta do tráfego e uma proteção da confiança, visto que, naquela hipótese, não importa se a pessoa

---

[638] MARQUES, op. cit., p. 979. Diz a autora: "No sistema do CDC, leis imperativas irão proteger a confiança que o consumidor depositou no vínculo contratual, mais especificamente na *prestação contratual*, na sua *adequação* ao fim que razoavelmente dela se espera, irão proteger também a confiança que o consumidor depositou na *segurança* do produto ou serviço colocado no mercado".

[639] Refere o autor gaúcho que: "Contudo, a inexistência, no Código Civil, de artigo semelhante ao § 242 do BGB não impede que o princípio tenha vigência em nosso direito das obrigações, pois se trata de proposição jurídica, com significado de regra de conduta". COUTO E SILVA, Clóvis Veríssimo do. *A obrigação como processo*. Rio de Janeiro: FGV, 2007. p. 33.

[640] CANARIS, op. cit., p. 1. No original: "Von Vertrauenshaftung zu sprechen ist nur dort sinnvoll, wo das Vertrauen für den Eintritt der Rechtsfolge überhaupt eine Rolle spielt".

[641] *Ibid.*, p. 1.

confiou, pois ela receberá a proteção do sistema independentemente de sua confiança. Exemplifica essa diferença com os casos do comerciante aparente e o comerciante registrado. No primeiro caso, trata-se de responsabilidade pela confiança, pois reconhecidamente somente aquele que confia terá proteção do direito, não o terceiro de má-fé, ou outro comerciante aparente. No segundo caso, tem-se uma proteção absoluta do tráfego, pois também o de má-fé pode recorrer ao registro e porque as consequências jurídicas não se deixam explicar pelo pensamento de confiança.

A segunda qualidade do sistema de confiança é que não se deveria falar de uma responsabilidade pela confiança, quando, a despeito da confiança desempenhar uma função na criação do instituto jurídico questionado, não se depende, no entanto, *in concreto* da existência de uma respectiva confiança.[642]

Nessa característica apontada por Claus-Wilhelm Canaris para determinar a essência da confiança, visualiza-se o germe da distinção que Manuel António Carneiro da Frada faz entre a confiança enquanto *ratio* estratégica de normas jurídicas e a confiança enquanto fundamento e elemento constitutivo essencial de uma situação de responsabilidade.

Manuel António Carneiro da Frada[643] afirma:

> A proteção de expectativas pode constituir perfeitamente um escopo de certa regra jurídica (de responsabilidade) sem que a defraudação de expectativas figure sequer na sua previsão, e que, ao contrário: Uma responsabilidade pela confiança como realidade jurídica autônoma existirá somente na medida em que a proteção da confiança constitua o vero fundamento da imputação de determinados danos.

Para se estar diante de uma responsabilidade pela confiança, esta deve ser a razão concreta da vinculação, desimportando se há uma confiança protegida abstrata ou teleologicamente no suporte fático normativo.

Por terceiro, Claus-Wilhelm Canaris[644] afirma que, para se ter uma responsabilidade pela confiança no molde por ele propugnado, é necessário que o pensamento da proteção da confiança não cumpra somente uma função secundária (*eine ergänzende Hilfsfunktion*), mas deve constituir uma razão fundamental (*ein tragender Grund*).

Com isso, realça-se que o pensamento de proteção da confiança poderá desempenhar uma função menor no suporte fático, mas so-

---

[642] CANARIS, *op. cit.*, p. 2.
[643] CARNEIRO DA FRADA, Manuel. *Teoria da confiança e responsabilidade civil*. Coimbra: Almedina, 2004. p. 352.
[644] CANARIS, *op. cit.*, p. 2.

mente importará em legítima responsabilidade pela confiança quando a confiança desempenhar um papel indispensável no desencadeamento das consequências jurídicas. Canaris exemplifica com os §§ 823, II e 826, BGB, pois o peso aqui, ainda que o abuso da confiança constitua um dos elementos entre outros, está na injustiça delitual (*das deliktische Unrecht*), de forma que, por isso, se trata de responsabilidade delitual, e não de responsabilidade pela confiança.[645]

Essas qualidades que a circunstância jurídica deve ter para se evocar a aplicação do princípio da confiança deixam claro que a confiança deve desempenhar uma função determinante no suporte fático para provocar as consequências jurídicas, e não, ao contrário, uma função meramente decorativa na argumentação jurídica, tal como a jurisprudência nacional tem, reiteradamente, aplicado o instituto.

2.4.4. Venire contra factum proprium e proteção da confiança

O risco que se corre ao investigar o conteúdo de uma fórmula latina tal como o *venire* é o de dar-se por satisfeito após se alcançar a tradução do seu texto. O conceituar, enquanto *processo que possibilite a descrição, a classificação e a previsão dos objetos cognoscíveis*,[646] não se esgota, evidentemente, com esta tarefa.

Literalmente, *venire contra factum proprium nemini licet* significa que a ninguém é lícito ir contra seu próprio ato.

Detlef Liebs,[647] professor de direito romano e direito civil da Universidade de Freiburg, explica o brocardo latino da seguinte forma: "A ninguém é permitido colocar-se em contradição com seu próprio anterior comportamento. Se alguém o fizer, não terá proteção jurídica".

Hans Josef Dette[648] caminha, inicialmente, essa mesma trilha, afirmando que o pressuposto jurídico característico do *venire* é justamente colocar-se em contradição em relação a um comportamento anterior.

---

[645] CANARIS, *op. cit.*, p. 2-3.

[646] ABBAGNANO, Nicola. *Dicionário de Filosofia*. São Paulo: Martins Fontes, 2007. p. 194.

[647] No original, lê-se: "Venire contra factum proprium (nemini licet). (Keinen ist erlaubt) sich in Widerspruch zu seinem eigenen Verhalten zu setzen. Soweit das jemand tut, hat er keinen Rechtsschutz". LIEBS, Detlef. *Lateinische Rechtsregeln und Rechtssprichwörter*. München: Beck, 1982. p. 216.

[648] No original, lê-se: "Es soll, als kennzeichnende Rechtsvoraussetzung, dann gegeben sein, wenn sich jemand durch eine Rechtsausübung zu seinen eigenen früheren Verhalten in Widerspruch setzt". DETTE, Hans Josef. *Venire contra factum proprium nulli conceditur*. Zur Konkretisierung eines Rechtssprichworts. Berlin: Duncker & Humblot, 1985. p. 13.

Para Brox e Walker,[649] o *venire contra factum proprium* definir-se-ia numa situação na qual o titular de um direito não poderia fazer valer um direito, quando ele se colocar em contradição com seu comportamento anterior.

No dizer de Antônio Menezes Cordeiro,[650] a proibição do *venire contra factum proprium* traduz-se no exercício de uma posição jurídica em contradição com o comportamento assumido anteriormente pelo exercente.

O emprego dessas marcas iniciais em torno ao *venire* é um convite a se pensar que a expressão consagraria um princípio que vedaria o comportamento contraditório por si só, *ie.*, a pessoa humana estaria condenada, *ad eternum*, a viver de acordo com seus atos precedentes, tolhendo-lhe qualquer iniciativa de alternar seu comportamento e/ou opinião.

No entanto, o simples comportamento contraditório não é suficiente para gerar, autonomamente, consequências jurídicas. Como salienta Hans Walter Dette,[651] o significado próprio do instituto do *venire contra factum proprium* origina-se da ligação (*Verknüpfung*) da não em si proibida autocontradição com a proteção de confiança. Para o referido autor:[652] "O princípio do *venire contra factum proprium* decorre de uma analogia total ao princípio da proteção da confiança" (tradução do autor).

O *venire contra factum proprium*, assim, encontra seu fundamento, sua razão de ser, e sua função na tutela da confiança. Com efeito, a legitimação teórica e jurídica do *venire contra factum proprium* dá-se, segundo a opinião dominante da doutrina e da jurisprudência alemãs, através da proteção da confiança.[653] Parcela da doutrina brasileira, ressalvada a polêmica indefinição sobre qual fundamento normativo da proibição do *venire*, que transita, como já visto, em torno na boa-fé ou do abuso do direito,[654] já destaca ser a confiança o fundamento da

---

[649] BROX, Hans; WALKER, Wolf-Dietrich. *Allgemeines Schuldrecht*. 32. ed. atual. München: Beck, 2007. p. 80. No original, lê-se: "Der Berechtigte darf ein Recht nicht geltend machen, wenn er sich dadurch mit seinem früheren Verhalten in Widerspruch setzen würde (venire contra factum proprium)".

[650] CORDEIRO, Antônio Manuel da Rocha e Menezes. *Da boa fé no Direito Civil*. Coimbra: Almedina, 2007. p. 742.

[651] DETTE, Hans Walter. *Venire contra factum proprium nulli conceditur*. Zur Konkretisierung eines Rechtssprichworts. Berlin: Duncker & Humblot, 1985. p. 49.

[652] *Ibid.*, p. 46. No original, lê-se: "So gesehen folgt das Prinzip des venire contra factum proprium aus einer Gesamtanalogie zum Grundsatz des Vertrauensschutzes".

[653] SINGER, Reinhard. *Das Verbot widersprüchlichen Verhaltens*. München: Beck, 1993. p. 6.

[654] O enquadramento negocial do *venire* não conta com representantes na doutrina brasileira.

proibição do comportamento contraditório.[655] Assim, se aquele que se comportou de forma contraditória não gerou uma confiança legítima, a contradição permanece, portanto, sem sanção.

O comportamento contraditório não se constitui em um fundamento de primeiro nível do *venire*, mas igualmente não pode ser considerado como se não portasse qualquer significado: antes, o comportamento contraditório desdobrar-se-ia, em um segundo nível, dentro da confiança.[656] Para Hans Walter Dette:[657] "O conteúdo da confiança é impregnado pela inter-relação entre o comportamento passado e o atual" (tradução do autor).

O princípio da proteção da confiança determina que se valorem mais os interesses de quem confia do que os de quem causa e frustra a confiança de outrem.[658] Assim, pode haver uma ponderação dos interesses em jogo na relação jurídica, relevando-se aqueles que provirem do destinatário da declaração ou manifestação. Para Hans Walter Dette,[659] isto aproximaria o *venire* ao abuso do direito, gerando igualmente uma ponte valorativa (*Wertungsbrücke*) com o princípio da boa-fé objetiva, com que a confiança é aparentada de perto.

A dação de sentido incorporada pela assunção da confiança como fundamento do *venire contra factum proprium* conjugada com a vagueza imanente do brocardo, recomendariam uma interpolação à fórmula erigida pelos juristas medievais. Dessa forma, ao invés de se propagar que *venire contra factum nemini licet*, ou *venire contra factum proprium nemo potest*, ou *venire contra factum proprium nulli conceditur*, dever-se-ia infundir que, na verdade, *venire contra factum proprium nemo postest quid fiduciam excitat*. Ou seja, *ninguém que acorda uma confiança pode ir contra seu próprio ato*.

O princípio da confiança, no entanto, não está vocacionado a ser somente o fundamento do instituto do *venire contra factum proprium*,

---

[655] Neste sentido, leia-se SCHREIBER, Anderson. *A proibição de comportamento contraditório*. Tutela da confiança e venire contra factum proprium. 2. ed. rev. e atual. Rio de Janeiro: Renovar, 2007. p. 101, *verbis*: "Em outras palavras, é a tutela da confiança o fundamento contemporâneo do *nemo potest venire contra factum proprium*"; GOMES, Elena de Carvalho. *Entre o actus e o factum*: os comportamentos contraditórios no direito privado. Belo Horizonte: Del Rey, 2009. p. 85, *verbis*: "Na tutela da confiança reside o elemento capaz de conferir substância a tal contradição. A frustração de expectativas suscitadas pelo comportamento anterior do titular justifica, de maneira razoável, a intervenção da ordem jurídica, com vistas a tutelar a posição daquele que orientou suas ações, fiando-se na coerência alheia".

[656] Neste sentido, ler DETTE, *op. cit.*, p. 49.

[657] *Ibid.*, p. 49. No original, lê-se: "So wird doch der Inhalt des Vertrauens von dem 'Aufeinanderbezogesein' von früheren und gegenwärtigem Verhalten geprägt".

[658] *Ibid.*, p. 46.

[659] *Ibid.*, p. 46.

mesmo que seja por força dele que este venha a ser exigível.[660] Ao contrário, a confiança cunha um sem-número de normas e institutos.

Claus-Wilhelm Canaris fia-se no método indutivo para iniciar a construção de seu sistema de confiança, dentro do qual estará inserta a proibição do *venire contra factum proprium*. A necessidade de um proceder indutivo diz respeito à necessidade de uma análise dogmática do direito, ou seja, de uma análise do direito válido, a fim de se verificar a existência do princípio da confiança. Refere o autor[661] que:

> Em face do espaço quase ilimitado que o legislador tem para a concretização do princípio da confiança, todo trabalho sobre a responsabilidade da confiança que desejar prestar uma contribuição à dogmática jurídica é ameaçado de falhar desde o princípio, se ele não se prender firmemente ao direito válido (tradução do autor).

Para Claus-Wilhelm Canaris,[662] as pesquisas filosóficas e sociológicas sobre o princípio da confiança, que não teriam por base o direito válido, parecem ser de resultado duvidoso, no campo juspositivo. Antes, dever-se-ia partir de uma cuidadosa análise de cada suporte fático que representa um caso de *lege lata* de responsabilidade pela confiança, analisando-se também o direito consuetudinário e os precedentes judiciais, que também integram o direito válido.

As dificuldades deste método ficariam a cargo do fato de os suportes fáticos ficarem espalhados por diferentes ramos jurídicos – Direito civil, comercial, societário, cambiário, etc. –, sendo também independentes um do outro. Claus-Wilhelm Canaris[663] confessa existir a necessidade de se trazer ordem à variedade e, consequentemente, se complementar o método indutivo com o método sistemático.

Fundada essa premissa metodológica, o jusprivatista alemão principia a construção de seu sistema de confiança, realizando, no primeiro capítulo do trabalho,[664] uma análise da responsabilidade pela aparência (*die Rechtsscheinhaftung*),[665] que tem em conta a tendência do

---

[660] DETTE, *op. cit.*, p. 46.
[661] CANARIS, Claus-Wilhelm. *Die Vertrauenshaftung im deutschen Privatrecht*. München: Beck, 1971. p. 4. No original: "Angesichts des nahezu unbegrenzten Spielraums, den der Gesetzgeber bei der Konkretisierung des Vertrauensprinzips hat, droht jede Arbeit über die Vertrauenshaftung das Ziel, einen Beitrag zur Rechtsdogmatik zu leisten, von vornherein zu verfehlen, *wenn sie nicht streng auf das geltende Recht bezogen ist*".
[662] *Ibid.*, p. 4.
[663] *Ibid.*, p. 5.
[664] *Ibid.*, p. 9-265.
[665] Canaris esclarece, de plano, o que entende por responsabilidade pela aparência, lição que merece reprodução: "Fala-se, tradicionalmente, de responsabilidade pela aparência, quando a ordem jurídica concede uma pretensão que por si não é dada, porque a aparência de uma existência foi criada" (tradução do autor). No original, lê-se: "Von Rechtsscheinhaftung spricht man herkömmlicherweise dann, wenn die Rechtsordnung einen 'an sich' nicht gegebenen Anspruch deshalb gewährt, weil der Schein seines Bestehens entstanden war". *Ibid.*, p. 9.

pensamento de confiança à generalização da proteção da confiança, para, no segundo capítulo,[666] erigir uma responsabilidade pela confiança por força de necessidade ético-jurídica (*die Vertrauenshaftung kraft rechtsethischer Notwendigkeit*). Essa necessidade ético-jurídica resulta de uma interpretação do § 242, BGB, e se divide em três espécies: 1) a responsabilidade pela confiança por força de comportamento doloso (p. 273-287); 2) a responsabilidade pela confiança por força de comportamento contraditório (p. 287-372); 3) a responsabilidade pela confiança por força de *Erwirkung* (p. 372-410), aquisição por uma parte de um direito pelo comportamento da contraparte, espécie que António Menezes Cordeiro[667] preferiu, ao invés de verter para o português, um equivalente latino, qual seja, *surrectio*.

Por sua vez, no sistema erigido por Claus-Wilhelm Canaris a responsabilidade pela confiança por força de comportamento contraditório se realizaria por meio da criação de pretensões em quatro grupos de casos, que seriam: 1) como impedimento à arguição de nulidades formais (*vcfp als ansprüchsbegründendes Merkmal bei formnichtigen Rechtsgeschäften*, p. 288-311); 2) como óbice à alegação de outros vícios de declaração negocial (*vcfp als anspruchsbegründendes Merkmal bei sonstigen Mängeln eines Rechtsgeschäfts*, p. 311-336); 3) em relação a interpretações errôneas de declarações (*vcfp als ansprüchsbegründendes Merkmal bei Fehlinterpretationen und in verwandten Fällen*, p. 336-352); 4) quanto à criação de expectativas na realização futura de uma prestação voluntária (*vcfp als ansprüchsbegründendes Merkmal bei Vertrauen auf eine "freiwillige" Leistungserbringung*, p. 352-372).

Em face de o pensamento de confiança desempenhar, em todas essas hipóteses, um papel dominante e fundamental, coloca-se mesmo a questão acerca da possibilidade de inexistir espaço para a proibição do comportamento contraditório junto ao pensamento de confiança. Isso, pois, conforme assevera Reinhard Singer:[668]

Canaris elenca, a seguir, as características principais da responsabilidade pela aparência: "Como características da responsabilidade pela aparência mostram-se a existência de uma aparência jurídica, como pressuposto do suporte fático, e a equiparação da aparência jurídica com a realidade jurídica, como conseqüência jurídica" (tradução do autor). No original, lê-se: "Als charakteristische Merkmale der Rechtsscheinhaftung erweisen sich also zum einen das Vorliegen eines 'Rechtsschein' als Tatbestandsvoraussetzung und zum anderen die Gleichstellung von Rechtsschein und Rechtswirklichkeit als Rechtsfolge". *Ibid.*, p. 9.

Sobre a teoria da aparência no Direito brasileiro, refere-se ensaio de RIZZARDO, Arnaldo. Teoria da aparência. *Ajuris, Revista da Associação dos Juízes do Rio Grande do Sul*, Porto Alegre, a. IX, v. 24, p. 222-31, 1982.

[666] CANARIS, *op. cit.*, p. 266-410.
[667] CORDEIRO, *op. cit.*, p. 797-836.
[668] SINGER, Reinhard. Das *Verbot widersprüchlichen Verhaltens*. München: Beck, 1993. p. 4. No original, lê-se: "Soweit sich der Vorwurf eines angeblichen Selbstwiderspruchs darin erschöpft,

> Enquanto que a censura a um pretenso comportamento contraditório esgota-se em não se defraudar uma confiança fundada, sem dúvida há o perigo de uma condução de provas tautológica, pois o mandamento de não se defraudar expectativas é imanente mesmo ao princípio da confiança (tradução do autor).

Dessa forma, se o mandamento de não se defraudar a confiança criada é, no entanto, imanente ao próprio princípio da confiança, seria desnecessária qualquer fundamentação adicional, arrimada na proibição do *venire contra factum proprium*. O risco de esse pensamento circular, ou tautológico, somente é evitado quando se aprofunda a compreensão sobre o suporte fático e a função do *venire contra factum proprium*.[669]

Ocorre que o *venire* se distingue pela ocorrência de uma contradição, a qual, ainda que não tenha *status* para decretar, por si, o estabelecimento das consequências jurídicas, irá pressupor uma articulação jus-ética, que importará para determinar um campo comum ordenado da dogmática jurídica. Como professa Claus-Wilhelm Canaris:[670]

> [...] pois pertence à desaprovação da auto-contradição um conteúdo jus-ético próprio, que se revela pela relação especial entre o pré-comportamento e o desenvolvimento da relação. Sua razão profunda deve ser encontrada na proibição de contradição presente na própria idéia de Justiça (tradução do autor).

Assim, ao mesmo tempo em que se erige o pensamento de confiança ao posto de fundamento do *venire*, há de ser preservado um espaço axiológico para a própria proibição de contradição, a qual possui um desvalor, que conjugado à confiança, estrutura o instituto.

Deve-se chamar a atenção para a necessidade de se estabelecer uma fronteira entre a vinculação por força de um negócio jurídico e vinculação por força do comportamento contraditório,[671] sendo aquela regulada pelas normas referentes à teoria negocial e esta pelo pensamento de confiança e proibição do *venire*. Por essa razão, a inexistência de um instrumento contratual, ou sua incompletude, é uma condição para se aflorar a solução ofertada pela proibição do comportamento

---

zurechenbar begründetes Vertrauen nicht zu enttäuschen, besteht zweifellos die Gefahr einer tautologischen Beweisführung, weis das Gebot, Vertrauen nicht zu enttäuschen, dem Vertrauensprinzip immanent ist".

[669] SINGER, *op. cit.*, p. 4.

[670] CANARIS, Claus-Wilhelm. *Die Vertrauenshaftung im deutschen Privatrecht*. München: Beck, 1971. p. 288. No original: "denn der Mißbilligung des Selbstwiderspruchs kommt durchaus ein eigenständiger rechtsethischer Gehalt zu, der insbesondere in der spezifischen Beziehung zwischen dem Vorverhalten und der seither eingetretenen Entwicklung der Verhältnisse zu Tage tritt und der seinen tieferen Grund letzlich in dem Widerspruchsverbot der Gerechtigkeitsidee selbst finden dürfte [...]".

[671] Neste sentido, ler SINGER, *op. cit.*, p. 7.

contraditório.[672] Como afirma Hans Walter Dette,[673] é necessário, antes, uma zona neutra na possível vinculação através de declaração de vontade.

Retoricamente, para dar curso à sua exposição, Hans Walter Dette[674] questiona se, nestes casos, em que inexiste contrato, também se deveria agarrar-se ao pensamento de confiança, visto que se poderia defender que quem não faz utilização das possibilidades jurídicas, sobretudo da conclusão contratual, não mereceria proteção jurídica. No entanto, conforme mesmo respondido pelo autor: "Mas a proteção da confiança não se limita ao contrato, senão não teria sido formulado de forma tão abstrata".[675]

Hans Walter Dette,[676] então, esclarece que:

> Em realidade, o direito contratual é uma formulação do pensamento de confiança, que se precipitaria, especialmente, na frase *pacta sunt servanda*. No entanto, por causa dos efeitos legais do contrato e da possibilidade de ação e execução, a confiança individual volta-se do parceiro contratual ao ordenamento jurídico. Mas deve ser precisado que a ordem jurídica protege, de fundo, somente a confiança no parceiro jurídico (tradução do autor).

Assim, conclui o autor[677] que, da mesma forma como alguém, por causa da máxima *pacta sunt servanda*, é forçado a manter a palavra, a proteção da confiança o vincula, num nível abaixo de estabilidade ao da conclusão contratual. No entanto, a vinculação total somente ocorrerá inteiramente com a existência de um contrato, do que decorre a inexistência de risco de o contrato ser superado.[678]

Reinhard Singer[679] também reconhece que uma declaração de vontade incorporaria o suporte fático de confiança, e eventual quebra

---

[672] Neste sentido, DETTE, *op. cit.*, p. 47. Afirma o autor: "Nur eben bezüglich der Frage, deren Lösung nach dem Prinzip des venire contra factum proprium ansteht, ist gerade keine vertragliche Regelung gegeben".

[673] *Ibid.*, p. 47.

[674] *Ibid.*, p. 47.

[675] No original, *verbis*: "Aber der Vertrauensschutz ist eben gerade nicht auf Verträge begrenzt, sonst wäre er überhaupt nicht als solcher abstrakt formuliert". *Ibid.*, p. 47.

[676] *Ibid.*, p. 47. No original, lê-se: "Tatsächlich ist das Vertragsrecht eine wesentliche Ausformung des Vertrauensgedankens, der sich insbesondere in dem Satz 'pacta sunt servanda' niederschlägt. Aufgrund der gesetzlichen Wirkungen von Verträgen und den Klage – und Vollstreckungsmöglichkeiten tritt dann zwar das individuelle Vertrauen in den Vertragspartner zugunsten des Vertrauens in die Rechtsordnung etwas zurück. Mas muss sich aber verdeutlichen, dass die Rechtsordnung hierbei im Grunde nur das Vertrauen in den Vertragspartner schütz".

[677] No original, lê-se, *verbis*: "Genauso wie jemand aufgrund der Maxime 'pacta sunt servanda' zum Worthalten gezwungen wird, bindet ihn der Vertrauensschutz in die Beständigkeit auf einer niedrigeren, dem Vertragsschluss vorgelagerten Ebene, ebenfalls". *Ibid.*, p. 48.

[678] *Ibid.*, p. 48.

[679] SINGER, *op. cit.*, p. 6-7.

de uma promessa jurídica poderia, sem mais, ser qualificada como um comportamento contraditório; porém, segundo opinião dominante, não é necessário se justificar a vinculação jurídica que existe em um negócio jurídico eficaz, com apoio no *venire contra factum proprium*.

Para Reinhard Singer,[680] o mais importante desse material ofertado pela proibição do comportamento contraditório situa-se nos casos em que o instrumentário da doutrina do negócio jurídico falha, pois uma consequência jurídica correspondente não pode ser determinada. Em conformidade com isso, consiste uma das principais funções do *venire contra factum proprium* a proteção da confiança em um comportamento consequente da outra parte, embora não exista qualquer suporte fático obrigacional eficaz.

Com isso, deve-se entender fundamentado o *venire contra factum proprium*, passando a ocupar-se da sua distinção das figuras que, ainda que apoiadas em um comportamento contraditório, não configuram *venire*, por sua vedação não fundar no princípio da confiança.

2.4.5. Comportamentos contraditórios sem apoio na confiança

Existe uma tendência doutrinária e jurisprudencial de indeterminação do instituto do *venire contra factum proprium*, o qual passa a ser adotado como *ratio decidendi* de qualquer espécie de incoerência havida nas relações jurídicas, prática que deve ser afastada por indeterminar o campo de aplicação do instituto.

Consola o fato de essa circunstância de indeterminação da figura não se limitar às fronteiras brasileiras. Reinhard Singer[681] afirma, na Alemanha, que o *venire contra factum proprium* não se limitou, no entanto, a essa constelação de fatos na qual a confiança foi despertada por uma determinada situação jurídica ou por um determinado comportamento futuro, referindo que tanto na doutrina quanto na jurisprudência encontra-se o princípio em formulações diferentes, sem se deixar encorpar pela responsabilidade pela confiança.

Assim, um vasto espectro de determinadas construções dogmáticas ou doutrinas aparenta ter esclarecimento e justificação com ajuda do *venire contra factum proprium*. Afirma, criticamente, Reinhard Singer,[682]

---

[680] SINGER, *op. cit.*, p. 8.

[681] *Ibid.*, p. 14.

[682] *Ibid.*, p. 17. No original, lê-se: "Sogar die deliktsrechtliche Haftung für die Verletzung von Verkehssicherungspflichten soll auf dem Gedanken des venire contra factum proprium beruhen".

que, mesmo a responsabilidade delitual pela violação dos deveres de segurança no tráfego pode se basear no pensamento do *venire*.

No entanto, é necessário se reconhecer, na companhia de Hans Walter Dette,[683] de que fora do campo da responsabilidade pela confiança não existe espaço para a proibição do comportamento contraditório. A mera contradição de comportamento não detém qualquer conteúdo desvalorativo próprio, não sendo suficiente o simples comportamento contraditório para provocar qualquer sanção jurídica.

Portanto, decisões que fizerem uso da figura da proibição do *venire contra factum proprium* devem ter em vista que, quando o comportamento contraditório existente for conjugado com outro valor, que não seja o princípio da confiança, para se fazer reprovado, não se está diante de um caso de *venire*, que deverá, sempre, ter o princípio da confiança como fundamentação subordinante, mas de alguma outra figura jurídica.

Sem pretender esgotar todos os casos de comportamento contraditório que não se apoiam na confiança e que, portanto, não configuram a proibição do *venire contra factum proprium*, e devem ser conduzidas a outro espaço dogmático, passa-se a analisar algumas hipóteses.[684]

2.4.5.1. Comportamento incompatível

Por vezes, o sistema jurídico coíbe um comportamento pela única e exclusiva razão de ele estar em contradição com o comportamento anterior ou mesmo com o comportamento atual do agente, indiferente à confiança da contraparte. Nesse grupo de casos, as consequências jurídicas trazidas pela situação que configura a contradição não são explicadas pela confiança, mas por algum outro valor que cunha, igualmente, o sistema.

Nesse grupo, chamado por Hans Walter Dette[685] de *unvereinbares Verhalten*, comportamento incompatível, nomenclatura seguida neste trabalho, enquadra-se o comportamento contraditório das partes dentro do ambiente processual, cuja perda do direito (preclusão) não será decorrente da aplicação da proibição do *venire contra factum proprium*, pois desimporta para o desencadeamento das consequências jurídicas o fato de a contraparte ter *confiado* na manifestação da outra.

---

[683] DETTE, *op. cit.*, p. 38, 45, 95.
[684] *Ibid.*, p. 38, 45, 95.
[685] *Ibid.*, p. 95.

Essa posição afronta a jurisprudência e doutrina que está se consolidando na praxe brasileira, de aplicar a teoria do *venire contra factum proprium* às preclusões, sobretudos às lógicas, havidas no processo. Dentre os processualistas que defendem essa aplicação, destacam-se Fredie Didier Jr.,[686] Daniel Mitidiero e Luiz Guilherme Marinoni,[687] Pedro Henrique Pedrosa Nogueira[688] e Raquel Heck Mariano da Rocha.[689]

No campo jurisprudencial, esse tem sido, infelizmente, o grande grupo de casos de aplicação do *venire contra factum proprium*, o qual se traduz, dessa forma, como nada mais do que uma expressão tautológica da preclusão, instituto já consolidado na seara processual, e não carecedor de qualquer outro fundamento.

Nesse sentido, a Segunda Turma do Supremo Tribunal Federal, no *Habeas Corpus* 104.185-RS, de relatoria do ministro Gilmar Ferreira Mendes, em que o impetrante alegava a nulidade do julgamento realizado pelo Tribunal do Júri, visto que, diante do concurso de pessoas e da recusa por parte de corréu de jurados, deveria ter sido cindido – o que não foi feito –, violando, desta forma, antiga redação do

---

[686] Afirma o processualista baiano que: "No sistema de invalidades processuais, vige a regra que proíbe o comportamento contraditório (vedação ao *venire contra factum proprium*). Considera-se ilícito o comportamento contraditório, por ofender os princípios da lealdade processual (*princípio da confiança* ou *proteção*) e da *boa-fé* objetiva". DIDIER JR., Fredie. Alguns aspectos da aplicação da proibição do venire contra factum proprium no processo civil. *Revista Autônoma de Processo*, Curitiba: Juruá, n. 3, p. 205, abr./jun. 2007.

[687] Assinalando os efeitos decorrentes de um reconhecimento jurídico do pedido realizado pelo INPI em processo contra si movido, o que levou à extinção do processo com julgamento do mérito, forte no art. 269, II, CPC, os autores ofertam parecer no sentido de ser inadmissível o recurso da parte que aderira ao pedido inicial, afirmando: "Opera-se a preclusão lógica na espécie, manifestação inequívoca da proibição do *venire contra factum proprium* no processo e, assim, da proteção que o sistema jurídico empresta à boa-fé na sua dimensão objetiva, à segurança jurídica e à confiança legítima nas relações que nele têm lugar". MITIDIERO, Daniel; MARINONI, Luiz Guilherme. Propriedade industrial. Boa-fé objetiva. Proteção da confiança. Proibição do *venire contra factum proprium* no processo. Dever de não conhecer do recurso. *Revista Brasileira de Direito Processual*, Belo Horizonte: Fórum, a. 16, n. 61, p. 187, jan. 2008.

[688] Declara o autor: "A vedação ao *venire contra factum proprium*, embora sua concepção tenha raízes no direito privado alemão, incorporada em seguida principalmente pela doutrina portuguesa, também se faz presente no processo e está diretamente ligada à preclusão lógica. O princípio da vedação ao comportamento contraditório no processo se insere no âmbito do princípio processual da boa-fé objetiva (art. 14, II, CPC), que impõe aos sujeitos do processo atuar com lealdade, probidade, sem trair a confiança gerada nos outros sujeitos processuais em razão de seu comportamento anterior". NOGUEIRA, Pedro Henrique Pedrosa. Notas sobre a preclusão e *venire contra factum proprium*. Revista de Processo, São Paulo: *Revista dos Tribunais*, a. 34, n. 168, p. 343, fev. 2009.

[689] Em capítulo dedicado à segurança jurídica, proteção da confiança e *venire contra factum proprium*, a autora, em sua dissertação de mestrado na PUC-RS, conclui que: "[...] a preclusão tem também um sentido ético, de proteger a confiança e a boa-fé daquele que se conduziu em conformidade com o plano estabelecido pelo legislador processual e que, por isso, não pode ser surpreendido pelo agir contraditório do juiz ou da parte adversa". ROCHA, Raquel Heck Mariano da. *Preclusão no processo civil*. Porto Alegre: Livraria do Advogado, 2011. p. 75.

art. 461, CPP, considerou que a inação da parte interessada quando do ato, cujas circunstâncias devem ser espelhadas na ata de julgamento, consolida eventuais nulidades, visto que:

> No sistema das invalidades processuais deve-se observar a necessária vedação do comportamento contraditório, cuja rejeição jurídica está bem equacionada na teoria do *venire contra factum proprium*, em abono aos princípios da boa-fé e lealdades processuais.[690]

Contra a admissão da aplicação da figura do *venire contra factum proprium* em casos de preclusão processual, tais como esse referido, fala o fato de que a perda do direito de invocar a nulidade não decorre da confiança da contraparte, mas do fato de que o momento processual adequado passou, na preclusão temporal, ou de que o espaço em que se poderia arguir esta posição foi ocupado por outra, desimportando, nesta seara, a confiança do outro.

Explica melhor a perda do direito mais o formalismo próprio do processo, que lhe dá uma natureza aparentada a um jogo, cujas jogadas passadas não podem ser repetidas, do que a associação ao princípio da confiança, que irá depender de uma concreta expectativa para legitimar o desencadeamento de consequências jurídicas.

Outro grupo de casos, que Hans Walter Dette[691] elenca como um comportamento incompatível, mas não apoiado na criação de confiança, e, portanto, não ordenado como *venire*, vem a ser a *protestatio facto contraria non valet*. Esse brocardo vem exemplificado com o caso do cliente, ou consumidor, que, tomando em sua mão um bem fungível de consumo, tal qual um pão *in natura*, declara que não tem intenção alguma de comprá-lo.[692]

Nesse grupo de casos há uma manifesta dissintonia entre o ato e a declaração do agente, devendo ser desprezada a assertiva de não querer colher os efeitos jurídicos do ato que contradiz o comportamento.

Novamente percebe-se que não desempenha qualquer papel, na circunstância descrita, a confiança da contraparte, sendo vedada, no caso, a pura e simples contradição entre o agir e o declarar, duas ações manifestamente incompatíveis, não caracterizando, desta forma, uma

---

[690] BRASIL. Supremo Tribunal Federal. Habeas corpus. Direito processual penal. *Habeas corpus* 104.185, Segunda Turma STF; relator ministro Gilmar Mendes. Data de julgamento 02.08.2011. Disponível em: <http://www.stf.jus.br>. Acesso em: 15 out. 2011.
[691] DETTE, *op. cit.*, p. 97-99.
[692] *Ibid.*, p. 98. Hans Walter Dette também utiliza o caso do motorista que, tendo estacionado numa área na qual se deve pagar, declara que não irá pagar.

proibição de *venire contra factum proprium*, a qual deve ser dirigida à proteção de uma confiança concreta da contraparte.

2.4.5.2. A violação de ônus jurídicos

O segundo tipo de *venire*, sem base no pensamento da confiança, trabalhado por Hans Walter Dette,[693] vem a ser a violação de ônus jurídicos (*Obliegenheitsverletzung*), ou a culpa contra si mesmo (*Verschulden gegen sich selbst*). Ainda que já tenham sido apresentados neste trabalho, tal como formatava a teoria de Hans Josef Wieling,[694] convém seja ressaltada sua falta de arrimo no pensamento de confiança, tarefa a que se destina esta breve análise.

Hans Walter Dette cita dois artigos, dentro do cenário alemão, a que se atribui a figura da culpa contra si mesmo: o § 254, BGB, que dispõe sobre participação na culpa, sobretudo quando *a culpa do prejudicado se limita à circunstância de que negligenciou ele de chamar a atenção do devedor sobre o perigo de um dano inteiramente excepcional que o devedor não conhecia nem era obrigado a conhecer, ou de que negligenciou ele de afastar ou de minorar o dano;* e o § 351, BGB, que dispõe sobre perda do direito formativo resolutivo por perecimento por culpa do objeto a ser redibido, *verbis: a rescisão está excluída quando o titular se tornar culpado de uma deterioração essencial, do perecimento ou de ulterior impossibilidade de restituição da coisa recebida.*

Já o ônus jurídico (*Obliegenheit*) diz respeito a uma exigência de comportamento, que vem ao próprio interesse do agente, ou seja, que o irá colocar em situação mais confortável, juridicamente falando.[695] O único prejudicado, caso não se cumpra o ônus jurídico, é o próprio agente, que, desta forma, tem o dever de agir em seu próprio interesse.

Na doutrina luso-brasileira, o ônus se traduz "[...] na necessidade de observância de certo comportamento, não por imposição da lei, mas como meio de obtenção ou de manutenção de uma vantagem para o próprio onerado".[696]

---

[693] Dette salienta que também a violação dos ônus jurídicos e a culpa contra si mesmo vêm relacionadas com o princípio do venire contra factum proprium, verbis: "So wird formuliert, die Sanktion der Obliegenheitsverletzung beruhe auf dem Prinzip des venire contra factum proprium und ein Verschulden bei Obliegenheitsverletzungen könne allenfalls als ein venire contra factum proprium begriffen werden". DETTE, *op. cit.*, p. 99.

[694] Vide capítulo 2.1, *supra*.

[695] DETTE, *op. cit.*, p. 100. No original: "Es handelt sich dabei um Verhaltensanforderungen, denen nachzukommen im eigenen Interesse des Belasteten liegt".

[696] VARELA, João de Matos Antunes. *Das obrigações em geral*. 10. ed., rev. e actual. 5 reimpr. da edição de 2000. Coimbra: Almedina, 2008. V. I. p. 58.

Abstraindo-se da discussão sobre se os ônus jurídicos consistiriam em autênticos deveres jurídicos com uma fraca sanção, ou uma mera exigência de comportamento em próprio interesse,[697] necessário se frisar que eles poderão ser dispostos contratualmente ou decorrer da lei, e que, principalmente, a consequência de sua violação será a perda de um direito.[698]

O Direito brasileiro, ainda que para o fato a doutrina esteja desatenta, contempla a perda de um direito, ou de uma posição jurídica mais favorável, pela violação de um ônus jurídico. Tome-se, por exemplo, o parágrafo único do art. 324 do Código Civil, que determina a perda do direito do credor de provar a falta do pagamento, no prazo de 60 (sessenta) dias da entrega do título, ato presuntivo de pagamento. Assim, o credor terá o ônus jurídico de provar, em até 60 dias da entrega do título, a falta do pagamento, em que pese tenha entregue o título, sob pena de perder o direito a fazer valer seu crédito.

O enquadramento da violação do ônus jurídico na figura do *venire contra factum proprium* dar-se-ia desta maneira: deixando passar o prazo para cumprir seu ônus jurídico, o credor, mesmo assim, cobra-o, vindo contra seu ato anterior, e incidindo na proibição do comportamento contraditório.

Outro exemplo que se poderia dar de violação de ônus jurídicos no direito brasileiro seria o art. 377 do Código Civil, que dispõe acerca da perda do direito do devedor de opor, contra o cessionário, compensação, que detinha contra o cedente, quando, embora notificado, nada oponha contra à cessão de direitos. Essa hipótese espelha, perfeitamente, a perda de uma posição jurídica favorável, qual seja, o direito de opor compensação, pela violação de um ônus jurídico, qual seja, a não oposição à cessão.

Tipo jurídico que pende ainda de construção definitiva no direito brasileiro, a violação de ônus jurídicos pode ter aplicação nos casos em que for imputado ao credor o ônus de diminuir o próprio prejuízo, que vem chamado na doutrina anglo-saxônica de *duty to mitigate the loss*.[699] Segundo essa figura, todo credor teria o ônus de, em face de uma situação em que seja iminente o prejuízo, minorá-lo, sob pena de

---

[697] Sobre o tema, conferir DETTE, *op. cit.*, p. 100.

[698] *Ibid.*, p. 100: No original, diz o autor: "Rechtsfolge einer Obliegenheitsverletzung ist ein Rechtsverlust".

[699] Sobre o tema, leia-se FRADERA, Véra Maria Jacob de. Pode o credor ser instado a diminuir o próprio prejuízo? *Revista Trimestral de Direito Civil*, Rio de Janeiro: Padma, a. 5, v. 19, p. 109-19, jul./set. 2004; e DIAS, Daniel Pires Novais. O *duty to mitigate the loss* no Direito Civil brasileiro. *In*: TEPEDIDO, Gustavo; FACHIN, Luiz Edson (Orgs.). *Doutrinas essenciais*. Obrigações e contratos. São Paulo: Revista dos Tribunais, 2011. V. III. p. 683-738.

ter de dividir a responsabilidade, perdendo, desta forma, uma posição que lhe seria, originalmente, mais favorável, qual seja, danos minorados e total atribuição ao terceiro, ou contraparte causadora.

Ocorre que, em quaisquer dos casos citados, a modificação jurídica, na hipótese de violação de ônus jurídicos, decorrerá direta e imediatamente da lei, e não da confiança da outra parte para com a situação jurídica.[700] Assim, não desempenhando a confiança o papel determinante para o desencadeamento das consequências legais, não se estará diante de um grupo de casos de proibição do *venire contra factum proprium*.

Correta, dessa forma, a afirmação de Daniel Pires Novais Dias,[701] que afasta o *venire contra factum proprium* como hipótese de fundamentação do *duty do mitigate the loss*, *verbis*:

> Acontece que severa crítica pode ser formulada contra a viabilidade desse fundamento: a conduta contributiva da vítima não é apta a gerar no ofensor a *confiança* de que ele não irá pleitear a indenização integral pelos danos sofridos, elemento fundamental para a aplicação do venire contra factum proprium. A proibição de comportamento contraditório, da forma como tem sido encarada pela doutrina, tem por fundamento a tutela à confiança: a proibição só incide quando o agente, com um comportamento posterior, viole a legítima confiança depositada por outrem em função do seu comportamento inicial.

Assim, necessário se concluir conforme o pensamento formulado por Hans Walter Dette,[702] para quem, para um melhor entendimento e para se evitar erros, não se deve utilizar o conceito de *venire contra factum proprium* neste campo da violação dos ônus jurídicos e da culpa contra si mesmo.

2.4.5.3. Comportamento por próprio risco

Um terceiro tipo de comportamento, por vezes classificado como *venire contra factum proprium*,[703] vem a ser o comportamento ou a atuação por risco próprio (*Handeln auf eigene Gefahr*), grupo de casos que trata da imputação de responsabilidade, quando o ofendido assume os riscos ínsitos à participação de uma determinada atividade perigosa.

---

[700] DETTE, *op. cit.*, p. 101.

[701] DIAS, *op. cit.*, p. 715.

[702] DETTE, *op. cit.*, p. 102. No original, lê-se: "Daher sollte zum besseren Verständnis und, um Verwirrung zu vermeiden, der Begriff des venire contra factum proprium für diesen Bereich nicht mehr verwendet werden".

[703] Erwin Riezler, por exemplo, classificava o risco derivado dos próprios atos como um grupo de casos da proibição do *venire*, vide a análise realizada à obra do autor alemão, capítulo 1.4.3.4, *supra*.

Na Apelação Cível 70028370468,[704] julgada pela 10ª Câmara Cível do Tribunal de Justiça do Rio Grande do Sul, discutiu-se, por exemplo, a responsabilidade das sociedades empresárias que exploram a atividade de *rafting*, prática de descida de corredeiras, porventura de um acidente que vitimou, fatalmente, um participante.

Ainda que configurada a relação de consumo e jungido o caso à responsabilidade objetiva do art. 14, CDC, os julgadores consideraram que:

> [...] a vítima assumiu o risco próprio da atividade, não se encontrando no caso concreto elementos a atestarem a presença de defeito no serviço prestado, muito embora o lamentável desfecho.

Outro exemplo de comportamento por próprio risco, no repertório jurisprudencial brasileiro, vem a ser os casos de surfe ferroviário. No REsp 160.051/RJ,[705] a 3ª Turma do Superior Tribunal de Justiça, feita a distinção entre o surfista ferroviário, passageiro irregular que driblou a fiscalização e o pagamento, e viaja por sua conta e risco, e o pingente, passageiro regular que viaja pendurado no veículo coletivo, e por quem responde a empresa, considerou que a pessoa que se arrisca em cima de uma composição ferroviária, praticando o famigerado *surf ferroviário*, assume as consequências de seus atos, não podendo se atribuir à companhia ferroviária a responsabilidade pela efetiva fiscalização.

Ainda que o Tribunal não tenha fundamentado a inexistência de responsabilidade da empresa de *rafting* ou da transportadora na proibição do *venire contra factum proprium*, e sequer seja esta a posição da doutrina dominante, poder-se-ia pensar, tal qual, por vezes, havido na doutrina alemã,[706] que a perda da pretensão indenizatória seria decorrente do primeiro comportamento do agente, que assumiu os riscos de sua ação.

Exemplifica essa possível posição no Direito brasileiro, Leônio José Alves da Silva,[707] professor de Direito Civil da UFPE, que, ao

---

[704] BRASIL. Tribunal de Justiça do Rio Grande do Sul. Direito Civil. Ação indenizatória. Apelação Cível 70028370468, 10ª Câmara Cível do Tribunal de Justiça do Estado do Rio Grande do Sul; relator desembargador Paulo Antônio Kretzmann. Data de julgamento 28.05.2009. Disponível em: <http://www.tjrs.jus.br>. Acesso em: 17 nov. 2010.

[705] BRASIL. Superior Tribunal de Justiça. Direito Civil. Ação indenizatória. Surf ferroviário. REsp 160.051/RJ, Terceira Turma do Superior Tribunal de Justiça, relator Ministro Antônio de Pádua Ribeiro, data de julgamento 05.12.2002. Disponível em: <http://www.stj.jus.br>. Acesso em: 27 mar. 2011.

[706] Hans Walter Dette refere que é necessário se analisar se a responsabilidade por ação por próprio risco está à conta do *venire*, afirmação feita, por vezes, pela doutrina, sendo necessário se analisar se isto está correto. DETTE, op. cit., p. 102.

[707] SILVA, Leônio José Alves da. Justificativa de enunciado ao art. 735, CC. In: AGUIAR JR, Ruy Rosado (Org.). *Jornada de Direito Civil*. Brasília: Conselho de Justiça Federal, 2007. p. 365.

propor enunciado ao art. 735 do Código Civil, na IV Jornada de Direito Civil, justificando-o com base na análise da jurisprudência do Superior Tribunal de Justiça sobre o *surf* ferroviário, escreveu que:

> Na jurisprudência mais recente, o próprio STJ mudou gradativamente de opinião para qualificar a conduta do "surf" ferroviário como nítido exemplo de culpa exclusiva da vítima, impeditiva de qualquer indenização ao acidentado, em caso de invalidez temporária ou permanente, e aos seus sucessores, em hipótese de óbito. Não se trata de um debate de rápido enfrentamento, pois oscila entre as bases do caso fortuito, força maior, culpa exclusiva da vítima e concurso do *venire contra factum proprium*.

Reinhard Singer[708] dá testemunho de que o Judiciário alemão procurava vencer o grupo de casos denominados de *Handeln auf eigene Gefahr*, comportamento de próprio risco, que ocorre quando o agente pratica alguma modalidade esportiva em que haja risco, admitindo corrê-lo, com a construção de uma renúncia jurídica, sendo que, à época de sua pesquisa, ao contrário, estar-se-ia considerando como um caso de aplicação do *venire contra factum proprium*.

No entanto, a vinculação da atuação por próprio risco à proibição do comportamento contraditório não espelha a melhor solução jusdogmática, visto que o estabelecimento das consequências legais do comportamento por próprio risco, que será, normalmente, a perda da atribuição de responsabilidade, ou sua divisão forte na concausalidade, não se apoia no pensamento de confiança, Ou seja, a limitação de responsabilidade dos participantes de práticas ou esportes perigosos não se deixa fundamentar pela constituição de hipótese de confiança.[709]

Assim, tentar fazer valer um direito, apesar de se ter agido por sua própria conta e risco, não representa uma violação da proibição de *venire contra factum proprium*, antes uma quebra da base jurídica que regula as circunstâncias, em vista de que o risco é admitido pelo participante.

A lição de Hans Walter Dette,[710] sobre o ponto, merece citação:

> A atribuição de um risco, após a ocorrência de um dano, é inadmissível, pois cada um deve carregar/ser responsável pelo seu próprio risco. A mesma lógica valeria para o

---

[708] SINGER, *op. cit.*, p. 7.

[709] Nesse sentido, DETTE, *op. cit.*, p. 103.

[710] *Ibid.*, p. 103-104. No original, lê-se: "Eine Risikoabwälzung, jedenfalls nach Schadenseintritt, ist deshalb unzulässig, weil jeder das ihn treffende Risiko selbst zu tragen hat. Das gilt insbesondere auch für das allgemeine Lebensrisiko und für den zufälligen Schaden des Eigentümers, casum sentit dominus".
Reinhard Singer, interpretando o § 245, BGB, que diz respeito à participação do ofendido na culpa (*Mitverschulden*), de forma símile refere que o seu pensamento fundamental seria o de que ninguém deve atribuir a outros as consequências de sua própria ação, apoiando-se nesta ideia base a jurisprudência na negar responsabilidade nos casos de *Handeln auf eigene Gefahr*. SINGER, *op. cit.*, p. 15

risco de vida normal, em geral, assim como para os danos ocasionais do proprietário, *casus sentit dominus* (tradução do autor).

Essa constelação de casos esboçada no comportamento de próprio risco deixa-se explicar por uma razão comum: cada um deve suportar a responsabilidade por seu próprio comportamento e, portanto, arcar com suas consequências.[711] Dessa forma, a pessoa responsável está vinculada, por suas ações e decisões, mesmo quando estas não tenham a qualidade de negócios jurídicos ou por causa de defeitos de eficácia nenhuma validade jurídica tenham.[712]

Dessa forma, o comportamento por próprio risco não consente a aplicação da proibição do *venire contra factum proprium*, visto que as eventuais consequências que se retiram de sua configuração não se baseiam na existência de confiança legítima entre as partes.

2.4.5.4. Tu quoque ou a violação ao sinalagma

A figura jurídica nominada de *tu quoque* diz respeito à impossibilidade de a parte que descumpriu um dever contratual ou legal exercer um direito que este contrato ou norma lhe tivesse concedido.[713] Como consequência de sua configuração, há uma desconsideração da posição jurídica adquirida, por ela ter se dado injustamente.

Günther Teubner[714] refere que um sem número de ditados e populares citações da Bíblia (Mateus, 7, 3: "Por que olhas o cisco no olho de teu irmão e não vês a trave no teu?"; Provérbios, 10, 2: "De nada servem tesouros mal adquiridos; a justiça porém livra da morte"), e parêmias jurídicas de diferentes sistemas jurídicos (*equity must come with clean hands*[715] e *turpitudinem suam allegans non auditur*)[716] compro-

---

[711] SINGER, *op. cit.*, p. 16.

[712] *Ibid.*, p. 16.

[713] CORDEIRO, *op. cit.*, p. 837.

[714] TEUBNER, Günther. *Gegenseitige Vertragsuntreue*: Rechtsprechung und Dogmatik zum Ausschluss von Rechten nach eigenen Vertragsbruch. Tübingen: Mohr, 1975. p. 1.

[715] Essa é uma das máximas de equidade utilizadas como princípios pelas Cortes de Equidade, na Common Law. Segundo ela, quem tentar fazer valer um direito que foi adquirido de forma injusta (sem mãos limpas) não terá sua pretensão reconhecida. O caso Riggs vs Palmer é citado como um precedente em que foi aplicada a teoria das mãos limpas. Nele, postularam os herdeiros a exclusão de outro herdeiro responsável pelo assassinato do *de cujus*. A demanda foi procedente. A decisão da Corte de Nova Iorque pode ser lida, na íntegra, no sítio da corte. USA. Court of Appeals of New York. Riggs v Palmer. Data de julgamento: 8 out. 1889. Disponível em: <http://www.courts.state.ny.us/reporter/archives/riggs_palmer.htm> Acesso em: 11 nov. 2011.

[716] O anexim pode ser traduzido como: "Aquele que alega a própria torpeza não deve ser ouvido". Detlef Liebs verte-o para o idioma alemão como: "Niemand, der seine eigene Schandtat vor Gericht bringt, soll gehört werden". Transpõe-se, livremente, o texto de Liebs como: "Ninguém,

vam o reconhecimento frequente do princípio, o que poderia ser expresso, no elegante português de Antonio Menezes Cordeiro,[717] como a prova de seu vector axiológico intuitivo.

A nomenclatura *tu quoque* deriva de conhecido episódio da história romana, quando Júlio Cesar, reconhecendo entre os seus assassinos o próprio filho adotivo, teria dito: *"Tu quoque, Brute, filii mei!"*. Como salienta Elena de Carvalho Gomes,[718] a expressão, vertida ao vernáculo ("Até tu, Brutus!"), assumiu uma denotação de: "surpresa e decepção em relação ao procedimento de determinada pessoa, de quem se esperava fidelidade e coerência".

A contradição dar-se-ia na conduta da parte que, desrespeitando um contrato, exige seu cumprimento pela contraparte. Conforme bem salientado por António Menezes Cordeiro,[719] a contradição, na verdade, não se dá no comportamento do exercente: "mas nas bitolas valorativas por ele utilizadas para julgar e julgar-se", de forma que, para se classificar este comportamento como contraditório, no espectro exigido à configuração do *venire*, ter-se-ia que alargar seu conceito.

Ainda que nenhuma codificação lhe dedique uma fórmula geral e autônoma,[720] encontram-se dispositivos impregnados de sua lógica no Código Civil brasileiro.[721] Visualiza-se o preceito expresso pelo *tu quoque* cunhando diferentes dispositivos do Código Civil: o que diz respeito à exceção do contrato não cumprido (art. 476), à exclusão da sucessão daquele que impediu o *de cujus* de livremente dispor de seus

---

que trouxe sua própria infâmia ao Tribunal, deve ser ouvido". LIEBS, Detlef. *Lateinische Rechtsregeln und Rechtssprichwörter*. München: Beck, 1982. p. 209.

Elena de Carvalho Gomes distinguiu a máxima *turpitudinem suam allegans non auditur* autonomamente da proibição do *venire contra factum proprium*, não a inserindo, no entanto, dentro da análise que ofertou ao *tu quoque*. Ainda que seja irrepreensível sua conclusão de não identificar o *turpitudinem* com a vedação do comportamento contraditório, não se vislumbra necessidade de se dar tratamento apartado ao *turpitudinem*, sobretudo por não se discriminar diferenças entre os traços fundamentais deste e os do *tu quoque*. GOMES, Elena de Carvalho. *Entre o actus e o factum*: os comportamentos contraditórios no direito privado. Belo Horizonte: Del Rey, 2009. p. 129-131, 133-137.

No mesmo sentido, Aldemiro Rezendo Dantas Júnior, que refere sobre o *tu quoque* que: "A figura em exame está ligada ao mesmo vetor axiológico que orienta o brocardo segundo o qual ninguém será ouvido quando invocar em seu favor a sua própria torpeza". DANTAS JÚNIOR, Aldemiro Rezende. Teoria dos atos próprios no princípio da boa-fé. Curitiba: Juruá, 2008, p. 378. Cite-se também TEUBNER, Günther. *Gegenseitige Vertragsuntreue*: Rechtsprechung und Dogmatik zum Ausschluss von Rechten nach eigenen Vertragsbruch. Tübingen: Mohr, 1975. p. 1.

[717] CORDEIRO, António Manuel da Rocha e Menezes. *Da boa fé no Direito Civil*. Coimbra: Almedina, 2007. p. 837.

[718] GOMES, , *op. cit.*, p. 133.

[719] CORDEIRO, *op. cit.*, p. 843.

[720] No mesmo sentido, CORDEIRO. *Ibid.*, p. 837.

[721] Para análise dos dispositivos do Código Civil português impregnados pelo princípio, ver CORDEIRO. *Ibid.*, p. 837-838.

bens (art. 1814, III), ou a perda do direito de indenização por benfeitorias, que não necessárias, ou do direito de retenção, pelo possuidor de má-fé (art. 1220).[722] Conforme bem percebido por Aldemiro Rezende Dantas Júnior,[723] outra hipótese de uma norma cunhada com o espírito da proibição do *tu quoque* vem a ser a disposta no art. 129 do Código Civil, que determina que seja considerada verificada a condição que tiver sido maliciosamente obstada pela parte a quem desfavorecia, ou irrealizada a condição que tiver sido maliciosamente levada a efeito por quem seria por ela favorecido.

Visualiza-se, dessa forma, a existência de um *tu quoque* de natureza contratual, quando se viola uma determinada disposição do contrato e, apesar disto, se exige o adimplemento da contraparte, e um *tu quoque* de natureza extracontratual, quando se faz valer determinado direito, adquirido maliciosamente ou decorrente de um inadimplemento de dever legal.

No âmbito contratual – espécie de análise que ganhou a preferência doutrinária –, o *tu quoque* caracteriza-se por ser uma violação do sinalagma. Hans Walter Dette,[724] por sinal, refere que outro grupo de casos que vem, equivocadamente, identificado com a proibição do *venire contra factum proprium*, é justamente o da violação do sinalagma (*Verstoß gegen das Synallagma*). Crê-se correto entender essa como uma espécie do *tu quoque* no âmbito contratual.

O sinalagma demarca, no campo jurídico, a circunstância de existirem obrigações recíprocas a cargo de ambas as partes do negócio jurídico, sendo, comumente, expressa também pela sinonímia bilateral.[725] Para Hans Walter Dette,[726] a vinculação sinalagmática é definida através da relação *do ut des* das prestações bilaterais. *Do ut des* é expressão latina consagrada no Digesto (Digesto 19, 5, 5, § 1) pelo jurisconsulto Paulo, pode ser traduzida por *dou se deres, dou para que dês,*

---

[722] Exemplos dados por AZEVEDO, Antônio Junqueira de. Interpretação do contrato pelo exame da vontade contratual. O comportamento das partes posterior à celebração. Interpretação e efeitos do contrato conforme o princípio da boa-fé objetiva. Impossibilidade de *venire contra factum proprium* e de utilização de dois pesos e duas medidas (*tu quoque*). Efeitos do contrato e sinalagma. A assunção pelos contratantes de riscos específicos e a impossibilidade de fugir do "programa contratual" estabelecido. Revista Forense, Rio de Janeiro: Forense, a. 96, v. 351, p. 280-1, jul./set. 2000. Os exemplos dados pelo civilista foram devidamente adaptados ao Código Civil de 2002.

[723] DANTAS JÚNIOR, Aldemiro Rezende. *Teoria dos atos próprios no princípio da boa-fé*. Curitiba: Juruá, 2008. p. 380.

[724] DETTE, *op. cit.*, p. 105.

[725] Nesse sentido, ler-se COSTA, Mário Júlio de Almeida. *Direito das obrigações*. 11. ed. rev. e actualiz. Coimbra: Almedina, 2008. p.360.

[726] DETTE, *op. cit.*, p. 105-106.

ou, simplesmente, *toma lá, dá cá*, e evidencia numa fórmula a bilateralidade dos contratos.[727] Antônio Junqueira de Azevedo[728] leciona:

> O sinalagma dos contratos bilaterais é uma espécie de estrutura imanente ao contrato que liga prestação e contra-prestação; ele estabelece um "programa" para as partes, que é tanto mais evidente quanto mais prolongada no tempo for sua execução.

Uma das consequências mais importantes da reciprocidade e interdependência das obrigações, no âmbito dos contratos sinalagmáticos, vem a ser a exceção de contrato não cumprido (*exceptio non adimpleti contractus*), disposta no art. 476 do Código Civil. Isso, pois, como doutrinam Nelson Nery Junior e Rosa Maria de Andrade Nery:[729]

> Nos contratos bilaterais sinalagmáticos, ambos os contratantes têm o dever de cumprir, recíproca e concomitantemente, as prestações e obrigações por eles assumidas. Nenhum deles pode exigir, isoladamente, que o outro cumpra a prestação, sem a contrapartida respectiva. Só quem cumpre a sua parte da avença pode exigir o cumprimento da parte do outro. O desatendimento desta regra enseja defesa por meio da exceção material de contrato não cumprido, na ação em que a contraparte deduza pretensão exigindo o cumprimento da prestação.

Dessa forma, deve ser verificada a possibilidade de se erigir as consequências jurídicas da violação ao sinalagma, que pode ser, justamente no caso da *exceptio non adimpleti contractus*, a paralisação da pretensão que se exerce, fundando-se na proibição do *venire contra factum proprium*.

Anderson Schreiber[730] enxerga na exceção do contrato não cumprido uma subjacente repressão legislativa ao comportamento incoerente:

> Também o artigo 476, ao regular a exceção do contrato não cumprido (*exceptio non adimpleti contractus*), impede o comportamento contraditório daquele contratante que, embora não tenha cumprido sua obrigação em um contrato bilateral, vem exigir o adimplemento da obrigação alheia.

---

[727] Nesse sentido, LIEBS, Detlef. *Lateinische Rechtsregeln und Rechtssprichwörter*. München: Beck, 1982. p. 60.

[728] AZEVEDO, Antônio Junqueira de. Interpretação do contrato pelo exame da vontade contratual. O comportamento das partes posterior à celebração. Interpretação e efeitos do contrato conforme o princípio da boa-fé objetiva. Impossibilidade de *venire contra factum proprium* e de utilização de dois pesos e duas medidas (*tu quoque*). Efeitos do contrato e sinalagma. A assunção pelos contratantes de riscos específicos e a impossibilidade de fugir do "programa contratual" estabelecido. *Revista Forense*, Rio de Janeiro: Forense, a. 96, v. 351, p. 281, jul./set. 2000.

[729] NERY JUNIOR, Nelson; NERY, Rosa Maria de Andrade. *Código Civil comentado e legislação extravagante*: atualizado até 15 de junho de 2005. 3. ed. rev., atual. e ampl. da 2. ed. do *Código Civil anotado*. São Paulo: Revista dos Tribunais, 2005. p. 403.

[730] SCHREIBER, Anderson. *A proibição de comportamento contraditório*. Tutela da confiança e *venire contra factum proprium*. 2. ed. rev. e atual. Rio de Janeiro: Renovar, 2007. p. 75.

No entanto, contra essa concepção fala o fato de que o que funda as pretensões prestacionais das partes no contrato é o próprio contrato, e a fidelidade que se deve a ele, e não uma confiança de que a contraparte cumprirá suas obrigações. Desenha-se, no caso, o suporte fático de um contrato e não uma relação de confiança, visto que as expectativas legítimas novamente não desempenham qualquer papel no desencadeamento das consequências jurídicas.

Assim, exigir o cumprimento de uma obrigação contratual antes de cumprir o que se devia não é obstado pelo comportamento contraditório da parte, antes por uma violação do próprio programa contratual, constituindo-se, com efeito, numa infidelidade contratual. Há, dessa forma, cobertura contratual para situação experimentada, suficiente para a solução do problema, não havendo, então, que se falar em proibição de *venire* quando a parte que tiver desrespeitado um contrato vier a exigi-lo.

Hans Walter Dette[731] defende, igualmente, que a proibição da violação do sinalagma não dá cobertura para a proibição do *venire contra factum proprium*, e que este grupo de casos não pode ser reconduzido a este pensamento de fundamentação de resultados.

A proibição do *tu quoque* é indiferente, dessa forma, ao pensamento da proteção da confiança, antes se apoia numa vedação jus--ética ao comportamento daquele que, desobservando seus deveres, exige da contraparte o cumprimento dos seus.

2.4.5.5. Exceptio doli

A doutrina brasileira, de forma quase invariável, quando examina a proibição do comportamento contraditório, procura distinguir o *venire* da *exceptio doli*.[732]

A *exceptio doli* decorre de uma construção do pretor romano que retirava a eficácia dos negócios jurídicos em que havia *dolus malus*,[733]

---

[731] DETTE, , *op. cit.*, p. 108.
[732] Neste sentido, DANTAS JÚNIOR, Aldemiro Rezende. *Teoria dos atos próprios no princípio da boa-fé*. Curitiba: Juruá, 2008. p. 286-91; SCHREIBER, Anderson. *A proibição de comportamento contraditório. Tutela da confiança e venire contra factum proprium*. 2. ed. rev. e atual. Rio de Janeiro: Renovar, 2007. p. 176-82.
[733] A diferença entre o *dolus bonus*, tolerado pelo Direito, e o *dolus malus*, reprimido, pode ser apreendida pela sintética e didática explicação de Francisco Amaral: "Pode ser *dolus malus* e *dolus bonus*. A primeira espécie é a que se manifesta na vontade de iludir, com intuito de prejudicar. Já o *dolus bonus* consiste em práticas usuais ou normais do comércio, de que são considerados os exageros utilizados na publicidade comercial. É considerado de somenos importância e, assim, tolerado". AMARAL, Francisco. *Direito Civil. Introdução*. 6. ed. Rio de Janeiro: Renovar, 2006. p. 498.

concedendo ao réu, vítima do dolo, uma defesa, não prevista pelo *ius civile*.[734]

A natureza jurídica da exceção é de contradireito, que deve ser exercido em defesa. António Menezes Cordeiro[735] refere que a exceção diz respeito à: "situação jurídica pela qual a pessoa adstrita a um dever pode, licitamente, recursar a efetivação da pretensão correspondente".

A exceção do dolo no Direito romano cobria duas espécies de comportamento: quando o dolo estava presente na origem da obrigação, falava-se de *exceptio doli praeteriti* ou *specialis*; quando o dolo se localizava no momento em que proposta ou tramitada a lide, tratava-se de *exceptio doli praesentis* ou *generalis*.

A *exceptio doli specialis*, que, concretamente, se resolvia na lide através da anulação do ato negocial em vista do dolo na formação, foi absorvida pela teoria dos vícios da vontade no estabelecimento das obrigações,[736] substancialmente no que se refere à anulabilidade do negócio jurídico por dolo, quando este for a sua causa, art. 145 e ss., Código Civil.

Já a *exceptio doli generalis*, que não teve por destino uma positivação estrita, assume uma função residual e difusa, o que lhe permite, segundo António Menezes Cordeiro:[737] "enfrentar situações mais tarde aparentadas ao abuso do direito". Evidentemente, essa assertiva está correta, sobretudo se se pensa na modalidade do abuso do direito institucional, que se caracteriza pelo uso abusivo de normas e institutos jurídicos.

Com efeito, a *exceptio doli generalis* parece se adequar corretamente ao abuso de posições jurídicas garantidas normativamente, especificando-se pelo seu *telos* doloso, que se reconhece na busca da vantagem fácil, de uma forma maliciosa e desonesta, e que daqui deriva sua pecha de ilicitude

Traz-se à baila aqui o famoso *leading case* do STF – Recurso Extraordinário 86.787/RS, julgado em 20 de outubro de 1978, relator Ministro Leitão de Abreu –, em que se aplicou a proibição do *venire contra*

---

[734] Nesse sentido, ALVES, José Carlos Moreira. *Direito romano*. 14. ed. Rio de Janeiro: Forense, 2007. p. 184.

[735] CORDEIRO, Antônio Manuel da Rocha e Menezes. *Da boa fé no Direito Civil*. Coimbra: Almedina, 2007. p. 719.

[736] Também por essa razão entende-se que o desenvolvimento da exceção do dolo focaliza-se na modalidade da *exceptio doli generalis*. Nesse sentido, CORDEIRO. *Ibid.*, p. 722; DANTAS JÚNIOR, Aldemiro Rezende. *Teoria dos atos próprios no princípio da boa-fé*. Curitiba: Juruá, 2008. p. 288.

[737] CORDEIRO, *op. cit.*, p. 723.

factum proprium em lide de direito internacional privado acerca da definição do regime de bens.

In casu, o marido, homem de poucas rendas, casou-se no Uruguai com mulher abastada, sob o regime legal da separação de bens, neste país permanecendo por pouco tempo. No entanto, após o retorno do casal para o Brasil e o transcurso de cinco anos, a esposa intentou ação de separação, motivada pelo fato de ter descoberto o propósito de assenhoramento patrimonial do marido, tendo ele arguido em defesa que o casal jamais teria deixado de estar domiciliado no Brasil, o que atrairia a aplicação do § 4 do art. 7 da Lei de Introdução às Normas do Direito Brasileiro,[738] que dispõe que *o regime de bens, legal ou convencional, obedece à lei do país em que tiverem os nubentes domicílio, e, se este for diverso à do primeiro domicílio conjugal*. Com isso, o marido seria beneficiado com o regime legal brasileiro, já de comunhão parcial de bens à época.

Ainda que o STF tenha se fundado na vedação do *venire contra factum proprium* para obstar a tese defensiva do marido, o que repulsa é o seu procedimento abusivo, de tencionar beneficiar-se de posição jurídica (regime legal da comunhão parcial de bens), garantida pelo ordenamento brasileiro. Não se nega a manifesta contradição existente entre seus comportamentos: no entanto, o que colore esta contradição, transformando-a em antijurídica, não é, pelo menos meramente, a confiança da outra parte naquela situação jurídica, mas a vedação do dolo, no uso abusivo de institutos jurídicos, com a finalidade do autofavorecimento.[739]

Percebe-se claramente que as figuras *venire* e *exceptio doli*, efetivamente, não se confundem, apoiando-se aquela na proteção da confiança e esta na proibição do dolo. Ademais, aquele que cobra uma obrigação causada por seu próprio comportamento doloso, ou dolosamente age aquando da lide judicial, não contradiz o próprio fato: antes atenta contra o Direito, que rechaça qualquer espécie de agir doloso.

Assim, considera-se diferenciada a proibição do *venire contra factum proprium*, que tem como traço distintivo a confiança, de figuras afins, que, ainda que comportem um comportamento contraditório em seu suporte fático, não se fundam na confiança, pensamento jurídico diretor do brocardo estudado.

---

[738] Nova nomenclatura dada à Lei de Introdução do Código Civil pela Lei 12.376, de 2010.

[739] Pode-se tentar um paralelo entre essa decisão e o precedente romano da *mater familia* emancipada, analisado no capítulo 1.1.1, *supra*.

Ato seguinte, passa-se ao estudo dos fundamentos dogmáticos da proteção da confiança por força da proibição do *venire contra factum proprium* no Direito brasileiro, derradeiro capítulo desta investigação.

3. Elementos constitutivos da proteção da confiança por força da proibição do *venire contra factum proprium* no direito privado

Destina-se este capítulo a abordar o problema da previsibilidade da aplicação do brocardo *venire contra factum proprium nemini licet*, a qual somente pode ser assegurada por meio de uma qualificação dos seus pressupostos de aplicação, bem como a alinhavar os efeitos decorrentes de sua aplicação.

Costuma-se dizer que os ordenamentos jurídicos buscam dois objetivos, quais sejam, a segurança jurídica e justiça no caso concreto.[740] Explica-se a relação entre esses escopos por meio de uma referência a uma espécie de tensão/conflito[741] ou à existência de uma hierarquia entre eles.[742]

No entanto, enquanto a primeira possibilita uma interpretação maniqueísta das finalidades do Direito, com imprópria sugestão de conflito entre o *reino* da segurança jurídica contra o *reino* da justiça no caso concreto, a segunda, ao dotar o ordenamento com uma prioridade teleológica, etiqueta-o, reduzindo sua complexidade.

---

[740] Gustav Radbruch elenca ainda como possível escopo dos ordenamentos jurídicos, além da garantia da justiça e a segurança, a busca do bem comum. RADBRUCH, Gustav. *Lo spirito del diritto inglese*. Traduzido por Alessandro Barata. Milano: Giuffre, 1962. p. 39.

[741] Nesse sentido, Elena de Carvalho Gomes fala de uma dialética entre segurança e justiça. GOMES, Elena de Carvalho. *Entre o actus e o factum*: os comportamentos contraditórios no direito privado. Belo Horizonte: Del Rey, 2009. p. 3.

[742] Nesse sentido, RADBRUCH, *op. cit.*, p. 39.

Prefere-se referir-se à relação entre segurança e justiça por meio de um *diálogo*[743] de finalidades. Dessa forma, a construção do Direito dar-se-ia por meio do *diálogo* entre a segurança jurídica e da Justiça, não pelo seu conflito ou hierarquia. Evidentemente, como ocorre em qualquer diálogo, por vezes uma razão pode ceder à outra.[744] O resultado – a construção do Direito – decorre, no entanto, da interação dessas duas lógicas.

Exemplifica bem esse fenômeno dialógico o próprio *venire*. O brocardo fundamenta-se no princípio da proteção da confiança, o qual se vincula ao pensamento da segurança jurídica,[745] mas serve, no mais das vezes, como razão para se encontrar a justiça no caso concreto, que se realiza por meio de *uma correção do direito estrito*.[746]

Dessa forma, no que tange à aplicação do *venire*, um dos caminhos para garantir a segurança jurídica e otimizar a possibilidade de realização da justiça no caso concreto vem a ser acertar seus pressupostos de consequência jurídica, bem como seus efeitos, objetivo deste capítulo.

---

[743] Com efeito, se mesmo a aplicação das fontes normativas são explicadas por meio do diálogo entre elas, pode-se igualmente defender que as finalidades do ordenamento não, necessariamente, conflitam, antes se realizam dialogalmente. Sobre o diálogo das fontes, teoria radicada em Erik Jayme e desenvolvida no Brasil por Cláudia Lima Marques, ler, por todos, MARQUES, Cláudia Lima. Superação das antinomias pelo diálogo das fontes: o modelo brasileiro de coexistência entre o Código de Defesa do Consumidor e o Código Civil de 2002. In: JUNQUEIRA DE AZEVEDO, Antonio; TORRES, Heleno Taveira; CARBONE, Paolo (Coords.). *Princípios do Novo Código Civil brasileiro e outros temas* – homenagem a Tullio Ascarelli. São Paulo: Quartier Latin, 2008. p. 130-69.

[744] Do cenário jurídico inglês, Gustav Radbruch sinaliza que a segurança seria a ideia jurídica dominante, o que seria demonstrado pela história jurídica do país. RADBRUCH, *op. cit.*, p. 40.
No âmbito do direito alemão, Vera Maria Jacob de Fradera assinala que os alemães, sobretudo na elaboração do BGB, teriam optado assegurar aos jurisdicionados a segurança jurídica, como o mais importante valor a ser protegido. FRADERA, Véra Maria Jacob de. *Reflexões sobre a contribuição do Direito comparado para a elaboração do Direito comunitário*. Belo Horizonte: Del Rey, 2010. p. 84.
Na esfera jurídica brasileira, o diálogo entre Segurança e Justiça está enriquecido. Em prol da justiça no caso concreto, visualiza-se o aparecimento do que se convencionou chamar de *ativismo judicial* e a figura da relativização da coisa julgada. Em prol da segurança jurídica, enumera-se o fenômeno dos precedentes obrigatórios, que estabelecem uma igualdade do jurisdicionado à uniformidade de decisões judiciais, garantindo uma maior previsibilidade e segurança jurídica.

[745] Neste sentido, FRADERA, Véra Maria Jacob de. A vedação de *venire contra factum proprium* e sua relação com os princípios da confiança e da coerência. Direito e Democracia, *Revista do Centro de Ciências Jurídicas* – Ulbra, Canoas, v. 9, n. 1, p. 130, jan./jun. 2008.
Fazendo a conexão direta entre *venire* e o princípio da segurança jurídica, o ministro Cezar Peluso, no julgamento da ADI 4429/SP, assim se manifesta: "De certo modo, aqui também se aplica um princípio que compõe o princípio maior da segurança, um princípio que pertence à Teoria Geral do Direito: a proibição do comportamento contraditório". BRASIL. Supremo Tribunal Federal. Responsabilidade. Estado. Quebra da confiança. ADI 4429/SP, Tribunal Plano do Supremo Tribunal Federal, relator ministro Marco Aurélio. Data de julgamento 14.12.2011. Disponível em: <http://www.stf.jus.br>. Acesso em: 26 mar. 2012.

[746] Saliente-se ser a qualidade do *venire contra factum proprium* de corrigir o *ius strictum* o marco teórico escolhido por Elena de Carvalho Gomes. GOMES, op. cit., p. 3-8.

3.1. Pressupostos concretizadores

Os pressupostos dogmáticos da proibição do *venire contra factum proprium* podem ser considerados os elementos que, necessariamente, devem ocorrer no caso concreto, para que seja possível sua aplicação, bem como a geração de suas consequências.

Segundo João Baptista Machado,[747] os pressupostos de responsabilidade são: "aqueles elementos que, com referência ao plano empírico-descritivo das situações de facto, concretizam ao nível operacional do direito o princípio (ou fundamento) ético-jurídico da imputação".

A necessidade de precisá-los decorre justamente da inexistência de um princípio geral de proibição do comportamento contraditório, conforme acertadamente afirma Paulo Mota Pinto:[748]

> Não existindo um princípio geral de proibição absoluta do comportamento contraditório no nosso direito privado, deparamo-nos com a concomitante necessidade de explicitação e densificação dos critérios pelos quais em certos casos é proibido *venire contra factum proprium*.

Doutrinadores brasileiros[749] que pesquisaram o tema elencam, substancialmente, quatro pressupostos para a aplicação da proibição do comportamento contraditório: um, o *factum proprium*, ou seja uma conduta anterior; dois, a confiança legítima, gerada pelo *factum proprium*; três, a contradição ao *factum proprium*, que no brocardo é identificado pelo *venire*; e, quatro, um dano efetivo ou potencial.

Essa ordenação, ainda que não esteja incorreta, não cobre, suficientemente, todas as nuances da proibição do comportamento contraditório, não obtendo sucesso, desta forma, em lhe dar contornos precisos, o que contribui para uma desaconselhada utilização superficial do instituto.

Em razão de sua qualidade, os pressupostos de configuração do *venire* serão divididos, na análise proposta, em estruturais, objetivos, subjetivos e sistemáticos. O pressuposto sistemático refere-se a uma

---

[747] BAPTISTA MACHADO, João. Tutela da confiança e "Venire contra Factum Proprium". In: ——. *Obra dispersa*. Braga: Scientia Jurídica, 1991. V. I. p. 413.

[748] PINTO, Paulo Mota. Sobre a proibição do comportamento contraditório (*venire contra factum proprium*) no Direito Civil. *Revista Trimestral de Direito Civil*, Rio de Janeiro: Padma, v. 16, p. 164, out./dez. 2003.

[749] Nesse sentido, leia-se SCHREIBER, Anderson. *A proibição de comportamento contraditório – Tutela da confiança e venire contra factum proprium*. 2. ed. rev. e atual. Rio de Janeiro: Renovar, 2007. p. 131 e ss. Alterando um pouco a nomenclatura, Elena de Carvalho Gomes chega, fundamentalmente, aos mesmos pressupostos, assim nominados: o *factum proprium*; a confiança digna de tutela; o exercício contraditório do Direito; e o dano. Ver GOMES, Elena de Carvalho. *Entre o actus e o factum: os comportamentos contraditórios no Direito Privado*. Belo Horizonte: Del Rey, 2009. p. 97-114.

característica idiossincrática do sistema jurídico – a mobilidade sistemática –, que deve ser esclarecida para que se possa aplicar corretamente o instituto. O elemento estrutural é caracterizado pela relação formal entre os comportamentos (*factum proprium* e *venire*). Os elementos objetivos são aqueles externos, que independem do *animus* do agente, e dentre eles se encontram o pré-comportamento, a confiança, a disposição de confiança e a conexão causal entre a confiança e a disposição. Os pressupostos subjetivos dizem respeito a fatores relativos às partes envolvidas, sendo simétricos, pois haverá, do lado daquele que confia – o confiante – um elemento subjetivo que vem a ser a dignidade de proteção da confiança (*die Schutzwürdigkeit des Vertrauens*), e, do lado do agente que acorda a confiança, outro elemento subjetivo, que vem a ser, justamente, a imputabilidade (*die Zurechenbarkeit*).[750]

3.1.1. Pressuposto sistemático

A técnica legislativa vale-se de *previsões normativas rígidas*, que são preceitos que possuem uma hipótese legal e uma consequência jurídica determinada e são aplicados por meio da subsunção, e de *previsões normativas abertas*, que são as cláusulas gerais que possuem indeterminação tanto na hipótese quanto na consequência legal, e são aplicados por meio do método da concreção. As cláusulas gerais, com seu conteúdo indeterminado, dotam o sistema com uma maior flexibilidade, são "um convite para uma atividade judicial mais criadora,"[751] constituindo-se em portas de entrada de valores no sistema".[752]

Um sistema jurídico que se servisse somente de previsões normativas rígidas seria um *sistema fechado*, que teria que discriminar a totalidade dos atos sociais juridicamente relevantes, o que, além de contar com uma impossibilidade material, demandaria uma constante atualização, visto que os fenômenos sociais não podem ser engessados.[753]

---

[750] DETTE, *op. cit.*, p. 71.

[751] COUTO E SILVA, Clóvis Veríssimo do. O Direito Civil brasileiro em perspectiva histórica e visão de futuro. *In*: FRADERA, Vera Maria Jacob de (Org.). *O Direito Privado brasileiro na visão de Clóvis do Couto e Silva*. Porto Alegre: Livraria do Advogado, 1997. p. 31.

[752] As virtudes e riscos da abertura axiológica das cláusulas gerais são delineados em lição que Fabiano Menke apresenta, *verbis*: "Lutz Mager afirma que, assim como hoje em dias as cláusulas gerais servem como porta de entrada de valores constitucionais, na época do nacional-socialismo elas foram utilizadas como janela de abertura para a concepção valorativa do momento, especialmente para as teorias raciais". MENKE, Fabiano. A interpretação das cláusulas gerais: a subsunção e a concreção dos conceitos. *AJURIS, Revista da Associação dos Juízes do Rio Grande do Sul*, Porto Alegre, a. XXXIII, n. 103, p. 73, set. 2006.

[753] Ilustra essa pretensão o Código Geral da Prússia (ALR – *Allgemeines Landrechts für den Preußischen Staaten*), de 1794, que, detendo 19.000 artigos, no dizer de Ralph Weber, buscava apanhar a totalidade da realidade social, prevendo-a juridicamente. WEBER, Ralph. *Entwicklung*

Atualmente, nenhum ordenamento jurídico pretende-se completo. Por reconhecer essa impossibilidade de completude, os sistemas são *abertos*, valendo-se de regras, de princípios e cláusulas gerais. Com efeito, o recurso à abertura sistemática, no dizer de Claus-Wilhelm Canaris:[754] "significa a *incompletude e a provisoriedade do conhecimento científico*".

No entanto, o elemento sistemático que a aplicação do *venire contra factum proprium* pressupõe não diz respeito nem à abertura, nem ao fechamento do sistema, antes à sua *mobilidade*.

Assim, o primeiro pressuposto elencado não concerne a um requisito intrínseco do *venire*; antes diz respeito a um antecedente extrínseco, de uma concepção do sistema jurídico, necessária para a ideia de concretização do instituto, qual seja: *parte* do sistema jurídico deve ser concebido como um *sistema móvel*, teoria desenvolvida pelo civilista austríaco Walter Wilburg.[755]

Reconhece o sistema móvel que parte do ordenamento jurídico é constituída de uma espécie normativa semifechada e concomitantemente semiaberta. Assim, determinados critérios gerais mantêm-se certos/firmes, mas as consequências legais resultam somente da consideração, em vista de cada caso concreto, correspondendo a uma *co-operação/concorrência* destes elementos, segundo o número e forca de cada qual.[756]

Com efeito, há similaridade, mas não identidade, entre o sistema móvel e as cláusulas gerais,[757] repetindo-se igualmente a orientação de

---

und Ausdehnung des § 242 BGB zum "königlichen Paragraphen". Juristische Schulung, München, Beck, Heft 8, p. 631, 1992.

[754] CANARIS, Claus-Wilhelm. *Pensamento sistemático e conceito de sistema na ciência do Direito*. Traduzido por António Menezes Cordeiro. Lisboa: Fundação Calouste Gulbenkian, 2008. p. 106.

[755] Walter Wilburg desenvolveu a teoria do sistema móvel em uma série de trabalhos, destacando-se sua oração inaugural proferido na investidura como *Rector magnificus* da Universidade Karl-Franzens de Graz, em 22 de Novembro de 1950. WILBURG, Walter. Desenvolvimento de um sistema móvel no direito civil. Tradução do alemão para o português por SOUZA, Dora Moreira; GUICHARD, Raul. Disponível em: <http://www.estig.ipbeja.pt/~ac_direito/Guichard-Desenvolvimento.pdf>. Acesso em: 15 maio 2011.
Para uma análise da sua teoria sistemática, leia-se LOSANO, Mario G. Sistema e estrutura no direito. O século XX. Traduzido por Luca Lamberti. São Paulo: WMF Martins Fontes, 2010. V. 2. p. 269-310.

[756] DETTE, *op. cit.*, p. 54. No original, afirma o autor: "Das bedeutet, dass zwar bestimmte Kriterien generell feststehen, dass sich die Rechtsfolge aber nur im Hinblick auf den jeweiligen Einzelfall entsprechend dem "Zusammenwirken dieser Elemente je nach Zahl und Stärke" ergibt".
Saliente-se que esta expressão, que sintetiza a tese da necessidade de uma ação conjunta destes elementos (*"Zusammenwirken dieser Elemente je nach Zahl und Stärke"*) é de lavra de Walter Wilburg.

[757] Hans Walter Dette fala de um certo parentesco entre sistema móvel e cláusulas gerais. DETTE, *op. cit.*, p. 55. No original: "Allerdings ist eine gewisse Verwandschaft mit den Generalklauseln

Claus-Wilhelm Canaris,[758] segundo o qual o sistema móvel toma uma posição intermediária entre a cláusula geral e o suporte fático determinado, ou seja, entre o sistema aberto e o sistema fechado.

Assim, completando o quadro de possíveis *previsões normativas* apresentado no primeiro parágrafo deste capítulo, poder-se-ia dizer, que, ao par das *rígidas* e *abertas*, o sistema seria complementado por *previsões normativas móveis*.

Conforme explica Hans Walter Dette:[759]

> No sistema móvel, os elementos decisivos segundo conteúdo e número (*in casu*, os pressupostos da consequência jurídica) devem ser determinados e somente sua relação de mistura deverá ser variavelmente constituída e dependente das circunstâncias do caso concreto (tradução do autor).

Quanto mais as características fundamentais exigíveis forem realizadas, mais certa será a consequência legal. Também pode a fraqueza ou mesmo a falta de uma característica ser substituída pela força de uma outra.[760]

Mario Losano[761] explica o ponto de partida da concepção móvel do sistema:

> A constatação empírica de partida é a existência de princípios (chamados por Wilburg também de forças motrizes) que o direito e a ciência jurídica avaliam de modo excessivamente rígido, sem considerar que eles atuam em multiforme conjunção ou concorrência.

A mobilidade do sistema também seria expressa pela mútua influência dos seus elementos. Hans Walter Dette[762] opina que seria de pleno sentido atribuir ao *venire* uma ordenação sob o sistema móvel, pois lhe possibilitaria a construção de um pensamento de necessário

---

nicht zu leugnen. Bewegliche Systeme nehmen eben eine Zwischenstellung zwischen diesen und den festen Tatbeständen ein, woraus sich ihre Schwächen wie ihre Vorzüge ergebe".

[758] CANARIS, *op. cit.*, p. 147-8. Afirma o professor alemão: "Neste campo cabe, ao sistema móvel, um papel especialmente importante uma vez que ele, como se disse, dá, de modo muito feliz, um meio termo entre as previsões normativas firmes e as cláusulas gerais e confere uma margem quer à tendência generalizadora de justiça, quer à individualizadora".

[759] DETTE, *op. cit.*, p. 55. No original: "Beim beweglichen System hingegen sollen die massgeblichen 'Elemente nach Inhalt und Zahl generell bestimmt' und lediglich ihr 'Mischungsverhältnis' soll variabel gestaltet und von den Umständen des Einzelfalls abhängig sein".

[760] Neste sentido, DETTE. *Ibid.*, p. 54. Assim o autor se expressa: "Je mehr danach die grundsätzlich erforderlichen Merkmale erfüllt sind, desto eher wird die entsprechende Rechtsfolge erreicht. Auch kann die Schwäche, ja sogar das Fehlen eines Merkmals durch die Stärke bzw. das Hinzutreten eines anderen ersetzt werden".

[761] LOSANO, Mario G. *Sistema e estrutura no direito. O século XX*. Traduzido por Luca Lamberti. São Paulo: WMF Martins Fontes, 2010. V. 2. p. 286.

[762] DETTE, *op. cit.*, p. 54. Afirma o autor: "Deswegen könnte sich ein solches "bewegliches System" für den Bereich des venire contra factum proprium als sinnvoll erweisen".

matiz individualizador, diferente de uma determinação por um suporte fático geralizador.[763]

Hans Walter Dette[764] investiga diante desse problema qual norma no Direito privado alemão daria entrada para a aplicação de um sistema móvel, ou seja, que quebrasse o princípio da aplicação tudo ou nada no Direito privado. Encontra o autor essa norma no § 254,[765] BGB, que reza:

> § 254 Participação na culpa
> Se, na produção de um dano, concorrer uma culpa do prejudicado, dependerá a obrigação à indenização, bem como o alcance da obrigação a prestar, das circunstâncias, particularmente do fato de que até que ponto o dano foi, preponderantemente, por uma ou por outra parte, causado.
> Aplica-se isto, mesmo quando a culpa do prejudicado se limita à circunstância de que negligenciou ele de chamar a atenção do devedor sobre o perigo de um dano inteiramente excepcional que o devedor não conhecia nem era obrigado a conhecer, ou de que negligenciou ele de afastar ou de minorar o dano. As disposições do parágrafo 278 encontram, analogamente, aplicação (traduzido por Souza Diniz).

O autor[766] encontra nesse artigo a característica do sistema móvel de ponderar diferentes fatores diferentemente, visto inexistir uma relação hierárquica determinada (*kein festes Rangverhältnis*) entre eles.

Atualmente, a técnica legislativa conjuga partes móveis e imóveis nas leis, o que permite uma maior flexibilidade do sistema. Confirma a tese de coexistência de porções imóveis e móveis no sistema alemão, Claus-Wilhelm Canaris:[767] "O Direito positivo compreende, portanto, partes do sistema imóveis e móveis, com predomínio básico das primeiras".

O sistema do Direito brasileiro válido, no entanto, é fundamentalmente imóvel, tal qual o alemão,[768] devendo-se questionar se teria

---

[763] DETTE, *op. cit.*, p. 56.
[764] *Ibid.*, p. 54
[765] No original, lê-se: § 254 Mitverschulden
(1) Hat bei der Entstehung des Schadens ein Verschulden des Beschädigten mitgewirkt, so hängt die Verpflichtung zum Ersatz sowie der Umfang des zu leistenden Ersatzes von den Umständen, insbesondere davon ab, inwieweit der Schaden vorwiegend von dem einen oder dem anderen Teil verursacht worden ist.
(2) Dies gilt auch dann, wenn sich das Verschulden des Beschädigten darauf beschränkt, dass er unterlassen hat, den Schuldner auf die Gefahr eines ungewöhnlich hohen Schadens aufmerksam zu machen, die der Schuldner weder kannte noch kennen musste, oder dass er unterlassen hat, den Schaden abzuwenden oder zu mindern. Die Vorschrift des § 278 findet entsprechende Anwendung".
[766] DETTE, *op. cit.*, p. 54.
[767] CANARIS, *op. cit.*, p. 138.
[768] Acerca da realidade normativa alemã, Claus-Wilhelm Canaris afirmou: "A consideração da nossa ordem jurídica não deixa dúvidas quanto à resposta: o sistema do Direito alemão vigente

espaço a ponderação do critério de mobilidade segundo o número e a força. Evidentemente, conforme escreve Hans Walter Dette:[769] "um ordenamento jurídico não poderia ser construído exclusivamente como um sistema móvel".

O sistema adotado no Direito brasileiro igualmente para se fixar o valor da indenização por dano extrapatrimonial, especialmente o dano moral, parece permitir um juízo afirmativo no que se refere à admissão e correção do sistema móvel.

De fato, diferentes fatores são elencados pela doutrina e jurisprudência como critérios de ponderação para a fixação do dano moral, tais como a capacidade econômica das partes, grau de culpa (previsto especificamente no parágrafo único do art. 944 do Código Civil, aliás, previsto normativamente com um caráter móvel em vista de que faculta ao magistrado uma possibilidade de adaptação do valor indenizatório de acordo com o grau da culpa).

Dessa forma, a mobilidade sistemática não seria estranha ao Direito brasileiro, podendo-se cogitar, desta forma, de que exista em outras searas normativas, tal como no instituto da proibição do comportamento contraditório.

Hans Walter Dette[770] dá alguns exemplos em que nota que o sistema móvel se localiza, às vezes, onde há uma cláusula geral. No entanto, isso para ele não quer dizer que se deva identificar o sistema móvel com as cláusulas gerais,[771] pois o que caracterizaria a cláusula geral seria a necessidade de preenchimento valorativo, visto ela não oferecer para sua concretização critérios exigíveis, deixando-se resolver fundamentalmente com a consideração do caso concreto isolado.

A admissibilidade de partes móveis no sistema traz o risco de que se diminua a segurança jurídica, visto inexistir na mobilidade sistemática a previsibilidade assecuratória fornecida mediante de um suporte fático jurídico determinado. No entanto, esta insegurança é mais acentuada com as cláusulas gerais, visto que nestas o espaço de determinação da norma é mais dependente das circunstâncias concretas,

---

não é, fundamentalmente, móvel, mas sim imóvel. *Ibid.*, p. 134. No mesmo sentido Hans Walter Dette assevera que: "Das System des geltenden deutschen Rechts ist nämlich grundsätzlichen unbeweglich". DETTE, *op. cit.*, p. 54.

[769] *Ibid.*, p. 56. No original: "Natürlich sollte nicht eine ganze Rechtsordnung als bewegliches System aufgebaut werden".

[770] *Ibid.*, p. 55.

[771] Toma-se o caráter distintivo da cláusula geral, da maneira como exposta por Claus-Wilhelm Canaris: "É característico para a cláusula geral o ela estar carecida de preenchimento com valorações, isto é, o ela não dar os critérios necessários para a sua concretização, podendo-se estes, fundamentalmente, determinar *apenas com a consideração do caso concreto respectivo*". CANARIS, *op. cit.*, p. 142.

de forma que este perigo não enfraquece a tese. Conforme afirma Hans Walter Dette,[772] em comparação à cláusula geral, o sistema móvel aumenta a segurança jurídica, socorrendo, desta forma, para a admissibilidade da mobilidade do sistema um argumento *a maiore ad minus*, ou seja, o que é válido para o mais (cláusula geral) vale também para o menos, para o sistema móvel.

A justiça não consiste em um fazer tudo igual (*Gleichmacherei*), antes ela tem também uma tendência individualizante.[773] Esta direção individualizadora do sistema móvel é igualmente limitada, uma vez que ele é construído com elementos determinados, certos. Dessa forma, o sistema móvel representa um feliz compromisso entre essas virtudes do sistema imóvel e o aberto, mantendo-se afastado tanto do rigorismo de normas fixas quanto da falta de fronteiramento da cláusula de equidade pura, e através disto fortalece a segurança jurídica mais que a última.[774]

Os pressupostos de aplicação do *venire*, dessa forma, não poderão ser fixos, visto que os suportes fáticos determinados são frequentemente muito estreitos ou muito amplos, desvantagem, que é, normalmente, vencida por meio da interpretação.

A preferência de um sistema móvel determina que se possa prescindir de determinados pressupostos quando eles forem compensados pelo número e força (*Zahl und Stärke*) de outros. No entanto, a flexibilidade não deve ser concebida como absoluta nos casos de proibição do *venire*, visto que existirão pressupostos imprescindíveis e que não admitirão substituição. Isso, pois a proibição do *venire contra factum proprium* está baseada, reconhecidamente, no princípio da proteção da confiança. No entanto, se esse princípio está baseado na proteção da confiança, poder-se-ia pensar que ele não poderá ser articulado como um sistema móvel, o qual, fundamentalmente, deixa aberto o peso das características individuais.

Ocorre que, mesmo para o ramo do Direito em que foi pensado o sistema móvel, originalmente, a saber, a responsabilidade civil, existe um pressuposto irrenunciável, sem o qual não se cogita da consequência jurídica, que vem a ser justamente a necessidade de ocorrência de dano. Com efeito, é inimaginável pensar-se em um caso de responsabilidade civil sem dano, do que decorre que mesmo para o ramo jurídico em que foi especificamente pensado, o sistema móvel contempla pressupostos fixos.

---

[772] DETTE, *op. cit.*, p. 56.
[773] *Ibid.*, p. 56.
[774] *Ibid.*, p. 56.

Da mesma forma, no *venire*, sempre se há de falar em confiança, sob pena de descaracterização do instituto, confiança que, sempre terá um peso considerável na configuração do *venire*. A existência da confiança é essencial, sendo, em última medida, um pressuposto irrenunciável para sua aplicação.[775]

Como a aplicação do *venire* conduz a uma modificação de uma situação jurídica material existente, o que implica em riscos a dogmas e princípios jurídicos (e.g., possibilidade de desconsideração da autonomia privada poderiam, pois, embora pela lei possa ser classificada a nulidade de um negócio, a aplicação do *venire* pode determinar a manutenção do negócio; o perigo de que a disposição de um diferente sistema de indenização conduza a um aumento de pretensões de enriquecimento; poderia haver um desequilíbrio entre a segurança jurídica e a pretensão de se fazer justiça no caso concreto, gerando riscos de imprevisibilidade de decisões), necessário para se amenizar estes riscos, que as decisões que aplicarem o pensamento do *venire* não se apoiem ligeira e simplesmente no comportamento contraditório, ou no abuso de direito, ou na violação da boa-fé objetiva.

Mais e mais deve a aplicação do instituto ser trabalhada de acordo com próprios critérios, que os pressupostos dessa norma material "vizinha da lei" (*nebengesetzliche Sachnorm*) descrevam.[776]

A aplicação do instituto deve observar a existência dos pressupostos, da mesma forma como atua o postulado da teoria do método, segundo o qual a vinculação a uma lei prescreve que uma decisão esteja apoiada em uma norma, que tenha suporte fático e consequência jurídica por conteúdo. Esse cuidado é ainda maior quando se aplica uma norma material que não esteja apoiada em uma lei, devendo se desenvolver seu conteúdo normativo, de forma a garantir uma previsibilidade de decisões e um aumento da segurança jurídica.[777]

Dois seriam os possíveis modos de sistematização de pressupostos.

O primeiro seria considerar o *venire* uma cláusula geral, que significa a não determinação dos pressupostos de aplicação, os quais devem ser preenchidos caso a caso. A vantagem seria o processo elástico que permitiria colocar a cada caso o critério geral do pensamento jurídico. No entanto, a desvantagem desse sistema é justamente essa

---

[775] DETTE, *op. cit.*, p. 68. Afirma o autor: "Deswegen ist das Vorliegen des Vertrauens auch wesentliche, wenn auch nicht völlig unverzichtbare Voraussetzung für seine Anwendbarkeit".
[776] *Ibid.*, p. 51.
[777] *Ibid.*, p. 51-52.

elasticidade, que não traria segurança jurídica e o processo de concretização não encontraria fim.[778]

Sobretudo, fala contra essa tentativa de ordenação o fato de o *venire* não estar previsto, normativamente, assim, de forma que, desta forma, o que não é cláusula geral não pode ser visto como cláusula geral.

O segundo seria estruturar os critérios do *venire* com a promoção quanto mais precisa de características determinadas e inevitáveis. Como afirma Hans Walter Dette,[779] "isto iria aumentar a previsibilidade das decisões". A desvantagem dessa determinação conceitual consiste no fato de que as características conceituais frequentemente não cobrem todos os casos. Essa desvantagem é suprida pelas características do sistema móvel, pois, de acordo com o número e a força de outros pressupostos, mesmo não primeiramente previstos no quadro prévio do instituto, poder-se-ia realizar uma relação de confiança necessária para provocar as consequências jurídicas. Esses pressupostos serão considerados complementares.

3.1.2. Pressuposto estrutural

Descontextualizado e tal como linguisticamente é articulado, o *venire contra factum proprium nemini licet* pode ser considerado um falso axioma, pois, embora se apresentando como uma verdade, seu conteúdo positivo de que a ninguém é lícito ir contra seus próprios atos, é facilmente falseado.

O axioma são verdades autoevidentes, incapazes de serem demonstradas. Para Aristóteles,[780] os axiomas seriam "as proposições primeiras de que parte a demonstração" e também "os princípios que devem ser necessariamente possuídos por quem queira aprender qualquer coisa". Enquanto verdades autoevidentes, fundam o desenvolvimento de determinada ciência, tendo sido utilizados pelos matemáticos para designar os princípios não demonstráveis, mas incontestáveis. Nicola Abbagnano[781] ensina que um dos axiomas mais fundamentais que existem é o axioma (ou princípio) da contradição,[782]

---

[778] Neste sentido, DETTE. *Ibid.*, p. 52.

[779] *Ibid.*, p. 53. No original: "Das würde die Vorhersehbarkeit der Entscheidungen erhöhen".

[780] ARISTÓTELES *apud* ABBAGNANO, Nicola. *Dicionário de Filosofia*. São Paulo: Martins Fontes, 2007. p. 116.

[781] *Ibid.*, p. 116 e 236.

[782] *Ibid.*, p. 236, afirma que: "Tendo nascido como princípio ontológico, o princípio da contradição só passou para o campo da lógica no século XVIII, para tornar-se, nesse mesmo século, uma das "leis fundamentais do pensamento".

formulado por Aristóteles,[783] segundo o qual *nada pode ser e não ser simultaneamente, segundo o mesmo aspecto*.

Num primeiro momento, a ocorrência de um parentesco entre o princípio da contradição, pelo qual nada pode ser e não ser ao mesmo tempo, e a ideia do *venire contra factum proprium*, pela qual ninguém pode ir contra um ato próprio, é de ser cogitada, pois ambos os pensamentos apoiam-se na impossibilidade de contradição.

Divergem as noções, fundamentalmente, pela sincronia necessária para a justa configuração da primeira em relação à assincronia imprescindível para a caracterização da segunda. Com efeito, caracteriza o axioma da contradição a impossibilidade de, num mesmo instante, algo ser e não ser, o que não impede, absolutamente, que algo que é torne-se, sucessivamente, algo diferente. Essa ideia fica clara associando-se esse princípio a uma fotografia, na qual um objeto não poderá aparecer/existir e não aparecer/existir ao mesmo tempo. De outra forma, faz parte do pensamento subjacente ao *venire contra factum proprium* a admissão de algum devir, e a modificação da conduta de uma determinada pessoa – a contradição – ocorre junto a esta passagem temporal. A associação, ao contrário, que deve ser feita é a um filme, a um processo sucessivo de atos, entre os quais ocorre uma contradição.

Outra diferença fundamental entre as ideias é que, enquanto o princípio da contradição é um pressuposto científico, lógico, que permite a expansão do conhecimento humano, através do manuseio da razão, o *venire contra factum proprium* é um postulado com pretensões jusjurídicas, que não se submete, a toda vista, ao mesmo regramento lógico.

Ademais, o princípio da contradição não é suscetível de ser falseado,[784] enquanto a falseabilidade do *venire* foi demonstrada pelo seu

---

[783] Aristóteles promove a defesa do princípio da não contradição no Livro IV, da Metafísica. Ler: ARISTÓTELES. *Metafísica*. Ensaio introdutório, texto grego com tradução e comentário de Giovanni Reale. Volume II. Texto grego com tradução ao lado. Traduzido por Marcelo Perine. São Paulo: Loyola, 2005. p. 141-177. Sobre o tema, ler: ANGIONI, Lucas. *Princípio da não-contradição e semântica da predicação em Aristóteles*. Analytica, v. 4, n. 2, p. 121-158, 1999; IRWIN, Terence H. Aristotle's First Principles. Oxford: Clarendon Press, 1988. p. 179-198; LUKASIEWICZ, Jan. Sobre a lei da contradição em Aristóteles. *In*: ZINGANO, Marco. *Sobre a metafísica de Aristóteles*: textos selecionados. São Paulo: Odysseus, 2005. p. 01-24; ZILLIG, Raphael. *Significação e não-contradição*. Analytica, Rio de Janeiro: UFRJ, v. 11, n. 1, p. 107-126, 2007; ZINGANO, Marco Antônio de Ávila. Notas sobre o princípio de não contradição em Aristóteles. *Cadernos de História e Filosofia da Ciência*, Campinas: UNICAMP, v. 13, n. 1, p. 7-32, jan./jun. 2003.

[784] Sobre a crítica e permanência do princípio da contradição, Irving Copi escreveu: "O Princípio da Contradição foi criticado por hegelianos, os mânticos, em geral, e os marxistas, com fundamento em que há contradições, ou situações nas quais forças contraditórias ou conflitantes estão em ação. Devemos admitir que há situações que contêm forças conflitantes, e isto é tão verdadeiro no domínio da mecânica como nas esferas social e econômica. Nas é uma terminologia vaga e

próprio redator, Azo, que cuidou de elencar casos em que era permitido o comportamento contraditório e casos em que era proibido.

No entanto, em que pesem essas divergências, o pensamento condutor das referidas lógicas é o mesmo, qual seja, a inadmissibilidade de uma contradição, seja simultânea ou sucessiva.

Nesse sentido, Reinhard Singer[785] entende, com correção, que o *venire contra factum proprium* deve ser apreendido como uma relação formal entre dois comportamentos de uma mesma pessoa, sendo que somente se pode falar de comportamento contraditório quando os atos estiverem numa relação de negação um com o outro. Para Reinhard Singer,[786] a essência do comportamento contraditório, que seria justamente essa relação negativa entre dois atos, seria, frequentemente, desconhecida.

Reinhard Singer[787] analisa as expressões que são utilizadas pela doutrina e jurisprudência alemãs para marcar o conceito (*widersprüchliches Verhalten, venire contra factum proprium, gegensätzliches Verhalten, unlösbarer Widerspruch*) e conclui existir uma relação formal entre o comportamento anterior e posterior, relação que não seria de qualquer natureza, mas de caráter negatório.

O autor investiga as partículas que marcam, no idioma alemão, e encontra em todas (*wider, gegen* ou *contra*) uma forma de relação formal.[788] Com efeito, a contradição pressupõe a existência de duas posições e uma relação entre estas. A contradição não requer um juízo de incorreção da primeira posição, o que implicaria uma relação material: antes, a contradição caracteriza-se por ser uma relação meramente formal entre duas posições. A espécie de relação formal que se retira dessas pequenas partículas que compõe não é uma relação positiva, antes negativa: sua real natureza é, dessa forma, a negação do comportamento anterior.

---

inconveniente chamar 'contraditórias' a essas forças conflitantes. O calor aplicado a um gás contido, o qual tende a provocar a sua expansão, e o recipiente que tende a conter a expansão desse gás, podem ser descritos como um conflito mútuo, mas nenhum deles é a negação do outro. O proprietário privado de uma grande fábrica, que requer milhares de operários que trabalham em conjunto para o seu funcionamento, pode opor-se ao sindicato e ser, por seu turno, combatido por este, o qual jamais se teria organizado, se seus filiados não tivessem sido reunidos para trabalhar nessa fábrica; mas nem o proprietário nem o sindicato são a negação ou o contraditório do outro. Quando entendido no sentido em que se considera correto, o Princípio de Contradição é perfeitamente verdadeiro e igualmente indiscutível". COPI, Irving M. *Introdução à lógica*. Traduzido por Álvaro Cabral. 2. ed. São Paulo: Mestre Jou, 1978. p. 257.

[785] SINGER, Reinhard. *Das Verbot widersprüchlichen Verhaltens*. München: Beck, 1993. p. 21.

[786] *Ibid.*, p. 23, *verbis*: "Das Wesen des widersprüchlichen Verhaltens als negatorisches Verhältnis zweier Akte wird häufig verkannt."

[787] *Ibid.*, p. 21.

[788] *Ibid.*, p. 21.

Essa delimitação do conteúdo estrutural da proibição do *venire contra factum proprium* é necessária e determinante para lhe dar autonomia e operabilidade, bem como para lhe dotar de segurança jurídica. Obra também para, efetivamente, distingui-la de um valor, ao qual, normalmente, é equiparada, que vem a ser a coerência.

Não poucos doutrinadores as usam como verdadeiros sinônimos. A qualificação da contradição como relação formal negatória empresta uma distinção elementar, pois, enquanto que a contradição, por exemplo, pode ser expressa pela relação entre uma posição assumida "A" e a posição superveniente "Não A",[789] a incoerência deverá ser entendida como a relação entre uma posição assumida "A" e a posição superveniente "B", ou "C", ou "D", etc.

Assim, pode-se afirmar que a incoerência se caracteriza por ser uma incontinualidade do agir, ou uma desuniformidade de proceder: a contradição, por sua vez, se distingue por ser uma negação do anterior agir.

Para Reinhard Singer,[790] a aplicação do princípio da contradição, que possibilite autonomia ao pensamento do *venire*, somente pode ser conseguido através da caracterização do conceito de contradição como uma relação formal e negatória, que possibilite as afirmações predicativas A e Não A ao comportamento.

Reinhard Singer[791] faz uma comparação com a utilização linguística do princípio da contradição no campo da lógica, no qual seu sentido se alcança quando duas frases, que se comportam, uma em relação à outra, como afirmação e negação, apresentam-se com pretensão de verdade. A relação existente entre essas assertivas contraditórias é igualmente formal, e o critério para a determinação de uma contradição é a negação.

A estrutura da relação apoia-se em duas vigas fundamentais: a formalidade e a negação. Em causa, dessa forma, está a investigação, não do conteúdo do comportamento, *e.g.*, se justo ou injusto, mas questões que atinam ao que a ação aparenta e, principalmente, averiguar a condição denegatória dos comportamentos.

---

[789] Nesse sentido, Reinhard Singer afirma que existirá um comportamento contraditório sempre que uma pessoa for autora de dois atos, cuja descrição contenha as afirmações "A" e "Não A". SINGER, *op. cit.*, p. 23.

[790] *Ibid.*, p. 23: "Zur Rechtsfindung tauglich ist nach alledem nur ein Widerspruchsprinzip, das selbständige Aussagen über die Gegensätzlichkeit im Verhalten einer Person ermöglicht, und dies vermag nur ein formaler, ein negatorisches Verhältnis kennzeichnender Widerpruchsbegriff, der über das Verhalten einer Person Aussagen mit den Prädikaten a und non-a ermöglicht".

[791] *Ibid.*, p. 22.

Disso decorre igualmente a necessidade de que os comportamentos correlacionados tenham uma mesma substância, ou um similar *status* ontológico. Assim deve ser lida a assertiva de Reinhard Singer,[792] para quem:

> A igualdade de substância das descritas contradições confirma até aqui a tese inicial de que o comportamento contraditório caracteriza-se por uma relação formal de dois atos, que pode ser descrita por meio da negação (tradução do autor).

Essa relação formal negatória entre os comportamentos daquele que acorda a confiança de outro é o elemento que sustenta a aplicação do brocardo, que lhe permite autonomia, devendo, por isto, ser reconhecido como um pressuposto estrutural do *venire*, o que muito obra em precisar e delimitar o campo de aplicação da *regula iuris*.

3.1.3. Pressupostos objetivos

Arrolam-se quatro pressupostos objetivos para se configurar o suporte fático que possibilitará a aplicação do brocardo do *venire contra factum proprium*, quais sejam: primeiro, uma pré-conduta de uma das partes; segundo, a confiança da outra parte; terceiro, a disposição de confiança; e quarto, o nexo causal entre a confiança e a disposição.

3.1.3.1. A pré-conduta de uma das partes

A pré-conduta, ou pré-comportamento de uma das partes, o que, no brocardo, vem identificado pela expressão *factum proprium*, é uma característica essencial do *venire contra factum proprium*, pois somente através de algum comportamento preliminar pode ser provocada a confiança que será protegida.[793]

Conforme afirma João Baptista Machado:[794]

> O ponto de partida é, portanto, uma anterior conduta de um sujeito jurídico que, objetivamente considerada, é de molde a despertar noutrem a convicção de que ele também no futuro se comportará, coerentemente, de determinada maneira.

---

[792] SINGER, *op. cit.*, p. 23: "Die Wesensgleichheit der beschriebenen Widersprüche bestätigt insofern die Ausgangsthese, daß widersprüchliches Verhalten ein formales Verhältnis zweier Akte kennzeichnet, das mittels Negation beschrieben warden kann".

[793] Nesse sentido, DETTE, *op. cit.*, p. 57. O autor afirma, no original, que: "Ein wesentliches Merkmal ist das sog. Vorverhalten, denn erst durch irgendein Vorverhalten wird das zu schützende Vertrauen ausgelöst".

[794] BAPTISTA MACHADO, João. Tutela da confiança e "Venire contra Factum Proprium". In: ——. *Obra dispersa*. Braga: Scientia Jurídica, 1991. V. I. p. 416.

A pré-conduta não é, juridicamente, vinculante, pois, se o fosse, tratar-se-ia de um negócio jurídico, resolvido por suas instâncias próprias.[795] No entanto, ainda que ela não seja vinculante, deve ser suficientemente objetiva, a ponto de criar uma situação legítima de confiança. Nesse sentido, João Baptista Machado[796] refere que:

> A confiança digna de tutela tem de radicar em algo de objectivo: numa conduta de alguém que de facto possa ser entendida como uma tomada de posição vinculante em relação a dada situação futura.

É necessário que o *factum proprium*, contraditado pela posterior conduta, tenha ainda um determinado sentido. Do conteúdo desse sentido assoma que a ação precedente, suscitadora da confiança, não pode ser ilícita e deve ser, necessariamente, relevante.

Esclarecedor, nesse ponto, vem a ser o pensamento do professor Hans Josef Wieling,[797] que assinala que não se pode contradizer uma ação ilícita, devendo-se antes desistir de se comportar ilicitamente. Ademais, não seria legítimo criarem-se expectativas arrimadas em uma ação sabidamente ilícita.

Hans Josef Wieling, através de exemplos, ilustra ainda que o *factum proprium* deve ser relevante, para poder ser colorido pelo direito. Asserta o autor alemão:[798]

> Não pode ser um problema de *venire contra factum proprium* se eu rego minha relva ou não, se lavo meu carro ou não, ou se participo de uma demonstração ou não (tradução do autor).

A pré-conduta situa-se dentro de uma relação especial (*Sonderbeziehung*), no limiar de um negócio jurídico, visto que, na certeira formulação de Manuel Carneiro da Frada:[799]

---

[795] E conforme salienta Elena de Carvalho Gomes: "a autonomia dogmática da proibição de voltar-se contra a conduta anterior depende necessariamente de que se excluam, do âmbito do *factum proprium*, as declarações de vontade". GOMES, *op. cit.*, p. 100.

[796] BAPTISTA MACHADO, *op. cit.*, p. 416.

[797] No original, lê-se: "Eine rechtswidrige Handlung kommt von vornherein nicht in Betracht, denn dazu darf ich mich jederzeit in Widerspruch setzen: ich darf aufhören, rechtswidrig zu handeln". WIELING, Hans Josef. *Recensão a Hans Walter Dette: Venire contra factum proprium nulli conceditur*. Archiv für die civilistische Praxis, Tübingen: Mohr, v. 187. p. 97, 1987. Ainda que Hans Josef Wieling subordine o *venire contra factum proprium* à teoria negocial, considerando, dessa forma, o *factum proprium* espécie de declaração ou manifestação de vontade, o que foi criticado no capítulo 2.1.2, suas observações, de caráter geral, aos pressupostos são de acurada pertinência, e, portanto, vão referendadas, quando assim se mostrarem.

[798] No original, lê-se: "Auch ob ich meinen Rasen sprenge oder nicht, ob ich mein Auto wasche oder nicht, an Demonstrationen teilnehme oder nicht, kann kein Problem des venire contra factum proprium werden". *Ibid.*, p. 97.

[799] CARNEIRO, *op. cit.*, p. 756.

A responsabilidade pela confiança é fundamentalmente uma responsabilidade no âmbito do tráfico negocial. Deste modo, a relação especial exprime-se, via de regra, num contato negocial (*geschäftlicher Kontakt*) entre os sujeitos.

A pré-conduta, ponto de partida da situação de confiança, pode se constituir numa ação ou omissão. Como ação positiva, pode se caracterizar como o repasse de uma informação, e outras notificações, se não for interpretado como uma declaração negocial, ou a representação de determinada opinião jurídica ou um acordo.[800] Como um comportamento negativo (omissão), a pré-conduta pode ser o não fazer valer (o não exercício) de exceções, de direitos alimentares, ou outras pretensões.[801]

Quando se fala de uma omissão como pressuposto para a configuração de caso de *venire*, chama-se esta figura de *Verwirkung*,[802] ou, na linguagem sugerida por António Menezes Cordeiro,[803] *supressio*. No entanto, para Hans Walter Dette,[804] o conceito de *Verwirkung* caracteriza, na verdade, somente a consequência jurídica, pois com esta configuração fático-jurídica, qual seja a situação de confiança gerada por uma omissão, o direito *verwirkt*, ou seja, é neutralizado, perde sua eficácia, não ficando mais à disposição material do seu titular.

A impropriedade da nomenclatura *Verwirkung* para designar o subcaso de *venire contra factum proprium* calcado num agir omissivo, parece ficar esclarecido quando o jurista alemão esclarece que a consequência jurídica de um *venire contra factum proprium* comissivo também pode ser uma *Verwirkung*, ou seja, o desaparecimento, ou suspensão, ou neutralização de um direito.[805]

Assim, ainda que a expressão *Verwirkung* designe semanticamente somente um aspecto da consequência jurídica da aplicação do brocardo, reconhece-se que sua utilização está consagrada pela doutrina, sendo, usualmente, classificada como um subcaso do *venire con-*

---

[800] DETTE, *op. cit.*, p. 57.

[801] *Ibid.*, p. 57.

[802] Nesse sentido, leia-se DETTE. *Ibid.*, p. 58. Afirma o autor no original que: "Liegt ein solches Unterlassen vor, so spricht man, sofern die auch sonst für das Prinzip des venire contra factum proprium vorauszusetzenden Merkmale vorliegen, von Verwirkung".

[803] António Menezes Cordeiro diz-se insatisfeito com os termos já utilizados pela doutrina portuguesa para verter a expressão alemã ao vernáculo, os quais já guardariam um significado próprio, de forma que ao serem utilizados, ou alterariam su próprio sentido, ou alterariam o conceito do instituto vertido. Assim, sugere esta tradução latina da palavra alemã, por não estar ainda comprometida. Ver CORDEIRO, *op. cit.*, p. 797-8.

[804] DETTE, *op. cit.*, p. 58: "Der Begriff 'Verwirkung' bezeichnet dabei eigentlich eine Rechtsfolge. Das Recht ist 'verwirkt', es steht dem Anspruchsinhaber materiell nicht mehr zu".

[805] *Ibid.*, p. 58. No original: "Ebenso kann aber Rechtsfolge eines venire contra factum proprium durch positives Tun die 'Verwirkung', also das Erlöschen eines Rechts sein".

tra factum proprium, para a qual são válidos igualmente os critérios necessários à sua configuração.[806]

O equivalente contrário à *Verwirkung* vem a ser a *Erwirkung*, também chamada, no direito luso-brasileiro, de *surrectio*.[807] Explica-se seu conteúdo pela necessária correlatividade da relação jurídica, pela qual os direitos de uma parte têm como consequência os deveres da outra. Por essa razão, Hans Walter Dette[808] fala de uma função reflexiva (*Spiegelbildfunktion*) na relação jurídica.

Enquanto a *Verwirkung*, subcaso do *venire*, tem como pré-conduta uma omissão, a *Erwirkung* tem como pré-conduta uma ação, razão por que, no dizer de Reinhard Singer,[809] a confiança, neste último tipo, direciona-se para a continuação de uma prática por longo tempo exercida:

A distinção entre *Ver-* e *Erwirkung* não deveria ser feita por meio de uma referência aos efeitos do instituto, o que é sugerido pela nomenclatura *Verwirkung/Erwirkung* ou *supressio/surrectio*, mas em razão dos pressupostos do instituto. Isso, pois um caso de *venire* com pré-conduta omissiva (*Verwirkung ou surrectio*) pode ter, igualmente como *efeito*, a neutralização de um direito (ou seja, uma *Verwirkung*, no plano eficacial), acompanhada da aquisição de uma pretensão (ou seja, uma *Erwirkung*, no *plano eficacial*), em razão da correlatividade dos direitos/deveres.[810]

O pressuposto para a admissão da omissão como espécie de pré-conduta é que essa omissão *possa ser vista* como uma ação positiva.[811] Ou seja, ainda que não seja, evidentemente, um comportamento comissivo, a omissão deve ser tangível.

Ainda no que se refere à omissão, deve ser salientado que o tempo desempenha um papel especial.[812] Isso, pois, ao contrário do comportamento comissivo, que se realiza com uma ação positiva, uma

---

[806] DETTE, *op. cit.*, p. 58.

[807] Antonio Menezes Cordeiro associou à palavra alemã *Erwirkung* uma expressão latina *surrectio*, da mesma forma como fizera com a *Verwirkung*, verbis: "Por *surrectio* pretende exprimir-se a ideia comportada pelo termo alemão *Erwirkung*". CORDEIRO, *op. cit.*, p. 817.

[808] DETTE, *op. cit.*, p. 90: "[...] dass die Rechte des einen gleichzeitig die Pflichten des oder der anderen (bei dinglichen Rechten) quasi als Spiegelbild bedingen".

[809] SINGER, *op. cit.*, p. 11. No original: "Hier richtet sich das Vertrauen auf die Fortsetzung einer über einen längeren Zeitraum geübten Praxis [...]".

[810] DETTE, *op. cit.*, p. 90.

[811] *Ibid.*, p. 59. No original, lê-se: "Voraussetzung für die Annahme eines Unterlassens als Vorverhalten ist aber noch, dass dieses einem positives Tun gleichzusetzen ist".

[812] *Ibid.*, p. 59. No original, lê-se: "Zum anderen ist zu beachten, dass für ein Unterlassen der Faktor Zeit eine besondere Rolle spielt".

omissão é percebida com o vencimento de um certo tempo, passando, somente então, a ser juridicamente relevante.

A relevância do tempo na hipótese da *Verwirkung* leva-se a discutir a correção da sua classificação como subcaso de *venire*.[813] Contra essa posição pode-se afirmar que seria impossível a concomitância entre a pré-conduta e o agir contraditório, de forma que se pode concluir que sempre será necessário algum lapso temporal entre os comportamentos. Deve-se, simplesmente, considerar como mais qualificada essa exigência de tempo na *Verwirkung*.

Ademais, na *Verwirkung*, o correr do tempo, por si só, cumulado com a omissão, não desencadeia as consequências jurídicas,[814] devendo ocorrer os demais pressupostos do *venire*, a fim de que fique configurada. Assim, ao contrário da prescrição (*Verjährung*), cujo pressuposto concretizador é determinado prazo temporal, independentemente de elementos subjetivos ou outros elementos objetivos, o correr do tempo entra, na *Verwirkung*, adicionalmente, no quadro do pré-comportamento.[815]

3.1.3.2. A confiança da outra parte

Outra característica essencial e decisiva é a confiança da outra parte, a qual não deve ser tomada como uma figura argumentativa decorativa. A confiança, em realidade, representa o próprio fundamento de legitimação do *venire contra factum proprium*, constituindo-se no próprio nexo de imputação do qual o *venire* é um dos casos.

Hans Walter Dette[816] explica como se cristaliza essa confiança da contraparte:

> O elemento de confiança torna-se caracterizado pela assunção tomada pela outra parte de que o agente irá se mostrar, futuramente, de forma correspondente ao seu

---

[813] João Baptista Machado cogita que, além da questão tempo, irrelevante ao primeiro momento, na configuração do *venire*, estaria mais em causa verificar a que resultado o exercício tardio do direito conduziria e se seria ainda exigível da contraparte conformar-se à pretensão e suportar este resultado. BAPTISTA MACHADO, João. Tutela da confiança e "Venire contra Factum Proprium". In: ──. *Obra dispersa*. Braga: Scientia Jurídica, 1991. V. I. p. 422.
Esses problemas, bem percebidos pelo jurista português, não são um privilégio da *Verwirkung*, antes atravessam toda a questão da aplicabilidade do brocardo. Ver capítulo 3.1.5.2, *infra*.

[814] DETTE, *op. cit.*, p. 60.

[815] *Ibid.*, p. 59.

[816] *Ibid.*, p. 61. No original, lê-se: "Gekennzeichnet wird dieses Vertrauenselement dadurch, daß der andere Teil davon ausgehen muss, der Handelnde werde sich entsprechend seinem Vorverhalten künftig in gleicher weise gerieren, es werde bei einer vorgesehenen Verfahrensweise bleiben, der andere Teil ändere seine einmal geäußerte Einstellung nicht".

pré-comportamento, permanecendo o modo de comportar-se projetado, a outra parte não mudará sua orientação declarada (tradução do autor).

É absolutamente necessário que apareça uma confiança. Sem confiança, não há que se perquirir sobre *venire contra factum proprium*.[817] Dos pressupostos concretizadores, a confiança da outra parte pode ser considerada um dos pressupostos fundamentais, que não inadmitirá, portanto, supressão, ou atenuação, o que seria pensável diante do pressuposto da mobilidade do sistema.

Hans Walter Dette[818] igualmente cogita dessa ideia, da atenuação do pressuposto da confiança na concretização do *venire*, mas a afasta, tendo em vista que o *venire contra factum proprium* não deveria ser invocado somente para se sancionar algum comportamento contraditório, por condução a resultados equívocos.[819] Confirma-se, assim, a não sustentação da contradição como valor autônomo no âmbito jurídico, apto a decretar por si a consequência jurídica, o que seria desconsiderado, caso se optasse por uma relativização da confiança, na concretização dos seus casos.

A confiança radica, irremediavelmente, na conduta anterior da contraparte,[820] conduta que atua como verdadeira causa eficiente no despertar da confiança. A aliança entre a pré-conduta de uma parte e a confiança suscitada na contraparte pode-se denominar, na esteira da doutrina de João Baptista Machado,[821] de *situação objetiva de confiança*.

Essa confiança, dessa forma, ainda que seja estudada apartada da pré-conduta ou dos outros pressupostos, o que deve ser entendido em sua finalidade didática e científica, não pode ser lida isoladamente, sob pena de se tornar alvo de críticas, tais quais a de Hans Josef Wieling,[822] que afirmou que não seria a confiança subjetiva, mas o comportamento objetivo que definiria se há uma confiança merecedora de

---

[817] DETTE, *op. cit.*, p. 59. No original, lê-se: "Fehlt es am Vertrauen, so scheidet die Annahme eines venire contra factum proprium grundsätzlich aus".

[818] *Ibid.*, p. 62.

[819] *Ibid.*, p. 63.

[820] Elena de Carvalho Gomes percebe a íntima relação existente entre a confiança e a pré-conduta, referindo mesmo que aquela constituiria a projeção do *factum proprium* no âmbito da contraparte. No entanto, sob a expressão *confiança digna de tutela,* a autora ordena juízos objetivos e subjetivos, o que dificulta a visualização de todos os pressupostos. GOMES, *op. cit.*, p. 107-108.

[821] BAPTISTA MACHADO, João. Tutela da confiança e "Venire contra Factum Proprium". In: ———. *Obra dispersa*. Braga: Scientia Jurídica, 1991. V. I. p. 416.

[822] WIELING, Hans Josef. *Recensão a Hans Walter Dette*: Venire contra factum proprium nulli conceditur. Archiv für die civilistische Praxis, Tübingen: Mohr, v. 187, p. 100-101, 1987. Afirma ademais o autor: "Quem embora tome por conhecido um suporte fático de confiança, mas não deixe de confiar na ação por causa de uma orientação/atitude desconfiada, é igualmente digno de proteção, tal qual que confie com facilidade" (tradução do autor). No original: "Wer einen Vertrauenstatbestand zwar zur Kenntnis nimmt, sich aber aufgrund höchst mißtrauischer Ein-

proteção. A confiança legítima daquele que confia é a fundada numa conduta anterior, na qual se visualiza uma pretensão de continuidade do agente, e que se externa por meio de um arranjo de vida, pressuposto a seguir estudado.

3.1.3.3. A disposição de confiança

A tutela da confiança não deve servir para proteger uma confiança abstrata, prenhe de expectativas preponderantemente subjetivas. Não basta essa confiança: é necessário ainda que o confiante tenha feito alguma disposição de confiança ou algum investimento de confiança, ou seja, que tenha arranjado sua vida de acordo com a suposta situação jurídica.[823]

Hans Walter Dette[824] esclarece o conceito da disposição de confiança:

Por isso, exige-se que a confiança deva ter sido exposta concretamente: aquele que confiou e teve sua confiança defraudada deve, por causa desta confiança, ter investido algo, ter disponibilizado algo (tradução do autor).

A proteção de uma confiança abstrata, não arrimada na realidade e nos investimentos efetivos daquele que confiou, consagraria uma verdadeira sanção ao agente, desviando-se de sua finalidade, que, sabidamente, gira em torno da proteção de expectativas legítimas.[825]

A doutrina brasileira prefere, no trato dos pressupostos da proibição do comportamento contraditório, elencar o dano, efetivo ou potencial, como requisito de aplicação do *venire*,[826] o que, apesar de não estar incorreto, em vista de que o dano, efetivamente, é um elemento indispensável para se cogitar de uma responsabilidade pela confiança,[827]

---

stellung zu keinen Vertrauen in den Handelnden durchringen kann, ist ebenso schutzwürdig wie ein Vertrauensseliger".

[823] Nesse sentido, CANARIS, Claus-Wilhelm. *Die Vertrauenshaftung im deutschen Privatrecht*. München: Beck, 1971. p. 295.

[824] DETTE, *op. cit.*, p. 63-64. No original: "Daher muss sich das Vertrauen konkret geäussert haben; der in seinem Vertrauen Enttäuschte muss also aufgrund seines Vertrauens disponiert haben (sog. Vertrauensdisposition)".

[825] Nesse sentido, DETTE, *op. cit.*, p. 63. Diz o autor alemão: "Dies kann nicht das abstrakte Vertrauen als solches sein. Es geht nämlich nur um den Schutz des Vertrauenden und nicht um eine Sanktion gegen den Handelnden".

[826] Em realidade, essa preferência nacional pode ser tributada à influência dos pressupostos da responsabilidade civil, na qual o dano assume, particular, importância, sabidamente.

[827] Neste sentido, BAPTISTA MACHADO, *op. cit.*, p. 365.

já está abrangido pela noção de investimento de confiança, conforme se dessume da análise de João Baptista Machado:[828]

> Ou seja, o conflito de interesses e a necessidade de tutela jurídica apenas surgem quando uma contraparte, com base na situação de confiança criada, toma disposições ou organiza planos de vida de que lhe surgirão danos, se a sua confiança legítima vier a ser frustrada. Para que se verifique uma relação de causalidade entre o fato gerador da confiança e o investimento dessa contraparte é preciso que esse investimento haja sido feito apenas com base na dita confiança. Se esta não influenciou as decisões da contraparte, porque esta por outros motivos as teria igualmente tomado, não se verifica a necessidade de fazer intervir o princípio da proteção da confiança.

A vantagem trazida pela adoção da nomenclatura de origem germânica (*Vertrauensinvestition* ou *Vertrauensdisposition*) vem a ser o fato de que as expressões possuem em seu bojo semântico indícios dos limites indenizatórios do instituto. Assim, a indenização, em tese, terá a medida do investimento, privilegiando-se, dessa forma, o interesse negativo de confiança.[829]

Assim, sem consequências desvantajosas, causadas pela confiança defraudada, não se põe a questão sobre a carência de proteção da confiança, visto que, teleologicamente, isto é o que legitima a proteção da confiança e lhe dá conteúdo.

Esse investimento necessário para a configuração do *venire* pode assumir diferentes formas, desde a realização de alguma disposição (*Verfügung*), pagamento de algumas prestações, ou mesmo comportamentos reais puros são suficientes. Também é comum que a disposição de confiança se traduza numa omissão, tal como não fazer valer uma exceção, ou não exercer um direito regressivo.[830] Mesmo a não cobrança de um crédito por parte de seu titular pode representar uma disposição de confiança, quando, por exemplo, um devedor não prevê dinheiro em face de uma expectativa legítima de que a dívida não seria mais cobrada.[831]

Hans Josef Wieling[832] acredita ser de pouco valor o pressuposto da disposição de confiança, pois a lei nada saberia sobre este pressu-

---

[828] BAPTISTA MACHADO, *op. cit.*, p. 417.
[829] Esse ponto diz respeito às consequências da aplicação do venire e será explorado no derradeiro capítulo desta investigação.
[830] Exemplos que se tomam da pena de DETTE, *op. cit.*, p. 64.
[831] *Ibid.*, p. 64.
[832] WIELING, Hans Josef. *Recensão a Hans Walter Dette*: Venire contra factum proprium nulli conceditur. Archiv für die civilistische Praxis, Tübingen: Mohr, v. 187, p. 101, 1987. No original: "das Gesetz weiß nichts von dieser Voraussetzung".

posto. Para o jurista alemão,[833] essa posição seria insustentável, visto que:

> Se um credor, através de um comportamento, der a entender que não exigirá um crédito, quer dizer, que ele renunciou a ele, então entra em vigor a consequência jurídica, de perda de um direito. Ela não é de forma nenhuma dependente de uma disposição de confiança, o devedor pode invocar a renúncia, quando não tenha feito com a quantia devida uma viagem de luxo, quando ele não tiver nada comprado, quando ele não tiver dado o dinheiro aos pobres. A exigência de uma disposição de confiança, que o autor, com certeza, tomou de outro, é uma pura arbitrariedade. (tradução do autor)

Hans Josef Wieling não faz desapegar a aplicação do *venire* da teoria negocial, sem o que resulta, evidentemente, desnecessário o investimento de confiança, pois, uma vez manifestada ou declarada a vontade, pouco importa se a contraparte nela confia ou não, gerando a declaração, por si, seus efeitos. O jurista alemão, assim, coerente com sua formulação negocial, critica a exigência do investimento de confiança.

Abstraindo dessa posição negocial, que se reputa vencida já no capítulo apropriado, saliente-se que o investimento de confiança demonstra o grau de comprometimento da parte à situação confiada, sendo de particular relevância nos casos referentes a negócios jurídicos com vício formal, em que, apesar de executados, alguma das partes venha alegar a anulabilidade ou nulidade.[834]

Para Claus-Wilhelm Canaris,[835] outros dois critérios deveriam ser adicionados aos pressupostos da disposição ou investimento de confiança, quais sejam: o da irreversibilidade e o da extensão do investimento de confiança.

A primeira característica significaria, para o jusprivatista alemão, que, somente interessariam aquelas medidas que não podem ser retrocedidas novamente, visto que se a anterior situação puder ser reconstruída facilmente, não haveria necessidade jus-ética de se con-

---

[833] WIELING, *op. cit.*, p. 101. No original: "Hat ein Gläubiger durch sein Verhalten zu erkennen gegeben, daß er die Forderung nicht mehr geltendmachen will, d.h., hat er darauf verzichtet, so tritt damit die Rechtsfolge Rechtsverlust ein. Sie ist keineswegs von Vertrauensdispositionen abhängig, der Schuldner kann sich auch dann auf den Verzicht berufen, wenn er etwa für die geschuldete Summe keine Luxusreise gemacht hat, wenn er nichts anderes dafür gekauft hat, wenn er das Geld nicht den Armen geschenkt hat. Das Verlangen einer 'Vertrauensdisposition', das der Verfasser freilich von anderen übernommem hat, ist reine Willkür".

[834] Hans Walter Dette introduz bem a questão ao afirmar que exemplos didáticos de disposição de confiança são encontrados nos casos de negócios com falta formal, DETTE, *op. cit.*, p. 65. Explica o autor: "Die Disposition ist in diesen Fällen darin zu sehen, dass der auf die Gültigkeit des Vertrages Vertrauende den Vertrag vollzieht und sich auch sonst so verhält, als sei der Vertrag wirksam".

[835] CANARIS, Claus-Wilhelm. *Die Vertrauenshaftung im deutschen Privatrecht*. München: Beck, 1971. p. 295.

ceder uma pretensão de cumprimento, com a quebra da exigência de forma.[836]

A segunda característica diz respeito à extensão do investimento e possuiria, para Claus-Wilhelm Canaris,[837] um significado decisivo, podendo dizer respeito desde a um pequeno gasto de importância pecuniária ou mesmo alcançar medidas que apanhem a totalidade existencial do confiante.

Um exemplo de medida irreversível com grande extensão de investimento de confiança pode ser o dado por Hans Walter Dette,[838] quando refere o caso dos contratos imobiliários, nos quais o comprador se muda para a nova casa, paga o devido preço, constrói relações afetuosas com os vizinhos, suas crianças passam a frequentar a escola da região, etc. Nesses casos, o confiante encontrar-se-ia em seu fundamento existencial, de forma que uma nova orientação não seria mais exigível ou mesmo possível.

A irreversibilidade é uma consequência da falta de sustentabilidade econômica da declaração de nulidade, pois o retorno à antiga situação traria um prejuízo existencial à parte, que se vê ameaçada, mesmo em grau mínimo. Essa ameaça à existência ocorre, não quando o resultado seja duro, mas quando seja, realmente, insustentável.[839] Por essa razão, Hans Walter Dette[840] entende que o conceito de insustentável deve ser entendido economicamente.

Essa orientação abre o campo investigatório a uma análise econômica das circunstâncias jurídicas, a fim de se verificar a existência de um perigo existencial ao prejudicado pela decretação de nulidade, o que deve corresponder à soma dos seus investimentos (econômicos, existenciais) de confiança nos casos de *venire contra factum proprium*.

Esse pressuposto e seus critérios informadores devem ser lidos dentro do princípio da mobilidade do sistema, que, principiologicamente, deixa em aberto o peso das características individuais.

Outro problema que se verifica nessa seara diz respeito ao encargo de prova do investimento de confiança. As doutrinas de Claus-

---

[836] CANARIS, *op. cit.*, p. 295.

[837] *Ibid.*, p. 296.

[838] DETTE, *op. cit.*, p. 65.

[839] Neste sentido, DETTE, *op. cit.*, p. 66. O autor refere que: "Danach müsste in der Tat eine Existenzgefährdung vorliegen, wenn das Ergebnis 'untragbar' und nicht bloss 'hart' sein soll".

[840] *Ibid.*, p. 66. Para Dette, no entanto, esta formulação não diz respeito a uma característica do suporte fático da proibição do *venire*, mas se constituiria numa verificado do resultado, a fim de se realizar uma pura jurisdição equitativa, o que atentaria contra as exigências da dogmática jurídica.

-Wilhelm Canaris[841] e de Hans Walter Dette[842] são conformes de que se pode levantar grandes problemas para se determinar para onde fora direcionada o necessário investimento, de forma que, para não se inviabilizar a proteção da confiança, deve-se evitar uma prova positiva da confiança, devendo-se deixar satisfazer por uma maior ou menor probabilidade.

3.1.3.4. A conexão causal entre a confiança e a disposição

Elenca-se ainda como pressuposto que deve existir no lado do confiante a necessidade de uma relação causal entre a confiança suscitada e a disposição realizada.[843] Assim, a confiança somente deve ser protegida se ela for a causa do investimento de confiança.

A questão fica colocada pelo Claus-Wilhelm Canaris[844] da seguinte forma:

> A maneira correta de se colocar o problema até aqui, se se pode imaginar a confiança – e não o suporte fático de confiança – no sentido da teoria da *conditio sine qua non*, sem que escape a disposição, ou formulada positivamente, se o atingido/supreendido teria se comportado da mesma forma caso ele não tivesse confiado, quer dizer, se ele tivesse conhecido a verdade situação jurídica ou objetiva (tradução do autor).

Em causa está se saber, portanto, se a força motriz da disposição, ou seja, se sua causa eficiente, utilizando-se linguagem aristotélico-tomista, está relacionada diretamente com a confiança. Com efeito, a disposição pode ter sido levada a cabo, considerando-se outra razão, que não a confiança da parte em determinada situação jurídica. Nesse caso, não se estaria diante de um caso de responsabilidade pela confiança, na modalidade de proibição do *venire contra factum proprium*, visto faltar nexo material entre os pressupostos da responsabilidade.

3.1.4. Pressupostos subjetivos

Dois são os pressupostos subjetivos – pois repousam em qualidades pessoais das partes –, de concretização da proibição do com-

---

[841] CANARIS, *op. cit.*, p. 513.
[842] DETTE, *op. cit.*, p. 68.
[843] CANARIS, *op. cit.*, p. 514.
[844] *Ibid.*, p. 515. No original, consta: "Die richtige Fragestellung lautet daher insoweit, ob man das Vertrauen – nicht den Vertrauenstatbestand! – im Sinne der conditio-sine-qua-non-Theorie 'hinwegdenken' kann, ohne daß die Disposition entfällt, oder positiv formuliert, ob der Betreffende sich auch dann genauso verhalten hätte, wenn er nicht vertraut hätte, d.h., wenn er die wahre Rechts- oder Sachlage gekannt hätte".

portamento contraditório, quais sejam, a dignidade de proteção da confiança, que atua do lado do confiante, ou seja, a confiança deve ser digna de proteção; e a imputabilidade, que atua do lado de quem suscita a confiança.

3.1.4.1. Merecimento de proteção da confiança

A existência da confiança é essencial para a configuração do *venire*, constituindo-se, em última medida, em um pressuposto irrenunciável na sua aplicação. No entanto, não se deve considerar protegida toda e qualquer confiança, antes somente a confiança que repousa sobre bases legítimas. É necessário, dessa forma, que a confiança mereça proteção jurídica, o que somente existirá se o confiança proceder de boa-fé, entendida esta na sua espécie subjetiva.

Semeando as razões para que a confiança seja qualificada a fim de que seja protegida, afirma Hans Walter Dette:[845]

> No entanto, o instituto seria sem qualquer sentido, se ele protegesse uma confiança cega, daí que o decisivo junto à proteção da confiança não é a proteção de qualquer confiança, antes a proteção de uma confiança legítima (tradução do autor).

A investigação do merecimento de tutela da confiança importará na formulação de dois juízos diversos na esfera do confiante, ambos de natureza subjetiva, sendo que o primeiro dirá respeito à verificação se o confiante se comportou de maneira diligente na constituição de sua confiança, e, o segundo, se o confiante está de boa-fé.

Em relação ao primeiro juízo, que se aproxima de uma noção de culpabilidade na gênese da confiança, Hans Walter Dette[846] observa que:

> Se assim não fosse, seria protegida uma pura burrice (ingenuidade) ou, pelo menos, uma crença facilmente construída, o que não pode ser um fim da ordem jurídica (tradução do autor).

Em relação ao segundo juízo, traz-se a lição de Claus-Wilhelm Canaris,[847] que identifica a consciência do confiante em relação à

---

[845] DETTE, Hans Walter. *Venire contra factum proprium nulli conceditur*. Zur Konkretisierung eines Rechtssprichworts. Berlin: Duncker & Humblot, 1985. p 68. No original: "Aber das Institut wäre sinnlos, würde es "blindes" Vertrauen schützen. Das Entscheidende beim Vertrauensschutz ist nämlich nicht der Schutz des Vertrauens als solchen, sondern der Schutz des gerechtfertigen Vertrauens".

[846] *Ibid.*, p. 68. No original: "Ansonsten würde im Grunde genommen schiere Dummheit oder zumindest Leichtgläubigkeit geschützt. Das aber kann nicht das Ziel der Rechtsordnung sein".

[847] CANARIS, , *op. cit.*, p. 504. No original: "Wenn jemand die Unrichtigkeit eines Vertrauenstatbestandes durchschaut, wenn er also die wahre Sach- oder Rechtslage erkennt, so hat er keinen

correção do suporte fático de confiança como elemento necessário para sua proteção:

> Quando alguém vê a incorreção do suporte fático de confiança, quando ele, portanto, conhece a verdadeira situação jurídica ou fática, então ele não tem nenhuma razão em confiar e não merece, por isso, a proteção da ordem jurídica: ele está de má-fé (tradução do autor).

Em suma, como declarado por João Baptista Machado:[848]

> A confiança do terceiro ou da contraparte só merecerá protecção jurídica quando esta esteja de boa-fé (por desconhecer aquela divergência) e tenha agido com cuidado e precauções usuais no tráfico jurídico.

Essas precauções são necessárias ainda tendo-se em vista que, em realidade, toda proteção da confiança representa um prejuízo ao outro,[849] o que não poderia ser admitido se a confiança protegida não fosse digna da proteção, se fosse ela sem fundamento.

Em uma síntese proverbial, Hans Walter Dette[850] afirma que: "O confiante deve ter podido confiar", ou, analiticamente, pode-se afirmar que aquele que confia deve (*müssen*) ter sido autorizado (*dürfen*) a confiar pelas circunstâncias da situação e pelas diligentes medidas que tomou.

Assim, para a verificação do merecimento de proteção da confiança, poderão ser consideradas diversas circunstâncias, tais como a comparação entre as qualidades intelectuais, diferença de experiência ou expertise entre o confiante e o agente, etc., dentro da perspectiva da abertura sistemática por meio da qual o instituto se constitui. Para Hans Walter Dette,[851] as demais circunstâncias deverão ser consideradas, na mobilidade própria do sistema, essencialmente, também quando existirem culpas bilaterais, visto que se a confiança for derivada de uma grande negligência do confiante, deve a proteção estar apoiada em outras graves circunstâncias para justificar o merecimento de tutela.

Falha, dessa forma, vem a ser a crítica erigida por Hans Josef Wieling,[852] para quem não se poderia falar em proteção da confiança

---

Grund zu vertrauen und verdient daher insoweit den Schutz der Rechtsordnung nicht: er ist 'bösgläubig'".

[848] BAPTISTA MACHADO, João. Tutela da confiança e "Venire contra Factum Proprium". In: ——. *Obra dispersa*. Braga: Scientia Jurídica, 1991. V. I. p. 418.

[849] Nesse sentido, DETTE, *op. cit.*, p. 86. O autor refere: "Weiter ist zu bedenken, dass der Schutz des einen gleichzeitig eine Beeinträchtigung des anderen bedeutet"

[850] *Ibid.*, p. 68. No original: "Der Vertrauende musste 'vertrauen dürfen'".

[851] *Ibid.*, p. 69.

[852] WIELING, Hans Josef. *Recensão a Hans Walter Dette*: Venire contra factum proprium nulli conceditur. Archiv für die civilistische Praxis, Tübingen: Mohr, v. 187, p. 101, 1987. No original: "[...] die Fahrlässigkeit spielt nicht die geringste Rolle".

subjetiva, enquanto que o que deveria ser protegido é o suporte fático objetivo de confiança. Para o jurista alemão, o mesmo valor há se o confiante concebe sua confiança fiado em grande negligência ou não, pois "a negligência não desempenha o menor papel".

Por claro que importa, efetivamente, o valor objetivo da declaração do agente, circunstância que, na análise proposta, constituiu os pressupostos da pré-conduta e confiança, com o que se cria uma situação objetiva de confiança. Ocorre que não seria legítimo se tutelar uma situação objetiva de confiança, para a qual o confiante tenha aderido de má-fé, ou por força de uma grande negligência sua.

De particular importância vem a ser a hipótese de merecimento de tutela da confiança nos casos de *Verwirkung*, sabido ser esta uma espécie de *venire contra factum proprium*, que se caracteriza por uma pré-conduta omissiva. Hans Walter Dette[853] assevera que, nos casos de *Verwirkung*, deve-se observar que a própria confiança não é ainda digna de proteção pelo vencimento de um longo prazo, quando o suporte fático exija/permita um longo tempo para o titular exercer seu direito. Com efeito, as relações jurídicas em que o prazo prescricional ou decadencial seja, devidamente, regulado, ou as negociações, que, por sua complexidade, exijam considerável tempo, não geram expectativas legítimas pelo fluxo temporal, antes deverão ser aquilatadas por circunstâncias especiais que justifiquem o despertar de uma confiança.

Hans Walter Dette[854] frisa, com correção, ainda, que uma proteção da confiança deve ser rejeitada se o devedor tiver causado a inatividade do credor, ou se não tiver dividido informações sobre a ocorrência e as proporções do direito. Isso, pois, assim agindo, terá sido o confiante induzido em erro pelo criador da confiança, ou mesmo terá este se comportado dolosamente, o que não merece tutela.

Assume importância o tratamento a ser dado à confiança nos casos de nulidade formal do negócio jurídico. Elencam-se três hipóteses derivadas da mesma situação.

Na primeira, o confiante conhecia a necessidade da formalidade do contrato, e, apesar da ineficácia do contrato, ele confia que o parceiro contratual irá cumprir o contratado. Nesse caso, Hans Walter

---

[853] DETTE, *op. cit.*, p. 69. No original, lê-se: "Bei den Fällen der Verwirkung ist zu beachten, dass das Vertrauen selbst bei Verstreichen einer längeren Frist noch nicht schützenswert ist, wenn etwa die zur Geltendmachung eines Rechts notwendigen Tatbestände erkenntbar eine längere Zeit erfordern".

[854] *Ibid.*, p. 69.

Dette[855] considera que a confiança não tem base sólida para ser tutelada, visto que o confiante deve suportar o risco, voluntariamente assumido, de que seu parceiro contratual, apesar de inexistir uma obrigação jurídica, visto que o contrato padece de invalidade, cumpriria ou não sua palavra.

Na segunda, o confiante parte da pressuposição de que o contrato não exigiria nenhuma forma, ou de que uma mera autenticação seria suficiente. Como, nesse caso, o confiante não confia vaziamente, antes em uma informação, que, apesar de incorreta, cria estar certa, sua confiança merecerá ser tutelada.[856]

Na terceira hipótese de nulidade formal, a formalidade contratual é dispositiva, ou seja, subordinada à vontade das partes, de forma que não detém força suficiente para decretar a não tutela da confiança, se confrontada com esta. Isso, pois, nesse caso, a forma não se trata de uma prescrição cogente, antes os contratantes teriam a possibilidade de alterá-la, de sorte que não se sobrepõe à legítima confiança na regularidade contratual.[857]

3.1.4.2. Imputabilidade

Enquanto que a diligência e a boa-fé são pressupostos subjetivos que se situam dentro da esfera pessoal do confiante, a imputabilidade (*die Zurechenbarkeit*) constitui-se no pressuposto subjetivo no lado daquele que suscita a confiança.[858]

Ainda que os doutrinadores brasileiros não tenham explorado a necessidade de o suscitador da confiança ser imputável, bem como determinado o critério de imputabilidade, esta circunstância é considerada imprescindível pela doutrina germânica no âmbito da responsabilidade pela confiança, e, em especial, na proibição do *venire contra factum proprium*.

Nesse sentido, Claus-Wilhelm Canaris[859] professa que: "A responsabilidade pela confiança organiza-se, fundamentalmente, sobre o pensamento da imputabilidade". No mesmo sentido, Hans Walter

---

[855] DETTE, *op. cit.*, p. 70.
[856] *Ibid.*, p. 70.
[857] Neste sentido, DETTE. *Ibid.*, p. 70.
[858] Neste sentido, CANARIS, *op. cit.*, p. 517.
[859] CANARIS, *op. cit.*, p. 517. No original: "die Vertrauenshaftung baut grundsätzlich auf dem Gedanken der Zurechenbarkeit auf".

Dette[860] afirma que: "Sem imputabilidade não se pode, abstraindo de exceções especiais, falar-se em responsabilidade".

Em causa está a questão de se saber qual medida de imputabilidade deve ser adotada para se reconhecer a responsabilidade daquele que suscita a confiança, ou seja, qual o nexo de imputação, da mesma forma de se determinar a partir de que idade de vida alguém está, juridicamente, apto a despertar confiança em outrem.

O pensamento da imputação deve ser abordado, primeiramente, num nível teórico, para, posteriormente, ser realizado num nível concreto. Exprime-se, em outras palavras, o que João Baptista Machado,[861] arrimado em doutrina alemã, denomina de "princípios de imputação" e "pressupostos de responsabilidade".

A imputabilidade, enquanto princípio de imputação, ocupa *locus* central na teoria da responsabilidade civil, assumindo a nomenclatura de nexo de imputação na doutrina brasileira. Fernando Noronha[862] conceitua nexo de imputação como:

> [...] o fundamento, ou a razão de ser da atribuição da responsabilidade a uma determinada pessoa, pelos danos ocasionados ao patrimônio ou à pessoa de outra, em consequência de um determinado fato antijurídico. É o elemento que aponta o responsável, estabelecendo a relação entre o fato danoso com este.

Dessa forma, pode-se dizer que a imputação é o juízo de atribuição de responsabilidade jurídica a uma pessoa pelas suas condutas e atos jurídicos em sociedade. Em última instância, o pensamento da imputação, segundo Claus-Wilhelm Canaris,[863] deve sua determinação conceitual ao princípio jus-ético da autorresponsabilidade da pessoa, tanto no que diz respeito ao comportamento quanto ao círculo negocial. A natureza ética da imputação jurídica é do mesmo modo realçada por João Baptista Machado:[864]

> Ora por "princípio de imputação" entendemos o fundamento ético-jurídico da atribuição de uma responsabilidade, designadamente da atribuição de uma responsabilidade por danos, quando estes não devam onerar a pessoa que os sofreu – a sua vítima ocasional.

De forma geral, o fundamento de imputação adotado pelo Direito é a atuação culposa, sendo que, excepcionalmente, a atribuição

---

[860] DETTE, *op. cit.*, p. 71. No original: "Ohne eine solche Zurechnung kann, von besonderen Ausnahmen abgesehen, nämlich niemand in die Haftung genommen werden".

[861] BAPTISTA MACHADO, João. Tutela da confiança e "Venire contra Factum Proprium". *In*: ——. *Obra dispersa*. Braga: Scientia Jurídica, 1991. V. I. p. 413.

[862] NORONHA, Fernando. *Direito das obrigações*. Fundamentos do direito das obrigações. Introdução à responsabilidade civil. São Paulo: Saraiva, 2003. V. I. p. 472.

[863] CANARIS, *op. cit.*, p. 468.

[864] BAPTISTA MACHADO, *op. cit.*, p. 413.

de responsabilidade será determinada pelo risco.[865] Sublinhe-se ainda a possibilidade de o fundamento da imputação dar-se por meio de dolo. Nessa última hipótese, evidentemente não há que se falar em *venire contra factum proprium*, pois será caso de *dolus praeteribus* ou *dolus praesens*, não havendo campo restante de aplicação para o *venire*, pois todo campo será coberto por estes dois tipos.[866]

Aqui, então, deve-se questionar qual o critério de ponderação necessário para o instituto do *venire* imputar um fato a outrem, ou o princípio do risco (*Risikoprinzip*), ou se seria necessária uma autêntica forma de culpa (*Verschuldensprinzip*).

Três, no entanto, parecem ser os posicionamentos ordenatórios da espécie de imputação no âmbito da responsabilidade pela confiança, e, sobretudo, na proibição do *venire contra factum proprium*.

A posição de Claus-Wilhelm Canaris[867] é *sui generis*, pois o autor, que é, em realidade, o grande sistematizador do pensamento da confiança no Direito, dividiu seu sistema em duas áreas: a responsabilidade pela aparência e a responsabilidade por força de uma necessidade jus-ética, classificação esta sob a qual fica subordinada a proibição do comportamento contraditório.

Na primeira área, considerou o princípio do risco como a forma primária de imputação de responsabilidade, restando ao princípio da culpa uma função subsidiária. Ou seja, respondemos pelo risco de participar do tráfego jurídico e de criar confiança nas representações que derivam de nossa conduta. No entanto, na segunda área, que é a que, de modo particular, interessa à pesquisa, considerou que o princípio da culpa ocupa o primeiro plano no âmbito, empregando-se o princípio do risco complementarmente.

A posição do jurista alemão, entretanto, não parece ser a mais correta. Isso, pois, relembre-se que o sentido e a finalidade do *venire contra factum proprium* encontra-se no princípio da proteção da confiança, do que decorre, necessariamente, a inexigência de uma autêntica culpa (negligência, imprudência e imperícia) para sua configuração, pois a responsabilidade pela confiança não deriva de um inadimplemento de deveres, e, especificamente, no *venire*, não se está obrigado à manutenção de um comportamento imposto por um dever de coerência,

---

[865] Subscreve-se aqui a opinião de João Baptista Machado, para quem o princípio da causalidade (*Veranlassungsprinzip*) não seria reconhecido pelo Direito como um princípio de imputação. Segundo o jurista português: "Da pura causalidade nunca pode concluir-se para a responsabilidade". *Ibid.*, p. 413.

[866] Nesse sentido, DETTE, *op. cit.*, p. 71.

[867] CANARIS, *op. cit.*, p. 517.

visto que é lícito mudar o comportamento, enquanto não se estiver vinculado contratualmente.

Nesse mesmo sentido, asserta João Baptista Machado:[868]

> Não se exige, obviamente, que o responsável pela confiança tenha agido com culpa ao adoptar a conduta que criou a confiança. Tanto mais que esta conduta nada terá de ilícito. Ilícita ou ilegítima apenas seria, mais tarde, a tentativa de escapar à vinculação (ou autovinculação) ligada àquela primeira conduta – e, por esta forma, alijar sobre outrem uma das consequências da mesma.

Já para Hans Walter Dette,[869] o princípio do risco representa o critério de imputação do *venire contra factum proprium* adequado para a atribuição de responsabilidade pela confiança por força do comportamento contraditório. O autor chega a essa conclusão após refutar a culpa como princípio de imputação para esse tipo de responsabilidade, referindo[870] que a comparação dos sistemas que pressupõem, necessariamente, a existência de culpa, por exemplo, a pretensão de indenização por danos, conduz a tal conclusão. O peso mais pesado (*Schwergewicht*) do suporte fático encarga, no sistema da culpa, o ofensor, pois o sistema exige que tenha agido com culpa, ou seja, descumprindo um dever legal. No lado do ofendido, há a exigência de somente ter sofrido um dano. No sistema referente à confiança, o lado do confiante, que será quem sofrerá o prejuízo, será sobrecarregado, não se exigindo muito do lado do agente que causa a confiança, somente que sua pré-conduta tenha causada a confiança. A fim de equilibrar esse sistema, a origem da confiança deve se originar da esfera de risco do agente. Para o autor,[871] da própria *Verwirkung* decorre que o credor deveria ter calculado que sua inação poderia ser entendida como uma renúncia ao próprio direito.

Hans Josef Wieling[872] concorda com a tese de que o comportamento fundador da confiança deva ser imputável, e, sobretudo, reputa correta a não exigibilidade de culpa para a atribuição da responsabilidade, insistindo, no entanto, na importância do valor objetivo da declaração, que não encontrará, em seu erro, nenhuma culpa.

---

[868] BAPTISTA MACHADO, *op. cit.*, p. 415.
[869] DETTE, *op. cit.*, p. 72.
[870] *Ibid.*, p. 71-72.
[871] DETTE, *op. cit.*, p. 72. No original: "Hinsichtlich der Verwirkung bedeutet das, dass der Gläubiger nur damit rechnen musste, seine Untätigkeit werde als ein Verzichten auf das Recht selbst verstanden".
[872] WIELING, *op. cit.*, p. 101. No original, lê-se: "Zu akzeptieren ist dagegen, daß vertrauensbegründende Verhalten dem Handelnden zurechenbar sein muß".

Por último, referenda-se a posição de João Baptista Machado,[873] que alça a própria confiança ao posto de princípio de imputação do *venire contra factum proprium*. Para o autor,[874] a responsabilidade pela confiança seria uma espécie de imposto que todos pagariam por fazer parte da comunidade como membros responsáveis e credíveis, constituindo-se, desta forma, em um fundamento autônomo e suficiente de responsabilidade.

Esta tese, que considera a confiança como um próprio nexo de imputação de responsabilidade, apartada do princípio da culpa e do risco, está a merecer uma pesquisa própria, haja vista sua novidade e importância. Com efeito, pode-se conjecturar, a fim de abrir espaço para a estatuição da confiança ao *status* de nexo de imputação, que a doutrina do risco parece ter uma vocação primeira para reequilibrar relações jurídicas entre partes economicamente desiguais, o que não seria exigido pela teoria da confiança, a qual, nesta linha, tenderia a se consagrar como um nexo de imputação nas relações jurídicas entre paritários, sabidamente, as relações civis e as relações empresariais, não excluídas as entre desiguais, sabidamente, as consumeiristas e as administrativas, em que possa atuar conjuntamente com a teoria do risco.

Assim, em relação ao critério de imputação no âmbito das situações de confiança reguladas pela proibição do comportamento contraditório, é de considerar que a confiança pode representar o nexo de imputação necessário para a causação das consequências jurídicas, representando o princípio do risco um fundamento complementar à responsabilidade, excluída a necessidade de culpa do agente suscitador da confiança.

Segunda questão no reino da imputabilidade, em nível mais concreto, é a que concerne à capacidade de ser imputável, ou seja, diz respeito à atribuição de responsabilidade pela confiança a menores e interditos.

A questão acerca da imputabilidade do menor de idade e do interdito não é de somenos importância. Evoca-se, nesse sentido, a doutrina acerca do amadurecimento da identidade pessoal desenvolvida por João Baptista Machado, que explanou, com clareza e percuciência, o processo e o *status* de aquisição de experiência e madureza que o tempo e a higidez psíquica concedem à pessoa humana, dando-lhe a

---

[873] BAPTISTA MACHADO, , *op. cit.*, p. 413.
[874] *Ibid.*, p. 411.

possibilidade de planejar e auto-organizar a vida de modo coerente. Diz o jurista português:[875]

> Por outras palavras: há-se tratar-se de uma "conduta responsável", no sentido de que seu autor "responde" pela pretensão de autenticidade, de veracidade e de validade que lhe vai ligada nas relações comunicativas interpessoais. Mas, para ser conduta responsável neste sentido, tem de ser conduta de pessoa cuja "identidade" esteja amadurecida, de pessoa com capacidade de planeamento e auto-organização da vida ("apta a reger a sua pessoa", diz a lei).

Assim, conclui João Baptista Machado[876] que o menor, "mediante a sua conduta (ainda que se trate de simples actuação de facto), se não autovincula, se não vincula a ser coerente e a um *non venire contra factum proprium*", visto que não pode suscitar um fato de confiança, conclusão esta a que se adere nesta pesquisa.

Ainda que a pré-conduta não deva ser encarada como um negócio jurídico, de forma que não se aplicaria, de pronto, sua normatividade, as regras referentes à capacidade negocial ditam os critérios de atribuição da responsabilidade, pois os efeitos de sua configuração podem gerar modificações jurídicas materiais, devendo-se, assim, ser considerados incapazes de suscitar confiança aqueles que não atingiram de maturidade exigida para o exercício do autorregramento negocial, ou os que, por condições de saúde, a perderam, na forma do art. 3º do Código Civil.

No mesmo sentido, no âmbito doutrinário alemão, Hans Walter Dette[877] opina que devam ser aplicados os mandamentos do § 104 do BGB,[878] que determina a incapacidade negocial para "quem não completou sete anos de idade", ou para:

> [...] quem se encontra em estado de perturbação que se encontra em estado de perturbação doentia da atividade mental que exclua a livre determinação da vontade, contanto que esse estado pela sua natureza, não seja passageira.

A razão para se aplicar as regras de capacidade negocial na responsabilidade pela confiança decorre do fato de que não se cogita de que um menor de idade possa produzir uma confiança forte.[879]

---

[875] BAPTISTA MACHADO, *op. cit.*, p. 354.

[876] *Ibid.*, p. 355.

[877] DETTE, , *op. cit.*, p. 72. No original: "Wägt man dann den Vertrauensschutz gegen den Minderjährigenschutz ab, so kommt man zu dem Ergebnis, daß doch die Vorschriften der § 104 ff. zur Anwendung kommen müssen".

[878] Nos trechos referidos, utiliza-se a tradução de Souza Diniz.
No original, consta: "§ 104. Geschäftsunfähigkeit. Geschäftsunfähig ist: 1. wer nicht das siebente Lebensjahr vollendet hat; 2. wer sich in einem die freie Willensbestimmung ausschließenden Zustand krankhafter Störung der Geistestätigkeit befindet, sofern nicht der Zustand seiner Natur nach ein vorübergehender ist".

[879] Nesse sentido, DETTE, *op. cit.*, p. 73.

Mesmo que, por diversas razões, visto que considera a conduta prévia vinculante por similar ao negócio jurídico, refira-se que Hans Josef Wieling[880] concorda com a aplicação das regras de imputabilidade negocial do § 104, BGB, para se fixar as do *venire contra factum proprium*.

Lembre-se que, no Direito alemão, a capacidade negocial, disposta no § 104, BGB, é discriminada da capacidade delitual, prevista no § 828, BGB. Michael Griesbeck,[881] em dissertação dedicada ao *venire contra factum proprium*, defende a aplicação dos §§ 827, 828, ou seja, defende a aplicação dos critérios referentes à capacidade delitual para a imputação do menor.

Difere o tratamento a ser dado ao menor, relativamente incapaz, que, se declarando maior, buscar, posteriormente, eximir-se de sua responsabilidade. Nesses casos, a invocação da menoridade está disciplinada pelo art. 180 do Código Civil, estando o menor impedido de fazer valer seu direito constitutivo negativo de anular o negócio ou recusar-se a cumpri-lo, quando omitir sua incapacidade relativa com *dolus malus*. O artigo, dessa forma, não enquadra caso de *venire contra factum proprium*, visto que é elemento do seu suporte fático o dolo do agente, o que aproxima sua *ratio iuris* à proibição do dolo.

Deve-se cogitar acerca da possibilidade de o relativamente incapaz ser responsabilizado quando, independentemente de ter agido com *dolus malus*, produzir uma forte confiança na contraparte. Nesse caso, o decreto de responsabilidade do menor seria caso de *venire contra factum proprium* puro, pois, sem o requisito do dolo, preferindo-se, especialmente, o valor jurídico da confiança em detrimento do da proteção do menor.

No entanto, a primazia da confiança sobre a proteção do relativamente incapaz não parece ser a opção legislativa, interpretando-se sistematicamente o art. 180, conjugado com o art. 105, ambos do Código Civil, que determina não ser possível a invocação da incapacidade relativa de uma das partes pela outra em benefício próprio, visto que não se vislumbra vedada a invocação da incapacidade relativa pela própria parte, mesmo em benefício próprio, quando não tiver agido dolosamente.

Reputa-se, no entanto, correta a orientação de vinculação do relativamente incapaz, ainda que sem dolo, dando-se preferência, portanto,

---

[880] WIELING, Hans Josef. Recensão a Hans Walter Dette: Venire contra factum proprium nulli conceditur. Archiv für die civilistische Praxis, Tübingen: Mohr, v. 187, p. 99, 1987.

[881] GRIESBECK, Michael, *Venire contra factum proprium – Versuch einer systematischen und theoretischen Erfassung*. Jur. Diss. Würzburg 1978, p. 88, *apud* DETTE, Hans Walter. Venire contra factum proprium nulli conceditur. Zur Konkretisierung eines Rechtssprichworts. Berlin: Duncker & Humblot, 1985. p. 72, nota 312.

à confiança e, consequentemente, proibindo-se o comportamento contraditório, quando o menor/interdito estiver praticando atos existenciais, que são os absolutamente necessários à vida humana.

Mutatis mutandis, serve de arrimo à orientação a doutrina de Clóvis do Couto e Silva,[882] quando este assinala que sequer se poderia cogitar anular os atos existenciais se realizados dentro de um padrão de normalidade, sob a alegação de incapacidade relativa de uma das partes. Pela pertinência, cita-se o trecho do jurista gaúcho:

> Os atos de tipo existencial referem-se às necessidades básicas do indivíduo, tais como alimentação, vestuário, água, etc. Ninguém poderá pensar em anulá-los desde que se realizem dentro de moldes normais e adequados, sob a alegação, por exemplo, de incapacidade de uma das partes.

Lamenta-se que o legislador brasileiro não tenha optado por disciplinar a prática de atos existenciais, a exemplo do legislador português, que no art. 127, do seu Código Civil, cuidou de catalogar espécies de atos existenciais, em que se excepciona a incapacidade dos menores. Resta, ainda, a pretensão de que, algum dia, sejam eles normados convenientemente, o que já era um reclamo de Clóvis do Couto e Silva,[883] em 1964, em sua obra capital.

3.1.5. Critérios complementares

O sistema do *venire contra factum proprium* já está caracterizado segundo os elementos já apresentados. Ocorrendo esses pressupostos, esse instituto poderá/deverá ser aplicado. No entanto, a praxe jurídica não está impossibilitada de encontrar critérios ou pressupostos que, segundo sua força e interação com outros, determinem a possibilidade de sua aplicação. Os pressupostos, dessa forma, em razão da mobilidade do sistema não são *numerus clausus*.[884]

Cada vez mais, em razão do sistema móvel, é possível que sejam considerados outros pontos de vista, que irão indicar outros critérios de aplicação do *venire contra factum proprium*. Hans Walter Dette,[885] nesse passo, indica critérios outros tais como o dever de acompanhamento,

---

[882] COUTO E SILVA, Clóvis Veríssimo do. *A obrigação como processo*. Rio de Janeiro: FGV, 2007. p. 78.

[883] *Ibid.*, p. 77.

[884] Nesse sentido, ver DETTE, *op. cit.*, p. 73, que refere que o catálogo de critérios não estaria fechado. No original: "Das bedeutet aber nicht, dass damit der Kriterienkatalog abgeschlossen wäre".

[885] *Ibid.*, p. 73.

ou de guarda (*Betreuungspflicht*) e o princípio da não discriminação ou princípio de igualdade de tratamento (*Gleichbehandlungsgrundsatz*).

Exemplifica-se a importância de se utilizar critérios complementares aos já referidos, a interpretação dada pelo Tribunal de Justiça de São Paulo, na AC 069.715-4/2-00,[886] aos atos da Unimed de São José do Rio Preto em relação seu estatuto social.

Trata-se de ação cominatória, na qual herdeiros de um dos médicos cooperativados pleiteavam auxílio funerário, sob o fundamento de que, em casos anteriores, a Cooperativa Médica deferira-o, em que pese o sócio não ter deixado cônjuge supérstite, nem outro beneficiário declarado, o que era previsto como necessário pelo Estatuto.

Ou seja, segundo a letra do estatuto, era necessário que o sócio tivesse deixado cônjuge supérstite ou um beneficiário declarado, o que não era o caso dos herdeiros. Ocorre que a Unimed já tinha reconhecido, em outros casos idênticos, que o direito dos herdeiros, que não se enquadravam no estatuto, de receberem o auxílio funerário, tendo-se negado ao pagamento sob a alegação de erro.

O Tribunal de Justiça de São Paulo, através da relatoria do hoje ministro do Supremo Cesar Peluso, entendeu que os pagamentos anteriores valeriam por interpretação autêntica e impediriam o *venire contra factum proprium*. Trecho da decisão merece ser citado:

> Ora, é a obrigação de se comportar, na vida societária, de acordo com a boa-fé, que está sendo posta em risco pela ora apelante, ao romper, no processo, com a relação estável de lealdade e confiança mútuas entre ela e os associados, as quais inspiraram e sustinham a praxis de pagar-lhes o benefício aos sucessores. Pretendendo agora alterar sem aviso, posto que sob o respeito aparente aos estatutos, o procedimento habitual de destinação da verba arrecadada aos herdeiros de sócio sem cônjuge, companheiro, ou outro beneficiário sobrevivo, a ora apelante quebra o significado objetivo inerente a seu aturado comportamento anterior, cuja constância era idônea por despertar e fundar a crença legítima na identidade das ações futuras, e, com isso, quer revogar-lhe, contra as expectativas dos herdeiros, o caráter vinculante (ou autovinculante) que, em homenagem ao princípio da confiança, lhe adscreve a ordem jurídica.

O princípio da igualdade de tratamento foi, assim, utilizado pelo Judiciário paulista no caso Unimed, que se viu obrigada a tratar de forma materialmente idêntica, no caso do falecimento de associado que não havia indicado beneficiário, proibido o *venire contra factum proprium*.

---

[886] BRASIL. Tribunal de Justiça de São Paulo. Direito Civil. Ação cominatória. Apelação cível 069.715-4/2-00, 2ª Câmara de Direito Privado do Tribunal de Justiça de São Paulo; relator desembargador Cezar Peluso. Data de julgamento 16 mar. 1999. Disponível em: <http://www.tjsp.jus.br>. Acesso em: 20 abr. 2010.

Alguns critérios, que complementam a aplicação da proibição do comportamento contraditório, passam a ser trabalhados, sem pretensão de serem esgotados.

3.1.5.1. A subsidiariedade da proibição do "venire contra factum proprium"

O *venire* somente deverá utilizado quando o problema jurídico versado não encontrar uma solução jurídica pelas regras normadas do direito das obrigações. Verificando-se a incapacidade de solução regular da questão e a necessidade de proteção jus-ética da confiança, cogitar-se-á da proibição do comportamento contraditório.

Assim, buscando-se esclarecer a relação do *venire* com as outras regulações legais, sucede que se torna evidente seu caráter subsidiário. No mesmo sentido, Paulo Mota Pinto:[887]

> Convém ainda referir, que a proibição do *venire contra factum proprium* só terá ocasião de ser aplicada se pela vinculação negocial ou pelas regras gerais de responsabilidade civil extracontratual – ou ainda por outro meio –, se não puder dar satisfação à pretensão do "confiante" –, sendo, nesta medida, subdisiária.

Hans Walter Dette[888] chega a afirmar que o instituto do *venire contra factum proprium* deixa-se ver quase com uma característica de suporte fático negativo, sendo precedido de outras possibilidades de resolução.

A subsidiaridade do instituto respeita ainda sua subordinação ao princípio geral da confiança, o qual, por ser, ainda que imanente ao sistema, não expresso, demanda um primeiro esgotamento das normas ordinárias para sua posterior invocação, forte o disposto no art. 4º da Lei de Introdução às Normas do Direito brasileiro.

3.1.5.2. Adequação de resultado

A inexistência de uma consequência legal estabelecida, característica também das cláusulas gerais, traz a possibilidade de que a aplicação do instituto tenha um resultado desproporcional. Essa maleabilidade de resultado deve ser controlada por meio de uma verifi-

---

[887] PINTO, Paulo Mota. Sobre a proibição do comportamento contraditório (*venire contra factum proprium*) no Direito Civil. *Revista Trimestral de Direito Civil*, Rio de Janeiro: Padma, v. 16, p. 167, out./dez. 2003.

[888] DETTE, *op. cit.*, p. 74. No original, diz o autor: "Als Ergebnis läßt sich somit quasi als negatives Tatbestandsmerkmal des Instituts des venire contra factum proprium festhalten, daß andere Ausgleichsmöglichkeiten dieser Fallgruppe nicht vorgehen dürfen".

cação da adequação material de resultado, ou seja, se o resultado não será desproporcional ou desviará da finalidade do instituto.

Cogita-se que o juízo da adequação material poderia se tornar um supercritério, do qual ficariam dependentes todos os pressupostos jurídicos de aplicação do *venire contra factum proprium*, ou melhor, todos os pressupostos jurídicos seriam aplicados com um olhar no resultado. Para Hans Walter Dette[889] isso originaria o perigo de que se torne, com efeito, uma jurisdição de equidade.

O próprio Hans Walter Dette[890] corrige esse pensamento, dando novo significado à adequação do resultado, considerando-a como "um elemento de correção da correção", com uma função, portanto, sindicalizadora das consequências jurídicas, essencial consideração à segurança jurídica.

Essa característica traz, portanto, evidenciada a responsabilidade inerente da aplicação do Direito, com sua necessidade de ponderação das consequências econômicas, sociais, éticas, desempenho que é mais exigido dos tribunais, quando concretizam cláusulas gerais ou partes móveis do sistema, do que quando aplicam normas rígidas.

3.2. Consequências jurídicas da configuração do *venire contra factum proprium*

Verificados os pressupostos que distinguem a situação de confiança a ser protegida pela proibição do *venire contra factum proprium*, cumpre-se agora investigar as consequências jurídicas da proibição do comportamento contraditório.

A dinâmica da proteção da confiança transita entre a possibilidade de se tutelar o interesse negativo daquele que confiou, ou mesmo o interesse positivo. Por essa razão é que, para Claus-Wilhelm Canaris,[891] a verificação das consequências da responsabilidade pela confiança percorre um duplo trilho/pista, visto aquele que confia poderá ser colocado na posição que corresponderia à situação aceita por ele,

---

[889] DETTE, *op. cit.*, p. 75. No original: "Weiterhin besteht die Gefahr, dass eine blosse Billigkeitsrechtsprechung entsteht, die die Tatbestandsvoraussetzungen nur mit Blick auf das Ergebnis als erfüllt bzw. nicht erfüllt ansieht, wiewohl die Überprüfung des Ergebnisses als solche zu beanstanden ist und auch oft den richtigen Weg weist".

[890] *Ibid.*, p. 75

[891] CANARIS, *op. cit.*, p. 5. No original: "[...] der Vertrauende wird entweder so gestellt, wie es der *von ihm angenommenen Lage* entspricht, oder er wird so gestellt, als hätte er die *wahre* Lage gekannt, und *daher nicht vertraut* [...]".

ou poderá ser colocado na situação em que estaria se conhecesse a real situação e, por isso, não tivesse confiado.

Assim, para uma melhor compreensão do tema, antes da verificação das consequências da vedação do *venire contra factum proprium*, serão necessários esclarecimentos sobre a origem e a função da proteção dos interesses negativos e positivos.

3.2.1. Os danos de interesse negativo e os danos de interesse positivo

A noção de interesse no Direito está radicada na discussão pandectística acerca da essência do Direito subjetivo.[892] Rudolf von Jhering, afastando-se da teoria voluntarista, capitaneada por Friedrich Carl von Savigny, para quem o direito subjetivo seria o poder de vontade reconhecido pela ordem jurídica, defendia que o Direito subjetivo seria o interesse juridicamente protegido.

Karl Larenz[893] afirma que o giro de Rudolf von Jhering para uma jurisprudência pragmática se converteu na ponte de partida da jurisprudência dos interesses, que conta, dentre os principais integrantes, com Philipp Heck, Heinrich Stoll e Müller-Erzbach. O traço distintivo dessa escola jurídica seria valorização da vida e dos aspectos vitais que existem nas relações jurídicas. Philipp Heck fala de *um primado da investigação da vida e da valorização vital*.[894] Rudolf von Jhering, dessa forma, inaugurou a tradição da investigação dos interesses existentes na relação jurídica.

Ao analisar o que denominou de *culpa in contrahendo* (que hoje vem denominada de responsabilidade pré-contratual), Rudolf von Jhering[895] concebeu a ideia do interesse negativo analisando a atribuição de responsabilidade pelos danos decorrentes da celebração de um contrato nulo, no qual inexistiria dever de cumprimento, mas haveria responsabilidade, ou seja, uma obrigação resultante da existência de uma prestação secundária (responsabilidade – *Haftung*) sem dever de prestação primária (débito – *Schuld*), situação ocorrida em razão da nulidade do contrato.

---

[892] Sobre as teorias da essência do direito subjetivo, leia-se AMARAL, Francisco. *Direito Civil*: introdução. 6. ed. Rio de Janeiro: Renovar, 2006. p. 193-194.

[893] LARENZ, Karl. *Metodologia de la ciencia del derecho*. Barcelona: Ariel, 1966. p. 64.

[894] *Apud* LARENZ, Karl. *Metodologia de la ciencia del derecho*. Barcelona: Ariel, 1966. p. 65.

[895] Ver JHERING, Rudolf Von. *Culpa in contrahendo ou indemnização em contratos nulos ou não chegados à perfeição*. Coimbra: Almedina, 2008.

A polêmica gerada pela distinção entre interesse contratual negativo e positivo foi enorme na ciência jurídica no século XIX. Paulo Mota Pinto[896] assim a descreve:

> Na verdade, a distinção entre interesse contratual negativo e interesse contratual positivo, com quase século e meio, despertou, desde que foi formulada, um verdadeiro fascínio na doutrina, ainda que, muitas vezes, simplesmente pela desconfiança que suscitava, ou para acabar por ser categoricamente rejeitada. A vida do interesse contratual negativo não foi fácil [...].

Essa nova categoria jurídica, formulada por Rudolf Jhering, desenvolveu-se e acabou por ocupar um local privilegiado na disciplina obrigacional.

Ruy Rosado de Aguiar Júnior[897] afirma sobre o tema que: "a indenização pelo interesse negativo há de repor o lesado na situação em que estaria hoje, se não tivesse contado com a eficácia do contrato".

Na mesma medida, Mario Julio Almeida Costa[898] doutrina que:

> A indemnização do dano negativo tende a repor o lesado na situação em que estaria se não houvesse celebrado o contrato, ou mesmo iniciado as negociações com vista à perspectiva conclusão.

Para Manuel Carneiro da Frada,[899] o ressarcimento do dano de confiança (interesse negativo) compreende:

> [...] aquelas despesas e outras disposições que efectuou em função do contrato e que se tornaram inúteis devido ao inadimplemento, e que a indenização visará agora colocar o sujeito na posição que ele teria se não tivesse contratado (*rectius*, se não tivesse chegado a acreditar no cumprimento da obrigação convencionada).

Se a indenização dos danos de interesse negativo busca a recondução das partes ao *status quo*, ou seja, com a reparação de todos os gastos e prejuízos que o contratante lesado teve para estar naquela posição contratual, a indenização do interesse positivo busca conduzir a parte lesada ao *status ad quem*, ou seja, ao estado em que a parte lesada estaria se o contrato tivesse sido bem cumprido.

Ruy Rosado de Aguiar Júnior,[900] sobre o interesse positivo, afirma que este:

---

[896] PINTO, Paulo Mota. *Interesse contratual negativo e interesse contratual positivo*. Coimbra: Coimbra, 2008. V. I. p. 1.

[897] AGUIAR JR., Ruy Rosado. *Extinção dos contratos por incumprimento do devedor*. Resolução. De acordo com o novo Código Civil. 2. ed. rev. e atual. Rio de Janeiro: Aide, 2004. p. 267.

[898] COSTA, Mário Júlio de Almeida. *Direito das obrigações*. 11. ed. rev. e actualiz. Coimbra: Almedina, 2008. p. 598.

[899] CARNEIRO DA FRADA, Manuel. *Teoria da confiança e responsabilidade civil*. Coimbra: Almedina, 2004. p. 664.

[900] AGUIAR JR., *op. cit.*, p. 267.

É o interesse de cumprimento: corresponde ao aumento que o patrimônio do credor teria experimentado se o contrato tivesse sido cumprido: é o acréscimo que o contratante, em caso de cumprimento da avença, auferiria com o valor da prestação, descontado o valor da contraprestação, e mais a vantagem decorrente da disponibilidade desse acréscimo, desde o dia previsto para o cumprimento até o da indenização.

Nesse sentido, Mário Júlio de Almeida Costa,[901] sobre o tema, irá dizer que:

> A indemnização do dano positivo destina-se a colocar o lesado na situação em que se encontraria se o contrato fosse exactamente cumprido. Reconduz-se, assim, os prejuízos que decorrem do não cumprimento definitivo do contrato ou do seu cumprimento tardio ou defeituoso.

A finalidade da proteção do interesse positivo, ou interesse de cumprimento, é, no dizer de Carneiro da Frada:[902] "colocar o credor na situação em que ele se encontraria se o contrato tivesse sido pontualmente cumprido".

Por outro lado, a vinculação do interesse negativo ao trabalho precursor de Rudolf von Jhering, que analisara a responsabilidade pré-contratual, ou seja, uma responsabilidade sem contrato, motiva a identificação dos danos negativos como danos de confiança.

Dessa forma, a doutrina alemã denomina os danos de interesse negativo como danos de confiança, *Vertrauensschadens*. Essa orientação é seguida pela doutrina de língua lusa que trabalhou o tema.

Ruy Rosado de Aguiar Júnior[903] admite a denominação, afirmando que o interesse negativo seria:

> [...] o "dano derivado da confiança", consequente ao fato de ter a parte confiado no contrato, para cuja celebração e cumprimento pode ter efetuado despesas e assumido obrigações, preferindo outras alternativas [...].

Carneiro da Frada,[904] igualmente, adota essa nomenclatura:

> Aqui chegados, importa sublinhar que a indenização deste dano de confiança representa uma manifestação – praticamente muito relevante – da responsabilidade pela frustração de expectativa.

Confiança,[905] pois a parte, confiando na execução do contrato, teria investido ativos para chegar à posição de contratante, a qual restou

---

[901] COSTA, *op. cit.*, p. 598-599.
[902] CARNEIRO DA FRADA, *op. cit.*, p. 663.
[903] AGUIAR JR., *op. cit.*, p. 267.
[904] CARNEIRO DA FRADA, *op. cit.*, p. 663-4.
[905] A nomenclatura acende alguma polêmica. Menciona-se que esta identificação entre dano de interesse negativo e dano de confiança não é correta, pois o interesse positivo também projeta um interesse de confiança, na medida de que tutela, fundado em um contrato ou em mero contato social, uma expectativa da parte em relação a uma posição jurídica projetada, que a parte pretendia, através de determinada prática negocial, alcançar. Neste sentido, leia-se crítica a esta

frustrada em razão da inadimplência da outra parte. Há nesse aspecto uma confiança concreta que é protegida, pois a parte, de fato, despendeu valores para estar nessa situação jurídica, defraudada pelo parceiro.

Assentadas essas premissas, cumpre-se referir que o interesse negativo não se confunde com os danos emergentes, da mesma forma que o interesse positivo não se confunde com os lucros cessantes, embora não seja incomum fazer-se esta confusão.

Para se esclarecer essa distinção, basta-se perceber que o ressarcimento do interesse negativo, ou seja, o retorno das partes ao *status quo*, determina que todos os gastos e prejuízos sejam indenizados, o que conduzirá à devolução da quantia gasta, com correção monetária e juros, ou seja, com indenização dos danos emergentes e lucros cessantes, na espécie através dos juros.

Danos emergentes e lucros cessantes, dessa forma, podem ser cumulados, ambos inexcluem-se, e isto não é uma injustiça comutativa, ou seja, não traz desvantagem exagerada ao ofensor, nem vantagem exagerada ao lesado.

O mesmo não ocorre em relação à cumulação dos interesses em jogo. Guia o aplicador na seara da responsabilidade civil, o princípio segundo a qual o credor não pode ser colocado numa posição melhor que a que lhe assistiria caso o caso o contrato fosse cumprido.

Clóvis do Couto e Silva,[906] analisando os limites da reparação dos danos, afirma:

> Para dar ênfase a esta ideia limitadora do poder dos juízes, há códigos civis, como sucede com o Código Civil brasileiro, que limitam a reparação aos efeitos diretos imediatos do dano. Desde a glosa, especialmente a glosa *Lucratis non sit*, impede-se que, através da reparação, a vítima possa ter benefícios, vale dizer, possa estar numa situação econômica melhor do que o que se encontrar anteriormente ao ato delituoso.

---

identificação entre interesse negativo e danos de confiança realizada por Dario Moura Vicente, reproduzida por CUNHA, Daniela Moura Ferreira. Responsabilidade pré-contratual por ruptura das negociações. Coimbra: Almedina, 2006. p. 184: "Conforme Dário Moura Vicente, o interesse negativo é impropriamente designado por interesse de confiança, isto por que se extrai da lição de Canaris que a responsabilidade pela confiança possui caráter bifrontal, uma vez que o interesse contratual positivo também se funda na lesão da confiança".

Assim, considerando a realidade de uma responsabilidade própria pela confiança, assim como a de uma proteção negativa e positiva desta confiança, poderia a identificação de danos de confiança como danos negativos ser evitada, em vista da possível confusão operada pela sinonímia. No entanto, a nomenclatura está consagrada pela praxe jurídica, não se elevando a questão, ademais, além de mera questão terminológica. Mais importante será, pois, demarcar a possibilidade da confiança adjetivar o dano, ou substanciá-lo.

[906] COUTO E SILVA, Clóvis Veríssimo do. O conceito de dano no Direito brasileiro e comparado. *In*: FRADERA, Vera Maria Jacob de (Org.). *O Direito Privado brasileiro na visão de Clóvis do Couto e Silva*. Porto Alegre: Livraria do Advogado, 1997. p. 225-6.

A não cumulação dos ressarcimentos correspondentes ao interesse positivo e negativo assume uma significação de regra, em vista dos seus fundamentos. Paulo Mota Pinto[907] menciona que:

> Com efeito, ninguém pode pretender ser colocado simultaneamente na situação em que estaria se não tivesse sido concluído certo contrato e na situação em que estaria se esse mesmo negócio (fosse eficaz e) tivesse sido cumprido; ou na situação em que se encontraria se não tivesse sido despertada a sua confiança em certa prestação, ou na produção de certos efeitos, e naquela em que estaria se essa confiança tivesse sido correspondida pela realização da prestação ou pela produção desses efeitos.

Seria deveras injusto dar ao credor a indenização por interesse negativo (ou seja, sua recondução ao *status quo*, com a reparação de todos os gastos e prejuízos que o contratante lesado teve para estar naquela posição contratual) juntamente com a indenização do interesse positivo (ou seja, conduzindo a parte lesada ao *status ad quem*, ao estado em que a parte lesada estaria se o contrato tivesse sido bem cumprido), em vista de que, assim, a parte lesada seria colocada numa posição melhor que a que lhe assistiria caso o contrato fosse cumprido.

Comunga desse entendimento Carneiro da Frada,[908] para quem: "o ressarcimento do investimento não pode cumular-se com a indenização do interesse de cumprimento, sendo portanto alternativo a ele".

Também assim entende Araken de Assis,[909] para quem os interesses negativos somente podem ser indenizados na demanda resolutória, a qual não admitiria indenização dos interesses positivos. Esses somente poderiam ser indenizados na demanda de cumprimento contratual.

3.2.2. A proibição do "venire" e os interesses de confiança

Primordialmente, a proibição do comportamento contraditório, como grupo de casos do princípio da proteção da confiança, destina-se à reparação dos danos que o confiante tenha sofrido, por ter acreditado na continuidade de proceder da contraparte.

---

[907] PINTO, Paulo Mota. *Interesse contratual negativo e interesse contratual positivo*. Coimbra: Coimbra, 2008. V. II. p. 1003-1004.
[908] CARNEIRO DA FRADA, *op. cit.*, p. 667.
[909] ASSIS, Araken de. Dano positivo e negativo na dissolução do contrato. Ajuris, Revista da Associação dos Juízes do Rio Grande do Sul, Porto Alegre, a. XXI, n. 60, p. 121-128, mar. 1994, *passim*.

Nessa linha, leia-se Manuel António Carneiro da Frada:[910]

> As consequências da proteção da confiança são via da regra puramente indenizatórias. De harmonia com a concepção precedente, mesmo estando em causa um *venire* daquele que invoca a nulidade, há em princípio apenas que ressarcir o dano da frustração do investimento feito em função da validade do contrato.

Com o desenvolvimento da teoria da confiança, que defende a autônoma responsabilidade pela confiança, e não mais apenas no quadro da formação contratual, Claus-Wilhelm Canaris passa a defender a existência de uma proteção positiva e de uma proteção negativa da própria confiança.[911] A confiança deixa, portanto, de adjetivar o dano, passando a se constituir em próprio tipo de prejuízo.

Como a consequência jurídica do *venire contra factum proprium* não é a proibição de um comportamento contraditório,[912] mas uma modificação material da situação jurídica decorrente da existência de uma confiança digna de tutela, manifestam-se, desta forma, as consequências da proibição do *venire* por meio, ora da tutela dos interesses negativos de confiança, ora da tutela dos interesses positivos de confiança. Com efeito, essa se torna a linha divisória da sistematização das consequências da vedação do comportamento contraditório.

Assim, por imitação à diferença entre o interesse positivo e interesse negativo, o qual se arrima, fundamentalmente, em um contrato, pode-se no primeiro caso, em que o confiante detém uma pretensão à correspondência de sua confiança, falar em uma proteção positiva da confiança, e, no segundo caso, em que se concede a ele somente uma pretensão à indenização dos danos de confiança, pode-se falar em uma proteção negativa da confiança.[913]

Claus-Wilhelm Canaris afirma que o significado prático dessa distinção entre proteção positiva e negativa da confiança fica clara na contemplação das consequências jurídicas do procurador aparente, caso em que será concedido o direito ao confiante como se existisse uma autêntica procuração, e, com isto, se configura a escolha pela forma de uma proteção positiva da confiança.[914]

---

[910] CARNEIRO DA FRADA, *op. cit.*, p. 733.
[911] PINTO, *op. cit.*, p. 2.
[912] DETTE, *op. cit.*, p. 83. No original: "Es wurde bereits dargestellt, dass Rechtsfolge des venire contra factum proprium nicht das "Verbot des widersprüchlichn Verhaltes" ist, sonder dass Vorliengen dieses Instituts zur materiellen Veränderung der Rechtslage führt".
[913] CANARIS, *op. cit.*, p. 5.
[914] *Ibid.*, p. 5.

Essa diferença entre a proteção positiva e negativa da confiança pode ser caracterizada como construtiva,[915] sendo que a tarefa central do trabalho deste tema (*Vertrauenshaftung*) é justamente a de delimitar o campo de aplicação de ambas as formas de responsabilidade.[916]

Sobre essas duas formas de responsabilidade pela confiança, a que determina a indenização dos danos de confiança e a que determina a pretensão de cumprimento da medida esperada, refere Claus-Wilhelm Canaris que a primeira, ou seja, a proteção negativa da confiança, corresponde, essencialmente, de modo mais correto ao princípio da equidade (*Billigkeit*), pois ela protege ao confiante somente no círculo/dimensão das disposições de fato tomadas ou do investimento concreto de confiança.[917]

De outro lado, a proteção positiva da confiança tende à proteção do tráfego jurídico e pode pretender uma posição de primazia justamente no campo jurídico em que se dá um especial peso aos interesses do tráfego, tal como no direito comercial, no direito societário e no direito cambiário.[918] Nessa medida, refere Claus-Wilhelm Canaris[919] que se deve ter em conta que os interesses de um comerciante em uma pretensão de correspondência à confiança é, de forma regular, melhor do que uma pretensão à indenização dos danos de confiança, pois isto se desdobra na necessidade de se provar os danos, se cifrar sua quantidade, e com isto se evita um grande número de litígios e riscos processuais, um odioso aumento dos custos, economia de esforços e tempo, e se produz uma clara base de cálculo da indenização.[920]

Da mesma forma, entende Hans Walter Dette:[921]

> A proteção positiva da confiança se oferece nos casos em que os interesses do tráfego jurídico têm um peso especial. Ao contrário, a proteção negativa da confiança corresponde melhor aos princípios de equidade, pois ela protege o confiante somente na extensão do seu real investimento e disposição (tradução do autor).

O novo uso dessa forma de responsabilidade situa-se perto da individualização de mandamentos da tradicional ética jurídica e vai

---

[915] DETTE, *op. cit.*, p. 92.
[916] CANARIS, *op. cit.*, p. 5.
[917] *Ibid.*, p. 6.
[918] *Ibid.*, p. 6.
[919] *Ibid.*, p. 6.
[920] *Ibid.*, p. 6.
[921] DETTE, *op. cit.*, p. 92. No original, lê-se: "So bietet sich der positive Vertrauensschutz in den Fällen na, in denen Verkehrsinteressen ein besonderes Gewicht haben. Demgegenüber entspricht der negative Vertrauensschutz den Grundsätzen der "Billigkeit" deswegen besser, weil er den Vertrauenden nu im Umfang der von diesen tatsächlich vorgenommenen Dispositionen und Investitionen schützt".

à tendência do princípio da confiança de classificar a *bona fides*. No entanto, semelhantes considerações dão, quando muito, somente uma primeira indicação, de em qual direção devem ser procurados os critérios decisivos de delimitação, enquanto que a decisão própria fica reservada sempre ao Direito positivo.[922]

Ainda, necessário esclarecer que essa tutela dos interesses negativos e positivos a que o *venire contra factum proprium* dá azo pode ser exercida tanto em defesa, tanto por meio de exceções e objeções de direito material, quanto através de pretensões. Perifraseando a célebre expressão inglesa sobre o *estoppel* em que se referia ser este *a shield, not a sword*, pode-se dizer que a proibição do comportamento contraditório será tanto um escudo, atuando como um meio de defesa, quanto uma espada, podendo ser causa de uma ação!

3.2.2.1. O "venire" e os interesses negativos de confiança

A proibição do *venire* visará, num primeiro momento, o interesse negativo do confiante. Assim, haverá uma recondução daquele que teve sua confiança frustrada ao *status quo*, indenizando, desta feita, seus danos de confiança, que são, conceitualmente, os danos que a parte sofreu por ter acreditado e investido na continuidade do primeiro comportamento (*factum proprium*). Nesse sentido, se falará de uma proteção negativa da confiança.

No mesmo sentido, lê-se em Hans Walter Dette[923] que o confiante também pode ser colocado na situação que ele estaria, se não estivesse confiado. Essa pretensão, então, não seria de cumprimento, mas de indenização.

A reparação dos danos de confiança é a solução dos casos em que envolva uma ruptura de negociações, espécie de responsabilidade pré-contratual, não originalmente abarcada pela *culpa in contrahendo* de Jhering. Enquanto que nessa a confiança na fase pré-contratual é criada por uma falta da contraparte, ou seja, por um descumprimento de um dever (e.g., dever de corretamente informar inadimplido), a confiança naquele tipo é causada independentemente de uma culpa, sendo defraudada por uma modificação voluntária no planejamento negocial da contraparte. Assim, afigura-se correta a definição de Manuel Carneiro da Frada,[924] para quem a responsabilidade pela ruptura

---
[922] CANARIS, *op. cit.*, p. 6
[923] DETTE, *op. cit.*, p. 92. No original, lê-se: "Der Vertrauende könnte aber auch nur so gestellt werden, wie er stünde, wenn er die wahre Lage gekannt, also nicht vertraut hätte".
[924] CARNEIRO DA FRADA, *op. cit.*, p. 502.

das negociações "constitui a *facti-species* paradigmática da responsabilidade daquele que, na fase preambular do contrato, concita no outro a convicção de vir a actuar de determinada forma no futuro".

A utilização da figura do *venire* para a resolução dos problemas derivados do rompimento das negociações não é nova. Cristiano de Souza Zanetti[925] assevera que:

> Entre todas as figuras típicas do exercício inadmissível de direitos cunhados na Alemanha a partir da boa-fé, o *venire contra factum proprium* é a mais apropriada para regrar o período das negociações tendentes à conclusão do contrato. De fato, seus pressupostos são perfeitamente adequados para a situação da ruptura, podendo-se afirmar que, nesse caso, a ilicitude do ato estaria condicionada a três fatores, quais sejam: (i) a existência do comportamento de uma das partes que permita confiar na conclusão do contrato; (ii) a adesão do outro candidato à confiança gerada por esse comportamento; e (iii) o investimento de confiança do candidato à contratante, que, diante do comportamento de seu parceiro, despende tempo e energia em prol da conclusão da avença.

A admissão desta responsabilidade, antes de formalizado o contrato, que se encontra ainda em tratativas, é de ser admitida com prudência, que decorre do próprio interesse da ordem jurídica em preservar um espaço de autonomia para os indivíduos ponderarem seus interesses e decidirem, por si, contratar ou não.[926] Na plástica formulação de Manuel Carneiro da Frada,[927] "a liberdade de interromper as negociações representa um simples corolário da liberdade de agir".

No entanto, essa liberdade de romper as tratativas não exclui a responsabilidade pelo suscitar e defraudar expectativas, derivadas da própria conduta. Como corretamente afirma Manuel Carneiro da Frada:[928]

> Não se trata de conceder que o sujeito a responsabilizar se encontrava vinculado à celebração do contrato, mas apenas de aceitar que pode ter de indemnizar caso ofenda as expectativas que ele próprio alimentou.

No entanto, essa preservação da autonomia privada no âmbito da responsabilidade pela ruptura das tratativas traz a necessária conclusão de que os danos ressarcíveis por eventual demanda indenizatória limitam-se aos de interesse negativo, visto que, como a parte, no exercício legítimo de sua vontade, não quis celebrar o negócio

---

[925] ZANETTI, Cristiano de Souza. *Responsabilidade pela ruptura das negociações*. São Paulo: Juarez de Oliveira, 2005. p. 117-118.

[926] Nesse sentido, CARNEIRO DA FRADA, Manuel. *Teoria da confiança e responsabilidade civil*. Coimbra: Almedina, 2004. p. 506.

[927] *Ibid.*, p. 515.

[928] *Ibid.*, p. 514-515.

jurídico, não pode o ordenamento colocar a contraparte na posição que estaria, caso tivesse sido celebrado e executado o contrato.

Daniela Moura Ferreira Cunha,[929] em monografia sobre o assunto, refere ser esta a posição dominante nos direitos português e brasileiro:

> A defesa do ressarcimento dos danos pré-contratuais pelo interesse negativo é, portanto, muito presente nos julgados portugueses (tanto os mais antigos como os mais recentes).
>
> De fato, o interesse negativo parece ser o elo fundamental que liga a responsabilidade pré-contratual à indenização dos danos dela oriundos. Este posicionamento verifica-se nos ordenamentos jurídicos de diversos países que tratam mais profundamente ou não sobre o tema. Apesar de pouco tratar da responsabilidade pré-contratual, no Brasil há também uma orientação prevalente neste sentido.

Assim, ao fundar uma pretensão indenizatória pelo rompimento das tratativas, a proibição do *venire* assumirá o efeito de conduzir o lesado à posição que estaria se não tivesse confiado na conduta da contraparte, sendo indenizado pelos danos de interesse negativo que tiver sofrido.

No entanto, ainda que remota, não pode ser descartada a hipótese de, em vista de circunstâncias especiais, sobretudo, em vista de um grande investimento de confiança, ser concedida a proteção do interesse positivo em caso de responsabilidade pré-contratual.

O exemplo deriva do Direito alemão. Reinhard Singer,[930] nesse sentido, lembra a jurisprudência chamada de Tradição da Quinta, pela qual os herdeiros da fazenda tinham uma expectativa de se instituírem como herdeiros, e trabalharam uma vida fiados nisso, mas depois se viram frustrados em sua expectativa, quando foi instituído como herdeiro um terceiro. Nesse grupo de casos, também a proteção da confiança é uma razão de peso para a fundamentação de uma pretensão de cumprimento. No entanto, trata-se não de uma proteção da confiança na validade de um negócio jurídico defeituoso, mas na proteção da confiança em um futuro contrato.

No caso da Tradição da Quinta, as partes sabiam mesmo sobre a exigência formal do testamento e consideravam que a declaração não formal não poderia instituir consequências jurídicas. Mesmo assim, a confiança dos herdeiros da quinta pode ser vista como digna de

---

[929] CUNHA, Daniela Moura Ferreira. *Responsabilidade pré-contratual por ruptura das negociações*. Coimbra: Almedina, 2006. p. 189.

[930] SINGER, Reinhard. *Das Verbot widersprüchlichen Verhaltens*. München: Beck, 1993. p. 13.

proteção, pois estes, tipicamente, são subordinados e não poderiam exigir do proprietário a celebração de um contrato formal.[931]

3.2.2.2. O "venire" e os interesses positivos de confiança

A proteção também pode abarcar o interesse positivo do confiante. Através dela, a parte que confiou será conduzida ao *status ad quem*, ou seja, à posição jurídica que ela teria se as expectativas derivadas do *factum proprium* se confirmassem, produzindo-se aqui um efeito semelhante à proteção do interesse contratual positivo. Nesse sentido, se falará de uma proteção positiva da confiança.

No mesmo sentido, Hans Walter Dette[932] erige o interesse positivo sob a espécie de pretensão de cumprimento à alçada de consequência da proteção da confiança pelo comportamento contraditório:

> Isto pode ter como consequência uma proteção positiva da confiança na forma de uma pretensão de cumprimento, colocando-se o confiante como ele estaria na correspondente situação (tradução do autor).

A proteção positiva da confiança seria uma consequência da necessidade jus-ética (*rechtsethische Notwendigkeit*), expressão cunhada por Claus-Wilhelm Canaris.[933] Tanto esse autor[934] quanto Hans Walter Dette[935] consideram que a concessão de uma pretensão de cumprimento (tutela do interesse positivo) seria consequência natural e necessária da proteção da confiança junto ao *venire contra factum proprium*.

Claus-Wilhelm Canaris[936] explica a consequência:

> O confiante pode aqui, portanto, exigir que sua confiança seja correspondida, quer dizer, que ele seja colocado, como se existisse a situação por si tomada como real (tradução do autor).

Essa pretensão valeria tanto para os casos de responsabilidade pela aparência quanto para os casos de responsabilidade pela confian-

---

[931] SINGER, *op. cit.*, p. 13.
[932] DETTE, *op. cit.*, p. 92. No original: "Dieses kann, wie dargelegt, einen positiven Vertrauensschutz in der Form des Erfüllungsanspruchs zur Folge haben, bei dem der Vertrauende so gestellt wird, wie es von ihm angenommenen Lage entspricht".
[933] CANARIS, *op. cit.*, p. 518.
[934] *Ibid.*, p. 518.
[935] DETTE, *op. cit.*, p. 92. No original: ": "Was nun den Vertrauensschutz beim Prinzip des venire contra factum proprium anbelangt, so ist dieser schon ex definitione darauf gerichtet, auch einen Erfüllungsanspruch zu gewähren".
[936] CANARIS, *op. cit.*, p. 518. No original: "Der Vertrauende kann hier also verlangen, daß er so gestellt wird, als bestünde die von ihm angenommene Lage wirklich".

ça por necessidade jus-ética, na qual se insere a proibição dos comportamentos contraditórios.

Para Hans Walter Dette,[937] uma limitação à proteção negativa da confiança não representaria uma verdadeira proteção da confiança, visto que, se, para toda responsabilidade pela confiança, é exigida, enquanto pressuposto, uma disposição, um investimento de confiança, a proteção fosse exclusivamente negativa, ocorreria uma supervalorização de um pressuposto (investimento de confiança), em detrimento dos demais, com o que se colocaria peso demais nas consequências da confiança, restando as outras demais circunstâncias sem consideração.

Assim, a própria questão envolvendo o interesse negativo, ou seja, a colocação do confiante no lugar que ele estaria se ele não estivesse confiado, deixa-se compreender também no sentido de uma proteção positiva da confiança.

De qualquer maneira, o fundamento será sempre no caso concreto, pelo qual proteção positiva da confiança oferece uma solução jus-ética suportável,[938] tendo-se em conta a necessária adequação material de resultado.

Assim, deve-se concluir, na esteira dos juristas alemães,[939] que a proteção positiva da confiança é ofertada como consequência da proibição do *venire contra factum proprium*.

Reinhard Singer[940] afirma, com correção, que o judiciário somente deve conceder uma pretensão de cumprimento quando a nulidade não somente for dura para uma das partes do contrato, como também conduzir a um resultado insustentável: isto pressupõe normalmente um perigo de existência da parte prejudicada ou pelo menos uma pesada/forte violação do dever de lealdade da outra parte contratual.

Da mesma forma, Claus-Wilhelm Canaris,[941] que classifica estes casos no seu sistema de responsabilidade pela confiança, coloca altas exigências na extensão do investimento de confiança do lado da parte prejudicada, ou uma especial responsabilidade da outra parte para o fracasso do contrato.

---

[937] DETTE, *op. cit.*, p. 93.
[938] Ibid., p. 94.
[939] CANARIS, *op. cit.*, p. 518. DETTE, *op. cit.*, p. 94. Este afirma, no original: "Zusammenfassend ist aber festzuhalten, dass der positive Vertrauensschutz zu Recht als eine Folge des Prinzips des venire contra factum proprium angeboten wird".
[940] SINGER, *op. cit.*, p. 12-13.
[941] CANARIS, *op. cit.*, p. 291.

A proteção dos interesses positivos de confiança não assume, no entanto, somente a forma indenizatória, podendo se constituir na neutralização do direito exercido ou na inibição do comportamento contraditório. Através dessa tutela, não se está dando um efeito constitutivo ao *factum proprium*, antes se estará evitando, sempre, a ocorrência de um dano.

A tutela do interesse positivo de confiança, nos casos de *venire*, manifesta-se, num primeiro momento, na possibilidade de o *venire* substituir outros suportes fáticos e consequências legais, o que justificou Hans Walter Dette[942] declarar que teria uma função quase de um *Joker*, ou seja, tal qual o coringa, carta que, no baralho, pode fazer as vezes de todas as outras.

Nessa configuração, a consequência direta da existência do *venire contra factum proprium* é que ele substitui um suporte fático e consequência legal, que seriam necessários para a ocorrência de uma determinada consequência jurídica.[943] Hans Walter Dette[944] nomina essa a teoria do substituto (*Substitutstheorie*). Assim, verifica-se que a proibição do *venire* daria azo à manutenção ou condução do confiante à posição que ele se encontraria, caso suas expectativas legítimas fossem realizadas pela contraparte.

A inalegabilidade de nulidades formais, que se constitui em um grupo de casos da proibição do comportamento contraditório,[945] pode ser considerada espécie em que se tutela o interesse positivo do confiante, em que, ao invés de se conduzir o lesado ao *status ad quem*, se mantém seu *status* jurídico atual, sem o retorno ao estado anterior, o que, em efeitos práticos, assemelha-se à efetivação da pretensão de cumprimento. Saliente-se que, nessa hipótese, o *venire* efetivamente substitui o suporte fático contratual, mantendo-se as pretensões de cumprimento do contrato.

Exempla esse tutelar da proibição do comportamento contraditório, hábil a preservar o interesse positivo do confiante, caso paradigmático da jurisprudência brasileira sobre o tema, da impugnação

---

[942] DETTE, , *op. cit.*, p. 83. No original, lê-se: "Je nach dem, na welcher Stelle es hierbei quase als Joker entsprechend den vorliegenden Kriterien einsetzt, ergibt sich daraus die mittelbare, aber entscheidende Rechtsfolge".

[943] *Ibid.*, p. 83.

[944] *Ibid.*, p. 84.

[945] Neste sentido, leia-se em CORDEIRO, António Manuel da Rocha e Menezes. *Da boa fé no Direito Civil*. Coimbra: Almedina, 2007. p. 787. Refere o autor português que esta seria a posição de Claus-Wilhelm Canaris, para quem: "a inalegabilidade seria uma sub-hipótese da proibição do venire contra factum proprium, com a particularidade de, por factum proprium, aparecer um contrato formalmente nulo". Ressalve-se aqui que o autor não concorda com esta classificação, considerando-a insatisfatória. *Ibid.*, p. 788.

de contrato por falta de outorga uxória. Trata-se do REsp 95539,[946] de lavra do ministro Ruy Rosado de Aguiar Júnior, da Quarta Turma do Superior Tribunal de Justiça.

In casu, na correta síntese realizada por Anderson Schreiber:[947]

> [...] se considerou inadmissível o comportamento da mulher que, em contradição a seus atos anteriores, questionou a validade de um contrato (promessa de compra e venda) celebrado por seu marido, sem a sua outorga uxória.

A lide decorreu de uma promessa de compra e venda de bem imóvel, que se deu sem a assinatura da esposa proprietária. Ocorre que, parcelado o pagamento do preço, na derradeira parcela o vendedor ainda não poderia outorgar a escritura da propriedade, o que motivou os promitentes compradores a promoverem ação consignatória. Dezessete anos após a celebração do contrato, os promitentes compradores, que durante este tempo exerceram posse pacífica do imóvel, exigiram que fosse lavrada a escritura definitiva, momento em que a esposa do promitente vendedor insurgiu-se contra o negócio jurídico, promovendo ação de rescisão de contrato por falta de sua outorga uxória.

A vedação do comportamento contraditório da esposa, ainda que fundado na relevante falta da outorga uxória, preservou, no caso, o interesse positivo dos confiantes, mantendo a validade do contrato e o *status* de adquirentes dos promitentes compradores. Há evidente, dessa forma, tutela do interesse positivo de confiança.

Também na Apelação Cível 70043237858,[948] da 19ª Câmara Cível do Tribunal de Justiça do Estado do Rio Grande do Sul, acórdão de lavra da desembargadora Iris Helena Medeiros Nogueira, manteve-se a validade e eficácia de um contrato que tinha cláusula *contra legem*, preservando-se o interesse positivo de confiança.

Nesse caso, um credor executou crédito decorrente de contrato de arrendamento rural, e o devedor suscitou, em embargos à execução, além da ilegitimidade ativa daquele (o que desinteressa nesta seara), nulidade da cláusula contratual que fixara o preço do arrendamento

---

[946] BRASIL. Superior Tribunal de Justiça. Direito Civil. Ação de rescisão de contrato. Validade do contrato. REsp 95539, 4ª Turma Cível do Superior Tribunal de Justiça; relator ministro Ruy Rosado de Aguiar Júnior. Data de julgamento 03.09.1996. Disponível em: <http://www.stj.jus.br>. Acesso em: 20 set. 2010. Acórdão publicado na Revista de Jurisprudência do STJ, volume 93, p. 314.

[947] SCHREIBER, Anderson. *A proibição de comportamento contraditório* – Tutela da confiança e *venire contra factum proprium*. 2. ed. rev. e atual. Rio de Janeiro: Renovar, 2007. p. 206.

[948] BRASIL. Tribunal de Justiça do Rio Grande do Sul. Direito Civil. Embargos à execução. Apelação Cível 70043237858, 19ª Câmara Cível do Tribunal de Justiça do Estado do Rio Grande do Sul; relatora desembargadora Iris Helena Medeiros Nogueira. Data de julgamento 20.07.2011. Disponível em: <http://www.tjrs.jus.br>. Acesso em: 20 set. 2011.

em quilo do boi, e não em espécie, conforme determinado pelo art. 18 do Decreto nº 59.566/66.[949]

O Tribunal considerou que a conduta do embargante malferiu o primado da *venire contra factum proprium*, dever contratual que seria originário da boa-fé objetiva,[950] prevista no art. 422 do Código Civil, em vista de que, ao lado de ser prática comum no Rio Grande do Sul o ajuste ter em conta o preço do boi, o contratante manteve-se inerte frente à cláusula contratual, já que o contrato fora firmado em 1988, e os embargos, em que arguida a nulidade, em 2008. Assim, em que pese o clausulado atentar contra a lei, e, portanto, merecer ser taxado como nulo, a proibição do *venire* atuou substituindo as formalidades legais, tal como um *Joker*, tendo-se preservado os interesses positivos de confiança daquele que confiou.

O interesse positivo de confiança no *venire* também pode se evidenciar por meio da concessão de exceções, objeções, e objeções a exceções. Essas possibilidades não passaram despercebidas por Pontes de Miranda,[951] que afirmou:

> A ninguém é lícito *venire contra factum proprium*, isto é, exercer direito, pretensão ou ação, ou exceção, em contradição com o que foi a sua atitude anterior, interpretada, objetivamente, de acordo com a lei. Por exemplo: pedir o adimplemento de obrigações fundadas em contrato, que deixou de cumprir por ter alegado ser nulo, ou anulável, e não propôs a ação, ou não foi proposta pelo outro contraente, se não era do interesse desse. Não há o princípio geral, se bem que haja espécies; mas a exceção de dolo não pode fundar-se nelas.

Hans Walter Dette[952] exemplifica a construção de uma objeção por meio do *venire*, quando alguém exige uma posição jurídica, após ter acordado a impressão de que ele não iria exercê-la, existindo os outros pressupostos do *venire*, o direito não lhe deveria ser reconhecido. O mesmo autor[953] ocupa-se da possibilidade de o *venire* ser utilizado para cortar o exercício de uma objeção. O exemplo dado pelo autor vem a ser o caso da pessoa que, a impressão acorda, de que ela

---

[949] "Art 18. O preço do arrendamento só pode ser ajustado em quantia fixa de dinheiro, mas o seu pagamento pode ser ajustado que se faça em dinheiro ou em quantidade de frutos cujo preço corrente no mercado local, nunca inferior ao preço mínimo oficial, equivalha ao do aluguel, à época da liquidação. Parágrafo único. É vedado ajustar como preço de arrendamento quantidade fixa de frutos ou produtos, ou seu equivalente em dinheiro".

[950] Ressalte-se que segundo o corte dogmático defendido neste trabalho, o fundamento da proibição do *venire* não é a boa-fé objetiva, mas sim o princípio da proteção da confiança.

[951] MIRANDA, Pontes de. *Tratado de Direito Privado*. 4. ed. São Paulo: Revista dos Tribunais, 1983. T. VI. p. 36.

[952] DETTE, , *op. cit.*, p. 85. No original, consta que: "Der Vertrauende kann gegen das 'an sich' bestehende Recht einen Einwand aufgrund des Prinzips des venire contra factum proprium erheben".

[953] *Ibid.*, p. 85-86.

não irá arguir compensação (*Aufrechnen*), e que, com a ocorrência dos demais pressupostos do *venire*, ele não poderá fazer valer sua objeção de compensação.

Novamente, nesses casos, o *venire* terá como consequência a tutela do interesse positivo do confiante, visto que ele mantém o *status* jurídico que ele teria, caso a contraparte não defraudasse sua confiança.

Poderia ainda a proibição do *venire* operar neutralizando o exercício de uma exceção. Deve-se questionar se isso valeria também para a exceção de prescrição (*die Einrede der Verjährung*), o que requer uma resposta bipartida.[954]

Na primeira, gira-se em torno dos casos em que a prescrição já entrou em vigor. Temos no Brasil uma configuração jurídica, que admite a renúncia à prescrição, desde que ela já tenha entrado em curso, ou melhor, já tenha se efetivado, o que se dessume da leitura do art. 191, Código Civil. Essa renúncia pode tanto ser expressa quanto tácita. Assim, a perda do direito de exceptuar a prescrição pode se dar tacitamente, ou seja, diretamente através de um comportamento, sendo possível a perda indireta sobre a exceção. O que, no entanto, não ocorre com os prazos decadenciais, os quais não admitem renúncia, seja prévia, seja após sua consumação, em vista do teor do art. 209 do Código Civil.

O segundo problema seria a verificação da possibilidade de se objetar a perda da exceção de prescrição pelo comportamento da parte antes de ela ser efetivada. No Direito brasileiro, por força do art. 191 do Código Civil, inadmite-se a renúncia prévia à prescrição, seja expressa ou tácita, de forma que não seria possível a aplicação do *venire*, como impedimento da exceção de prescrição, antes de sua entrada em vigor. Assim, como somente após a entrada em vigor da prescrição se admite sua renúncia, temos que, até lá, ela é absoluta, não a impedindo o instituto do *venire contra factum proprium*.

Dentro desta perspectiva, de preservar ou conduzir o confiante à posição jurídica que represente seu interesse positivo, pode-se considerar a possibilidade de conceder-se um efeito inibitório[955] à proibição do comportamento contraditório, o qual, no entanto, não terá a

---

[954] Questionou-se Hans Walter Dette sobre este problema dentro do cenário alemão. O autor, fundando-se no § 225, BGB, já revogado, afirmou ser possível a aplicação do *venire contra factum proprium* tanto depois de sua efetivação quanto antes. DETTE, *op. cit.*, p. 86.

[955] Sobre a tutela inibitória, leia-se, por todos, MARINONI, Luiz Guilherme. *Tutela inibitória*: individual e coletiva. 4. ed. São Paulo: Revista dos Tribunais, 2006.

finalidade de eliminar o ato ilícito propriamente dito, mas de evitar a origem ou a majoração de um dano.

Esta potencialidade do *venire*, de poder inibir a conduta ilícita, foi frisada por Judith Martins-Costa,[956] a qual, no entanto, fundamentava esta possibilidade na teoria da ilicitude civil sem dano, que, em que pese coerente com as opções dogmáticas da civilista gaúcha, a saber, a fundamentação do *venire* pelo art. 187 do Código Civil, não se amolda à construção dada ao *venire* neste trabalho.

Isso, pois o fundamento dogmático do *venire* não se apoia no abuso do direito, ou seja, não é exercício ilegítimo e disfuncional de um direito que estará sendo reprimido nas hipóteses de *venire*, mas, sim, o ressarcimento ou a prevenção de um dano de confiança, causado por um agir lícito. Desta forma, o *venire* afigurar-se-ia um caso mais próximo, não da ilicitude sem dano, mas do dano sem ilicitude.

---

[956] MARTINS-COSTA, Judith. Ilicitude derivada do exercício do contraditório de um direito: o renascer do "venire contra factum proprium". Ajuris, Revista da Associação dos Juízes do Rio Grande do Sul, Porto Alegre, a. XXXII, n. 97, p. 165-6, mar. 2005. Concorda com a jurista gaúcha: GOMES, Elena de Carvalho. Entre o *actus* e o *factum*: os comportamentos contraditórios no direito privado. Belo Horizonte: Del Rey, 2009. p. 119.

Considerações finais

Estas considerações finais, ainda que movidas por uma tensão de síntese, prestam-se a recapitular as principais ideias apresentadas no decorrer da dissertação.

O brocardo *venire contra factum proprium nemini licet*, ainda que sua formulação esteja radicada no medievo, sob a pena do glosador conhecido como Azo, traz em seu bojo um pensamento que já era manejado pelos jurisconsultos romanos, podendo ser, embrionariamente, visualizado em certos textos.

Enquanto os romanos se utilizaram do pensamento fragmentariamente, os juristas medievais inauguraram uma nova forma de pensar o fenômeno jurídico, buscando uma generalidade e abstração desconhecida daqueles. Como resultado desse esforço, surgiu o brocardo, que buscava sumarizar a *ratio decidendi* de alguns textos romanos.

No âmbito do *Common Law*, foi estudado o instituto chamado *estoppel*, que, embora assuma mais variadas funções, guarda um parentesco com o objeto de pesquisa, sobretudo na espécie conhecida como *promissory estoppel*.

Por outro lado, foi demonstrado como, depois de uma longa hibernação no *Civil Law*, o brocardo foi redescoberto por Erwin Riezler no século XX, alçando-se a uma das frases jurídicas mais utilizadas pelos tribunais alemães e alcançando elevada sistematização.

Buscou-se ainda apresentar qual seria o fundamento normativo da vedação do *venire*. Dadas a conhecer as quatro possibilidades classificatórias, foram verificadas as razões pelas quais o pensamento de proibição do comportamento contraditório no Direito privado encontra seu fundamento e razão de ser sob o princípio da proteção da confiança, o qual postula reconhecimento no Direito brasileiro.

Ressaltou-se o papel fundamental desempenhado pela confiança, sendo sugerido que os demais casos em que haja um comportamento contraditório, mas que não encontrem seu fundamento normativo no princípio da confiança, deveriam ser solvidos sem o manejo do brocardo.

A fim de garantir uma maior previsibilidade e otimização da busca da justiça no caso concreto, foram sistematizados os pressupostos de aplicação do *venire contra factum proprium*, os quais foram ordenados em quatro: o sistemático, o estrutural, os objetivos e os subjetivos.

O pressuposto sistemático buscou deixar claro que a aplicação do *venire* presume uma incompletude do ordenamento jurídico, o qual seria formado predominantemente por partes fixas, e complementarmente por partes abertas. Entre a imobilidade e a abertura do sistema, localizam-se as partes móveis, que são mais indeterminadas do que as fixas, mas mais determinadas do que as partes abertas do sistema. Após a determinação dos pressupostos, deixa-se um espaço para o intérprete aplicar a norma, a qual pode incidir mesmo com a falta de um dos requisitos, em vista do critério da força e do número.

O pressuposto estrutural do *venire* cristaliza-se por uma *necessária relação formal negatória entre os comportamentos que se contradizem*, o que, além de expor a natureza da condição do brocardo, delimita-o de maneira especial.

Calcado no modelo alemão, passou-se então à catalogação dos pressupostos objetivos da aplicação do *venire*, quais sejam, a pré-conduta de uma das partes, a confiança da outra parte, a disposição de confiança e o nexo de causalidade entre a confiança e a disposição. Ao depois, foram estudados os dois pressupostos subjetivos: o merecimento de proteção da confiança e a imputabilidade.

Sintetizando os esforços até então realizados, pode-se afirmar[957] que o *venire* se estrutura por meio de necessária relação formal negatória entre comportamentos que se contradizem, e que sua função se encontra, única e exclusivamente, na proteção da confiança no tráfego jurídico, valor que, na esteira da boa-fé, veio a estreitar os laços do Direito com a Ética.

Hans Peter Walter, juiz federal de Berna, na Suíça, em artigo intitulado *Vertrauenshaftung – Unkraut oder Blume im Garten des Rechts?*,[958] perguntou-se, preocupado com o uso abusivo e pouco criterioso da

---

[957] Segue-se uma observação de Francesco Carnelutti, o qual chamava a atenção para a pertinência de se perguntar, diante de um instituto jurídico, sobre sua estrutura e função. CARNELUTTI, Francesco. *Metodologia del derecho*. Mexico: Union Tipografica, 1940. p. 63-4.
[958] WALTER, Hans Peter. *Die Vertrauenshaftung*: Unkraut oder Blume im Garten des Rechts? Zeitschrift für schweizerisches Recht (ZSR), Bern: Helbing Lichtenhahn Verlag, Band I, 2. Heftes, p. 79-100, 2001.

teoria, se a responsabilidade pela confiança (*Vertrauenshaftung*) seria uma erva daninha ou uma flor no jardim do Direito, tendo respondido, ao final, que, para si, seria uma flor.

A resposta ofertada por esta pesquisa, que buscou, a par de apresentar o tema dentro de uma perspectiva histórica e localizá-lo dentro das possibilidades dogmáticas do Direito brasileiro, ofertar limites mais precisos para a aplicação desse brocardo, pretendeu ser um aparo para o florescimento, livre de ervas daninhas, do princípio da proteção da confiança.

Referências

ABBAGNANO, Nicola. *Dicionário de Filosofia*. São Paulo: Martins Fontes, 2007.

AGUIAR JR, Ruy Rosado (Org.) *Jornada de Direito Civil*. Brasília: Conselho de Justiça Federal, 2007.

——. A boa-fé na relação de consumo. *Revista de Direito do Consumidor*, São Paulo: Revista dos Tribunais, v. 14, p. 20-7, 1995.

——. *Extinção dos contratos por incumprimento do devedor*. Resolução. De acordo com o novo Código Civil. 2. ed. rev. e atual. Rio de Janeiro: Aide, 2004.

ALBUQUERQUE, Fabíola Santos. Princípio da confiança no Direito Contratual. In: TORRES, Ricardo Lobo; KATAOKA, Eduardo Takemi; GALDINO, Flavio (Orgs.). TORRES, Silvia Faber (Superv.). *Dicionário dos princípios jurídicos*. Rio de Janeiro: Elsevier, 2011. p. 188-93.

ALPA, Guido. L'avenir du contrat: aperçu d'une recherche bibliographique. *Revue internationale de droit comparé*, Paris, n. 1, p. 7-27, jan./mars 1985.

ALTERINI, Atílio Aníbal. Responsabilidad objetiva derivada de la generación de confianza. *Revista de Direito Civil, Imobiliário, Agrário e Empresarial*, São Paulo: Revista dos Tribunais, v. 73, p. 5-16, 1995.

ALVES, José Carlos Moreira. *Direito romano*. 14. ed. Rio de Janeiro: Forense, 2007.

AMARAL, Francisco. *Direito Civil*. Introdução. 6. ed. Rio de Janeiro: Renovar, 2006.

ANDRADE, Fábio Siebeneichler de. Causa e "consideration". *Ajuris*, Revista da Associação dos Juízes do Rio Grande do Sul, Porto Alegre, a. XVIII, n. 53, p. 276-84, nov. 1991.

——. *Da codificação*: crônica de um conceito. Porto Alegre: Livraria do Advogado, 1997.

——. O modelo do Código Civil de 2002 sob a perspectiva das funções atuais da codificação. In: JUNQUEIRA DE AZEVEDO, Antonio; TORRES, Heleno Taveira; CARBONE, Paolo (Coords.). *Princípios do Novo Código Civil brasileiro e outros temas – homenagem a Tullio Ascarelli*. São Paulo: Quartier Latin, 2008. p. 169-90.

ANGIONI, Lucas. Princípio da não-contradição e semântica da predicação em Aristóteles. *Analytica*, v. 4, n. 2, p. 121-158, 1999.

ARISTÓTELES. *Ética a Nicômacos*. 4. ed. Traduzido por Mário da Gama Kury. Brasília: Universidade de Brasília, 2001.

——. *Metafísica*. Ensaio introdutório, texto grego com tradução e comentário de Giovanni Reale. V. II. Texto grego com tradução ao lado. Traduzido por Marcelo Perine. São Paulo: Loyola, 2005.

ASCENSÃO, José de Oliveira. A desconstrução do abuso do direito. In: DELGADO, Mário Luiz; ALVES, José Figueirêdo. *Novo Código Civil*. Questões controvertidas no direito das obrigações e dos contratos. São Paulo: Método, 2005. V. 4. p. 33-54.

ASHTON, Peter Walter. A Common Law e a Equity do Direito Anglo Saxônico. *Revista do Ministério Público do Rio Grande do Sul*, Porto Alegre, n. 64, p. 163-87, out./dez. 2009.

——. A importância do Direito romano para os sistemas jurídicos do ocidente, especialmente para a Alemanha. *Revista Direito & Justiça*, Revista da Faculdade de Direito da PUCRS, Porto Alegre, a. XXIII, v. 23, p. 279-307, 2001.

ASSIS, Araken de. Dano positivo e negativo na dissolução do contrato. *Ajuris*, Revista da Associação dos Juízes do Rio Grande do Sul, Porto Alegre, a. XXI, n. 60, p. 121-28, mar. 1994.

——. *Resolução do contrato por inadimplemento*. 4. ed. rev. e atual. São Paulo: Revista dos Tribunais, 2004.

ASTONE, Francesco. *Venire contra factum proprium*. Divieto di contraddizione e dovere di coerenza nei rapporti tra privati. Napoli: Jovene, 2006.

ÁVILA, Humberto. "Neoconstitucionalismo": entre a "Ciência do Direito" e o "Direito da Ciência". *Revista Brasileira de Direito Público*, Belo Horizonte, Fórum, a. 6, v. 23, p. 09-30, out./dez. 2008.

——. *Segurança jurídica*. Entre permanência, mudança e realização no Direito Tributário. São Paulo: Malheiros, 2011.

——. *Teoria dos princípios*. Da definição à aplicação dos princípios jurídicos. 6. ed. São Paulo: Malheiros, 2006.

AZEVEDO, Antônio Junqueira de. Crítica à parte geral do projeto de Código Civil. In: ——. *Estudos e pareceres de Direito Privado*. São Paulo: Saraiva, 2004. p. 67-79.

——. Interpretação do contrato pelo exame da vontade contratual. O comportamento das partes posterior à celebração. Interpretação e efeitos do contrato conforme o princípio da boa-fé objetiva. Impossibilidade de *venire contra factum proprium* e de utilização de dois pesos e duas medidas (*tu quoque*). Efeitos do contrato e sinalagma. A assunção pelos contratantes de riscos específicos e a impossibilidade de fugir do "programa contratual" estabelecido. *Revista Forense*, Rio de Janeiro: Forense, a. 96, v. 351, p. 275-83, jul./set. 2000.

——. *Negócio jurídico*. Existência, validade e eficácia. São Paulo: Saraiva, 2002.

AZZO DEI PORCI. *Brocardica avrea*. Neapoli: Ioannem Boivm, 1568.

BALLERSTEDT, Kurt. Zur Haftung für culpa in contrahendo bei Geschaftsabschluss durch Stellvertreter. *Archiv für die civilistische Praxis*, Tübingen: Mohr, v. 151, p. 501-31, 1950/1951.

BAPTISTA MACHADO, João. A cláusula do razoável. In: ——. *Obra dispersa*. Braga: Scientia Jurídica, 1991. V. I. p. 457-621.

——. Tutela da confiança e "Venire contra Factum Proprium". In: ——. *Obra dispersa*. Braga: Scientia Jurídica, 1991. V. I. p. 345-423.

BETTI, Emilio. *Teoria generale del negozio giuridico*. Ristampa corretta della II edizione. Napoli: Scientifiche Italiane, 1994.

——. *Teoria generale delle obbligazioni*. I. Prolegomeni: funzione economico-sociale dei rapporti d'obbligazione. Milano: Giuffrè, 1953.

BIANCHI, Leonardo. Da cláusula de *estoppel* e sua dinâmica na esfera dos negócios jurídicos privados. In: NERY JUNIOR, Nelson; NERY, Rosa Maria de Andrade. *Doutrinas essenciais*. Responsabilidade civil. Direito das obrigações e direito negocial. São Paulo: Revista dos Tribunais, 2010. V. 2. p. 495-523.

BIONDI, Biondo. *Istituzioni di Diritto Romano*. Terza edizione riveduta ed ampliata. Milano: Dott. A. Giuffrè, 1956.

BOEHMER, Gustav. *El derecho a través de la Jurisprudencia*. Su aplicación y creación. Traduzido por José Puig Brutau. Barcelona: Bosch, 1959.

BORBA, Alejandro. *La teoría de los actos propios*. 4. ed. Buenos Aires: Abeledo-Perrot, 2005.

BOULOS, Daniel M. *Abuso do direito no novo Código Civil*. São Paulo: Método, 2006.

BRANCO, Gerson Luiz Carlos. A proteção das expectativas legítimas derivadas das situações de confiança: elementos formadores do princípio da confiança e seus efeitos. *Revista de Direito Privado*, São Paulo: Revista dos Tribunais, v. 12, p. 169-225, out./dez. 2002.

BRASIL. Superior Tribunal de Justiça. AgRg nos EDcl nos EDcl no Ag 704.933/SP, 6ª Turma do Superior Tribunal de Justiça; relatora ministra Maria Thereza de Assis Moura. Data de julgamento 24.08.2009. Disponível em: <http://www.stj.jus.br>. Acesso em: 10 set. 2011.

——. Superior Tribunal de Justiça. REsp 1183378. 4. Turma do STJ: relator ministro Luis Felipe Salomão. Data de julgamento 25.10.2011. Disponível em: <http://www.stj.jus.br>. Acesso em: 21 mar. 2012.

_____. Superior Tribunal de Justiça. REsp 160.051/RJ, Terceira Turma do Superior Tribunal de Justiça, relator Ministro Antônio de Pádua Ribeiro, data de julgamento 05.12.2002. Disponível em: <http://www.stj.jus.br>. Acesso em: 27 mar. 2011.

_____. Superior Tribunal de Justiça. REsp 95539, 4ª Turma Cível do Superior Tribunal de Justiça; relator ministro Ruy Rosado de Aguiar Júnior. Data de julgamento 03.09.1996. Disponível em: <http://www.stj.jus.br>. Acesso em: 20 set. 2010.

_____. Supremo Tribunal Federal. ADI 4277: relator Ministro Ayres Britto. Data de julgamento 05.05.2011. Disponível em: <http://www.stf.jus.br>. Acesso em: 21 mar. 2012.

_____. Supremo Tribunal Federal. ADI 4429/SP, Tribunal Plano do Supremo Tribunal Federal, relator Ministro Marco Aurério. Data de julgamento 14.12.2011. Disponível em: <http://www.stf.jus.br>. Acesso em: 26 mar. 2012.

_____. Supremo Tribunal Federal. Habeas corpus 104.185, Segunda Turma STF; relator ministro Gilmar Mendes. Data de julgamento 02.08.2011. Disponível em: <http://www.stf.jus.br>. Acesso em: 15 out. 2011.

_____. Tribunal de Justiça de Santa Catarina. Apelação Cível 2007.061140-2, 2ª Câmara de Direito Comercial do Tribunal de Justiça do Estado de Santa Catarina; relator Desembargador Jorge Luiz de Borba. Data de julgamento 29.08.2011. Disponível em: <http://www.tjsc.jus.br>. Acesso em: 26 mar. 2012.

_____. Tribunal de Justiça de São Paulo. Apelação cível 069.715-4/2-00, 2ª Câmara de Direito Privado do Tribunal de Justiça de São Paulo; relator Desembargador Cezar Peluso. Data de julgamento 16 mar. 1999. Disponível em: <http://www.tjsp.jus.br>. Acesso em: 20 abr. 2010.

_____. Tribunal de Justiça de São Paulo. Apelação nº 0048678-71.2008.8.26.0000, 32ª Câmara do Tribunal de Justiça de São Paulo; relator Desembargador Francisco Occhiuto Júnior. Data de julgamento 16.02.2012. Disponível em: <http://www.tjsp.jus.br>. Acesso em: 26 mar. 2012.

_____. Tribunal de Justiça do Rio Grande do Sul. Apelação Cível 70040560955, 17ª Câmara Cível do Tribunal de Justiça do Estado do Rio Grande do Sul; relatora Desembargadora Liége Puricelli Pires. Data de julgamento 25.08.2011. Disponível em: <http://www.tjrs.jus.br>. Acesso em: 20 set. 2011.

_____. Tribunal de Justiça do Rio Grande do Sul. Apelação Cível 70032171209, 17ª Câmara Cível do Tribunal de Justiça do Estado do Rio Grande do Sul; relator Desembargador Rubem Duarte. Data de julgamento 20.07.2011. Disponível em: <http://www.tjrs.jus.br>. Acesso em: 20 set. 2011.

_____. Tribunal de Justiça do Rio Grande do Sul. Apelação Cível 70036244747, 16ª Câmara Cível do Tribunal de Justiça do RS, relator Desembargador Ergio Roque Menine. Data de julgamento 26.05.2011. Disponível em: <http://www.tjrs.jus.br>. Acesso em: 20 set. 2011.

_____. Tribunal de Justiça do Rio Grande do Sul. Apelação Cível 70034330951, 20ª Câmara Cível do Tribunal de Justiça do RS, relator Desembargador Rubem Duarte. Data de julgamento 25.05.2011. Disponível em: <http://www.tjrs.jus.br>. Acesso em: 20 set. 2011.

_____. Tribunal de Justiça do Rio Grande do Sul. Apelação Cível 70031651961, 20ª Câmara Cível do Tribunal de Justiça do RS, relator Desembargador Rubem Duarte. Data de julgamento 27.04.2011. Disponível em: <http://www.tjrs.jus.br>. Acesso em: 20 set. 2011.

_____. Tribunal de Justiça do Rio Grande do Sul. Apelação Cível 70031731987, 20ª Câmara Cível do Tribunal de Justiça do RS, relator Desembargador Rubem Duarte. Data de julgamento 30.03.2011. Disponível em: <http://www.tjrs.jus.br>. Acesso em: 20 set. 2011.

_____. Tribunal de Justiça do Rio Grande do Sul. Apelação Cível 70039449095, 5ª Câmara Cível do Tribunal de Justiça do RS, relator Desembargador Jorge Luiz Lopes do Canto. Data de julgamento 26.01.2011. Disponível em: <http://www.tjrs.jus.br>. Acesso em: 20 set. 2011.

_____. Tribunal de Justiça do Rio Grande do Sul. Apelação Cível 70039166343, 19ª Câmara Cível do Tribunal de Justiça do RS, relator Desembargador José Francisco Pellegrini. Data de julgamento 14.12.2010. Disponível em: <http://www.tjrs.jus.b>r. Acesso em: 20 set. 2011.

——. Tribunal de Justiça do Rio Grande do Sul. Apelação Cível 70028370468, 10ª Câmara Cível do Tribunal de Justiça do Estado do Rio Grande do Sul; relator Desembargador Paulo Antônio Kretzmann. Data de julgamento 28.05.2009. Disponível em: <http://www.tjrs.jus.br>. Acesso em: 17 nov. 2010.

——. Tribunal de Justiça do Rio Grande do Sul. Apelação Cível 70043237858, 19ª Câmara Cível do Tribunal de Justiça do Estado do Rio Grande do Sul; relatora Desembargadora Iris Helena Medeiros Nogueira. Data de julgamento 20.07.2011. Disponível em: <http://www.tjrs.jus.br>. Acesso em: 20 set. 2011.

BROX, Hans; WALKER, Wolf-Dietrich. *Allgemeines Schuldrecht*. 32. ed. atualizada. München: Beck, 2007.

BUCHER, Eugen. *Vertrauenshaftung*: Was? Woher? Wohin? Disponível em: <http://www.eugenbucher.ch/pdf_files/89.pdf>. Acesso em: 19 nov. 2008.

——. *Was man aus einem Fall von "Putativ-Vertrauenshaftung" lernen kann*. Disponível em: <http://www.eugenbucher.ch/pdf_files/76.pdf>. Acesso em: 19 nov. 2008.

CABRILLAC, Rémy. *Las codificaciones*. Traducción de Paulina Pulido Velasco y Claudia Bulnes Olivares Santiago: Flandes Indiano, 2009.

CALASSO, Francesco. *Medio evo del Diritto*. Le fonti. Milano: Giuffrè, 1954. V. I.

CANARIS, Claus-Wilhelm. Ansprüche wegen positiver Forderungsverletzung und Schutzwirkung für Dritte bei nichtigen Verträgen. Zugleich ein Beitrag zur Vereinheitlichung der Regeln über die Schutzpflichtverletzungen. *Juristenzeitung*, p. 475-82, 1965.

——. *Die Vertrauenshaftung im deutschen Privatrecht*. München: Beck, 1971.

——. Die Vertrauenshaftung im Lichte der Rechtsprechung des Bundesgerichtshofs. In: CANARIS, Claus-Wilhelm; HELDRICH, Andreas; HOPT, Klaus J.; ROXIN, Claus; SCHMIDT, Karsten; WIDMAIER, Gunter. *50 Jahre Bundesgerichtshof* – Festgabe aus der Wissenschaft. Band I. München: C. H. Beck, 2000. p. 129-97.

——. Haftung Dritter aus positiver Forderungsverletzung. Versicherungsrecht. *Juristische Rundschau für die Individualversicherung*. Karlsruhe: Versicherungswirtschafte E.V., p. 114-8, 1965.

——. *Pensamento sistemático e conceito de sistema na ciência do Direito*. Traduzido por António Menezes Cordeiro. Lisboa: Fundação Calouste Gulbenkian, 2008.

CANOTILHO, José Joaquim Gomes. O círculo e a linha: da liberdade dos antigos à liberdade dos modernos na teoria republicana dos direitos fundamentais. In: ——. *Estudos sobre Direitos Fundamentais*. Texto original da 2ª edição portuguesa. Brasil: Revista dos Tribunais, 2008. p. 7-34.

CARNEIRO DA FRADA, Manuel. *Contrato e deveres de proteção*. Coimbra: Coimbra, 1994.

——. Die Zukunft der Vertrauenshaftung oder Plädoyer für eine "reine" Vertrauenshaftung. In: HELDRICH, Andreas; PRÖLSS, Jürgen; KÖLNER, Ingo; LANGENBUCHER, Katja; GRIGOLEIT, Hans Christoph; HAGER, Johannes; HEY, Felix Christopher, NEUNER, Jörg; PETERSEN, Jens; SINGER, Reinhard. *Festschrift für Claus-Wilhelm Canaris zum 70*. Band II. Geburtstag. München: Beck, 2007. p. 99-113.

——. *Teoria da confiança e responsabilidade civil*. Coimbra: Almedina, 2004.

——. *Uma "terceira via" no direito da responsabilidade civil? O problema da imputação dos danos causados a terceiros por auditores de sociedades*. Coimbra: Almedina, 1997.

CARNELUTTI, Francesco. *Metodologia del Derecho*. Mexico: Union Tipografica, 1940.

CHUNG, John J. Promissory *estoppel* and the protection of interpersonal trust. *Cleveland State Law Review*, v. 56, p. 37-82, 2008; Roger Williams Univ. Legal Studies Paper No. 63. Disponível em: <http://ssrn.com/abstract=1140846>. Acesso em: 21 jan. 2011.

COPI, Irving M. *Introdução à lógica*. 2. ed. Traduzido por Álvaro Cabral. São Paulo: Mestre Jou, 1978.

CORDEIRO, Antônio Manuel da Rocha e Menezes. *Da boa fé no Direito civil*. Coimbra: Almedina, 2007.

COSTA, Mário Júlio de Almeida. *Direito das obrigações*. 11. ed. rev. e actualiz. Coimbra: Almedina, 2008.

COUTINHO, Aureliano de Souza e Oliveira. Quando se pode contravir o próprio facto? *Revista da Faculdade de Direito de São Paulo*, São Paulo, n. 1, p. 33-43, 1893.

COUTO E SILVA, Almiro do. Responsabilidade pré-negocial e culpa in contrahendo no direito administrativo brasileiro. *Revista da Procuradoria-Geral do Estado RS*. Cadernos de Direito Público. Almiro do Couto e Silva. Porto Alegre, v. 27, n. 57 supl., p. 163-70, dez. 2003.

COUTO E SILVA, Clóvis Veríssimo do. *A obrigação como processo*. Rio de Janeiro: FGV, 2007.

——. *A obrigação como processo*. Tese para Concurso da Cadeira de Direito Civil da Faculdade de Direito da Universidade do Rio Grande do Sul, 1964.

——. Dever de indenizar. In: FRADERA, Vera Maria Jacob de (Org.). *O Direito Privado brasileiro na visão de Clóvis do Couto e Silva*. Porto Alegre: Livraria do Advogado, 1997. p. 191-215.

——. O conceito de dano no Direito brasileiro e comparado. In: FRADERA, Vera Maria Jacob de (Org.). *O Direito Privado brasileiro na visão de Clóvis do Couto e Silva*. Porto Alegre: Livraria do Advogado, 1997. p. 217-34.

——. O princípio da boa-fé no Direito brasileiro e português. In: FRADERA, Vera Maria Jacob de (Org.). *O Direito Privado brasileiro na visão de Clóvis do Couto e Silva*. Porto Alegre: Livraria do Advogado, 1997. p. 33-58.

——. Para uma história dos conceitos no Direito Civil e no Direito Processual Civil (a atualidade do pensamento de Otto Karlowa e de Oskar Bulow). *Revista de Processo*, São Paulo, v. 10, n. 37, p. 238-70, jan. 1985.

CUNHA DE SÁ, Fernando Augusto. *Abuso do direito*. Coimbra: Almedina, 2005.

CUNHA, Daniela Moura Ferreira. Responsabilidade pré-contratual por ruptura das negociações. Coimbra: Almedina, 2006.

CUNHA, Paulo Ferreira da; SILVA, Joana Aguiar e; SOARES, António Lemos. *História do Direito*. Do Direito romano à Constituição européia. Coimbra: Almedida, 2005.

DANTAS JÚNIOR, Aldemiro Rezende. *Teoria dos atos próprios no princípio da boa-fé*. Curitiba: Juruá, 2008.

DE LUCCA, Newton. *Direito do consumidor*. 2. ed. São Paulo: Quartier Latin, 2008.

DE VITA, Anna. Buona fede e common law (Attrazione non fatale nella storia del contratto). *Rivista Di Diritto Civile*, Padova, a. 49, n. 3, p. 251-70, mag./giu. 2003.

DETTE, Hans Walter. *Venire contra factum proprium nulli conceditur*. Zur Konkretisierung eines Rechtssprichworts. Berlin: Duncker & Humblot, 1985.

DIAS, Daniel Pires Novais. O *duty to mitigate the loss* no Direito Civil brasileiro. In: TEPEDIDO, Gustavo; FACHIN, Luiz Edson (Orgs.). *Doutrinas essenciais*. Obrigações e contratos. São Paulo: Revista dos Tribunais, 2011. V. III. p. 683-738.

DIDIER JR., Fredie. Alguns aspectos da aplicação da proibição do venire contra factum proprium no processo civil. *Revista Autônoma de Processo*, Curitiba: Juruá, n. 3, p. 203-13, abr./jun. 2007.

DÍEZ-PICAZO PONCE DE LEON, Luis. *La doctrina de los propios actos*. Un estudio crítico sobre la jurisprudencia del Tribunal Supremo. Barcelona: Bosch, 1963.

DINIZ, Souza. *Código Civil alemão*. Traduzido diretamente do alemão por Souza Diniz. Rio de Janeiro: Record, 1960.

DUVE, Thomas. "Riezler, Erwin". In: *Neue Deutsche Biographie 21* (2003), p. 616-617. Edição on-line. Disponível em: <http://www.deutsche-biographie.de/pnd11654645X.html>. Acesso em: 13 set. 2011.

EICHLER, Hermann. *Die Rechtslehre vom Vertrauen* – Privatrechtliche Untersuchungen über den Schutz des Vertrauens. Tübingen: Mohr, 1950.

——. Recensão a Claus-Wilhelm Canaris: Die Vertrauenshaftung im deutschen Privatrecht. *Archiv für die civilistische Praxis*, Tübingen: Mohr, v. 173, p. 361-6, 1973.

EIDENMÜLLER, Horst. Vertrauensmechanismus und Vertrauenshaftung. *In*: NEUMANN, Ulfried; SCHULZ, Lorenz (hrsg.). *Verantwortung in Recht und Moral*: Referate der Tagung der Deutschen Sektion der Internationalen Vereinigung fur Rechts – und Sozialphilosophie vom 2. bis zum 3. Oktober 1998 in Frankfurt am Main/Stuttgart: Steiner, 2000. p. 117-39.

FARIA, Ernesto (Org.). *Dicionário escolar latino-português*. 3. ed. Rio de Janeiro: Ministério da Educação e Cultura/Campanha Nacional de Material de Ensino, 1962.

FARIAS, Cristiano Chaves de; ROSENVALD, Nelson. *Direito das famílias*. 2. ed. Rio de Janeiro: Lumen Juris, 2010.

FAUVARQUE-COSSON, Bénédicte. L'*estoppel* du droit anglais. *In*: BEHAR-TOUCHAIS, Martine. *L'interdiction de se contredire au detriment d'autrui*. Paris: Economica, 2001. p. 3-23.

FEHLMANN, Regula. *Vertrauenshaftung* – Vertrauen als alleinige Haftungsgrundlage. Dissertation der Universitat St. Gallen, Hochschule fur Wirtschafts-, Rechts-, und Sozialwissenschaften (HSG) zur Erlangung der Wurde einer Doktorin der Rechtswissenschaft. Dissertarion Nr. 2620. D-Druck-Spescha, 2002.

FERREIRA DA SILVA, Luis Renato. *Revisão dos contratos*: do Código Civil ao Código do Consumidor. Rio de Janeiro: Forense, 2001.

FRADERA, Véra Maria Jacob de. A boa fé objetiva, uma noção presente no conceito alemão, brasileiro e japonês de contrato. *Revista Brasileira de Direito Comparado*, Rio de Janeiro, n. 24, p. 127-57, 2003.

——. A vedação de *venire contra factum proprium* e sua relação com os princípios da confiança e da coerência. *Direito e Democracia*, Revista do Centro de Ciências Jurídicas – Ulbra, Canoas, v. 9, n. 1, p. 130-4, jan./jun. 2008.

——. Contratos típicos no Código Civil de 2002. *In*: JUNQUEIRA DE AZEVEDO, Antonio; TORRES, Heleno Taveira; CARBONE, Paolo (Coords.). *Princípios do Novo Código Civil brasileiro e outros temas* – homenagem a Tullio Ascarelli. São Paulo: Quartier Latin, 2008. p. 707-35.

——. O valor do silêncio no novo Código Civil. *Revista Jurídica Empresarial*, Porto Alegre: Notadez, a. I, n. 2, p. 123-43, maio/jun. 2008.

——. Pode o credor ser instado a diminuir o próprio prejuízo? *Revista Trimestral de Direito Civil*, Rio de Janeiro: Padma, a. 5, v. 19, p. 109-19, jul./set. 2004.

——. Reflexões sobre a contribuição do Direito comparado para a elaboração do Direito comunitário. Belo Horizonte: Del Rey, 2010.

FREUD, Sigmund. *Die Unbehagen in der Kultur*. Wien: Internationaler Psychoanalytischer, 1930.

GADAMER, Hans-Georg. *Verdade e Método I* – traços fundamentais de uma hermenêutica filosófica. 7. ed. Traduzido por Flávio Paulo Meurer. Petrópolis: Vozes; Bragança Paulista: Universitária São Francisco, 2005.

GARCÍA DEL CORRAL, Ildefonso L. *Cuerpo del Derecho Civil romano*: a doble texto. Traducido al castellano del latino. Barcelona: Jaime Molinas, 1889. V. I.

——. ——. Traducido al castellano del latino. Barcelona: Jaime Molinas, 1897. V. III.

——. ——. Traducido al castellano del latino. Barcelona: Jaime Molinas, 1892. V. V.

GILISSEN, John. *Introdução histórica ao Direito*. 5. ed. Lisboa: Fundação Calouste Gulbenkian, 2008.

GOMES, Elena de Carvalho. *Entre o actus e o factum*: os comportamentos contraditórios no direito privado. Belo Horizonte: Del Rey, 2009.

GOMES, Orlando. *Transformações gerais no Direito das obrigações*. São Paulo: Revista dos Tribunais, 1980.

GORDLEY, James Russel; MEHREN, Arthur Taylor von. *The civil law system*: an introduction to the comparative study of law. 2nd. ed. Boston: Little, Brown and Company, 1977.

GRINOVER, Ada Pellegrini; BENJAMIN, Antônio Herman de Vasconcellos e; FINK, Daniel Roberto; FILOMENO, José Geraldo Brito; WATANABE, Kazuo; NERY JUNIOR, Nelson; DENARI, Zelmo. *Código de Defesa do Consumidor comentado pelos autores do anteprojeto*. Rio de Janeiro: Forense Universitária, 2001.

HASSEMER, Winfried. O sistema do Direito e a codificação. A vinculação do juiz à lei. Traduzido por Peter Walter Ashton. *Ajuris*, Revista da Associação dos Juízes do Rio Grande do Sul, Porto Alegre, a. XIII, n. 36, p. 180-97, mar. 1986.

HATTENHAUER, Hans. *Grundbegriffe des Bürgerlichen Rechts*. München: Beck, 1982.

──. *Los fundamentos historico-ideologicos del derecho aleman; entre la jerarquia y la democracia*. 2. ed. Traducción de Miguel Izquierdo Macias-Picavea. Madrid: De Derecho Reunidas, 1981.

HEINSHEIMER. Recensão a Erwin Riezler – *Venire contra factum proprium*. *Deutsche Juristen-Zeitung*, Jg. 19, p. 386, 1914. Disponível em: <http://dlib-zs.mpier.mpg.de/mj/kleioc/0010/exec/bigpage/%222173669_19%2b1914_0233%22>. Acesso em: 2 jun. 2011.

IRWIN, Terence H. *Aristotle`s first principles*. Oxford: Clarendon Press, 1988.

ITURRASPE, Jorge Mosset. *Responsabilidad por daños*. Parte general. Tomo I. Buenos Aires: Ediar, 1982.

JACQUES, Daniela Corrêa. A proteção da confiança no Direito do Consumidor. *Revista de Direito do Consumidor*, São Paulo, Revista dos Tribunais, v. 45, p. 100-128, 2003.

KARAMPATZOS, Antonios. *Vom Vertrag mit Schutzwirkung für Dritte zur deliktischen berufsbezogenen Vertrauenshaftung*. Baden-Baden: Nomos Verlagsgesellschaft, 2005.

KASER, Max. *Direito Privado romano*. Lisboa: Fundação Calouste Gulbenkian, 1999.

KOSCHAKER, Paul. Recensão a Erwin Riezler – Venire contra factum proprium. *Zeitschrift der Savigny-Stiftung für Rechtsgeschichte / Romanistische Abteilung*. Bd. 33 = 46, 1912, p. 548-51. Disponível em: <http://dlib-zs.mpier.mpg.de/mj/kleioc/0010/exec/bigpage/%222085098_33%2b1912_0554%22>. Acesso em: 2 jun. 2011.

LANDSBERG, Ernst. *Das Recht des Bürgerlichen Gesetzbuch*. Berlin. Guttentag Verlagsbuchhandlung, 1904. Disponível em: <http://dlib-pr.mpier.mpg.de/m/kleioc/0010/exec/bigpage/%22164642_00000001.gif%22>. Acesso em: 15 set. 2011.

LARENZ, Karl. Culpa in contraendo, dever de segurança no tráfico e "contato social". Traduzido por Karina Nunes Fritz. *Revista de Direito Privado*, São Paulo: Revista dos Tribunais, a. 9, n. 34, p. 343-52, abr./jun. 2008.

──. *Derecho justo. Fundamentos de etica juridica*. Traduzido por Luis Díez-Picazo. Madrid: Civitas, primeira edição 1985, reimpressão 1993.

──. *Lehrbuch des Schuldrechts*. Erster Band. Allgemeiner Teil. München: Beck, 1967.

──. *Metodologia de la ciencia del Derecho*. Traduzido por Enrique Gimbernat Ordeig. Barcelona: Ariel, 1966.

──. O estabelecimento de relações obrigacionais por meio de comportamento social típico. Traduzido por Alessandro Hirata. *Revista da Escola de Direito de São Paulo da Fundação Getúlio Vargas*, São Paulo, v. 2, n. 1, p. 55-63, jan./jun. 2006.

LENZ, Karl-Heinz. *Die Vertrauensschutz-Prinzip*. Zugleich eine notwendige Besinnung auf die Grundlagen unserer Rechtsordnung. Berlin: Walter de Gruyter & Co., 1968.

LIEBS, Detlef. Lateinische Rechtsregeln und Rechtssprichwörter. München: Beck, 1982.

LIMA, Alvino. Abuso de direito. *Revista Forense*, Rio de Janeiro, v. 166, p. 25-51, 1956.

LISBOA, Roberto Senise. *Confiança contratual*. São Paulo: Atlas, 2012.

LOPES, Tereza Ancona. Exercício do direito e suas limitações: abuso do direito. *In*: NERY, Rosa Maria de Andrade; DONNINI, Rogério. *Responsabilidade civil*: estudos em homenagem ao professor Rui Geraldo Camargo Viana. São Paulo: Revista dos Tribunais, 2009. p. 540-57.

LOSANO, Mario G. *Sistema e estrutura no direito*. O século XX. Traduzido por Luca Lamberti. São Paulo: WMF Martins Fontes, 2010. V. 2.

LOSER, Peter. *Die Vertrauenshaftung im schweizerischen Schuldrecht*. Grundlagen, Erscheinungsformen und Ausgestaltung im geltenden Recht vor dem Hintergrund europäischer Rechtsentwicklung. Bern: Stämpfli, 2006.

LUHMANN, Niklas. *Vertrauen*. 4. Auflage. Stuttgart: Lucius & Lucius Stuttgart, 2009.

LUKASIEWICZ, Jan. Sobre a lei da contradição em Aristóteles. *In*: ZINGANO, Marco. *Sobre a metafísica de Aristóteles*: textos selecionados. São Paulo: Odysseus, 2005. p. 01-24.

MACARIO, Francesco. Recensão a Francesco Astone: Venire contra factum proprium. *Rivista di Diritto Civile*, Padova: CEDAM, fascicolo I, p. 134-136, gennaio-febbraio 2008.

MADEIRA, Hélcio Maciel França. *Digesto de Justiniano*. Liber Primus. 4. ed. São Paulo: Revista dos Tribunais, 2009. V. 1.

MAFFINI, Rafael da Cás. Princípio da proteção substancial da confiança no Direito Administrativo brasileiro. Porto Alegre: Verbo Jurídico, 2006.

MARINONI, Luiz Guilherme. *Tutela inibitória*: individual e coletiva. 4. ed. São Paulo: Revista dos Tribunais, 2006.

MARQUES, Cláudia Lima. *Confiança no comércio eletrônico e a proteção do consumidor*. (Um estudo dos negócios jurídicos de consumo no comércio eletrônico). São Paulo: Revista dos Tribunais, 2004.

——. *Contratos no Código de Defesa do Consumidor*. 4. ed. São Paulo: Revista dos Tribunais, 2002.

——. Direitos básicos do consumidor na sociedade pós-moderna de serviços: o aparecimento de um sujeito novo e a realização de seus direitos. *Revista Direito do Consumidor*, São Paulo: Revista dos Tribunais, v. 35, p. 61-96, 2000.

——. Proposta de uma teoria geral dos serviços com base no código de defesa do consumidor. A evolução das obrigações envolvendo serviços remunerados direta ou indiretamente. *Revista de Direito do Consumidor*, São Paulo: Revista dos Tribunais, v. 33, p. 79-122, 2000.

——. Superação das antinomias pelo diálogo das fontes: o modelo brasileiro de coexistência entre o Código de Defesa do Consumidor e o Código Civil de 2002. In: JUNQUEIRA DE AZEVEDO, Antonio; TORRES, Heleno Taveira; CARBONE, Paolo (Coords.). *Princípios do Novo Código Civil brasileiro e outros temas* – homenagem a Tullio Ascarelli. São Paulo: Quartier Latin, 2008. p. 130-69.

——. Vinculação própria através da publicidade? A nova visão do código de defesa do consumidor. *Revista de Direito do Consumidor*, São Paulo: Revista dos Tribunais, v. 10, p. 7-20, 1994.

MARTINS, Raphael Manhães. O princípio da confiança legítima e o enunciado n. 362 da IV Jornada de Direito Civil. *Revista CEJ*, Brasília, a. XII, n. 40, p. 11-9, jan./mar. 2008. Disponível em: <http://www2.cjf.jus.br/ojs2/index.php/cej/article/viewFile/956/1129>. Acesso em: 7 nov. 2011.

MARTINS-COSTA, Judith. *A boa-fé no Direito Privado*. 1. ed. São Paulo: Revista dos Tribunais, 1999.

——. As cláusulas gerais como fatores de mobilidade do sistema jurídico. *Revista de Informação Legislativa*, Brasília, a. 28, n. 112, p. 13-32, out./dez.1991.

——. Ilicitude derivada do exercício do contraditório de um direito: o renascer do "venire contra factum proprium". *Ajuris*, Revista da Associação dos Juízes do Rio Grande do Sul, Porto Alegre, a. XXXII, n. 97, p. 143-69, mar. 2005.

——. Oferta pública para a aquisição de ações (OP) – Teoria da confiança – Deveres de proteção violados – A disciplina informativa e o mercado de capitais – Responsabilidade pela confiança – Abuso de poder econômico. *Revista de Direito Mercantil, Industrial, Econômico e Financeiro*, São Paulo, v. 44, n. 140, p. 229-70, out./dez. 2005.

——. Os avatares do abuso do direito e o rumo indicado pela boa-fé. In: DELGADO, Mario Luiz; ALVES, Jones Figueirêdo. *Questões controvertidas*. Parte geral do Código Civil. São Paulo: Método, 2007. p. 505-44.

——. Princípio da confiança legítima e princípio da boa-fé objetiva. Termo de compromisso de cessação (TCC) ajustado com o Cade. Critérios da interpretação contratual: os "sistemas de referência extracontratuais" ("circunstância do caso") e sua função no quadro semântico da conduta devida. Princípio da unidade ou coerência hermenêutica e "usos do tráfego". Adimplemento contratual. (Parecer). *Revista dos Tribunais*, São Paulo: Revista dos Tribunais, a. 95, v. 852, p. 87-126, out. 2006.

MENKE, Fabiano. A interpretação das cláusulas gerais: a subsunção e a concreção dos conceitos. *AJURIS*, Revista da Associação dos Juízes do Rio Grande do Sul, Porto Alegre, a. XXXIII, n. 103, p. 69-94, set. 2006.

MEZZAROBA, Orides; MONTEIRO, Claudia Servilha. *Manual de metodologia da pesquisa do Direito*. 4. ed. São Paulo: Saraiva, 2008.

MIRAGEM, Bruno. *Abuso do direito*. Proteção da confiança e limite ao exercício das prerrogativas jurídicas no Direito Privado. 1. ed. Rio de Janeiro: Forense, 2009.

MIRANDA, Pontes de. *Tratado de Direito Privado*. 4. ed. São Paulo: Revista dos Tribunais, 1983. T. I.

——. ——. 4. ed. São Paulo: Revista dos Tribunais, 1983. T. VI.

MITIDIERO, Daniel; MARINONI, Luiz Guilherme. Propriedade industrial. Boa-fé objetiva. Proteção da confiança. Proibição do *venire contra factum proprium* no processo. Dever de não conhecer do recurso. *Revista Brasileira de Direito Processual*, Belo Horizonte: Fórum, a. 16, n. 61, p. 181-93, jan. 2008.

MONTAIGNE, Michel de. Sobre a inconstância de nossas ações. In: ——. *Os ensaios*: uma seleção. Traduzido por Rosa Freire d'Aguiar. São Paulo: Companhia das Letras, 2010. p. 202-11.

NEGREIROS, Teresa. *Fundamentos para uma interpretação constitucional do princípio da boa-fé*. Rio de Janeiro: Renovar, 1998.

——. *Teoria do contrato*: novos paradigmas. 2. ed. Rio de Janeiro: Renovar, 2006.

NERY JUNIOR, Nelson; NERY, Rosa Maria de Andrade. *Código Civil comentado e legislação extravagante*: atualizado até 15 de junho de 2005. 3 ed. rev., atual. e ampl. da 2. ed. do Código Civil anotado. São Paulo: Revista dos Tribunais, 2005.

NEUSS, Jobst Joachim; HANSEN, Hans Joachin. *Dicionário jurídico e econômico*. München: Beck, 1994. V. II.

NOGUEIRA, Pedro Henrique Pedrosa. Notas sobre a preclusão e *venire contra factum proprium*. *Revista de Processo*, São Paulo: Revista dos Tribunais, a. 34, n. 168, p. 331-46, fev. 2009.

NORONHA, Fernando. *Direito das obrigações*. Fundamentos do direito das obrigações. Introdução à responsabilidade civil. São Paulo: Saraiva, 2003. V. I.

——. *O direito dos contratos e seus princípios fundamentais*: autonomia privada, boa-fé, justiça contratual. São Paulo: Saraiva, 1994.

PATTERSON, Edwin W.; GOBLE, George W.; JONES, Harry W. *Cases and materials on Contracts*. Fourth Edition. Brooklyn: The Foundantion Press, 1957.

PENTEADO, Luciano de Camargo . Figuras parcelares da boa-fé objetiva e 'venire contra factum proprium'. *Revista de Direito Privado*, São Paulo: Revista dos Tribunais, a. 7, n. 27, p. 252-78, jul./set. 2006.

PELLEGRIN, Pierre. *Vocabulário de Aristóteles*. São Paulo: WMF Martins Fontes, 2010.

PEREIRA, Caio Mário da Silva. *Instituições de Direito Civil*. Introdução ao Direito Civil. Teoria Geral do Direito Civil. 20. ed. de acordo com o Código Civil de 2002. Revista e atualizada por Maria Celina Bodin de Moraes. Rio de Janeiro: Forense, 2004. V. I.

PINTO, Carlos Alberto Mota. *Teoria geral do Direito Civil*. 4. ed. por António Pinto Monteiro e Paulo Mota Pinto. Coimbra: Coimbra, 2005.

PINTO, Paulo Mota. *Interesse contratual negativo e interesse contratual positivo*. Coimbra: Coimbra, 2008. V. I.

——. ——. Coimbra: Coimbra, 2008. V. II.

——. Sobre a proibição do comportamento contraditório (*venire contra factum proprium*) no Direito Civil. *Revista Trimestral de Direito Civil*, Rio de Janeiro: Padma, v. 16, p. 135-82, out./dez. 2003.

PRATA, Ana. *Notas sobre responsabilidade pré-contratual*. Coimbra: Almedina, 2005.

PUIG BRUTAU, Jose. *Estudios de derecho comparado*. La doctrina de los actos propios. Barcelona: Ariel, 1951.

RADBRUCH, Gustav. *Lo spirito del diritto inglese*. Milano: Giuffre, 1962.

RANIERI, Filippo. Bonne foi et exercice du droit dans la tradition du civil law. *Revue internationale de Droit Comparé*, Paris, v. 50, n. 4, p. 1055-92, oct./déc. 1998.

RANIERI, Filippo. Le principe de l'interdiction de se contredire au détriment d'autrui ou du venire contra factum proprium dans les droits allemand er suisse et sa diffusion en Europe. *In*: BEHAR-TOUCHAIS, Martine. *L'interdiction de se contredire au detriment d'autrui*. Paris: Economica, 2001. p. 25-36.

RANIERI, Filippo. *Rinuncia tacita e Verwirkung*. Padova: Cedam – Casa Editrice Dott. Antonio Milani, 1971.

REALE, Miguel. A boa fé no Código Civil. *Revista de Direito Bancário, do Mercado de Capitais e da Arbitragem*, São Paulo: Revista dos Tribunais, v. 21, p. 11-3, 2003.

REALE, Miguel; REALE JUNIOR, Miguel. Função social e boa-fé na valoração dos contratos. *In*: REALE, Miguel; REALE JUNIOR, Miguel. *Questões atuais de Direito*. Belo Horizonte: Del Rey, 2000. p. 119-41.

RIEZLER, Erwin. *Venire contra factum proprium*. Studien im römischen, englischen und deutschen Civilrecht. Leipzig: Verlag von Duncker & Humblot, 1912.

RIZZARDO, Arnaldo. Teoria da aparência. *Ajuris, Revista da Associação dos Juízes do Rio Grande do Sul*, Porto Alegre, a. IX, v. 24, p. 222-31, 1982.

ROCHA, Raquel Heck Mariano da. *Preclusão no processo civil*. Porto Alegre: Livraria do Advogado, 2011.

RUSSEL, Bertrand. *Os problemas da filosofia*. Traduzido por Desidério Murcho. Lisboa: Edições 70, 2008.

SAVIGNY, Friedrich Carl von. *Geschichte des Römischen Rechts in Mittelalter*. Band V. Das Dreizehnte Jahrhunder. Berlin: Hermann Gentner, 1956.

SCHACHER, Johan Christopher. De impugnatione facti proprii. *In*: STRIK, Samuel. *Disputatio Juridica*, Frankfurt, 1688. Disponível em: <http://books.google.com/books?id=IFpJAAAAc AAJ&printsec=frontcover&hl=pt-BR#v=onepage&q&f=false>. Acesso em: 29 ago. 2011.

SCHMELZEISEN, G. K. *Recensão a Hermann Eichler*: Die Rechtslehre vom Vertrauen. Privatrechliche Untersuchungen über den Schutz des Vertrauens. *Archiv für die civilistische Praxis*, Tübingen: Mohr, v. 151, p. 461-2, 1950.

SCHREIBER, Anderson. *A proibição de comportamento contraditório*. Tutela da confiança e venire contra factum proprium. 2. ed. rev. e atual. Rio de Janeiro: Renovar, 2007.

SCHULZ, Fritz. *History of roman legal science*. Oxford: Claredon, 1946.

——. *Prinzipen des römischen Rechts*. Berlin: Duncker, Humblot, 1954.

SCHUSTER, Ernst. Recensão a Erwin Riezler – *Venire contra factum proprium*. Kritische Vierteljahresschrift für Gesetzgebung und Rechtswissenschaft. Bd. 52, 3.F. Bd. 16, 1914, p. 214-21. Disponível em: <http://dlib-zs.mpier.mpg.de/mj/kleioc/0010/exec/bigpage/%222085047_52%2b1914_0220%22>. Acesso em: 2 jun. 2011.

SILVA, Leônio José Alves da. Justificativa de enunciado ao art. 735, CC. *In*: AGUIAR JR, Ruy Rosado (Org.). *Jornada de Direito Civil*. Brasília: Conselho de Justiça Federal, 2007. p. 365.

SINGER, Reinhard. *Das Verbot widersprüchlichen Verhaltens*. München: Beck, 1993.

SOMBRA, Thiago Luís Santos. A tutela da confiança em face dos comportamentos contraditórios. *Revista de Direito Privado*, São Paulo: Revista dos Tribunais, a. 9, n. 33, p. 307-432, jan./mar. 2008.

SPARGO, John Webster. The etimology and early evolution do brocard. *Speculum*, Medieval Academy of America v. 23, n. 23, p. 472-6, jul. 1948.

SPENCE, Michael. *Protecting reliance*: the emergent doctrine of equitable estoppel. Oxford: Hart Publishing, 1999.

STRÄTZ, Hans-Wolfgang. *Treu und Glauben*. I. Beiträge und Materialien zur Entwicklung von Treu und Glauben in deutschen Privatrechtsquellen vom 13. bis zur Mitte des 17. Jahrhunderts. Paderborn: Ferdinand Schöningh, 1974.

TALCIANI, Hernán Corral. *La raíz histórica del adagio "Venire contra factum proprium non valet"*. Disponível em: <http://corraltalciani.files.wordpress.com/2010/05/historiaadagioactos-propios.pdf>. Acesso em: 7 mar. 2011.

TARTUCE, Flávio. A boa-fé objetiva e os amendoins: um ensaio sobre a vedação do comportamento contraditório (*venire contra factum proprium non potest*). *Revista Autônoma de Direito Privado*, Curitiba: Juruá, n. 4, p. 181-9, jul./set. 2007.

TEICHMANN, Arndt. Venire contra factum proprium – Ein Teilaspekt rechtsmißbräuchlichen Handelns. *Juristische Arbeitsblätter*, Heft 10, p. 487-502, 1985.

TEUBNER, Günther. *Gegenseitige Vertragsuntreue*: Rechtsprechung und Dogmatik zum Ausschluss von Rechten nach eigenen Vertragsbruch. Tübingen: Mohr, 1975.

THOMAS, Nigel. *The modern law of proprietary estoppel?* Disponível em: <http://www.pla.org.uk/__data/assets/pdf_file/0008/82592/NTProprietaryestoppel.pdf>. Acesso em: 7 jun. 2011.

TORRES, Heleno Taveira. *Direito constitucional tributário e segurança jurídica*: metódica da segurança jurídica do Sistema Constitucional Tributário. São Paulo: Revista dos Tribunais, 2011.

TWYFORD, John Wilson. *The doctrine of consideration*. The role of consideration in contract modifications. Tese (Doutorado em Ciências Jurídicas). University of Technology, Sydney, 2002. Disponível em: <http://epress.lib.uts.edu.au/dspace/bitstream/handle/2100/286/02Wholethesis.pdf?sequence=2>. Acesso em: 7 abr. 2011.

USA. Court of Appeals of New York. Riggs v Palmer. Data de julgamento: 8 out. 1889. Disponível em: <http://www.courts.state.ny.us/reporter/archives/riggs_palmer.htm> Acesso em: 11 nov. 2011.

VARELA, João de Matos Antunes. *Das obrigações em geral*. 10. ed., rev. e actual. 5 reimpr. da edição de 2000. Coimbra: Almedina, 2008. V. I.

VIEHWEG, Theodor. *Tópica e jurisprudência*. Uma contribuição à investigação dos fundamentos jurídico-científicos. Traduzido da quinta edição, revista e ampliada, por Kelly Susane Alflen da Silva. Porto Alegre: Sergio Antonio Fabris, 2008.

VON JHERING, Rudolf. Culpa in contrahendo ou indemnização em contratos nulos ou não chegados à perfeição. Traduzido por Paulo Mota Pinto. Coimbra: Almedina, 2008.

WALD, Arnaldo. Princípio da confiança. *In*: TORRES, Ricardo Lobo; KATAOKA, Eduardo Takemi; GALDINO, Flavio (Orgs.). TORRES, Silvia Faber (Superv.). *Dicionário dos princípios jurídicos*. Rio de Janeiro: Elsevier, 2011. p. 173-87.

WALTER, Hans Peter. Die Vertrauenshaftung: Unkraut oder Blume im Garten des Rechts? *Zeitschrift für schweizerisches Recht (ZSR)*, Bern: Helbing Lichtenhahn Verlag, Band I, 2. Heftes, p. 79-100, 2001.

――. La responsabilité fondée sur la confiance das la jurisprudence du Tribunal fédéral. *In*: CHAPPUIS, Christine; WINIGER, Bénédict. *La responsabilité fondée sur la confiance* – Vertrauenshaftung. Zurich: Schulthess, 2001. p. 147-61.

――. Vertrauenshaftung im Umfeld des Vertrages. *Zeitschrift des bernischen Juristenvereins (ZBJV)*, Bern: Stämpfli Verlag AG, v. 132, Heft 4, p. 273-95, 1996.

WARSCHAUER, Erich. Recensão a *Venire contra factum proprium*. Studien im römischen, englischen und deutschen Zivilrecht. Von Erwin Riezler. *Der Gerichtssaal*, Jg. 81, 1913, p. 468-9. Disponível em: <http://dlib-zs.mpier.mpg.de/mj/kleioc/0010/exec/bigpage/%222173686_8100%2b1913_0474%22>. Acesso em: 2 jun. 2011.

WEBER, Ralph. Entwicklung und Ausdehnung des § 242 BGB zum "königlichen Paragraphen". *Juristische Schulung*, München, Beck, Heft 8, p. 631-636, 1992.

WEINGARTEN, Celia. El valor economico de la confianza para empresas e consumidores. *Revista de Direito do Consumidor*, São Paulo: Revista dos Tribunais, v. 33, p. 33-50, 2000.

WIDMAIER, Gunter. Die Schadensersatzpflicht der Kreditinstitute für eine unrichtige Finanzierungsbestätigung als Fall der Vertrauenshaftung. *In*: HORN, Norbert; LWOWSKI, Hans-Jürgen; NOBBE; Gerd. *Bankrecht – Schwerpunkte und Perspektiven*. Festschrift für Schimansky. Köln: RWS Verlag Kommunikationsforum GmbH, 1999. p. 43-66.

――. Schutzgesetze – Verkehrspflichten – Schutzpflichten. *In*: CANARIS, Claus-Wilhelm; DIEDERICHSEN, Uwe. *Festschrift für Karl Larenz zum 80. Geburtstag*. München: C.H. Beck'sche Verlagsbuchhandlung, 1983. p. 27-110.

WIEACKER, Franz. *História do Direito Privado moderno*. 3. ed. Lisboa: Fundação Calouste Gulbenkian, 2004.

——. *Zur rechtstheoretischen Präzisierung des 242 BGB*. Tübingen: Verlag J.C.B. Mohr, 1956, Reimpressão, 1995.

WIELING, Hans Josef. Recensão a Hans Walter Dette: Venire contra factum proprium nulli conceditur. *Archiv für die civilistische Praxis*, Tübingen: Mohr, v. 187, p. 95-102, 1987.

——. Venire contra factum proprium und Verschulden gegen sich selbst. *Archiv für die civilistische Praxis*, Tübingen: Mohr, v. 176, p. 334-55, 1976.

WILBURG, Walter. *Desenvolvimento de um sistema móvel no Direito Civil*. Tradução do alemão para o português de Dora Moreira Souza e Raul Guichard. Disponível em: <http://www.estig.ipbeja.pt/~ac_direito/GuichardDesenvolvimento.pdf>. Acesso em: 15 maio 2011.

ZANETTI, Cristiano de Souza. *Responsabilidade pela ruptura das negociações*. São Paulo: Juarez de Oliveira, 2005.

ZILLIG, Raphael. Significação e não-contradição. *Analytica*, Rio de Janeiro: UFRJ, v. 11, n. 1, p. 107-126, 2007.

ZIMMERMANN, Reinhard. Diritto romano, diritto contemporaneo, diritto europeo: la tradizione civilistica oggi (il diritto privato europeo e le sue basi storiche). *Rivista Di Diritto Civile*, Padova, a. 47, n. 6, pt. 1, p. 703-63, nov./dic. 2001.

——. Le droit comparé et l'européanisation du droit privé. *Revue Trimestrielle de Droit Civil*, Paris, n. 3, p. 451-83, jul./sep. 2007.

——. *The Law of obligations*. Roman foundations of the civilian tradition. New York: Oxford University Press Inc., 1996.

ZINGANO, Marco Antônio de Ávila. Notas sobre o princípio de não contradição em Aristóteles. *Cadernos de História e Filosofia da Ciência*, Campinas: UNICAMP, v. 13, n. 1, p. 7-32, jan./jun. 2003.

Impressão:
Evangraf
Rua Waldomiro Schapke, 77 - POA/RS
Fone: (51) 3336.2466 - (51) 3336.0422
E-mail: evangraf.adm@terra.com.br